QIYE WENHUA
GUANLI

企业文化
管理

主编 易晓芳 陈洪权 **副主编** 兰兰

http://www.hustp.com

中国·武汉

图书在版编目(CIP)数据

企业文化管理/易晓芳,陈洪权主编. —武汉:华中科技大学出版社,2015.5(2024.8重印)
ISBN 978-7-5680-0843-3

Ⅰ.①企… Ⅱ.①易… ②陈… Ⅲ.①企业文化-企业管理-高等学校-教材 Ⅳ.①F270

中国版本图书馆 CIP 数据核字(2015)第 099664 号

企业文化管理
Qiye Wenhua Guanli

易晓芳 陈洪权 主编

策划编辑:袁　冲	
责任编辑:赵巧玲	
封面设计:龙文装帧	
责任校对:何　欢	
责任监印:徐　露	
出版发行:华中科技大学出版社(中国·武汉)	电话:(027)81321913
武汉市东湖新技术开发区华工科技园	邮编:430223
录　　排:华中科技大学惠友文印中心	
印　　刷:广东虎彩云印刷有限公司	
开　　本:710mm×1000mm　1/16	
印　　张:18	
字　　数:350 千字	
版　　次:2024 年 8 月第 1 版第 11 次印刷	
定　　价:40.80 元	

本书若有印装质量问题,请向出版社营销中心调换
全国免费服务热线:400-6679-118　竭诚为您服务
版权所有　侵权必究

序

随着我国经济总体规模荣登全球第二宝座,中国企业融入世界竞争的趋势将不可逆转。无论是国有企业、民营企业,还是合资、独资企业,无论是大、中、小型企业,还是小微企业,无论是传统制造业,还是高新技术产业,甚至是现代服务业,都无一例外地面临来自市场的严峻挑战。

据有关数据统计,我国民营企业平均存活周期不到7年,众多小微企业夭折速度更快。纵观全球企业的发展历程,但凡能在激烈竞争中胜出的企业,都有一个基本的生存之道——持续保持企业核心竞争优势。如何培育、拥有并长期保持核心竞争优势,业界和学界对此进行了大量的分析和研究,呈现诸多成果,或产品领先说,或技术制胜说,或成本控制说,或企业家说,或机遇取胜说,等等,至今尚无定论。抛开某一特定企业的发展轨迹,我们发现,"百年老店"大都具有强大的创新与变革能力,而这种能力的不竭源泉正是企业文化。

从管理学理论诞生以来,国内外学者对企业文化问题的探索从来就没有停止过,做了卓有成效的研究,出版了大量专业著作,这些工作对企业树立品牌、规范管理、引起企业管理者对企业文化的重视起到了重要作用。但是,从已有文献或著作来看,有的侧重于企业文化理论分析,有的侧重于引入国外企业案例。在众多文献中,我们尚未发现通过企业文化管理来整体构建企业文化,形成企业竞争优势方面的著作。而易晓芳等几位老师正是从企业竞争优势的视角来研究企业文化的构建问题,他们编写的本书,拓展了企业文化的研究领域。

综观本书,有三个主要特点。一是,理论前沿。本书对文化、企业文化、中华传统文化、企业家文化进行了较为系统的梳理,引用了国内外学者的最新研究成果,让学生能在若干概念的对比中加深对中国情境下的企业文化的理解,开阔视野。二是,结构严谨,重点突出。以企业文化综述为起点,系统论述企业文化建设内涵、企业文化评价标准、企业文化与企业竞争力的关系、企业文化与人力资源管理的关系,以及企业家文化与企业文化的关系,最后以全球视野下的企业文化,分析东、西方企业文化的差异,有利于引导教师和学生全面而系统地把握企业文化的构建过程,特别是对企业竞争力与人力资源管理的论述,突显了企业文化的生命力及其对组织成功的贡献。这是本书最值得肯定的独到之处。三是,指导性强。应该说,在中国,无论是企业还是高校,对企业文化的研究都是近些年的事情,尤其是在针对企业文化如何为企业竞争力提供支持方面,认识比较浅。本书作者大多有企业工作经验,并且长期从事企业文化教学研究,对企业文化建设有亲身感悟。因此,他们所讲的企业文化管理中的细节,很管用。对大学课堂教学来说,采用国外先进教学理念,开发内化教学模式,将有利于学生内化。本书每章开篇设有学习目标、开篇案例,每章结束时设有本章小结,附课堂检验环节——预习题、复习题和练习题,能够推动学生自主研究和学习,因此,该书具有重要的实用价值。

目前,我国经济进入"新常态",一场关系我国发展全局的深刻变革已经到来。秉承"创新、协调、绿色、开放、共享"的发展理念,促进产业结构升级,走内涵发展之路,已成为全社会的共识。作为社会主义市场经济体制下的中国企业,唯有坚持以人为本,通过体制、机制创新,有效开发人力资源潜力,激发全体劳动者的创造力,才能确保企业的持久成功。而这一切都依赖于以企业价值观为核心的企业文化建设。从这个意义上来说,包括易晓芳等在内的老师所做的实际工作和理论探索都是值得肯定和赞扬的。企业文化建设属于人力资源管理创新,也是管理学领域永久性的研究课题。老师们的探索不会停止,国内外企业的成功实践将提供丰富的素材,因此,我们完全有理由相信,该书作者将会继续深入研究企业文化建设的理论与实践路径,为企业成功尽到理论工作者的责任。

陈洪权

(武昌理工学院人力资源系主任、副教授)

目　　录

第一章　企业文化综述 …………………………………………………… (1)
- 第一节　企业文化的概念及其内涵 ……………………………………… (1)
- 第二节　企业文化的产生与发展 ………………………………………… (5)
- 第三节　企业文化的结构 ………………………………………………… (19)
- 第四节　企业文化的特征和功能 ………………………………………… (26)
- 第五节　影响企业文化的因素 …………………………………………… (29)

第二章　企业形象与企业文化 …………………………………………… (41)
- 第一节　企业形象概述 …………………………………………………… (42)
- 第二节　企业文化与企业形象的理念识别 ……………………………… (54)
- 第三节　企业文化与企业形象的行为识别 ……………………………… (61)
- 第四节　企业文化与企业形象的视觉识别 ……………………………… (68)

第三章　企业文化建设 …………………………………………………… (84)
- 第一节　企业文化建设的定义与目标 …………………………………… (86)
- 第二节　企业文化建设的主体 …………………………………………… (87)
- 第三节　企业文化建设的原则 …………………………………………… (92)
- 第四节　企业文化建设的内容 …………………………………………… (97)
- 第五节　企业文化建设的程序 …………………………………………… (109)

第四章　企业文化评价 …………………………………………………… (119)
- 第一节　企业文化评价概述 ……………………………………………… (121)
- 第二节　企业文化评价的维度与方法 …………………………………… (124)
- 第三节　企业文化评价的实施 …………………………………………… (134)

第五章　企业文化与企业竞争力 ………………………………………… (144)
- 第一节　企业竞争力概述 ………………………………………………… (145)
- 第二节　企业文化的经济价值 …………………………………………… (148)
- 第三节　企业文化对经营业绩的影响 …………………………………… (153)
- 第四节　企业文化对企业竞争力的影响 ………………………………… (156)

第六章　企业文化与人力资源管理 ……………………………………… (171)
- 第一节　人力资源管理概述 ……………………………………………… (171)
- 第二节　企业文化对员工招聘的影响 …………………………………… (177)

第三节　企业文化对员工关系的影响 …………………………………（179）
　　第四节　企业文化对人力资源管理其他职能的影响 ……………………（183）
第七章　文化与企业文化 …………………………………………………………（192）
　　第一节　文化的内涵与特征 ………………………………………………（193）
　　第二节　文化管理的定义及特征 …………………………………………（197）
　　第三节　中国传统文化与企业文化 ………………………………………（203）
第八章　企业家文化与企业文化 …………………………………………………（223）
　　第一节　企业家文化概述 …………………………………………………（224）
　　第二节　企业文化与企业家文化的关系 …………………………………（228）
　　第三节　典型案例分析 ……………………………………………………（232）
第九章　东西方企业文化介绍 ……………………………………………………（238）
　　第一节　日本企业文化特性 ………………………………………………（240）
　　第二节　美国企业文化的特性 ……………………………………………（245）
　　第三节　欧洲企业文化的特征 ……………………………………………（249）
第十章　全球化背景下的企业文化 ………………………………………………（258）
　　第一节　跨国企业文化冲突管理 …………………………………………（260）
　　第二节　跨国企业文化融合 ………………………………………………（266）
　　第三节　全球化背景下企业文化发展新趋势 ……………………………（269）
参考文献 ……………………………………………………………………………（280）

第一章 企业文化综述

【学习目标】

(1)掌握企业文化的概念及要素;
(2)掌握企业文化的特性及作用;
(3)了解企业文化的历史;
(4)掌握影响企业文化的因素。

【开篇案例】

苹果为什么这么"甜"?

如果要问谁是今天全球商界最耀眼的明星,答案非苹果莫属。苹果公司 2010 年 1 月末公布的 2009 年度第一份财务报表显示,在 2009 年第一财务季度(截至 2008 年 12 月 27 日),苹果净利润为 16.1 亿美元,每股收益 1.78 美元,营业收入为 101.7 亿美元。与上财年同期相比,其季度净利润和营业收入分别增长约 2% 和 6%。这些指标都创下了该公司历史同期最高纪录。除了令人咂舌的强势业绩之外,我们随便翻看几个世界顶级排行榜,便可领略苹果的"耀眼"程度:在《商业周刊》50 强排行榜上,苹果连续多年名列榜首;而于最近一期公布的"十大最具创新性公司"排行榜上,苹果又力压谷歌、沃尔玛等勇夺第一。

当 Ipod 已经将曾经辉煌的 Walkman 所占有的音乐播放器市场蚕食殆尽的时候,当 Iphone 已经突出索爱、诺基亚、黑莓等的重重包围捕获全球手机达人的芳心的时候,当 Mac 经历 20 年浮沉起落,却依然在当下的 PC 市场上占有其稳定且重要的地位的时候,我们不禁要问:在金融危机的大背景下,当索尼、诺基亚、IBM 等业界对手纷纷趋于黯淡的时候,为何苹果却能始终保持它所本有的光泽,将商业传奇越演越烈?

第一节 企业文化的概念及其内涵

一、企业文化的概念

企业文化是由企业领导层提倡、上下级共同遵守并传承的,并在长期的生产活动与经营活动中形成与发展的,不易被模仿及改变的企业经营宗旨、价值标准、企业哲学、基本信念,以及在此基础上形成的员工群体性的思维方式和行为方式的复合体。

企业文化是企业的灵魂,是推动企业发展的不竭动力。它包含着非常丰富的内容,其核心是企业的精神和价值观。这里的价值观不是泛指企业管理中的各种文化现象,而是企业或企业中的员工在从事商品生产与经营中所持有的价值观。

二、企业文化的内涵

1. 文化的内涵

"文化"是由拉丁文"cultura"演化来的,在西方它有五层含义:一是指精神;二是指居住;三是指练习;四是指留心或者注意;五是指敬神。在中国古代,"文化"常常指"人文化成"和"以文教化",《周易》中有关"关乎人文,以化成天下"之说,这里的"人文"指文化典籍和礼仪风俗。从起源上来看,中西方对"文化"一词的理解颇具默契。

自从泰勒在其名著《原始文化》中提出"文化定义"以来,许多学者从各自的角度给"文化"下了定义。有人统计,目前学术界有关文化的定义多达460多个。不同的学者对这一概念有不同的解释。

"文化学之父"泰勒(1871)的定义是:所谓文化或文明,乃指知识、信仰、艺术、道德、法律、习俗以及包括作为社会成员的个人而获得的其他任何能力、习惯在内的一种综合体。

中国《辞海》对"文化"的定义是:从广义来说,指人类社会历史实践中所创造的物质财富和精神财富的总和;从狭义来说,指社会的意识形态,以及与之相适应的制度和组织结构。

《大英百科全书》将文化的概念分为两类:第一类是"一般性"的定义,将文化等同于"总体的人类社会遗产";第二类是"多元的、相对的文化概念","文化是一种来源于历史的生活结构的体系,这种体系往往为集团的成员所共有",它包括这一集团的"语言、传统、习惯和制度,包括有激励作用的思想、信仰和价值,以及它们在物质工具和制造工具中的体现"。

美国文化人类学家A.L.克罗伯和K.科拉克洪(1952)在《文化:一个概念定义的考评》中,考察了160多种文化定义后对文化下的定义是:文化存在于各种内隐的和外显的模式之中,借助符号的运用得以学习与传播,并构成人类群体的特殊成就,这些成就包括他们制造物品的各种具体式样,文化的基本要素是传统思想观念和价值观,其中尤以价值观最为重要。

威廉·A.哈维兰在《当代人类学》一书中指出,文化是一系列规范或准则,当社会成员按照它行动时,所产生的行为应限于社会成员认为合适和可接受的变动范围之中。

德国著名社会学家马勒茨克说过:"文化主要是指那些既存在于人的行为中,又存在于他的精神和物质产品的构想、信念、观念和世界观所组成的一个系统。"

Smircich(1983)从百舸争流的文化研究格局中,披捡出以下五类文化定义以表述不同的研究指向。

(1)文化是满足人类生物级心理需求的工具,如 Malionwsk 的功能论。

(2)文化的功能就像适应的机制一样,将个人统合于社会结构之中,如 Radcliffe-Brown 的结构功能论。

(3)文化乃是一个共有的认知系统,人类心智经由有限规则的建立而衍生出来,如 Good enough 的民族学。

(4)文化是共有的象征及意义的系统,象征行为必须经过解析、判读及释明后方能被了解,如 Geertz 的符号人类学。

(5)文化是心灵集体潜意识结构的折射,如 Levi-Strauss 的结构论。

综上所述,虽然不同学者对文化概念的理解各有不同,但其观审的角度无外乎描述性视角或解释性视角。描述性视角下的文化概念是"感性"的,其内容主要有行为、行动及其结果(即可观察的事实),文化的表现形式主要有艺术品、工具、建筑艺术,以及风俗、习惯、(组织)结构、机构、语言等。解释性视角下的文化概念是"理性"的,其主要内容是行为、行动的原因且其必须通过行动、行为的结果反映出来,而文化的表现形式体现为共同具有的价值观念、意识和行为准则等(见表1-1)。

表 1-1　不同观审角度下的文化内涵比较

观审视角	描述性视角	解释性视角
概念属性	感性	理性
主要内容	行为、行动及其结果(即可观察的事实)	行为、行动的原因且必须通过行动、行为的结果反映出来
表现形式	艺术品、工具、建筑艺术,以及风俗、习惯、(组织)结构、机构、语言等	共同具有的价值观念、意识、行为准则等

2. 企业文化的内涵

企业文化是人类文化的内涵在组织中的升华和具体化。通常,西方学者所说的企业文化多是指一个企业组织内形成的独特的文化观念、价值观、行为准则、历史传统、习惯、作风、道德规范和生产观念,等等。

威廉·大内认为:"一个公司的文化由其传统和风气所构成。这种文化包括一整套象征、仪式和神话。它们把公司的价值观和信念传输给员工们。这些仪式给那些原本就稀少而又抽象的概念添上了血肉，赋予它们以生命。"

埃德加·沙因认为，文化是群体经验的一种习得产物，因此只有在具有一种有效历史的一个可定义的群体中才能发现文化；而企业文化，则是由若干基本假设所构成的模式，这些假设是由某个群体在它学会怎样解决对外适应和实现内部团结的问题中所创立、发展和形成的。如果这个模式运行良好，就可认为它是行之有效的。埃德加·沙因对企业文化的基本理解，是基于解决组织在适应外界和实现内部团结过程中的问题的。他指出，企业文化的本质可以归结于：人与自然的关系、现实与真理的本质、人性的本质、人际关系的本质、时间和空间的本质等五个方面。如果组织成员拥有相同的价值观、思维方式和语言，那么他们就会有相似的思想和行为。

彼得斯和沃特曼把企业文化确定为"汲取传统文化精华，结合当代先进的管理思想和策略，为组织全体员工构建一套明确的价值观和行为规范，创建一个优良的环境氛围，以帮助组织整体地进行管理活动"。

迪尔和肯尼迪则认为，企业文化是由价值观、神话、英雄和象征凝聚而成的，他们对公司和员工有重大的意义。

劳伦斯·米勒指出，公司唯有发展出一种文化，这种文化能激励在竞争中获得成功的一切行为，这样的公司才能在竞争中取胜。

特雷斯·迪尔和艾兰·肯尼迪于1982年在《企业文化》中指出，企业文化"运用价值观形成、塑造英雄形象、明确规定习俗和仪式并了解文化网络来培养其员工行为的一致性"。他们视企业文化为组织整合内部力量、适应变化着的外部环境的关键手段，企业文化一旦形成，就会在组织和个人两个层次上影响组织的运行。

O. Reilly等则认为，企业文化是组织成员共享的基本价值观，这些基本的价值观被视为一种被内化了的规范性信念，指导人们在组织中的行为。

Linda Smircich认为："组织是作为一个共有意义的系统而存在的"。这个"共有意义的系统"就是组织文化，它可以使得组织成员的相互作用在没有过多解释的情况下也能照常发生。

除上述观点外，还有西方学者将企业文化归结为"组织行为规范的总和""组织管理的价值观念"，甚至有的学者还把企业文化等同于管理哲学，认为"企业文化是组织管理理论与实践的最高概括"。

由上可知，国外学者和业界人士对企业文化的界定侧重于从观念形态入手，以组织的价值观念体系为基础，以组织成员的群体意识为反映，并且与组织的经营管理哲学、管理行为相联系。他们反复强调价值观在企业文化中的地位和作用，把价值观看作组织的原动力，其重要性和作用远远高于技术和经济资源，也高于组织结构和制度。

国内学者和业界人士对企业文化含义的本质规定也有不同的说法。从分析概念的层面差异，可将之区分为广义说和狭义说两大派系。持狭义说的人认为，企业文化存在于人的精神世界之中，支配组织成员的思想意识，指导组织成员的行为，是组织在长期实践中所形成的价值观念、道德规范、行为准则、传统作风、群体意识、审美情趣、心理习惯及员工的整体素质等多方面的观念形态。它是组织最重要的经营资源，是维系组织生存和发展的精神支柱。持广义说的人认为，企业文化是指组织在创业和发展的过程中形成的物质文明和精神文明的总和，包括组织管理中的硬件和软件、外显文化和隐形文化（或表层文化和深层文化）两部分，组织成员的构成状况、组织生产资源状况、组织的物质生产过程和物质成果特色、组织的厂容和厂貌等都是企业文化的重要内容（见表1-2）。

表1-2 国内学者和业界人士关于企业文化内涵的比较

观审层面	狭义层面	广义层面
概念属性	意识范畴	物质文明和精神文明的总和
主要功能	支配组织成员的思想意识，指导组织成员的行为	凝聚组织在创业和发展过程中形成的物质文明和精神文明成果，推动组织持续发展
表现形式	价值观念、道德规范、行为准则、传统作风、群体意识、审美情趣、心理习惯及员工的整体素质	组织成员的构成状况、组织生产资源状况、组织的物质生产过程和物质成果特色、组织的厂容和厂貌等

综合国内外各派的观点，结合我国的组织发展实践，本研究以 Linda Smircich 的"意义系统"观为依托，将企业文化表述为：企业文化是企业的意义及意义践行的聚合系统。作为意义系统，它由企业全体成员认同并遵守的意识要素组成；作为实践体系，它是企业基本信念及行为规范的复合结晶。

第二节　企业文化的产生与发展

一、企业文化的产生

企业文化的产生是企业管理发展到一定阶段的产物。从历史上来看，管理科学经历了四个阶段：古典管理理论阶段、行为科学管理理论阶段、管理丛林阶段和企业文化阶段。

1. 古典管理理论阶段

现代企业管理科学发展的第一阶段（20世纪初到20世纪30年代）是所谓的古典管理理论阶段。古典管理理论通常包括泰勒的科学管理理论、韦伯的行政组织理论和法约尔的管理理论。

1) 泰勒的科学管理理论

泰勒1911年出版的《科学管理原理》一书的主要内容有以下几点。

(1) 最佳动作原理。具体来说,先选择一些合适而熟练的工人,对他们的每一个动作、每一道工序进行合理的设计或培训,并记录下每一个动作的时间和每一道工序的时间的总和,再加上必要的休息时间和其他延误的时间,就会得出完成某一工作需要的总时间,从而制定出一个工人的"合理的日工作量"及其工作定额。泰勒认为,科学管理如同节约劳动的机器一样,其目的就在于提高每一个单位劳动力的产量。

(2) 一流的工人制。这是指根据不同的体质和禀赋来挑选、培养工人。比如,身体强壮的工人就应该去干重活,而不能去干精细的活,这样,被挑选、培训出来的工人都是一流的。

(3) 刺激性付酬制度。这是指在工人的工作定额的基础上采取"差别计件工资制"。凡是超额完成生产任务的,其单件的工资就高,收入就多。

(4) 职能管理原理。这是指将管理工作细致地予以分割,每个管理者只承担一两种职能。这样,管理的职能比较单一明确,培养管理者所花的时间和费用也就较少。

(5) 例外原理。这是指企业的高级管理人员应把一般的日常事务授权给下级管理人员去处理,而自己只保留对例外事项或重要事项的决策权和监督权。

(6) "精神革命论"。这是指对工人进行思想压制的理论。在泰勒所试验的工厂里,不许四个以上的工人在一起工作。泰勒认为,当工人结帮成伙的时候,工人们会把许多时间用在对雇主的批评、怀疑,甚至公开的斗争上,从而降低效率。如果将工人分开,他们就会专心致志地按规范操作,从而提高工作效率和增长工资。泰勒认为,工人的工资一旦提高,工人和雇主"双方都不把盈余的分配看成是头等大事,而把注意力转移到增加盈余量上来,直到盈余大到这样的程度,以至不必如何分配而争吵"。这就是泰勒所说的"精神革命论"。

2) 韦伯的行政组织理论

韦伯的行政组织体系又称为"官僚制"或"科层制"。官僚的意思是分职务、分部门、分层次的管理形式。韦伯提出"官僚组织"这个术语,并非用来表示文牍主义的、低效率的含义,而是指组织结构设计中的某些特点。韦伯主张的官僚组织有如下几个特点。

(1) 进行劳动分工。为了实现一个组织的目标,就要把组织中的全部活动划分为各种基本的作业,且作为公务分配给组织中的各个成员。

(2) 确定职权等级。各种公务和职位是按照职权等级原则组织起来的,每一个职位有明文规定的权利和义务,形成一个指挥系统或层次体系。

(3)建立规章制度。管理人员必须遵守组织规定的规则和纪律,使之不受人的感情因素的影响,保证在一切情况下都能贯彻执行。组织中人员的任用,完全根据职务上的要求,通过正式考试或教育训练来实行。管理人员有固定的薪金和明文规定的升迁制度,是一种"职业的"管理人员。

(4)人际关系非人格化。组织中的各级官员必须完全以理性为指导,他们没有个人目标、偏爱、怜悯、同情等。

(5)工作程度系统化。这和(1)、(2)是紧密相连的。

(6)雇佣、提升能力化。

3)法约尔的管理理论

法约尔提出了经营六职能、管理五因素和十四条管理原则的学说。

(1)经营六职能:技术活动、商业活动、财务活动、安全活动、会计活动和管理活动。管理活动仅仅是经营六职能之一。

(2)管理五因素:计划、组织、指挥、协调、控制。

(3)十四条管理原则:分工原则、权限与责任原则、纪律原则、指挥或命令统一原则、尊重等级和横搭跳板的信息传递原则、个别利益服从整体利益原则、报酬原则、集权原则、等级系列原则、秩序原则、公平原则、保持人员稳定原则、首创精神原则、集体原则。

权限与责任原则是指担任指挥工作的企业领导应该把所有不一定非要自己做的工作交给部下和参谋部去做,而不能包办一切。领导应该深入了解企业与职工之间的协定,在职工面前起维护企业利益的作用,在企业面前起维护职工利益的作用。同时,领导应该具有承担责任的勇气。尊重等级和横搭跳板的信息传递原则是指信息应自上而下或自下而上经过等级制度中的每一级而传递。同时,为了保证行动迅速,各部门也应该横向沟通,建立及时交换信息的"天桥"或"横板"。

古典管理理论仅仅把人看成是一种"经济人",而忽视了人的社会属性,强调科学性、精密性和纪律性,而忽视了人的情感因素。结果,把人看成了挣钱的机器,在很多企业中激起了工人的强烈不满和反抗。于是,行为科学便应运而生了。

2.行为科学管理理论阶段

现代企业管理科学发展的第二阶段(20世纪30年代至20世纪60年代)是行为科学管理理论阶段。西方管理学中的行为科学管理理论,在早期称人际关系学说,后又发展为组织行为学。早期的行为科学侧重于"社会人",关心的是职工的社会性方面需求的满足。后期的行为科学侧重于"自我实现的人",关心的是职工在其工作中能否自我实现。

1)"社会人"假说

最先提出"社会人"这一概念的是乔治·埃尔顿·梅奥。这是乔治·埃尔顿·梅奥参加霍桑工厂实验后得出的结论。当时,一些管理学家认为,工作环境等物质条件与工人的健康、劳动生产率之间存在着明显的因果联系。但是,通过两组女工——控制组和对照组的比较试验,人们发现,这一理论是不能成立的。参加试验的两组女工在工作环境、工作时间和报酬等因素发生各种变化时,产量始终保持上升趋势,但其生产率不和工作环境、报酬好坏与多少成正比。

乔治·埃尔顿·梅奥认为,企业职工是"社会人",而不仅仅是"经济人"。具体来说,企业中的工人不是单纯地追求金钱收入的,他们还有社会方面、心理方面的需求,即人与人之间的友情、安全感、归属感和受人尊重等。因此,企业管理者必须首先从社会心理方面来鼓励工人提高生产率,而不能单纯地从技术和物质条件着眼。

乔治·埃尔顿·梅奥认为,企业中除了"正式组织"之外,还存在着"非正式组织"。这种"非正式组织"是指在厂部、车间、班组,以及各职能部门之外所形成的各种非正式的集团、团体。它有自己的价值观、行为规范、信念等。它同样对鼓舞工人的士气、提高劳动生产率、增强企业凝聚力等都可以起到很大的作用。"非正式组织"的存在表明:职工并非仅仅是"经济人",还是"社会人"。

由此,乔治·埃尔顿·梅奥进一步认为,金钱式经济刺激对促进工人劳动生产率的提高只能起到第二位的作用,起第一位作用的是职工的满意程度,而这种满意程度主要是由职工的社会地位决定的。职工的安全感和归属感取决于两个因素:一是工人的个人情况,如个人经历、家庭生活、社会生活所形成的个人态度和情绪;二是工作场所的情况,即工人相互之间或上下级之间的人际关系。

2)X-Y 理论

美国管理学家麦格雷戈于 1957 年提出了 X-Y 理论。麦格雷戈把传统管理学说称为"X 理论",把自己的管理学说称为"Y 理论"。X 理论认为:多数人天生懒惰,尽一切可能逃避工作;多数人没有抱负,怕负责任,视个人安全高于一切;对多数人必须采取强迫命令、软(金钱刺激)硬(惩罚和解雇)兼施的管理措施。相反,Y 理论则认为:一般人并不天生厌恶工作;多数人愿意对工作负责,并有相当程度的想象力和创造才能;控制和惩罚不是使人实现企业目标的唯一办法,还可以通过满足职工爱的需要、尊重的需要和自我实现的需要,使个人和组织的目标融合一致,达到提高生产率的目的。

因此,麦格雷戈认为,在企业管理实践中如果剥夺人的生理需要,就会使人生病。同样,如果剥夺人的较高级的需要,如感情上的需要、自我实现的需要,也会使人产生病态的行为。人们之所以会产生消极的、敌对的和拒绝承担责任的态度,往往是因为被剥夺了社会需要和自我实现的需要,从而产生的"疾病"的症状。

麦格雷戈强调指出,必须充分肯定企业职工的积极性是处于主导地位的,职工乐于工作、勇于承担责任,并且多数人都具有解决问题的想象力、创造力。所以,管理的关键就在于如何将职工的这种潜能和积极性充分调动起来。

3) 需要层次理论

美国最负盛名的心理学家亚伯拉罕·马斯洛在《人类动机的理论》等著作中提出了著名的"人类需要层次论"。他认为,按照重要性和发生的先后次序,人的需要可以分为五个层次。

(1) 生理上的需要。生理上的需要,主要指维持生活和繁衍后代所必需的各种物质上的需要,即人们的衣、食、住、医、行等。这是人们最基本、最强烈、最明显的一种需要。在这一需要没有得到满足之前,其他需要不会发挥作用。

(2) 安全上的需要。一旦生理需要得到了充分的满足,就会出现安全上的需要。比如,生活有保障,生老病死皆有依靠等。

(3) 感情和归属上的需要。感情和归属上的需要,主要指同家属、朋友、同事、上司等保持良好的关系,给予别人并从别人那里得到友爱和帮助,以谋求使自己成为某一团体公认的成员等。

(4) 地位和受人尊重的需要。人们对尊重的需要可分为自尊和来自他人的尊重。自尊包括对获得信心、能力、本领、成熟、独立和自由等的愿望。而来自他人的尊重则包括威望、承认、接受、关心、地位、名誉和赏识等。

(5) 自我实现的需要。自我实现的需要是指一个人需要做适合他的工作,发挥自己最大的潜在能力,实现自己的理想,且能不断地创造和发展。这是最高一级的需要。

亚伯拉罕·马斯洛认为,人们一般按照上述五个层次的先后顺序来追求各自的需求与满足,也就是说,人的需要有从低到高、从物质到精神、从生理到心理这样一个先后不同的层次。层次越低者越容易获得满足,层次越高者则获得满足的比例越小。亚伯拉罕·马斯洛估计,在现代文明社会中,生理上的需要的满足率约为85%,安全上的需要的满足率约为70%,感情上的需要的满足率约为50%,受人尊重的需要的满足率约为40%,而自我实现的需要只能满足10%。

因此,在企业管理上,应更好地从文化心理方面去满足企业职工的高层次需要,从文化上对职工加以调控和引导,帮助他们实现各自的愿望。

与人的需要理论紧密相连的是激励理论。激励理论的基本思路是:针对人的需要采取相应的管理措施,以激发动机、鼓励行为、形成动力。人的工作业绩不仅取决于能力,而且取决于激励的程度,通常用数学公式表示:

$$工作绩效 = f(能力 \times 激励)$$

4）超 Y 理论

美国学者莫尔斯和洛希提出了"超 Y 理论"。他们做过一次试验,在一个工厂和一个研究所中,按 X 理论来管理,结果工厂的效率高而研究所的效率低。在另一个工厂和另一个研究所中,按 Y 理论来管理,结果工厂的效率低而研究所的效率高。由此得出结论:Y 理论并不一定就比 X 理论优越。这是因为职工的素质不同,有的人富于主动性、责任感和创造才能,有的人则没有这些品质;工作内容也不同,有的是单调重复性劳动,有的是丰富新奇的、富有创造性的劳动。因此,应根据不同的情况,决定采用 X 理论还是 Y 理论来进行管理。

5）群体理论

心理学家霍曼斯认为,任何一个群体都是由活动、相互作用——信息沟通和行为响应、思想情绪——群体成员的态度、感受、意见、信念、思维过程和群体规范所构成的系统。

美籍德国人库尔特·卢因提出了"群体动力理论"。该理论认为,一个人的行为是个体内在需要和环境外力相互作用的结果。它特别论述了群体中各种力量对个体的作用和影响。比如,群体领导方式、群体组织形式、群体结构性质、群体公约等对一个人行为的影响。

美国学者利兰·布雷德福提出了敏感性训练理论。他认为,可以在类似实际工作环境的实验室中组成训练团体,提高受训者对自己的感情、情绪的控制能力,提高自己同别人的相互影响的敏感性,进而改变个人和团体的行为,达到提高工作效率和满足个人需要的目标。

总之,行为科学管理理论认为,人不仅仅是"经济人",还是"社会人""自我实现的人"等。这已经蕴含了人的精神追求,即"文化人"。

3.管理丛林阶段

现代管理科学发展的第三阶段(20 世纪 60 年代至 20 世纪 80 年代)是管理丛林阶段。

第二次世界大战结束后,世界进入了一个相对缓和的时代,许多国家把注意力转移到经济建设上来,经济理论得到了发展。在管理理论方面出现了许多新学说和新流派,它们通常被人们称为"管理理论的丛林"。美国管理学家哈罗德·孔茨认为,至少有十一个学派:社会系统学派、决策理论学派、系统管理学派、经验主义学派、权变学派、数学(管理理论)学派、组织行为学派、经理角色学派、经营管理理论学派、社会技术系统学派、人际关系学派等。下面,主要介绍管理丛林阶段的主要代表——决策理论学派。

决策理论学派主要是在第二次世界大战以后吸收了行为科学、系统论、运筹学和计算机科学等学科的内容而发展起来的,其代表人物是西蒙等人。

西蒙等人的决策理论的主要内容有以下几点。

1) 管理决策论

西蒙等人认为管理就是决策,制订计划是决策,选定方案也是决策。组织的设计、部门化方案的选择、决策权限的分配等,是组织上的决策问题;实践中的比较、控制手段的选择等,是控制上的决策。所以,决策贯穿于管理的各个方面和全过程,是全部管理活动的中心。

2) 决策过程论

西蒙等人认为决策是一个过程,包括三个阶段。第一阶段是搜集情报阶段,又称参谋活动阶段。在这个阶段,不仅要搜集企业所处环境中有关经济、技术、社会等方面的情报,而且要搜集企业内部的详细情报,进而对这些情报进行分析,找出问题,确定决策目标。第二个阶段是拟订计划阶段,又称设计活动阶段。在这个阶段以企业要解决的问题为目标,根据所搜集的情报,拟订几种方案,并进行预测分析、可行性分析和数理论证等。第三个阶段是选定计划阶段,又称选择活动阶段。根据当时的情况和对未来的预测分析、对比各备选方案的论证结果,选出最优或满意的方案。只有对这个选定的方案进行科学试验,其正确性得到印证后,才能编制计划并贯彻执行,同时,也要对执行情况进行监控,以修正偏差。

3) 决策准则论

西蒙等人认为,古典决策论把人看成是具有绝对理性的"经济人",在决策时本能地按照最优化原则选择备选方案,这是不可能的。这是因为人的头脑能够思考和解答问题的容量,同问题本身的规模相比是非常渺小的。因此,在现实中要找到最优的决策方案是非常困难的,甚至是不可能的。

西蒙等人认为,现代决策论是相对于古典决策论来说的,其所首创的现代决策论的核心是所谓的"令人满意准则"。决策的准则有两条:第一是满意准则,即被采纳的决策不一定是最优的,但是各方面是令人满意的;第二是相关准则,即在决策时不考虑一切可能发生的情况,只考虑与问题有关的特定情况,比如,对工商企业来说,只考虑"适当的市场份额""适当的利润""公平的价格"等。

4) 决策技术论

按照形式来分,有程序化决策和非程序化决策。程序化决策,也称常规决策、例行活动决策或规范性决策,是指一些经常重复发生的、决策目标非常明确的、目标是否达到的标准也非常明确的决策。它是可以通过制定一个例行的程序来加以处理、不必每次都翻什么新花样的决策。事实上,企业基层管理所从事的大多数决策,如订货、材料出入之类的决策,都属于程序化决策。非程序化决策,也称非常规决策、非例行活动决策或非规范性决策,是指那些牵涉面广、问题复杂、不经常出现、也不能用对待例行公事的办法来处理的决策。如新产品的研究和开发、企业经营的多样化、新工厂的扩建等,就属于非程序化决策。一般来说,企业最高管理层主要关注的是非程序化决策,而基层管理通常关注的是程序化决策。

按照决策问题的自然状态的性质来分,有确定性决策和非确定性决策(其中又有风险性决策、竞争性决策和完全不确定性决策之分)。所谓自然状态,又称客观条件,是指各备选方案在执行过程中可能遇到的客观状况,如天气的好与坏、市场的繁荣与疲软等。当决策问题只存在一种已知的状态(如天气肯定好、市场肯定疲软)时,就称为确定性决策。这时,客观因素很清楚,约束条件很明确,有关变量及其相互关系是可计量的,因而,能够建立数学模型并求出最优解。当决策问题存在着两种以上的自然状态,而各自然状态发生的概率均确知(如确知市场繁荣的概率为 0.7,而市场疲软的概率为 0.3)时,则称为风险性决策。为解决风险性决策问题,发展了许多决策方法,如以期望值为标准的决策法、以最大可能性为标准的决策法、以优势原则为标准的决策法、以意愿水准原则为标准的决策法、马尔科夫决策法、模拟决策法、动态规划决策法等。当决策问题存在着两种以上的自然状态,且自然状态发生的概率不能确知时,就称为完全不确定性决策。这时,由于客观因素的不确定,无法估计各种特定情况出现的概率,也就无法预测各种有关结果的概率,因此,缺乏选择最佳方案的条件,只能选择较好的方案。为了进行这种选择,发展出了最大的最小收益值法、最小的最大后悔值法、最大的最大收益值法、乐观系数法、等可能法或等概率法等。当决策问题中有竞争对手存在,所出现的状态不是客观的自然状态而要注意竞争对手的策略时,就称为竞争性决策。为了做好竞争性决策,企业管理中引进了 20 世纪 20 年代发展起来的一门数学分支学科——对策论,使这类问题获得科学的解决。

按照所考虑目标的个数,有单目标决策和多目标决策。在多目标决策中,有些方案无论从哪个目标来看,都是比较差的,因而,是可以淘汰的"劣解";但是,其余的方案却是有好坏、高低之分的。经常是,对某些目标来说,这个方案比较好,而对另一些目标来说,则是那个方案比较好。任何一个方案都既不会全面优于其他方案,也不会全面差于其他方案,而被称为"非劣解"。多目标决策的任务,就是要从属于"非劣解"的方案中,选取一个比较满意的方案作为"好解"。为此,发展了许多可行的方法,如目标分层法、成本-效益法、乘除法、效用系数法、功效系数法、数学规划法、目的规划法、重排次序法、直接求非劣解法等。

4. 企业文化阶段

现代管理科学发展的第四阶段(20 世纪 80 年代以来)是企业文化阶段。

企业文化理论是在以前的管理理论的基础上创新而成的。企业管理从科学技术、经济层面上升到文化层面,是管理思想发展上的一场革命,给企业管理带来了勃勃生机和活力。

现代管理科学从第一阶段向第二阶段发展的契机,是上面所说的乔治·埃尔顿·梅奥等人所参加的霍桑实验得到了古典管理理论所无法解释的结果;从第二阶段向第三阶段发展的契机,是系统论、控制论、信息论和计算机科学的兴起;从第三阶段向第四阶段发展的契机,则是第二次世界大战以后日本经济的迅速发展。具体来说,日本企业的生产率大大超过了美国,并夺走了大量原属美国企业占领的市场。管理丛林阶段的理论,多数产生于美国,在美国企业中得到了充分的贯彻。美国企业的生产率,从世界领先地位落下来,无疑是对管理丛林阶段有关理论的沉重打击。事实上,日本企业的成功,恰恰是克服了管理科学发展第三阶段中管理理论若干错误倾向的结果。管理理论第三阶段和第四阶段之间的差别是:前一阶段主要关心具体的定量指标,而不太考虑企业宗旨、企业信念、企业价值观之类的"软"因素;而后一阶段则把这些"软因素"看得很重,认为掌握了企业价值观和信念宗旨本质的人,能够主动地推导出无数的具体规则和目标,以适应不断变化的情况。

企业文化固然克服了管理科学发展第三阶段中的某些错误倾向,但不是对它的全盘否定。第三阶段中的一切合理的东西都被保留了下来。例如,在第三阶段管理理论把企业看成是一个开放的系统,认为管理者的任务就是要在多变的环境中使企业存在下去和发展起来,这也是企业文化学的观点。事实上,企业文化就其重视人的作用来说,是第二阶段管理理论——行为科学理论的发展,但绝不是简单的重复。行为科学阶段侧重于把心理学的研究成果引入企业管理,而企业文化则侧重于把文化学的研究成果引入企业管理,充分发挥文化的作用。显然,文化覆盖了人的心理和生理、人的现状与历史。具体来说,"文化人"是"社会人"的继承与发展,"社会人"更是文化的产物,"社会人"内在的本质更应当是"文化人"。企业文化不仅把人看成是"经济人""社会人",而且更是把人看成是"文化人"。因而,企业文化把以人为本的管理思想全面地显示出来了。

企业文化形成的标志是1981—1982年间美国管理学界出现了名著:《Z理论——美国企业界怎样迎接日本的挑战》《日本企业的管理艺术》《企业文化——现代企业的精神支柱》《寻求优势——美国最成功公司的经验》。这四部著作通常被人们称为20世纪80年代企业文化的"新潮四重奏"。

美国加利福尼亚大学美籍日裔教授威廉·大内,从1973年开始着手研究日本企业的经营管理。他从与美日企业界人士广泛的交往中得到有益的启发,在深入调查美日两国的企业管理现状的基础上,以日本企业文化为参照系,写下了《Z理论——美国企业界怎样迎接日本的挑战》一书。这本书写作的目的是"如何把对于日本企业管理的理解运用到美国环境的实践性",也即试图回答"日本的企业管理方法能否在美国获得成功"这个美国公众关心的问题。

《日本企业的管理艺术》的作者——帕斯卡尔和阿索斯分别是美国斯坦福大学和哈佛大学的管理学教授。他们用了6年时间考察日本和美国的30多家大企业,对这些企业的经营管理方式进行了详尽的研究,得出了这样的结论:任何企业的成功,都必须牢牢抓住战略、结构、制度、人员、作风、技能和崇高的目标这7个变量,并且把它们看成是相互关联而绝不是孤立的。这7个变量英文名称的第一个字母都是S,故称"7S模型"。此模型经美国著名的企业管理咨询机构麦肯锡公司的专家们加以完善并广泛推广,故又称"麦肯锡7S框架"。

《企业文化——现代企业的精神支柱》是专门研究组织文化的美国哈佛大学教授特雷斯·迪尔和闻名遐迩的麦肯锡管理顾问公司资深管理顾问阿伦·肯尼迪联手合著的。这本书是他们花费了6个多月时间对近80家企业进行了详细的调查,并从理论上加以总结、提炼而写成的。该书分为两大部分,即企业文化的要素和如何将企业文化付诸实施。在书中,他们提出了"杰出而成功的公司大都有强有力的企业文化"这一论断。

《寻求优势——美国最成功公司的经验》的作者是托马斯·彼得斯、小罗伯特·沃特曼。他们从1997年开始,先后访问了美国历史悠久、业绩卓越的62家大公司,并从中挑选了43家杰出模范公司进行了深入研究,从而归纳出优秀公司经营管理的8项原则:贵在行动;紧靠顾客;鼓励革新,容忍失败;以人促产;深入现场,以价值观为动力;不离本行;精兵简政;辩证处理矛盾。托马斯·彼得斯和小罗伯特·沃特曼在书中再三强调"软就是硬"的道理。他们认为,企业主管不仅应该关心如何赚钱,而且应该注重效果与价值观念,鼓励部属与员工同心协力、努力工作,且使他们个个都有成就感。

由上可以看出,企业文化确实是管理理论发展的最新综合。企业文化着重于企业精神的培育,但也不排斥在一定条件下的精确定量分析;着重于依靠职工为企业发展做贡献的热情,但也不完全否认规章制度的作用;着重于形成上下级之间融洽和谐的合作气氛,但也不主张取消上级和下级的划分;着重于关心社会与顾客的利益,但同样也关心企业与职工的利益;提倡待人宽容的企业管理,但对违反企业价值观的行为往往也严加追究;特别关心产品的质量,但也关注产量和成本;提倡职工的自主自发研究,但是也搞统一开发;特别看重质的提高,因而总是倡导革新创新,但是也不完全放弃量的扩大,也搞规模经济;许多问题上粗略笼统,但有些问题也讲究不差分毫;企业内部既搞重复竞争,但也有整齐划一的地方。总之,不是抓住矛盾的一方而片面地否认另一方,而是根据具体条件灵活地把握双方的统一。

企业文化是现代管理科学发展的新阶段,其主要贡献在于其实现了组织目标与个人目标的统一、工作与生活的统一、管理与被管理的统一、约束与自由的统一、物质奖励与精神鼓励等的统一,特别是,企业文化正在把对人与对物的管理,以及被西方历史传统分割开来的人的物质生活和人的精神生活,努力统一于企业的管理之中。

二、企业文化内容的创新与发展

文化具有延伸性,未来企业文化是今天企业文化的延续。当然,这种延续不是简单的传承,而是创新和发展。在这个过程中,有些先进文化可能被继承下来,有些落后文化可能被淘汰掉,有些文化经过演绎会发生转型,同时新环境也会造就一些全新的文化。可以预见,未来企业文化的内容将更加丰富多彩。下面介绍的主流文化将更加突出。

1. 创新与变革文化

经济全球化、信息化和知识化的加速对企业创新提出了挑战。1997年世界管理年会把创新作为未来管理十大趋势的第一大趋势。"不创新即倒退、不创新即死亡"已经成为企业经营的第一定律。创新与变革文化是企业危机意识、生存意识和发展意识的集中体现。创新与变革包括丰富的内涵,既包括技术、产品、市场及经营、服务方式的创新与变革,又包括管理组织、制度、手段和方法的创新与变革。在创新与变革文化的导向下,企业至少表现出以下几个方面的文化风格。

(1)敢于挑战自我,视今天为落后,志在追求更高的目标,善于打破今天的平衡,创造新的平衡,使企业永远处于动态的发展中。

(2)不怕冒风险,善于在风险中寻找更好的经营机会。

(3)宽容失败,即为了鼓励人们创新与变革,能够宽容在创新中出现的失误。

(4)善于行动,像美国人那样,凡事"Let me have a try"(让我试试),千方百计把好的想法变成现实。

2. 人本与能本文化

人本价值观仍然是未来企业文化的主旨和主旋律。但是,在知识经济时代,人本价值观的内涵和侧重点会有一定的变化,不仅强调充分重视人、尊重人,吸收员工参与决策,参与管理,更重要的是关注"人的能力",重视"人的能力"的培养、开发和利用,即由人本逐渐扩展为"人的能力本位"(简称"能本")。

"能本"价值观包括丰富的内涵:一方面,旨在使每个人将能力最大限度的发挥作为价值追求的主导目标,既充分发挥现有能力,又充分发挥人本身潜在的能力,同时要通过学习与提高,增强能力,具备专长,力求成为解决某一方面问题的专家;另一方面,对企业来讲,就是要把合理使用能力、开发潜能、科学配置能力、积极培养能力作为工作的重心,最大限度地发挥个人价值,并把它与企业价值统一起来。

在人本价值观的基础上形成的"能本"价值观是对传统"权力本位""金钱本位"及"关系本位"价值观的超越,倡导这种新的文化价值观,有助于增强企业的整体创造力,提高整体效率与效益,并形成竞争优势。

3. 差别与差距文化

这种文化是与能本文化相适应的。众所周知,人与人之间的能力差别是客观存在的,这是因为人们的天赋不同、受教育的程度不同、经历与经验不同、成长的环境不同等,进而每个人的知识结构、思维能力和行为能力等都有差别。在企业中,因为员工的能力有差别,所以,员工的分工就有差别,不同能力的人就会做不同性质、不同专业、不同能级的工作,也就有不同的收入方式,如企业高级管理人员拿年薪和股票期权,一般员工拿工资。因为收入方式不同,所以收入水平就有很大的差别,如工人与"首席执行官"(CEO,chief executive officer)的收入差距,在美国已达到531倍,在亚洲国家也扩大到200到300倍。1980年美国年薪最高前10名CEO平均年薪为340万美元,2001年飚升到1.55亿美元。过去15年CEO的年薪增长了886%,而普通员工年薪只增长了63%。近年来,一个不争的事实是,一般劳动收入增长缓慢,而知识劳动收入增长迅速;资本的回报没有太大变化,而企业家的风险收入大大提高。

能力差别造成的收入差别,与尊重人权和尊重人格没有关系。差距与差别文化代表了企业文化创新的一个重要方向,只有不断培植这种文化,才能真正适应市场经济的需要,更好地体现以人为本、尊重知识、尊重人才的理念,在企业中使高能级、贡献大的人受到充分激励,使低能级、贡献小的人受到鞭策,从而激发人们的竞争精神、卓越精神和学习精神。

4. 学习与超越文化

未来成功的企业将是"学习型组织"。按照彼得·圣吉的观点,学习型组织具有五种技能或修炼:自我超越、改善心智模式、建立共同愿景、团体学习和系统思考。这里的修炼并非靠强制力量或威逼利诱,而是必须精通整套理论、技巧,并付诸行动。

自我超越,就是要求:每个组织成员要不断而深入地弄清自己真正的最高愿望,即弄清自己的内心深处最想实现的究竟是什么;为了实现这个最高愿望,每个成员都要集中精力,全心投入,正视现实,终身学习,不断创造,超越自身。

心智模式,又称为思想模式或思维模式。心智模式,特别是共有的心智模式,无论是对个人还是对组织,都具有既深远又广泛的影响。改善心智模式要求:要学会发掘自己的心智模式,使它浮上表面,因为人们通常不易觉察自己的心智模式,也不太清楚它对行为所产生的重大影响;要严加审视自己的心智模式,抛弃其中不合时宜的成分;要培育一种有学习效果的、兼顾质疑与表达的交谈能力,以便有效地表达自己的想法;学会以开放的心灵容纳别人的想法。

所谓共同愿景,是指共同的目标理想和共同的价值观。建立共同愿景要求:领导者要有将个人的目标转化为能够鼓舞整个组织的共同目标的观念并付诸行动;一个共同的危机,较容易激发一个组织形成一个共同的目标,这时不应只满足于暂时解决危机,而应该追求更高的目标,这往往是大多数人所愿意选择的;将个人目标整合为共同目标,应该遵循引导学习的原则,努力培养公司成员主动、真诚的奉献和投入的意识与行为,而不应该搞一本行动手册让每一个成员被动遵守,一味地试图用领导者的主观意图来主导共同目标。

团体学习理论认为,在现代组织中学习的基本单位是团体而不是个人。当团体真正在学习的时候,不仅团体整体能产生出色的成果,而且个别成员成长的速度也比其他的学习方式快。这就要求:学会进行"深度会谈",使一个团体的所有成员都说出心中的假设而进入真正一起思考的能力,而不同于一般的"讨论"或"对话";找出妨碍学习的互动模式,将其暴露出来,从而提高学习的速度。

系统思考要求:养成对系统整体,而不是对它的任何一个单独的部分深入地加以思考的习惯;理解系统论的完备知识体系,掌握其实用工具,以认清整个变化形势,开创新的局面。

由此可见,学习型组织在共同的意愿下,有着崇高的信念与使命,具有实现理想的共同力量,并且人们勇于挑战过去的成功模式及力量极限,充分发挥生命潜能,创造超乎寻常的成果,每个人从学习中体验工作的意义,追求心灵的成长和自我价值的实现。

与这种学习型组织相适应的是学习与超越文化。在这种文化导向下,人们追求通过学习提高素质,开发能力与智慧。尤其是团队通过共同学习,提高整体的适应能力和创造能力,从而超越自我,超越平庸。显然,这里的学习,不是通常意义上的学习,而是真正的学习。通常意义上的学习是指吸收知识或获得信息;而真正的学习,涉及人之所以为人这个意义的核心。通过学习,个人重新创造自我;通过学习,人们能够做到从未做过的事情,重新认知这个世界及与人们的关系,扩展创造未来的能力。这里所说的学习主体是包括个人在内的整个组织。一个组织的真正学习,不能满足于生存,还应当着眼于开创美好的未来,使每个成员在这个组织内工作,能感到自己属于一个比自我强大的团体,能体现人生的价值。

5. 虚拟与借力文化

虚拟经营是经济全球化时代中企业无形资产增值和品牌效应放大的产物,其本质是借用外力,在较大的市场范围内利用高新信息技术,进行经营资源的组合与配置,企业只保留对市场变化的高度敏感性和设计开发能力,其他环节均通过国际分工体系完成,以扬其所长,避其所短,从而突破企业自身的能力极限,实现快速增长。与虚拟经营相适应的虚拟与借力文化的出现,大大改变了企业的经营理念。它使企业在经营中更注重培育品牌,开发无形资产价值,在实践中树立大市场观和大资源观,利用自身的商誉优势,从全球的视野捕捉市场机会,组合资源,寻找合作伙伴,提高灵活性、柔性、合作、共享、快速反应、高效输出的素质和能力。未来的企业是没有市场边界、没有资源限制的企业,只有培育虚拟与借力文化,才能实现经营创新和市场创新,最终获得超乎寻常的发展。

6. 速度与效率文化

在西方经济学家眼中,企业的本质就是能够创造比其他形式更快的速度、更高的效率。科斯及其追随者就认为,企业替代市场,仅仅是因为它能节省交易费用。阿尔钦等人认为,企业作为一种团队生产方式,其意义就在于多项投入在一起合作生产得出的产出要大于各项投入分别生产的产出之和。可见,速度与效率文化是内生于企业这种组织形式的。没有速度与效率,交易成本过高,投入产出形不成合理的比例,企业也就没有存在的必要。未来的企业之所以更重视速度与效率,主要是全球性市场竞争的需要。只有讲速度与效率,企业才能捕捉到更好的经营机会,才能以最低的成本、最优惠的价格、最便捷的方式,把产品和服务提供给顾客,从而赢得市场,赢得顾客的信赖与忠诚,最终赢得竞争。速度与效率文化是推动企业革新与进步的加速器。在速度与效率文化导向下,企业要通过组织创新,创造精干高效的组织运行机制;通过业务流程再造,实现产品质量、服务质量、顾客满意度和效益的全面提高;通过人力资源开发与科学的管理,促使人们学习现代科学文化知识,掌握先进的工作技能与方法,加快工作节奏,提高工作效率。

7. 协作与共享文化

企业是由众多人组成的协作体,企业对外开展经营活动也是在与他人协作之中进行的。市场经济无疑要倡导竞争,但不能忽视协作。竞争与协作本身就是一体两面。仅有竞争会把企业引导到"你死我活"的黑暗中去。因此,未来企业文化中协作是主旋律。这就是说,在企业内部,通过协作创造整合力量和放大效应,实现企业与员工价值共享;在企业经营中通过协作创造最大的效益,实现企业与社会价值共享。这也就是说,一个企业的生存目的不仅是为了获得自身价值的增长,好的企业大大超越传统经济学有关利益是唯一驱动力的理论,追求企业与员工价值共享,追求企业与社会价值共享。在考虑社会价值时,企业除了维护顾客的利益、维护社会公共利益外,尤其关注自然生态价值,通过保护并合理使用自然资源,通过开发绿色技术、绿色产品,推行绿色营销、绿色包装、绿色服务等,促进社会经济的可持续发展,此外,也关注社会文化价值,努力通过自身的经营行为和公益活动,向社会传播先进的价值观和生活方式。协作与共享文化真正使企业面向社会,在谋求自身和谐的基础上与投资者、竞争者、供应商、经销商、顾客、金融机构以及其他社会成员取得和谐,与自然环境取得和谐,在和谐中实现价值的共同增长。

8. 信用与信誉文化

市场经济是信用经济。没有信用，不讲信誉，缺少游戏规则，市场经济就没有良好的秩序，也就不会产生比其他经济体制更高的效率。信用机制的构成有三个层次：一是建立在人格和特殊感情关系基础上的特殊主义的信用机制，依靠道德约束；二是建立在法律和契约基础上的普遍主义的信用机制，依靠法律约束；三是建立在价值观基础上的体现终极价值理想和信仰的神圣信用机制，依靠文化约束。

在信用文化建设上，企业面临着双重任务：一方面要完善法律意识和契约理念，以弥补信用缺失；另一方面，还要加强信用积累，提高信誉，在与社会信用文化建设的互动中，不断提高信用管理水平，实现信用的道德和法律约束向文化约束的提升。

9. 知识管理

在知识经济时代，企业的竞争优势将主要取决于企业的技术优势和管理优势，而不是传统的资源优势和资金优势。因此，知识经济时代企业间的竞争是企业创新能力的竞争，而创新能力的竞争归根到底又是企业在知识的生产、占有和有效利用方面的竞争。要提高竞争力，企业就必须提高获取知识和有效应用知识的能力，而学习、研究与开发正是获取这种能力的基本途径。所以，企业正逐渐将学习、研究与开发活动当作企业的核心活动，借助信息技术与网络进行信息的搜集与综合，并与企业的智力资源相结合进行提炼、开发与创新，以形成独特优势。这就是说，对知识的开发和管理逐渐上升为企业管理的重要组成部分。知识管理已成为企业管理的重要内容和主要形式。知识管理的兴起带来了管理模式的创新和革命。企业知识管理与企业文化密切相关，企业文化也发生了深刻的变化。

这一时期企业文化理论的代表性著作有彼得·德鲁克的《知识管理》、彼得·圣吉的《第五项修炼》、安尼·布鲁金的《第三资源——智力资本及其管理》、达文波特和普鲁萨克的《营运知识——工商企业的知识管理》等。

第三节 企业文化的结构

一、企业文化的结构理论

企业文化的结构是指企业文化系统内各要素之间的时空顺序、主次地位与结合方式，它表明各个要素如何联系起来，形成企业文化的整体模式。

以下分别介绍国外著名的企业文化结构理论。

1. 企业文化睡莲图

英国学者爱伦·威廉、鲍·德布森和迈克·沃德斯提出了企业文化睡莲图，如

图 1-1 所示。企业文化睡莲图说明了企业成员的行为、态度、价值观是由他们所拥有的信念决定的,这些信念中有一部分是潜意识的:企业成员的信念是企业文化的核心因素。

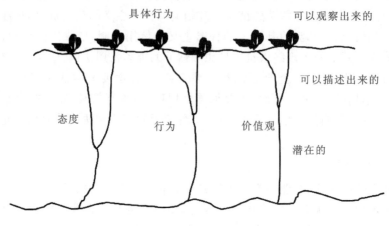

图 1-1　企业文化睡莲图

2.企业文化冰山模型

企业文化冰山模型是由美国学者帕米拉·S.路易斯、斯蒂芬·H.古德曼、帕特西亚·M.范德特提出的,如图 1-2 所示。企业文化有两种基本的构成成分,可以用冰山来表示:表面的看得见的东西是具体行为,而支持这些具体行为的是深层次的东西,是企业成员心灵深处的看不见的观念、共有价值观、宗旨和行为标准。

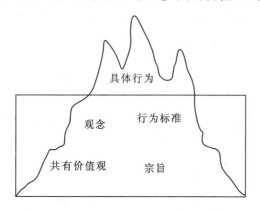

图 1-2　企业文化冰山模型

3.企业文化同心圆图

企业文化同心圆图是国内学术界比较普遍的结构图,如图 1-3 所示。企业文化核心层的构成要素只有一个,即价值观念,它是关于人,以及人与人之间、人与自然之间关系的一系列价值观念的总和。任何企业都可以根据自己的理解和需要塑造自己的企业文化。企业所有在文化方面的表征都是以核心层为基础的,这是企业对人与人之间、人与社会之间最根本的认识与标准。

理论层的作用是对处于企业文化核心的价值观念进行理论论证。理论层是对核心层观点的进一步发挥,是企业在创造物质和精神财富的生产经营实践活动中表现出来的理论化和系统化的世界观与方法论,是对贯穿企业各种活动的基本规律的理性认识和全面把握,是对企业经营行为的一种根本指导。

企业文化的实体层,是指被企业文化理论层所论证的具有充分合理性和必然性的价值观念,具体到各个层次、各种人员行为上的标准和规则。

企业文化的表象层是企业文化存在的外部形式,它在企业文化中起着一个将企业文化的价值观念转化为艺术形式的作用。

这四个阶段分别是归纳、整理、完善企业价值观念阶段,选择、确定企业文化类型阶段,构建企业文化的各个构成要素阶段和企业文化由价值观念向外演绎推进阶段。

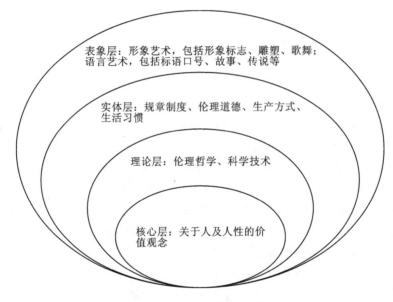

图 1-3　企业文化同心圆图

4. 企业文化车轮图

英国文化人类功能学派的奠基人拉德克利夫·布朗曾强调社会的整体性质,认为功能分析不能脱离结构分析。同样,若要构建一个明细完整的企业文化体系,首先必须要了解企业文化的结构,清晰其构成要素及要素之间的联系。从企业文化的研究实践和企业的操作实践来看,企业文化由基础部分、主体部分、外在部分三个部分构成,可分为四个层次,如图1-4所示:物质文化层、制度文化层、行为文化层和精神文化层,这四个层次构成企业文化的系统结构。其中,物质文化层属于企业文化的外在部分,制度文化层和行为文化层属于主体部分,精神文化层属于基础部分。

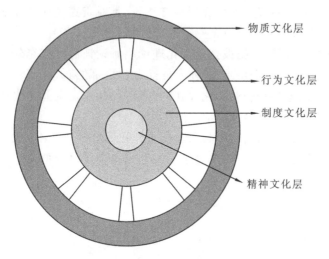

图1-4　企业文化车轮图

企业的物质文化是由企业员工创造的产品和各种物质设施等构成的一种物质形态的表层企业文化,是企业其他三种文化的显现和外化,它包括企业环境、企业形象和企业应用要素。通过企业外显文化结构就可以了解企业特有的经营理念、价值观念和企业精神。企业环境包括企业内部环境和外部环境,不同的内部环境和外部环境,是企业文化具有个性的重要原因。企业形象通过用以体现和识别自身的要素,包括企业的产品、企业员工价值观、企业宗旨、目标等来体现企业经营理念。企业应用要素主要是指企业生产资料和文化实物,包括员工形象、产品形象、对外宣传展示系统等体现企业形象的整体感。

企业的制度文化是在企业活动中建立的一种能使广大员工的自觉性和能动性得到充分发挥的制度机制。它主要包括企业的规章制度、管理制度,以及企业颁布的书面规划、程序条例或法度,是企业管理思想、管理组织和管理方法的综合体现。企业文化可以潜移默化地影响企业员工的思想观念,这种影响会通过各种方式力争在企业的管理制度中发挥作用;并且企业文化也会力图通过制度发挥自己的影响力,促进员工实施自我管理,进而体现制度的权威性、强制性和稳定性,同时也体现企业文化的要求。

企业的行为文化"是企业员工在生产经营、科研、交际中产生的活动文化",它以人的行为为形态,使个人责任和个人目标紧紧地统一于企业目标之中,使企业每个成员在公平合理、心情舒畅的环境中发挥巨大能量,实现个人目标和企业的最终目标,完成企业使命,促进企业发展。企业的行为文化包括企业战略、企业民主和企业角色行为。企业战略是指在激烈的市场条件下,对企业发展宗旨和使命、企业发展目标、实现发展的保障措施与调整等所做的全局性、根本性、长远性的谋划和对策。一个企业应站在社会和时代发展的高度,按照满足市场要求、员工要求、顾客要求,增进社会福利和推动社会繁荣的要求,来规定企业的使命和目标。企业民主包括员工的民主意识和民主行为,在每个企业中,每个成员都扮演着特殊的角色。企业家的思维方式、经营哲学都是企业文化最重要的来源。企业角色行为是与企业命运休戚相关的,对企业文化也是有决定性作用的。企业员工的群体行为决定企业整体的精神风貌,是企业文化建设的重要组成部分。

企业文化最为核心和基础的部分就是精神文化,精神文化是企业的上层建筑。它是受一定社会背景、意识形态影响而长期形成的一种精神成果和文化观念,是企业文化心理积淀的群体意识的综合,是物质文化、制度文化和行为文化的灵魂。精神文化包括企业哲学、企业价值观、企业精神和企业道德四个部分。企业哲学是企业最高层次的文化,以其特有的理性思维主导企业文化的发展方向。企业价值观是学术界公认的企业文化的核心,它主导和支配着企业文化的其他要素,决定和影响着企业存在的意义和目标。企业精神是企业文化的高度浓缩,是企业文化的灵魂。企业道德是企业文化之根,是调整企业与社会、企业与企业、企业与员工、员工与员工之间关系的行为规范,具有非制度性、非强制性和非外化性三个特征。

二、关于国内学者和学界对企业文化的观点

1. 企业文化结构单一层次说

这种观点认为企业文化只有一个层次,四川大学教授张宗源等人认为,"企业文化既不包括企业的物质层面,又不包括企业的组织结构和正规的控制制度,同时也不包括企业精神文化中与管理无关的一般意识内容,它仅仅包括企业组织结构和正规控制制度中内隐的、具有管理功能的精神要素。因此,它首先是指构成企业根本指导思想的那些内容,如企业哲学、经营哲学、管理哲学、价值观、美学意识、管理思维方式等,以及存在于企业精神文化层面中具有管理功能的企业道德、企业心理、企业风格等内容的总和。"

2. 企业文化结构两层次说

上海第二工业大学企业文化与企业形象研究所所长罗长海教授认为,企业文化是企业中物质和精神文化的总和,是硬件和软件的结合。企业文化可分为两大部分:一部分是企业中的外显文化,其中包括厂房设施、原材料、产品,等等;另一部

分是企业中的隐形文化,是以人的精神世界为依托的各种文化现象,包括企业管理制度、行为方式。企业文化是企业在各种活动及其结果中所努力贯彻并实际体现出来的以文明取胜的群体竞争意识。

四川大学教授张宗源等人认为,企业文化包括两个层次(见图 1-5):第一个层次是管理的显形层,主要是指企业的组织结构、正规的控制制度、管理手段和工具等,它们被作为管理的企业文化的表层;第二个层次是管理的隐形层,主要是指隐藏在管理显形层背后的、决定显形层的性质、形态、特征及功能的管理指导思想,它包括企业管理理论、企业哲学、管理哲学、经营哲学、价值观、美学意识、管理思维方式等。

浙江大学工商管理学院李继先博士认为,企业文化包括两个层次,但与上面的两层次说不同的是,将企业文化分为精神层和符号层两个层次(见图 1-6)。精神层与各家的观点基本一致。笔者在符号学理论和社会学符号互动论的基础上,结合前人的研究成果和企业文化实践,经过创造性加工,明确提出了企业文化的"符号层"这一观点并加以研究。将企业文化中的符号归纳表述为六类:语言符号、文字符号、图形符号、色彩符号、行为符号和物质符号。

图 1-5 企业文化结构两层次图

图 1-6 企业文化结构新两层次图

3. 企业文化结构三层次说

这种说法认为,企业文化分为三个层次,但三个层次所包含的内容又各不相同。著名学者、南京大学商学院教授周三多等人从系统论的观点出发,认为企业文化的结构有三个层次:表层文化、中介文化和深层文化。表层文化的表现形式是物质文化,包括工作场所、办公设备、建筑设计、造型布局、社区环境、生活环境;中介文化的表现形式是管理文化、制度文化、生活文化;深层文化的表现形式是组织目标、组织宗旨、组织精神、价值标准、组织道德、团体意识等观念文化。企业文化的构成要素有组织精神、组织理念、组织价值、组织道德、组织素质、组织行为、组织制度、组织形象等,由此构成一个有着内在联系的复合网络。

中国企业文化研究会副理事长、北京财贸管理学院教授王成荣等人认为,企业文化包括企业价值观、企业精神、企业伦理道德和企业形象四个部分,它们在企业文化体系结构中处于不同地位。其中,企业形象处于企业文化结构的表层,企业伦理道德处于企业文化结构的中层,企业价值观与企业精神处于企业文化结构的深层(见图1-7)。这三个层次是依次递进、相互影响的关系:深层文化是企业文化的核心,决定着整个企业文化的方向、本质、层次;中层文化直接把深层文化转换成一种成文或不成文的规则,对组织成员的言行起引导和制约作用;表层文化体现着企业文化的整体风格和品位,也以一种特有的氛围对组织成员起影响、感染、教化和引导作用。当然,表层文化和中层文化是由深层文化决定的。

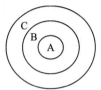

A深层:企业价值观与企业精神
B中层:企业伦理道德
C表层:企业形象

图1-7 企业文化结构三层次图

4. 企业文化结构四层次说

这种说法认为,企业文化有四个层次,这是目前国内外比较公认的说法。北京大学企业文化研究所研究员王超逸等人认为,企业文化通常分为四层(见图1-8):第一层是表层的物质文化,第二层是幔层的行为文化,第三层是中层的制度文化,第四层是核心层的精神文化。

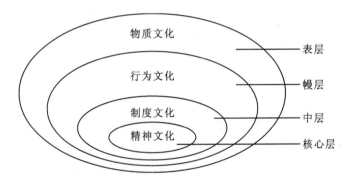

图1-8 企业文化结构四层次图

5. 企业文化结构五层次说

这种说法认为,企业文化有五个层次,其中又有两种代表性的观点。

一种观点,著名经济学家、北京华夏管理学院院长于光远认为,企业文化有五个层次:在企业领导人和一般职工中树立起适合本企业利益的价值观并采取一系列方法来激发全体员工的积极性,达到提高管理水平取得良好效益的目的;企业家的管理文化和经营文化;提高职工的文化水平和文化素质,丰富职工的文化生活、文化修养;企业关心社会文化事业;企业领导人研究有关企业的各种政策问题,研究宏观经济问题,提高参与决策意识。

另一种观点,著名企业文化、企业形象、企业战略专家和理论家、中国企业文化研究会副理事贾春峰同意将文化分为物质文化和精神文化两种,从一定意义上也可以说是显在文化和潜在文化。企业文化所突出的是创造的人、组织的人、思想的人、说话的人以及计划的人。文化也即人化。当代中国的企业文化包括企业价值、伦理内涵、领导核心、职业主体、文化战略五大要素,以及由企业质量文化、企业经营文化、企业市场文化、企业制度文化、企业社会文化构成的文化网络。

第四节 企业文化的特征和功能

一、企业文化的特征

1. 企业文化的时代性

企业文化是时代发展的产物。任何健康、进取、优秀的企业文化都是时代精神的具体表现,它作为管理科学的最新成果,是在一定的历史文化、现代科学技术和现代意识影响下形成和发展起来的。同时,它还受到时代政治、经济、文化、社会形势的影响,因而必须以新的思想观念来丰富企业文化的内容,并紧跟时代的步伐。换句话来说,企业文化产生在特定时代的大背景下,它必然成为时代精神的反映。企业现代文化渗透着现代企业经营管理的种种观念,不仅如此,它还要随时代的发展而不断地发展。

2. 企业文化的整体性

企业文化是以企业作为一个整体,阐明企业多维、立体和有机的辩证关系,并对其进行多角度、多因素、整体的综合研究。它不仅研究企业价值观、企业目标、企业精神、企业制度及企业道德等方面,而且研究企业环境、文化仪式、文化网络、英雄人物等方面的内容。更重要的是,它不仅研究个别事物,而且重在探索整个系统的系统效应,为企业领导和管理人员提供理论依据,为广大员工积极工作创造优良的环境和有利的条件。

3. 企业文化的综合性

首先,构成企业文化的因素是相互依赖、相互联系、相互作用的一个有机整体,正是这种状况构成了企业文化的综合性。

其次,对别的企业文化中适合于本企业文化建设需要的、有价值的东西,要吸收和综合。

最后,由于企业文化要探索企业各种管理要素的优化组合和动态平衡,所以企业文化本身就具有较强的综合性。

由上可知,企业文化的综合性,实质上是对文化精华的吸收与再造,包括生成新的文化。要使企业这个综合体发挥出整体优势、整体功能,就必须重视对企业文化的综合性特点的研究。

4. 企业文化的人本性

企业文化非常重视"以人为本"的人本特性,强调以人为中心,强调人的思想、道德、行为规范、价值观等在企业管理中所起的重要作用。企业文化提倡群体精神,提倡建立亲密、友善、互助、信任的关系。企业文化注重职工的自我实现等高层次的心理需求,并把以上这些带有"人本"色彩的信念、价值观等巧妙地注入职工的心灵深处,在企业中形成一种和睦相处、和衷共济的人际环境。

5. 企业文化的稳定性

企业文化具有稳定性的特点。企业文化的形成总是与企业发展相联系的,是一个长期渐进的过程。企业一旦形成具有自身特点的文化之后,就必然相对稳定地存在,不会轻易消失,不会因企业领导人的更换,组织制度、经营策略和产品方向的改变而发生大的变化。

6. 企业文化的发展性

企业文化是在生产经营和管理活动中长期培育形成和不断充实发展起来的。每一个企业的企业文化都有自己的发展历史,正是这种在历史上逐渐形成的优秀的企业文化传统,形成了企业不断发展的驱动力。

二、企业文化的功能

企业文化作为一种先进的管理理论,它是以人为中心、以文化引导为根本手段、以激发员工的自觉行为为目的的独特的文化现象和管理思想,是企业的灵魂和精神支柱,在企业管理中有独特的功能。

1. 导向功能

企业文化反映了企业整体的共同追求、共同价值观和共同利益。这种强有力的文化,能够对企业整体和企业每个成员的价值取向和行为趋向起到导向作用。一个企业的企业文化一旦形成,它就建立起自身系统的价值和规范标准,对企业成员个体的思想和企业整体的价值和行为取向发挥导向作用。

企业文化的导向功能,主要是通过企业文化的塑造来引导企业成员的行为心理,使人们在潜移默化中接受共同的价值观念,自觉自愿地把企业目标作为自己的追求目标来实现的。企业文化的导向功能具体体现在:一是规定企业行为的价值取向;二是明确企业的行动目标;三是建立企业的规章制度。

2. 凝聚功能

企业文化可以增强企业的凝聚力,这是因为企业文化有同化作用、规范作用和融合作用。这三种作用的综合效果,就是企业的凝聚功能。这种功能通过以下两个方面得以体现:一是目标凝聚,即通过企业目标以其突出、集中、明确和具体的形式向员工和社会公众表明企业群体行为的意义,成为企业全体员工努力奋斗的方向,从而形成强大的凝聚力和向心力;二是价值凝聚,即通过共同的价值观,使企业内部存在着共同的目的和利益,使之成为员工的精神支柱,从而把员工牢牢联结起来,为了实现共同理想而聚合在一起。

3. 激励功能

企业文化中的员工士气激励功能,是指企业文化以人为中心,形成一种人人受重视、人人受尊重的文化氛围,激励企业员工的士气,使员工自觉地为企业而奋斗。企业文化对企业员工不仅有一种无形的精神约束力,而且有一种无形的精神驱动力。这是因为,企业文化使企业员工懂得了他所在的企业存在的社会意义,看到了他作为企业一员的意义和自己生活的意义,从而产生一种崇高的使命感,以高昂的士气,自觉地为社会、为企业、为实现自己的人生价值而勤奋地工作。企业文化的激励功能具体体现在:一是信任激励;二是关心激励;三是宣泄激励。

4. 约束功能

科学管理是以物为中心的管理,而企业文化则强调以人为中心的管理。从这个意义上来说,企业文化可以说是企业管理的灵魂。企业文化具有特殊的强制渗透功能,把企业精神融于规章制度(如厂规、厂法等)之中,使人和企业的行为规范化。这是经营者管理的依据,是企业形成自我约束机制的基础。由于这些规章制度反映了企业内所有职工的共同利益和要求,理所当然会受到理解和支持。

企业文化的约束功能是通过制度文化和道德规范而发生作用的。一方面,企业规章制度的约束作用较为明显,而且是硬性的,规章制度面前人人平等;另一方面,企业的伦理包括社会公德和职业道德,员工都必须遵守,它是一种无形、理性的韧性约束。

5. 辐射功能

企业文化与社会文化紧密相连,在受社会大文化影响的同时,也潜移默化地影响着社会文化,并对社会产生一种感应功能,影响社会,服务社会,成为社会改革的一个重要途径。企业文化不仅能在本企业发挥作用,而且会向社会辐射和扩散。其辐射功能主要是通过以下途径实现的:一是通过企业精神、价值观、伦理道德向社会扩散,与社会产生某种共识,并为其他企业组织所借鉴、学习和采纳;二是通过产品这种物质载体向社会辐射;三是通过员工的思想行为所体现出的企业精神和价值观,向社会传播和扩散企业文化;四是"为了辐射而辐射",它具有针对性,通过具体的宣传媒介和工具使企业文化向外扩散传播。

6. 推动功能

企业文化之所以具备推动功能,在于文化对经济具有相对的独立性,即文化不仅反映经济,而且反作用于经济,在一定条件下成为经济发展的先导。企业文化的推动功能,不仅表现为推动企业的经济,而且表现为能推动企业的教育、科学以及整体企业的文明总体状态。所有这些推动功能,是在企业文化系统和其他系统发生复杂的相互作用的情况下,共同显示出来的效果。

第五节 影响企业文化的因素

一、外部环境影响

1. 民族文化

民族文化可谓是企业文化形成的土壤,良好的民族文化会对企业文化的发展具有推动作用,而粗劣的民族文化则会对企业文化的形成具有负面影响。因此要了解企业文化,就必须先了解民族文化。

2. 生产力水平

现今社会生产力发展迅速,对企业文化的影响也是极其重大的。生产力发展得快,企业的技术水平和生产工艺水平就发达,直接影响着企业的工作效率,进而影响企业员工的精神及物质生活水平,从而影响企业的整个精神面貌,所以企业的整个企业文化也会跟着不断进步,进而逐步完善自己企业的企业文化建设。

3. 世界文化

随着现今社会经济生活全球化的影响,本土企业受世界经济变化的影响越来越大,世界经济文化的变化对自己企业文化的影响也越来越大。世界经济中不断的技术革新和创新,深深地影响着本土企业内部的变化,从而促进企业文化的不断进步。

二、企业内部因素

1. 企业员工与整体企业目标的一致性

企业文化本身就是注重员工与企业目标的一致性、共同的企业精神、共同的价值观,等等。如果企业着重强调企业组织行为而忽略个人行为意识,就会使企业员工缺乏创造性和主动性,建设不了成功的企业文化。而如果过分强调个人的思想行为意识,而忽略企业组织的统一性,也形成不了共同的企业精神和共同的价值观。所以,既要让员工接受企业目标、信念、共同价值观的熏陶,又要充分发挥企业民主,发挥员工个人的创造力,做到企业目标和个人目标一致统一,最终才能形成优秀的企业文化。

2.企业管理者及其员工的素质

企业管理者和企业员工作为企业的主体,他们既担负了企业文化的创造和管理,又在接受和传播着企业的文化。这种实践与行动是由企业的主体去完成的,而主体的行为素质则直接影响了企业文化及其精神的优劣程度。可见企业管理者的行为不但影响着企业的文化,而且影响着企业职工的行为,所以说企业管理者的政治、业务及心理素质对企业文化及企业的发展起着决定作用。

3.员工队伍结构

企业员工中的一线员工、一级管理人员、二级管理人员等是否合理,还有学历结构、年龄结构、技能等级结构是否合理,也会直接影响企业文化建设的发展。因为领导层创造和形成了企业文化,而企业员工才是最终企业文化的被影响者、执行者和传播者。

本 章 小 结

企业文化的理论研究始于20世纪70年代末到80年代初,威廉·大内的专著《Z理论——美国企业界怎样迎接日本的挑战》、特雷斯·迪尔和阿兰·肯尼迪合著的《企业文化——现代企业的精神支柱》、托马斯·彼得斯与小罗伯特·沃特曼合著的《寻求优势——美国最成功公司的经验》与帕思卡尔·阿索斯著的《日本企业的管理艺术》四本书被合称为企业文化研究的四要素,这标志着企业文化研究的兴起。

企业文化作为企业内各种价值观念的总和或集合,包含丰富的内容,其中价值观念是企业文化的核心。企业文化具有客观性、独特性、非强制性、相对稳定性、动态性、实践性、渗透性等特征。

摆正企业文化的位置,实现企业文化的功能是研究企业文化的根本目的。本章分析了企业文化的凝聚、激励、约束、辐射等功能,并分析了影响企业文化的内外部因素。

【课堂检验】

预习题:

1.民族文化、企业文化与个人文化之间有何关系?

2.文化的约束性与制度的约束性有何区别?

3.如何理解"猴子摘香蕉"的管理实验?

复习题：

1. 什么是企业文化？
2. 企业文化由哪些要素构成？
3. 企业文化有哪些特性？
4. 企业文化的作用是什么？
5. 为什么说企业文化是现代管理科学发展的新阶段？

 练习案例

化蛹成蝶——苹果的创新蜕变

2005 年 7 月 24 日，《商业周刊》杂志公布了 2005 年度全球创新企业二十强名单。其中，苹果计算机以绝对优势排在第一位，其支持率高达 25%，比第二名的 3M 高出 13 个百分点。这个结果是波士顿咨询服务公司在调查了全球各行业 940 名高管后得出的。

苹果被评为全球最具创新精神的企业可谓当之无愧。苹果的发展史，本身就是一部不断锐意进取的创新史——那个被上帝咬下一小口的苹果，对于呼唤创新和突破的人类来说，似乎具有永不衰减的魅力。

但在苹果 30 年的创新史上，也曾走过一段长长的弯路。近 10 年来，经过痛苦的摸索与蜕变，以创新为使命的苹果终于化蛹成蝶，在市场的天空迎风飞舞。

苹果之所以为苹果，在于它的特立独行。在其创办初期，苹果公司曾在楼顶悬挂海盗旗，向世人宣称"我就是与众不同"。苹果公司企业文化的核心是一种鼓励创新、勇于冒险的价值观。事实上，苹果一直是我行我素，冒高风险，甚至反主潮流。公司的信条是进行自己的发明创造，不要在乎别人怎么说，一个人可以改变世界。苹果也一直以这种独创精神为骄傲。

一、新品开发引领时尚

基于以上信念，苹果总是勇于否定自己，超越自己，不断推出更时尚更具魅力的新产品。今天 PC 广泛使用的鼠标、图形消费者界面、USB 接口、激光打印机、DVD 刻录机、彩色显示器……都与苹果有着千丝万缕的关系。自白手起家，小小的苹果计算机便在技术领域内引发两次变革；它一次次推出的革命性的外观设计，让所有追求完美的人为之倾倒，也使得从 IBM 到微软，所有的计算机厂商，无不跟着苹果的设计亦步亦趋。可以这么说，在 IT 界，也许没有谁能比苹果更具创新能力。

1977 年推出的"苹果 II"计算机，将苹果公司带入了第一次辉煌。这款产品一反过去个人计算机沉重粗笨、设计复杂、难以操作的形象，设计新颖，功能齐全，价格便宜，使用方便，看上去就像一部漂亮的打字机。这也是当时全球第一台有彩色图形界面的微型计算机,因此被公认为是个人计算机发展史上的里程碑。在当年的美国西海岸计算机展览会上,"苹果Ⅱ"一鸣惊人。人们都不敢相信这部小机器竟能在大荧光屏上连续显示出壮观的、如同万花筒般的各种色彩。几千名消费者涌向展台,观看、试用,订单纷纷而来。几年时间里,苹果计算机的旋风便席卷大半个美国,苹果几乎成为个人计算机的代名词,一场"个人计算机革命"也随之在美国轰轰烈烈地展开。当时苹果甚至有志于把自己的计算机打造成"21世纪人类的自行车"。

1989年,苹果公司开发了世界上第一台真正意义上的笔记本计算机。这台体形过于"另类"的产品,为以后笔记本计算机的造型打下了基础。而从1991年推出的苹果PowerBook 100型笔记本计算机产品开始,现代笔记本的概念模式就这么一直延续到现在。

二、"1984"挑战IBM

不仅仅是产品,在传播方面,苹果也总在追求颠覆传统。1984年,初出茅庐的苹果公司向当时占统治地位的IBM发起了一次堪称经典的挑战。

阴森的大厅内,无数像机器一样冷酷的精悍男子整齐地排列着。高悬的超大屏幕中,冷峻的"领袖"在训话。忽然一个身材健美的女子手握大锤冲进了大厅。她身穿一条红色短裤和一件白色Mac背心,在她身后有手持重型武器的警察在追赶。冲破重重阻隔,女子奔到屏幕前,扭转身躯,使出全身的力气掷出铁锤,屏幕轰然炸裂,旋即烟雾消散、祥光四射……

这不是《黑客帝国》的续集,而是早在1984年,苹果计算机为新推出的Macintosh系统所做的广告"1984"——矛头直指业界领袖IBM。在第18届超级杯电视转播中,"1984"在3/4场的广告时段播出。广告刚一结束,负责策划制作"1984"的Chiat/Day公司以及苹果计算机公司的电话铃声立刻响个不停,大部分来电都是问:"这广告说的是什么?""这是什么产品?""1984"是苹果用来推出Macintosh个人计算机的,但这个60秒的广告中却没有一点计算机的影子。苹果的初衷就是要用这种悬念的方式来吊人们的胃口,让全世界都知道Macintosh的横空出世,而不仅仅是做产品介绍。

就这样,"1984"因其独特的广告宣传赢得了空前的关注和广泛的议论。美国的三大电视网和将近50个地方电视台都在超级杯后报道重放了"1984",还有上百家报纸杂志评论了"1984"的现象和影响,这些都为苹果公司和Macintosh做了免费广告。之后,"1984"赢得了戛纳电影节的大奖和30多项广告行业的评奖,并被誉为20世纪最杰出的商业广告。

有人说,"苹果改变了世界,并且不只一点点。"这话没错,通过革别人的命,革自己的命,从创业开始,苹果就一直以特立独行的姿态站在行业技术的最前沿,并一次次奉献出艺术般的完美产品,使其消费者产生一种使用偏好。即使是苹果的竞争对手,也不得不为苹果的创新意识和能力所折服。在某种意义上,苹果已经超越产品的概念,上升为一种标新立异的象征。

三、成也创新,败也创新

成也创新,败也创新。标新立异是苹果得以在 IBM、HP 等传统巨头的包围下安身立命的法宝,可是,它的问题也恰恰出在创新上。偏执于创新并没有使苹果站在产业的巅峰,其创新并不是良性的创新,即其创新没有针对性,为创新而创新,而忘记了技术是为市场服务的这一商业基本定律。早期乔布斯热衷于对技术的狂热追求,导致整个公司陷入一种完全崇尚技术革新的企业文化中,而忽略了成本和消费者的需求。在很多年里,乔布斯一直把技术的革新说成是"一种艺术精加工的过程,值得你倾尽所有"。一款款超前的产品一次次地将苹果带上波峰,又一次次地陷入低谷。特立独行的苹果一路走来,跌跌撞撞。

四、固守技术孤岛

乔布斯追求产品完美细节的激情是比尔·盖茨和迈克尔·戴尔都无法比拟的。对完美的追求,使苹果做早期的 Macintosh 个人计算机时选择了封闭的操作环境,因为封闭式的操作环境比开放式系统更易于控制,开发出来的各种应用软件可以实现无缝融合,使系统的漏洞更少,消费者的感觉更好。

苹果计算机性能优越,使用方便,在技术上无可挑剔,但很长时间里,它都无法跟微软与 Intel 控制的 Wintel 标准兼容。乔布斯曾经对比尔·盖茨说,"我们共同控制了 100% 的桌面操作系统"。可事实是,微软占有 97% 的绝对份额,而苹果仅仅拥有剩下的 3%。苹果公司的优越感很强烈,乔布斯有一种想法,即行业内的所有其他人都是四肢发达、头脑简单的家伙。这样的想法最直接的后果是,苹果固守技术孤岛,发展空间越来越窄。

现在为苹果公司的操作系统编写程序的内部及独立软件开发员仅有 30 万名,而为 Windows 平台开发应用软件的超过 700 万名。开发员少就意味着在苹果计算机上运行的新产品少,也就意味着终端消费者的选择更少,这必定会影响消费者的购买欲望,并最终影响苹果的销售和利润。以个人视频录像器(PVR)为例,只有两家开发商为苹果的 Macintosh 个人计算机提供 PVR,而与 Windows 兼容的 PVR 开发商至少有 6 家。

苹果技术的自我封闭,使得其消费者几乎全部分布在美术、广告、图形设计这些专业领域。一直以来,人们都认为苹果计算机不过是苹果迷的最爱,而非大众消费者的产品。

五、价格曲高和寡

苹果将自身定义为艺术品,就难免导致成本及价格的居高不下。1984 年,

Macintosh 个人计算机首次上市时的价格是 2500 美元。以今天的价格计算，约高达 4300 美元。所以苹果计算机最初只能卖给高收入者和最先接受信息技术者。

1989 年，苹果在全球 PC 市场的份额下降到 10%，公司一些研发人员开始担心，如果不扩大客户基础，该公司将无法保持竞争力。而要扩大客户基础，就必须降低价格。为此，这些研发人员设计出了针对校园市场、部件成本仅约 340 美元的 Mac LC。如果按 60% 的利润率计算，其零售价在 1000 美元左右，远低于普通 Macintosh 计算机的零售价。但是，新样品演示时遭到了苹果管理层的否决，他们认为这样的计算机不符合苹果的形象，会让人们觉得苹果计算机是便宜货。于是，Mac LC 被要求重新设计。1990 年，改进后的 Mac LC 正式上市，零售价为 2400 美元，相当于今天的 3300 美元。Mac LC 成为一款高价的"低价计算机"。

苹果不屑于降低成本却大大降低了苹果计算机的竞争力。由于产品价格昂贵，在戴尔猛烈的价格战略攻势下，苹果计算机的市场占有率一路从 9.4% 下降到 2% 以下。

但苹果高管仍然"傲慢"地认为，销售和服务这样的事都是不时髦的、单调的、没有想象力的、令人厌烦的。苹果的任务就是生产出最"酷"的、最具技术含量的产品，剩下的就是消费者自己的事了。这种走得过"远"的技术战略，使苹果的产品在价格上处于绝对劣势，错失了扩大市场的机会，以至于对技术巨大的投资无法产生"合理"的回报。

六、创新信马由缰

苹果的追求是做出"完美的机器"。在这种心理的驱使下，苹果公司不计成本、什么都做，从硬件到软件，而不像微软那样在一开始时就有所专攻。在硬件制造上，苹果既做台式机，又做服务器，还做笔记本，从 PC 整机到鼠标、打印机、扫描仪、数码播放器，应有尽有。苹果甚至与运动休闲服装生产商 Burton 共同推出了世界上第一件所谓的电子夹克衫。但是，苹果似乎忘了自己是为了谁创新，往往造成新产品太过超前，叫好不叫座。苹果牛顿"个人数码助理（PDA）"就因此遭遇了失败。这个产品结合了多种数码功能，却把消费者的脑子搞晕了，消费者不知道它到底是做什么用的。好像后来就连苹果公司自己也不知道这个产品的功能是什么，所以其广告语为"这是什么"。在苹果退出该市场几年之后，PDA 却很快成长为庞大的产业。苹果又一次扮演了先烈的角色。

另一方面，苹果在公司内部倡导我行我素的作风，技术精英们各行其是，缺乏统筹合作的意识，结果也造成了一些创新项目的无果而终。苹果曾有两个项目同时开发下一代操作系统。一个项目代号为"蓝色"，另一个项目代号为"粉红"。前者是在现有操作系统上进行改进，后者则是要开发出全新的操作系统。在项目选择上，苹果优柔寡断，无法确定到底该选择哪个方向。于是它像往常一样，两个项目分头并进。公司保留了"蓝色"项目,"粉红"项目交给了它的合资公司。该项目耗费了两家公司大量的资金和人力,最后不了了之。

可以这么说,在很长一段时间,尤其是乔布斯离开苹果的那 12 年里,苹果的创新方向一直处于非受控状态。产品线的无原则膨胀,对苹果的实际业绩提升并没有带来多少帮助,反而让苹果如脱缰的野马离核心业务越来越远。

创新能力有余,商业回报不足,苹果陷于偏执的迷途中,久久不能自拔。到 20 世纪 90 年代中期,苹果遭遇空前的危机,无论是个人计算机还是商业计算机,其市场份额都被竞争对手抢得所剩无几。

七、穷则思变,王者归来

苹果提供了更优良的软硬件架构、更精美的工艺设计,却难以得到市场的认可,只因为它离市场太远。在这样一个消费至上的市场里,独特的设计和更先进的技术,似乎敌不过消费惯性、便捷性和亲近性。后者在"Wintel"的洪流中得到了极致的发挥,牢牢地抓住了这个崇尚技术而又畏惧技术的时代人群。

市场在哪里? 市场需要什么? 市场规则究竟是什么? ——1997 年,乔布斯受命于危难之际,重返苹果并开始认真思考公司未来的出路。他终于明白今后信息技术公司主攻的战场不是在实验室,而是在消费者的右脑与左心房,科技产品不应该高高在上,等着消费者卑躬屈膝地来学习,而是应该参与到消费者的生活之中,与他们一起激动、幻想和创作。超越产品设计的局限,乔布斯将创新运用到苹果再造的各个环节之中:从打破技术壁垒到开辟新业务,到产品营销乃至价格战……

八、消费导向的产品开发

在对消费者进行充分研究之后,苹果发现消费者未必需要功能多的产品,因为他们很多时候不会用。他们需要的是一个操作简单,而外形简洁时尚的产品。苹果的产品不仅满足了他们的需要,而且满足了他们的追求。追求比需要更高层次,苹果不仅设计了操作简单、外形简洁时尚的产品,而且将简洁时尚追求到了极致。因为满足了消费者的需求,所以他们的产品得到追捧,并成为一种文化。

iMac 的推出是乔布斯重返苹果后做的第一件具有革命性意义的大事。当时苹果公司处于低谷,它的产品因为兼容性等很多原因开始被市场遗弃。苹果公司根据对消费者的了解,1999 年推出了有着红、黄、蓝、绿、紫五种水果颜色的 iMac 产品系列,一上市就受到消费者的热烈欢迎。极具创意的 iMac 让所有的计算机消费者眼前一亮,圆润柔美的身躯、半透明的装束、多变的色彩组合为个人计算机注入了更多的活力。用乔布斯的话来说,就是"它让你想舔它"——而在 iMac 诞生之前,个人计算机无非是黑色、白色两种色调。

iMac 是苹果公司围绕消费者心理设计的一个很成功的经典案例。推出 3 年后,其市场销量达到 500 万台。这个利润率达到 23% 的产品,在其诱人的外壳之内,所有配置都与此前一代 Mac 计算机几乎一样。但也就是这个产品,成功拯救了苹果公司。

2001 年 2 月,苹果公司的工程师被要求去创造一款让人震撼的音乐播放器。乔布斯对这件东西的设想是:能快速和计算机连接并高速下载音乐;和 iTunes 软件高度一致,能够很容易地组织音乐,有容易操作的界面以及能让人感到愉快。仅用了几个月的时间,一个注定要重写苹果历史的新产品 iPod 问世了。iPod 以设计和感受取胜,是苹果对"把技术简单到生活"的实践,"站在苹果的角度,我们面对每件事情时都会问:怎么做能使使用者感觉方便?"

第一代 iPod 使用硬盘作为载体,容量为 5G,可以储存 1000 首歌曲。不到两个月的时间里,iPod 一共售出 12.5 万台。

在 iPod 试用过程中,乔布斯和他的团队意识到整个 iPod 平台还存在缺陷,那就是能够下载音乐的在线商店。他们知道必须有一个更简单的途径让 iPod 得到更多的音乐,而不是通过往计算机里一张张地塞 CD。于是,苹果将 iTunes 从一个单机版音乐软件变为一个网络音乐销售平台,让人们将单曲从互联网下载到他们的 iPod 播放机上,收费仅为 99 美分。由此开始,苹果 iPod 也超越音乐播放器的概念,成为一种全新的生活体验。

因为满足了消费者的追求,近 3 年来 iPod 在消费电子领域创造的风头无人能及,迄今为止销量超过 4200 万台,从而又一次将苹果从绝境边缘拉了回来,甚至连比尔·盖茨也不得不承认"iPod 是成功的"。苹果 iPod 为消费电子市场开创了一种新的商业模式,这是一种远比技术发明更重要的价值创新。从技术上来说,MP3 并不是苹果发明的,网络音乐下载也不是苹果的首创,但将两者结合却是苹果 iPod 的创新。这种"产品"加"内容"的模式一举奠定了苹果公司在 MP3 市场上的霸主地位。

九、打破技术壁垒

技术的自我封闭曾让苹果失去了很多市场机会。苹果需要考虑的是,在提供更好的技术、更时尚的设计时,如何消除人们对技术的畏惧感。当然,苹果不会轻易去改变自己的个性基因。不过它必须要打破的是,因为过分追求独特而导致的曲高和寡和相对狭小的客户群。

重返苹果后的乔布斯做出了一个令世人大跌眼镜的决定——抛弃旧怨,与苹果公司的宿敌微软握手言欢,缔结了举世瞩目的"世纪之盟",达成战略性的全面交叉授权协议。这对偏执的苹果而言无异于宗教信仰的转变。

初期的 iPod 只支持 Mac 系统,由 iTunes 程序从 CD 中拷贝音乐并上传到 iPod 上。iPod 看上去销售不错,但还不算太突出,部分原因就在于其限制太多。于是苹果很快便在 2002 年 6 月推出了能够连接 PC 的"Windows 版 iPod"。iPod

不再是服务苹果个人计算机消费者的"配件",而是面向全新市场的主流产品。事实证明,这是一个极为明智的抉择,苹果 iPod 突破了 Mac 系统的限制,并迅速得到广大 Windows 消费者的青睐,潜在市场一下子就被打开了。

尝到甜头的苹果开始把开放式战略向计算机领域延伸。2005 年 6 月,苹果公司宣布,"将在苹果 Mac 计算机中采用 intel 处理器"。苹果希望借与英特尔合作,摆脱长期以来 Wintel 联盟的制约,向 Mactel(苹果 Mac OS 操作系统+Intel 中央处理器)联盟转变,打造全新的 PC 世界。在半年以后旧金山举办的 Macworld Expo 展会上,乔布斯与英特尔 CEO 保罗·奥特里尼共同推出了苹果历史上首款采用英特尔处理器的 iMac 台式机。苹果最新的 iMac 将采用英特尔 Core Duo 双核处理器,另外,"MacBook Pro"的推出也将是苹果第一款采用英特尔处理器的笔记本计算机。乔布斯表示,在 2006 年年底之前,苹果所有的 iMac 生产线都将采用英特尔处理器。

为了拉拢微软的 XP 消费者转向 Mac 阵容,苹果还特意发布了一款被称之为"Boot Camp"的软件,从而允许 Mactel 消费者可以在不需要从 CD 安装的情况下直接下载安装 XP。并且苹果还声称,在下一代的 OS X 系统中,苹果将集成该软件。

另外,2005 年年末苹果和微软签署了为期 5 年的协议,共同开发、升级新版的面向 Mac 机的 Office 软件。苹果高层表示,如果一部分 Mac 消费者转向 Windows 操作系统,他们并不会介意。事实上,微软公司一直在为苹果机开发软件。2004 年,微软推出了面向 Mac 的 Office 软件,不过此后一直没有升级。

从 iPod 到计算机领域,苹果与微软、英特尔的兼容互通,对广大消费者无疑是一个福音。而驶离技术孤岛的苹果,前面的天空也从此越来越宽阔。

十、价格走下神坛

2003 年,苹果十几年来第一次低下高贵的头颅,其 Power Mac G4 台式机最大降幅达 500 美元,XServe 服务器也降了 200 美元;到了年底,苹果再一次调整计算机全线产品价格,在中国市场上最大降幅高达 2000 元人民币。其中,配置 PowerPC G4 处理器的 iBook 笔记本计算机,在内置 Combo 光驱、ATi Mobility Radeon 9200 显卡的情况下,价格仅为 10900 元。此举将苹果笔记本从高端拉到了中端的价格水平,这在苹果历史上极为罕见。而手掌大小的 Mac Mini,售价只有 4990 元,这是苹果计算机从未有过的价格。由于现在的苹果计算机在接口方面属于兼容性设计,所以,你可以自由地给 Mac Mini 配置兼容 PC 的显示器、键盘和鼠标,成本相对完全原装配置的 Mac 机无疑要便宜很多。

对于眼下的明星产品 iPod,苹果也根据外部环境的变化,主动改变了定价方法。2005 年,苹果推出 iPod shuffle,这是一款大众化的产品,价格降低到 99 美元一台,在同类产品中非常有竞争力。之所以在这个时候推出大众化产品,是因为一方面市场容量已经很大,占据低端市场也能获得大量的利润;另一方面,索尼等企业也推出了类似的产品,在竞争对手产品的竞争下,苹果急需推出低价格产品来抗衡。但是原来的高价格产品并没有退出市场,只是略微降低了价格而已,苹果公司在产品线的结构上形成了"高低搭配"的良好结构,改变了原来只有高端产品的格局。

近3年来,苹果一次次在价格上推出亲民行动,这也正应了乔布斯的一句话,"现在,苹果计算机不仅面向小众人群,它需要更多的人去关心。"

十一、关注消费者体验

在苹果进军消费市场的时候,产品的外观、性能等多方面因素发生了根本性的改变,使之更能够适合于消费者的需要。怎样才能让消费者尽快认识到这些呢?

"要想知道梨子的滋味,最好的办法就是亲口尝一尝。"苹果在普通消费市场的营销同样是这个道理,不仅要让普通消费者看到苹果产品的全新形象,而且要让普通消费者真正了解苹果产品。必须让消费者意识到,苹果产品与他们没有距离,是他们生活中的一部分,能够最大限度地满足他们。如果让消费者相信,自己的产品比其他竞争品牌更适合他们,并能产生情感的共鸣,让他们有使用产品的联想,那么品牌就会得到很好的推广。

2001年,在整个PC产业都努力向戴尔计算机学习网络直销,从而实现成本削减时,苹果选择了逆行,它开始在全美国开设了如设计师工作室风格的专卖店。在苹果专卖店里,虽然也销售产品,但更多时候它为消费者提供了最直接的产品体验——店里摆放的计算机可以免费上网,里面还装有数字音乐、电影和游戏,任何光顾连锁店的人都可以免费使用,因为开机不需要任何密码。而销售员们没有太多的销售任务,他们的主要职责是回答消费者的提问。不久以后,苹果又将这种销售方式一路推广到日本和中国等地。

随着这些终端销售场所的设立,苹果公司将展示、体验因素都融入销售终端中,越来越多的消费者可以更直接、更有效、更深入地了解苹果,体验苹果带给他们的激情享受。同时,苹果品牌所倡导的"不同凡响"的品牌主张也成为参与者们的共识。

2005年苹果的销售额为162亿美元,净收入为16.05亿美元,净收入增长了2.16亿美元,投资回报率为19.2%,种种指标都表现不俗。这些成绩的取得,显然与苹果调整后的创新战略密不可分。

十二、苹果创新的启示

几百年前,一个坠落的苹果引发了牛顿对地心引力的思考;今天,苹果公司的创新蜕变对我们的企业同样启发良多。国外咨询界的一份统计资料表明,在所有的市场创新实践案例中,真正获得成功的比率还不到10%,而80%以上的创新努力都以失败告终。我们也观察到大部分的市场创新形同"找死"。我们还应该读懂市场经济的世界发展史,其实就是一部市场创新的灾难史。所以我们说,市场创新本身不能仅靠进取精神和商业勇气。在国内营销界大力提倡市场创新的当前,我们还要强调市场创新必须讲究方法。

首先,创新必须贴近和满足消费者的需求,切忌为创新而创新。

苹果前期的创新是纯产品导向或者说是纯技术导向的,而恰恰忽略了消费者在技术兼容、价格合理等方面的需求,结果苹果计算机成为少数人的玩物,市场一直难有大的突破,甚至一度跌入深谷。而当它抓住年轻人个性心理和简单娱乐的需求推出 iMac 和 iPod,由单纯的产品创新上升到一系列变革组成的价值创新——打破技术壁垒、降低售价、引导消费者体验后,便得到了市场的迅速回应。消费者的购买欲望被大大激发出来,苹果也得以凤凰涅槃。

我们在实践中所做的市场创新往往涵盖了品牌价值、产品性能、价格、渠道、传播等营销的各个方面。通常而言,任何营销工作者都不会糊涂到认为消费者喜欢更差劲的产品,且努力地使自己的产品变得更差。但是,何谓好?何谓好的市场创新?必须是对目标消费者的消费需求更有力的响应和对消费难题更有效的克服。

很多时候,企业主和企业营销工作者认为好的东西,在目标消费者那儿往往会呈现出一种可怕的形象。这种令企业主和企业营销工作者百思不得其解的现象,足以毁灭任何一个不可一世的企业主所有的商业成就。其根源在于企业主和企业营销工作者对去认识和把握目标消费者的兴趣过于淡薄,他们常常认为自己比某个消费者聪明就可以代表所有的目标消费者,并习惯于把自己的认识强加在他们身上。而实际上目标消费者的期许、希望和评判态度不是任何人可以随意捏造和强加的。唯一被捏造出来的只是那些所谓的市场创新成果。因此,企业如果想让创新能够持续、良性地进行下去,就必须首先弄明白是为谁创新、创新的目的是什么。

其次,市场创新必须是对营销环境变化的切实响应,而非单纯地追求完美。

乔布斯是一个不折不扣的完美主义者。他一手创造的苹果也无限追求完美,这些并没有给苹果公司带来相应的商业回报,原因在于苹果的创新与营销环境在某种程度上是脱离的。苹果的产品确实很超前,技术很先进,可其诞生之时的环境并没有给这些"未来产品"多大的生存空间,反倒是它的技术经别人发扬光大后,市场就被很快地放大。苹果后来推出的 iMac、iPod,在技术上算不上是最超前的,可它们为什么就让苹果大放异彩呢?这与营销环境的相对成熟是分不开的。

具备创新精神的人很多都像乔布斯一样是完美主义者。这些人一旦身居企业营销决策的高位,往往会使企业陷入不切实际的窘境。同样,从事市场创新工作的人,无不希望企业的营销工作比竞争对手的更完美。但我们无法改变营销环境的变化是一个漫长的循序渐进的过程。一个完美的产品和市场创新一旦脱离营销环境的实际,便必然导致企业经营的失败。因此我们说,市场创新不能一味地追求理想主义中的完美,而应该达成现实主义中的更好。

资料来源:爱成,王逸凡. 化蛹成蝶——苹果的创新蜕变[J]. 销售与市场,2006(7).

讨论题:
1. 苹果公司的文化创新主要体现在哪些方面?
2. 苹果公司的文化成功实现创新主要依赖于哪些因素?

第二章　企业形象与企业文化

【学习目标】

(1)掌握企业形象的含义与作用；
(2)掌握企业形象的三个组成部分；
(3)掌握企业文化与企业形象之间的关系；
(4)掌握企业形象评估系统的应用方法。

【开篇案例】

　　同仁堂作为中药行业的老字号,具有三百多年的历史,创业者尊崇"可以养生,可以济世者,唯医药为最"的信念,把行医售药作为一种养生济世、回报社会的高尚事业。历代同仁堂人恪守诚实敬业的药德,提出"修合无人见,存心有天知"的信条,制药过程严格依照配方,选用地道药材,从不偷工减料,以次充好。其产品、品牌形象无不渗透着"同修仁德,济世养生"的创业宗旨,遵守"炮制虽繁必不敢省人工,品味虽贵必不敢减物力"的古训。如今的同仁堂,继承了历史上讲人和的好传统,并把它上升为一种增强企业凝聚力的新内容,从多方面创造出符合现代企业发展的良好环境。公司以塑造企业形象为重点,同仁堂历代传人都十分重视宣传自己,树立同仁堂的形象,如利用朝廷会考机会,免费赠送"平安药",冬办粥厂夏施暑药,办"消防水会"等。如今的同仁堂不仅继承了原有的优良传统,而且又为它赋予了符合时代特征的新内容。一是,利用各种媒体进行同仁堂整体形象的宣传,提高企业的知名度和美誉度；二是,以《同仁堂》报为载体进行企业内部宣传,提高企业的凝聚力和向心力；三是,发挥同仁堂文化的作用,用同仁堂精神鼓舞教育员工,激发员工的积极性、主动性和创造性；四是,抓同仁堂企业识别系统的设计工作,树立同仁堂面向 21 世纪的新形象；五是,积极参与社会公益事业,向社会无私奉献一份爱心,提高企业的社会责任感,形成特色突出的文化环境。

　　1989 年,中华人民共和国国家工商行政管理总局将全国第一个"中国驰名商标"称号授予了同仁堂,使同仁堂成为迄今为止在全国中医药行业唯一取得"中国驰名商标"称号的企业。1991 年晋升为国家一级企业。1998 年,中华全国总工会授予同仁堂"全国五一劳动奖状"。1997 年在上海证券交易所上市。2006 年同仁堂中医药文化进入国家非物质文化遗产名录。2014年3月入选中国梦50医药公司。

通过以上案例可以得到什么启示？

企业形象是企业文化的外化，是企业文化在传播媒介上的映射，企业形象是塑造企业文化形象的，是传播企业文化的载体和途径，企业文化则是企业形象的灵魂。通过企业树立的企业形象与企业文化，是"灵"与"肉"、形与神的关系，企业形象所反映的是个性文化形象。

第一节 企业形象概述

一、企业形象的内涵

1. 企业形象的含义

1) 形象的含义

从心理学的角度来看，形象就是人们通过视觉、听觉、触觉、味觉等各种感觉器官在大脑中形成的关于某种事物的整体印象，简而言之是知觉，即各种感觉的再现。有一点认识非常重要：形象不是事物本身，而是人们对事物的感知，不同的人对同一事物的感知不会完全相同，因而其正确性受人的意识和认知过程的影响。由于意识具有主观能动性，因此事物在人们头脑中形成的不同形象会对人的行为产生不同的影响。

2) 企业形象的含义

企业形象（corporate image，CI）也可称为企业形象文化，是指企业内部员工、社会公众，包括消费者，以及与企业有关的各部门与单位对一个企业的各个方面所给予的整体性评价和一般认定，包括对一个企业的企业行为、企业的各种活动成果的看法。企业形象是由企业理念识别、企业行为识别与企业视觉识别三部分构成的。企业形象是企业精神的外在表现，是企业精神的延续和表象化。

从这个定义中可以看出，企业形象是对企业特征和状况抽象化认识和反映的结果，这种结果就是公众对企业的印象。因此，企业形象是通过公众的主观印象来表现的。这就不可避免地带有浓重的主观色彩，一个企业的企业形象在不同个体看来可能基本一致，也有可能相去甚远。比如，某企业人们对其印象都不错，而有一个消费者就对其评价很不好，原因是他买了该企业的产品，质量不好，去退货又碰壁。这就是企业的产品形象和营销服务形象不过硬，影响了其在公众心目中的形象。不要小看这一个消费者，每个人都有其生活交际圈，一个人对企业的形象可能会联系到几十个人甚至更多。对一个企业而言，其企业形象的任何一点瑕疵都可能是致命的。一个小失误可能会一传十、十传百影响很多人,最终让企业付出巨大的经济代价。因此,我们可以看出,企业形象是一种和评价相联系的观念状态,这种观念状态就是公众对企业的态度和舆论状况。因此,企业形象更进一步来说又可以通过公众的态度和舆论状况来衡量。

说到企业形象,容易使人感到是很外在的东西,其实不然。正如我们说一个人形象不好,可能是指这个人外貌、体型不太好,也可能是指这个人品质、做派不够好。就是说形象关乎外,也可能关乎内。企业形象也是这样,事实上,企业形象是一个企业内在品质与外在表现的辩证统一。一个企业的产品过硬,内在品质不错,但不注重宣传,厂房环境杂乱,拒绝参加公益活动等,它的产品就很难在市场上打开销路。人们根本不愿去购买,又怎么会知道产品性能其实很过硬呢?而一个企业外观整洁华丽,员工形象也好,广告宣传频繁且有特色,但消费者在这些诱导之下发现产品其实名不副实,远不如宣传所言,那么这个企业也只能是短时间的繁荣,昙花一现。要想树立良好持久的企业形象,必须将企业的内在品质与外在表现完美地统一起来,单纯强调任何一方,偏废另一方,都是不明智的、难以持久的,迟早对所看重的一方会产生不良的影响。因此,我们说企业形象是内在品质与外在表现的辩证统一。

2. 企业形象的特点

1)整体性与多样性

(1)整体性。

整体性,也可以说成是综合性。企业形象是个综合性的概念,它是由企业内部诸多因素构成的统一体,而这些因素的某一或某几个方面不能构成一个企业的整体形象。现代社会工业不断向前发展,现代化生产技术日趋普及,在这样的情况下,同一类产品之间的品质差异越来越小,企业间的竞争也早已不仅仅局限于产品竞争,而是延伸到广告形象、营销服务水平、经济实力展示、员工素质形象等方方面面。与此相适应,企业形象也不仅包括产品质量,而且包括职业道德、广告效应、产品标志、服务水平等各方面,成为一种整体性的观念。在涉及的各方面中,任何一方面出现缺陷,都会对企业形象整体造成灾难性的损害。各方面需要齐头并进,又需要重点突破,这就给企业领导者们提出了较高的要求。

(2)多样性。

这一点与企业形象的整体性特点并不矛盾,整体性是从企业形象的总体、全局来看的,而整体性的特点又通过企业形象的每个方面和不同的社会公众一一表现出来,呈现出多样性的特点。一方面,企业形象涉及面广,包罗万象,这就使得企业形象从各方面体现出来,体现其多样性。另一方面,企业形象既然是公众对企业的一种认同,不同的公众对同一企业也会有不同的形象感受,这与不同个体的经历、习惯、教育程度等都有着密切的关系,这就从主观方面体现出企业形象的多样性。

2) 相对稳定性与易变性

(1) 相对稳定性。

所谓相对稳定性是指公众对一个企业的印象一旦形成,就会在一定时期内保持一种心理定式,从而不容易改变。在激烈的市场竞争中通过大浪淘沙,一些名牌企业赢得了其良好的企业形象,这种良好的企业形象成为一笔巨大的无形财富,支撑着企业的发展。比如,根据对企业无形资产的评估,1999年位居第一的可口可乐公司无形资产高达838亿美元,无怪乎有人说即便一夜之间世界所有的可口可乐生产厂家全都被大火烧光,其良好的企业形象也会为其迅速赢得巨额贷款,重振雄风。而反过来,一个企业如果企业形象不佳,想重塑良好的形象也是一件相当困难的事,费时、费力、费金钱,效果还不一定好,这也是企业形象的相对稳定性在起着作用。

(2) 易变性。

企业形象虽然具有相对稳定性,但不等于它就永远或轻易不会改变。事实上,企业不是一潭死水,静止不动,孤立不变,而是一个动态的实体,处于不断地运动之中,也就处于不断地变化之中。而企业行为的不断变化,也导致企业形象随之发生着点滴的变化。我们说企业形象相对稳定,又易变,那就是说企业形象在不断的量变之中,一旦量变聚集到一定的程度,发生质的飞跃时,企业形象又在另一层面上相对稳定。另外,企业形象由许多个体的印象整合而成,对单个个体而言,其对企业的看法也是很容易改变的,今天听朋友说某个企业不错,心里跟着认同,明天又听同事讲述经历,说该企业很差,心里又跟着发生怀疑,这也是很自然的。

3) 社会性与个体性

(1) 社会性。

企业形象不是某个人对企业的印象,它是社会概念,任何一个个体的感觉无不构成一个企业的企业形象。企业形象需要得到社会的认同,而企业要获得良好的社会评价,必须依靠其自身良好的社会行为和外在表现。企业向整个社会展示它的形象,一旦得到整个社会的认同,就轻易不会改变。

(2) 个体性。

企业形象虽然具有社会性的特点,但社会毕竟是由许许多多的个体构成的,社会性由个体性所支持,社会评价也是个体评价的综合反映。不要以为某个个体的意见就可以忽略,一个个体可能要联系几十个甚至上百个,一个个体的意见通过其复杂的社会关系网可以传给许多人,这一连串的反应会对企业产生重大的影响。好的看法为赢得或巩固良好的企业形象添砖加瓦,坏的意见为企业形象蒙上污点,影响企业的进一步发展。

以上这三组特点并不是孤立存在的,不但每组之中的两个特点相依相伴、互相支持,而且三组间也有内在的联系、互相影响着。因此,必须注意特点之间的关联性。

3.树立良好企业形象的作用

在了解了企业形象的含义、特点和内容后,树立良好的企业形象的作用就显得很好理解了。总的来说,树立良好的企业形象就是为了提高企业的知名度和美誉度,从而使企业获得良好的经济效益。

1)良好的企业形象有助于吸引顾客,使企业产品占领市场

对消费者而言,在购买商品的过程中,付出商品的价值,换回商品的使用价值,既然购买商品的最终目的是为了使用,买何种品牌本质上并不重要,而消费者却并没有在同种性能的一类商品中随便拿走一个就走,而是需要经过一番比较、鉴别。在同类商品中选择哪一品牌,天平偏差的砝码往往就是厂家的企业形象。知名度高、形象好的企业当然吸引顾客。

企业生产着产品,而良好的企业形象为该企业产品或服务创造出一种消费信心,消费者购买这样企业的产品,不仅对质量、性能、款式和售后服务等放心,而且能因买到这种商标品牌的产品获得心理上的满足、充满喜悦之情。这一点在年轻人中体现得尤为明显。同样的产品,名牌总是价格更高一些,即使是这样,在经济允许的范围内,人们总是愿意购买名牌产品。消费者在购买商品的同时,也买"放心"、买"品位"、买"名牌"。

良好的企业形象有助于吸引顾客,被顾客认可的企业在市场上当然具有较高的竞争力。如果企业形象好的品牌企业与一个默默无闻的街道小厂同时推出一种新产品,即使两家推出的产品性能并无明显差异,甚至街道小厂的新产品更好一些,人们都往往选择企业形象好的企业推出的新产品,可见在新产品抢占市场份额的过程中,良好的企业形象也是至关重要的。

2)良好的企业形象有助于企业增强其筹资能力

一个企业要正常运转,就要不断扩大生产规模,扩大生产规模需要大量的资金。一直保持原有生产规模,维持原有的利润,不进行扩大再生产,那是简单商品经济阶段的做法,不能适应今日的经济社会。而企业要发行股票,要吸引资金,要获得贷款,就要给股民、投资者、银行等以信心。这份信心从哪里获得,还是凭借良好的企业形象。

投资方选择投资对象首先考虑的是该对象能否带给自己可观的经济效益,而一个企业形象良好、拥有较高声誉的企业会让人感觉它有较高的经营管理能力,足以获得投资者的信赖。而充足的资金对一个企业来说是至关重要的。

现在越来越多的人加入了股民的行列之中,股民将手中闲散的资金投向何方,

他们信任的是哪个企业,也取决于该企业的企业形象如何。企业形象不佳、声誉不够好、市场份额小的企业很难让股民对它产生信心。而反过来,如果一个企业的产品深入千家万户,随处可见,口碑极佳,股民当然信任它。

3) 良好的企业形象有助于增强企业的凝聚力,对企业的员工产生重要的心理影响

良好的企业形象可以激发企业员工的自豪感,使企业员工对本企业产生强烈的归属感。企业员工在社会中能够感受到企业形象给他们带来羡慕的目光,这非常有助于企业员工珍视本企业的荣誉,与企业休戚与共。而这样的员工在工作中才能干劲十足,真正做到"爱厂如家",充满创造力和责任心。

良好的企业形象会赋予企业员工一种信心,使他们坚信企业和个人的前途是美好的,从而自觉地把自己的命运同企业的命运联系在一起,产生强烈的使命感和责任感。这种主人翁的精神使得企业员工注意自己的一言一行,不给企业抹黑,而良好的员工形象正是企业形象的一部分内容,是企业形象的缩影,反过来又促进了企业形象的完善。

另一方面,具有良好企业形象的企业对内往往表现为尊重员工、关心员工,充满人情味,把增强企业凝聚力视为己任。因此,在这样的企业中,心理环境相对宽松,有助于个人才能的发挥,开发出员工潜在的创造力来,也使企业员工人人关心企业的经营运转,把自己和企业视为一体,产生"这是我的企业,我要对它负责"的心理。

总之,良好的企业形象大大增强了企业的凝聚力,使企业员工紧密团结在一起,使企业具有强大的向心力。

4) 良好的企业形象有助于企业吸引人才,增强企业的发展实力

每年都有大批高校毕业生走向社会,每年都有许多人才在"跳槽"的观望之中,这些人选择怎样的工作单位,在很大程度上看中的都是该单位在社会上所树立起来的公众形象。一个企业不可能十全十美,但总要有自己独特的吸引人之处,或待遇优厚,或工作环境宽松,或充满人情味,或鼓励竞争、不论资排辈,等等。这样才会给人以深刻的印象,为吸引人才加上重重砝码。

人才是一个企业的无价之宝,他们为企业带来新思维、新产品,最终给企业带来不可限量的经济效益。因此,就一个企业而言,树立良好的企业形象,就等于种下了茂盛的梧桐树,引得凤凰翩翩而至。

5) 良好的企业形象有助于企业获得社会的支持

一个企业不能孤立存在于世,它需要获得整个世界的理解和支持。企业要和众多的政府部门打交道,企业要同所在社区密切联系,企业有困难要靠顾客、银行、政府等的支持渡过难关,而良好的企业形象将为这一基本建设打下坚实的基础,为

企业获得社会的支持赢得保证,从而能够使企业立于不败之地。

一个企业在激烈的市场竞争中生存,应该有一种危机感。即使是运营状态很好的企业也应居安思危,协调各种关系,不骄不躁,小心谨慎。

良好的企业形象为企业获得政府的信任提供了可能。企业以国家利益为重,遵纪守法,形象健康,效益良好,这些都使企业能够获得政府的重视和帮助。这样的企业如果遇到暂时的困难,政府就愿意在财政、政策上给予倾斜和支持,有助于企业重振雄风。

企业总要建于一定的社区之中,社区成员不自觉地对企业进行着宣传,并且给企业提供生活服务上、人才上、精神上的支持,社区还直接是企业产品的消费地之一。因此,企业与社区的关系也非常重要。良好的企业形象使企业获得社区成员的好感,获得许多的方便。

企业与其他相关企业不断发生着关系,它需要其他企业提供原料、能源,需要其他企业购买它的产品,需要同行业企业协调关系、共享市场份额,需要获得其他企业的理解,在资金暂时不到位时给予通融,这些都要以良好的企业形象作保证。

总之,企业在社会上立足,就要时时与社会各界发生着关系,企业形象的好坏直接影响着社会对其的认可和企业的竞争力。

二、企业形象的基本内容

1. 企业产品与服务形象

1)产品形象

产品形象是指企业产品的质量、性能、造型、设计、商标、包装、标志、价格等在消费者和社会公众心目中的整体形象。产品形象是企业形象的一个重要组成部分,良好的产品形象可使企业获得社会公众的充分信任,从而形成稳定的市场,保证销、供、产渠道畅通,有效地树立起良好的信誉。

2)服务形象

服务形象是指企业员工在产品的销售过程中,包括售前、售中、售后和技术服务的过程中所表现出的服务态度、服务方式、服务质量、服务水准,以及由此引起的社会公众对企业的客观评价。企业的服务方式越广泛,服务态度越好,服务水平越高,服务风格越突出,社会公众对企业的亲切感就越强。从企业家提出的"消费者是上帝"到企业开展的"CS 活动"(customer satisfaction,顾客满意)都是企业从服务态度角度去把握市场的体现。这一活动的开展,要求企业的所有行为均"让顾客满意",就是企业在争取顾客的好感与认同,以形成良好的服务形象,提升美好的企业整体形象。

2. 企业员工形象

企业员工形象是企业员工的仪表装束、言谈举止、工作能力、科技文化水平、精神风貌、工作效率等给社会公众的整体印象。员工形象包括企业领导者形象和企业职工形象两层含义。

1)企业领导者形象

企业领导者通常是企业管理者，是企业的法人代表，是常常抛头露面的人物。在公众场合，企业领导者所展示的形象不仅仅代表了自身的素质，更重要的是代表了整个企业的形象。也就是说，领导者是企业形象的设计者和塑造者，他们的思想性格、文化修养、处世态度、交际方式、办事能力、专业水平等由于他们的特殊地位，也会对内对外产生一种辐射作用，对企业形象产生直接影响。

据报载，有一外商准备在某企业投资，双方基本谈妥后，厂长一行陪外商参观厂区，而厂长陋习难改，随地吐了一口痰，外商见后很有看法，最后改变了投资的初衷。外商承认该厂长有才智，但他认为，不良的卫生习惯反映出一个工厂的管理素质，也怀疑这样的工厂能否生产出高品质的产品来。这一事例让我们看到，企业领导者的形象往往与企业相映生辉，反之就会影响企业的形象和发展。

2)企业职工形象

企业职工给顾客留下的第一印象，对企业形象的树立起着举足轻重的作用。企业形象好坏的关键因素取决于企业员工的素质。现代企业管理，主要是对人的管理，即以人为本的管理。企业要获得优质产品，要开展优质服务，要得到用户的选票，靠的是员工对企业的热爱与忠诚，靠的是员工娴熟的操作技术和服务能力，靠的是员工一丝不苟、精益求精的质量意识。一个成功的企业，它的员工非常清楚：企业的精神是什么，倡导何种文化，生产什么，满足消费者什么，什么是该做的，什么是可倡导的，什么是应反对的。当企业精神、企业文化、企业的管理风格、员工的行为规范被全体员工所认同，其整体的力量必定能在市场竞争中取胜。企业职工作为社会的一员，与外界有大量的沟通。在这种沟通中，员工形象体现着企业整体形象，潜移默化地在人们心中形成或良好或低劣的形象。因此，企业要树立全体员工一起维护企业整体形象的意识，时时处处塑造、重视良好的个人形象。

优秀企业对员工的社会形象都十分重视，公司员工在工作场所要着统一的工作服。如麦当劳员工是红条子短衫，经理是浅蓝色制服，员工身前都佩戴着表明身份的标志牌。日本有些职工会接到这样的指令：放假期间可以自由登山、游泳，但不可以把脸晒得太黑或脱皮；上下班途中，不许把外套搭在肩上，否则显得懒散；如需要脱下外衣，只许把外衣搭在胳膊上。他们认为员工给社会公众的视觉形象，关系到公司形象的好坏，所以必须严格要求。

3. 企业环境与公关形象

1) 企业环境

企业环境是指企业从事生产经营活动所存在和影响的空间和条件,是影响企业生存和发展的各种因素的总和。任何企业都是处在一定的社会环境之中的,企业环境对企业的生存和发展具有促进或阻碍的作用。

2) 公关形象

公关形象是指企业在开展公关活动的过程中给社会公众及员工所留下的整体印象与综合评价。公关形象包括三个方面:公关队伍形象、公关手段形象和公关文化形象。

所谓公关队伍形象是指企业中从事公关活动的员工队伍的素质、结构、能力等因素给社会公众所留下的整体印象,它是构成企业公关形象的主体,从一定侧面反映了员工的素质。

公关手段形象是指企业在从事公关活动的过程中所采用的方法、方式、技术、技巧等给公众所留下的整体印象,它是构成企业公关形象的客体,在一定程度上显示了企业的水平、风尚和道德。

公关文化是指企业在长期从事公关活动的过程中所形成的一种独特的公关文化氛围,积极的公关文化氛围有利于企业积极开展公关活动,树立良好的公关形象,反之,则会影响企业树立良好的公关形象。

三、企业形象的评价指标

1. 企业硬件形象指标

首先可以将企业形象中那些外显性、实体性的要素规定为硬件要素,并赋予相应的硬件评价指标。

1) 企业产品形象评价

(1) 产品形象指标分解。

可以看出,产品形象实际上是由技术形象、工艺形象、品牌形象、外观形象、功能形象、包装形象、服务形象等要素综合而成的。

产品形象指标又可具体地被分解为实体性指标与扩散性指标两类。

产品形象的实体性指标是产品的设计开发水平、工艺造型特征、色彩的选用和搭配、功能的健全和完善、规格的完整和规范性等构成产品物质表征的指标。

产品形象的扩散性指标是产品的包装装潢、名称特征、注册商标、销售前后服务、保质期限等构成产品社会和精神表征的指标。

(2) 产品形象指标的评价。

对产品形象指标的评价,可以通过以下几个方面来考察,即良好的产品形象应该满足这样一些标准或要求：产品质量可靠、技术先进、适销对路、产品开发创新能力强、市场占有率和技术质量指标先进、顾客投诉率低、主导产品品牌信誉良好、售前售后服务体系完善、服务优良周到、顾客满意度高。

2）企业经营形象评价

（1）经营形象指标分解。

深入分析，可看到企业经营形象实际上是由经营思想和宗旨、经营战略和策略、经营作风和特点、经营手段和技巧等内容组成的。

经营形象评价指标又可具体地分解为战略性指标和战术性指标两类。

企业经营形象的战略性指标是指那些对企业经营活动有重大和长远的影响作用的指标，如战略规划是否完整配套、战略导向是否正确明确、经营思想是否先进合理、经营目标是否具体可行、经营组织是否严密有效。

企业经营形象的战术性指标是指那些对企业目前经营决策有决定影响作用的现实性指标，如企业经营状况是否正常、经营业绩是否突出、经营技巧是否科学、经营方式是否合理、经营手段是否科学等。

（2）经营形象指标的评价。

对企业经营形象指标的评价，可以通过以下几个方面来进行具体考察，即经营业绩突出，企业效益综合指数及主要经济指标处于同行业先进水平；经营战略与市场营销策略正确有效，市场开发和应变能力强，产销率居同行业先进水平；依法经营，市场行为规范，企业市场信誉良好；企业资信度、经营合同履约率等指标居同行业先进水平；企业资产得到整增值；对消费者负责，产品和服务投诉率低；回报社会、承担社会义务，为社会做贡献的宗旨体现在企业经营活动中。

3）企业管理形象评价

（1）管理形象指标分解。

管理形象的评价指标可具体分解为管理体制和制度形象、生产管理形象、科技开发管理形象、财务信息管理形象这样几大类。其中，制度形象是基础，生产管理形象是核心，科技开发管理形象是趋势，财务信息管理形象是保证。

（2）管理形象指标的评价。

企业管理制度健全，制度执行严密有效；质量管理实行ISO9000质量管理和质量保证系列标准或国际专用标准，取得或积极争取国家或国际认证机构的认证；财务管理与国际接轨，核算制度科学健全，财务纪律严格；现场管理实行定置管理，做到科学、合理、整洁、有序、设备完好；积极总结，运用和推广先进的管理方法和管理手段，计算机应用程度高。

2.企业软件形象指标

将企业形象中那些内隐性、外延性和延伸性、扩散性要素规定为软件要素，并赋予相应的软件评价指标。

1）员工形象的评价指标

可以把员工形象指标具体分解为四大部分。

一是领导层形象。领导是企业的决策层,对领导形象的要求是精明强干、精诚团结、廉洁奉公、敢于创新。

二是管理层形象。管理层是企业生产经营活动的协调、指挥、保障层。对管理层的管理者形象的要求是职责明确、制度严密、工作细致、敢于负责。

三是技术层形象。企业的工程技术人员是企业员工中知识水平最高的层面,这个层面的形象好坏,决定着企业竞争能力的高低,决定着企业新技术、新工艺、新产品开发的程度。对技术层形象的要求是团结协作、富于创造、乐于奉献、勇于拼搏。

四是操作层形象。操作层是企业生产经营第一线员工,他们工作艰苦,任务繁重,是企业员工队伍中最主要的组成部分,是外部公众观察企业形象乃至员工形象最主要的接触面。对操作层形象的要求是吃苦耐劳、纪律严明、踏实肯干、敬业爱岗、朝气蓬勃。

员工形象的评价指标是:企业领导层开拓创新、廉洁高效、团结协调、干群关系密切;员工敬业爱厂,道德修养好,企业全面推行岗位行为规范,重视日常修养;企业形成好学上进的激励机制,能定期组织技术考核和技能竞赛,成绩优良;员工的文化程度及技能和技术的熟练度高于同行业水平,工伤事故和责任事故降到最低程度;员工在企业内外都能做到文明礼貌、遵纪守法、热心公益。

2）外观形象的评价指标

(1)外观形象的指标分解。

可以把企业的外显性视觉对象所形成的形象特征分解为如下四部分。

①广告形象。广告形象是指企业广告和宣传活动的特点和形式在公众心目中造成的形象冲击,如广告口号、广告画面、广告色彩和音乐、产品的包装和装潢的特点。

②物质形象。物质形象是指企业以物质形式呈现在公众面前实体性形象的要素,如产品造型、企业建筑物、商品陈列、设备实施等。

③环境形象。环境形象主要是指企业人造自然环境的基本特征,如厂内的绿化和美化,车间及各种工作、生产场所的环境特征。

④仪表形象。仪表形象主要是指企业员工的穿着打扮、行为举止、礼貌礼仪所表达出来的形象特征。

(2)外观形象的评价指标。

外观形象的评价指标有以下几个部分:一是企业在生产装备、工作用具、厂商建筑、产品包装、员工着装、环境布置等方面,有统一的文字、图画、色彩、音乐等标志,能凸现企业的个性特点;二是企业厂区环境的净化、绿化和美化能达到先进单位的标准和各类环境保护指标;三是广告设计、宣传品设计能符合精神文明的要求,即能在获得广告宣传效果的同时具有良好的社会影响。

3)发展形象的评价指标

(1)发展形象的价值。

发展形象体现了企业的活力。企业活力具体体现在产品竞争力、技术开发力、资产增值力、市场应变力、员工凝聚力和领导湍急进取力等几个方面。

发展形象好展现了企业的前景。它是内外公众从中看到了企业的内在潜力和未来希望。发展形象是公众通过企业的现实状况和发展规划对某企业前景的推断和评价。

拥有优良的发展形象的企业,能使公众产生信任感,从而树立与该企业合作的信心,树立对该企业产品或服务的消费信念。

(2)发展形象的评价指标。

按照现代企业制度的要求,不断深化内部改革,建立起产权明断、权责明确、政企分开、管理科学的新体制;企业有中期和长期发展规划,目标明确,措施有力;重视科技进步、技术改造,技术开发和应用成果显著,主要工艺装备先进,发展后劲足;重视人才开发,积极培养与企业发展战略相适应的各级各类人才,员工中技术人员比例高,特别注重培养有一流水平的高级专门人才,并形成良好的吸引人才、激励人才的环境和机制。

四、企业文化与CI

1.CI与企业文化的关系

CI与企业文化的关系一般可归纳为以下三个方面。

1)CI是塑造企业文化形象、传播企业文化的载体和途径,而企业文化则是CI的灵魂

中国同仁堂作为中药行业的老字号,具有三百多年的历史,其产品、品牌形象无不渗透着"同修仁德,济世养生"的创业宗旨,遵守"炮制虽繁必不敢省人工,品味虽贵必不敢减物力"的古训。通过CI所树立的企业形象与企业文化,是"灵"与"肉"、形与神的关系,企业形象所反映的是个性文化形象。

2)CI是一种"文化资本积累"

在现代社会,企业不仅是社会财富的创造者,而且是推动社会向前发展的中坚力量。为了适应社会经济文化一体化发展的需要,企业在越来越多地为社会提供物质和精神文化产品的同时,也为自身积累了越来越多的精神文化财富,成为一种

"文化资本积累"。如麦当劳以品质、服务、清洁和价值四个方面为内容形成的经营理念和以鲜明的形象展示,深受社会大众的欢迎。麦当劳牢牢掌握了消费者的购买心理,因而形成了"文化资本"。

3) 建设企业文化是 CI 的基础

企业在探索精神理念的基础上进行科学的经营管理,致力于全面提高企业素质和员工队伍的素质,充分调动全体员工的积极性、创造性。CI 以此为基础,在产品和服务质量、员工队伍风貌、内部人际关系、工作环境,以及对社会公德、公益事业的贡献等方面做出努力。CI 是科学塑造企业形象的重要手段,CI 成为塑造企业形象的代名词。

2. CI 在企业文化建设中的功能

CI 策划通过 MI(mind identity,企业理念识别)、BI(behavior identity,企业行为识别)、VI(visual identity,视觉识别系统)三者相互协调一致的活动,使 CI 具有识别功能、代表功能、解释功能和象征功能。CI 的具体内涵可从以下四个方面得到展现。

(1) 当企业的经营理念发生问题时,可以通过 CI 对企业再次定位,着重解决企业"是什么"的价值观问题,以及企业的经营方向、目标等问题。

(2) 创造和形成统一的企业识别系统,从而提高企业信息传达的效率。

(3) 完整统一的 CI 设计,不仅可以改善企业的外在形象,而且可以提高员工的士气,增强企业的凝聚力。

(4) 改善企业与社会的关系。CI 设计中的一个重要内容是依据企业理念设计行为规范,其中,包括企业如何通过一系列的对外公关活动宣传企业的价值观,融洽企业同社会的关系。

3. CI 在企业文化建设中的实际地位

由于 CI 是一种新文化的营造过程,所以人们也十分重视 CI 在企业文化建设中的地位与作用。中国社会科学院陈佳贵教授指出:CIS(corporate identity system,企业识别系统)的核心目的在于通过企业行为识别系统和企业视觉识别系统传达企业理念文化,树立企业形象。而管理学中企业文化理论的兴起,又赋予 CIS 真正的灵魂,使 CIS 又有了现代管理理论的支撑。这既强调了 CI 对企业文化的重要性,也阐明了它们之间相互依存的关系。

从某种意义上来说,CI 是企业文化的外显形式,通过 CI 活动可以使企业文化具体化、具有可操作性,也可将 CI 视为把企业经营行为以及支撑此经营行为的企业经营理念或经营哲学等企业文化,通过传达媒体,转换成增进社会认同的符号系统。每个企业都有一种文化存在,且不管是否被人们意识到,均对企业经营定位、决策方式、产品与服务、员工行为方式等方面产生深刻影响。只有通过构筑新的企业文化,才能为企业提供一种新的生存方式。所以把有助于构筑新的企业文化的CI看成是"企业文化的社会传达"。CI设计中最根本的是理念识别系统的设计,这种设计所要解决的是价值观的问题,与企业文化的核心是一致的。实际上CI设计的所有方面都与企业文化或形成企业文化密切相关,均可从企业文化的意义上来概括和认识。很多日本CI专家将企业文化与企业形象视为同质的东西。

第二节 企业文化与企业形象的理念识别

一、企业形象理念识别的内涵

1. 企业理念识别的内涵及地位

企业理念识别(MI)是企业识别系统的核心和灵魂。它在CI所包含的三个子系统中,位于最高决策层,是CI的策略层,又有"策略识别"之称。它显示了企业独具特色的经营理念,是企业生产经营过程中设计、科研、生产、营销、服务、管理等经营理念的识别系统,是企业对当前和未来一个时期的经营目标、经营思想、营销方式和营销形态所做的总体规划和界定。MI主要包括:企业精神、企业价值观、企业信条、经营宗旨、经营方针、市场定位、产业构成、组织体制、社会责任和发展规划等。MI属于企业文化的意识形态范畴。

例如,麦当劳的理念就是Q、S、C、V,字面上的意思是品质(quality)、服务(service)、清洁(clean)、价值(value)。这是它的创始人在创业初期就确定的,富有快餐业的特征。四个字母概括了企业对全社会的承诺:它只要开业经营就必须在任何情况下向顾客提供高质量的食物(Q)、自助式的良好服务(S)、洁净整齐的用餐环境(C),以及物有所值的消费方式(V)。理念一经确定,它的经营管理模式、它的各项规章制度、它对食物的科学配方及制作规程、它特有的充分尊重顾客的服务方式,以及它的视觉识别系统,都是Q、S、C、V这一经营理念的具体体现。而这一理念也成了企业员工上下一致奉行的信条与信守的准则。

2. 企业理念识别的分类

企业的差别首先来自企业不同的理念,企业不同的理念定位决定了企业不同的形象定位。因此,企业理念内容的差别化是企业差别的根源。从目前企业的现实状况来看,可将企业理念分为以下几类。

第一类,抽象目标型。这一类型的企业理念浓缩目标管理意识,提纲挈领地反映企业追求的精神境界或经营目标、战略目标。这类企业理念往往与企业生产经营目标联系起来,直接地、具体地反映在企业口号、标语之中。

第二类,团结创新型。提炼团结奋斗等传统思想精华或拼搏创新等群体意识。

第三类,产品质量、技术开发型。强化企业提高商品质量,或开发新技术的观念。

第四类,市场经营型。注重企业的外部环境,强调拓宽市场销路,争创第一流的经济效益。

第五类,文明服务型。突出为顾客、为社会服务的意识。

综上所述,企业理念是得到普遍认同的、体现企业自身个性特征的、促使并保持企业正常运作的、为企业长足发展而建构的、反映整个企业明确的经营意识的价值体系。由此可见,企业理念是企业文化的集中体现。

3. 企业理念识别的功能

确立和统整企业理念,对企业的整体运行和良性运转具有战略性功能与作用。企业理念识别的功能和作用可分为企业内部功能和企业外部功能。

1)企业内部功能

(1)导向功能。

企业理念,就是企业所倡导的价值目标和行为方式,它引导员工的追求。因此,一种强有力的企业理念,可以长期引导员工为之奋斗,这就是企业理念的导向力。企业理念的导向功能主要表现在两个方面:一方面是直接引导员工的人格、心理和行为;另一方面是通过员工的整体价值认同来引导员工的观念与行为。良好的企业理念,可以使员工在潜移默化的过程中形成共同的价值理念,并通过对企业理念的认同,共同朝一个方向奋斗。

(2)激励功能。

企业理念既是企业的经营宗旨、经营方针和价值追求,又是企业员工行为的最高目标和原则。因此,企业理念与员工价值追求上的认同,就构成了员工心理上的极大满足和精神激励,它具有物质激励无法真正达到的持久性和深刻性。

(3)凝聚功能。

企业理念的确定和员工的普遍认同在一个企业中必然形成一股强有力的向心力和凝聚力。它是企业内部的一种黏合剂,能以导向的方式融合员工的目标、理想、信念、情操和作风,并造就和激发员工的群体意识。企业及员工的行为目标和价值追求,是员工们行为的原动力,因而企业理念一旦被员工认同、接受,员工自然就对企业产生强烈的归属感,企业理念就具有强大的向心力和凝聚力。

(4)规范行为。

这里的行为指的是受思想支配而表现在外的活动,包括企业行为和员工行为。

2)企业外部功能

(1)创造个性。

就 CI 系统的整体而言,本质特征是具有个性。

(2)确保同一性。

同一性是指企业上下内外须保持在经营上、姿态上、形象上的高度一致性。

(3)稳定功能。

强有力的企业理念和精神,由于其强大的导向力和惯性力,可以保证一个企业绝不会因内外环境的某些变化而使企业衰退,从而使一个企业具有持续而稳定的发展能力。就是说,企业理念的稳定力,是通过全体员工对企业经营宗旨、经营方针和价值观的内化而形成的,并通过自我控制和自我约束来实现。因此,保持企业理念的连续性和稳定性,强化企业理念的认同感和统整力,是增强企业稳定力和技术发展的关键。

(4)辐射功能。

企业理念一旦确定并为广大员工所认同,就会辐射到企业整体运行的全过程,从而使企业行为系统和形象表征系统得以优化,提升企业的整体素质。不仅如此,它还会产生巨大的经济效益和社会效益,向更加广泛的社会领域辐射,变成一笔巨大的社会财富。

松下精神、IBM精神、三菱精神和健力宝精神等,都不仅属于本企业、本民族,而且属于全人类。而正是这种企业理念和精神的强大辐射力,才使这些优秀的企业走向全世界,取得举世瞩目的成就和业绩。

二、企业理念识别系统的价值体系

企业理念识别系统的价值体系主要包括下面三个要素:企业存在的意义(企业使命)、企业的经营理念(经营战略)和企业的行为规范(员工的行为准则)。企业使命是企业的最高原则,由此决定企业的经营理念(经营战略),而经营理念又决定企业每一个员工的行为准则,这三者之间是环环相扣、密不可分的,共同构成一个整体。

1. 企业使命

企业使命是指企业依据什么样的使命在开展各种经营活动。企业使命是构成企业理念识别的出发点,也是企业行动的原动力。没有这个原动力,企业将会处在瘫痪状态,企业即使在营运,也将是没有生气的,逐渐走向破产的边缘。

对企业而言,企业使命至少有两层含义。其一是功利性的、物质的要求。也就是说,企业为了自身的生存和发展,必然要以实现一定的经济效益为目的。如果企业丧失了这一使命,就失去了发展的动力,最后逐步萎缩直至破产。其二是企业对社会的责任。因为企业作为社会的一个构成、一个细胞、一个组成部分,它必须担负着社会赋予它的使命。企业如果只知道经济效益、追求利润,而逃避社会责任,必然遭到社会的报复,直至被社会所抛弃。

2. 经营理念

企业的经营思想,即企业的经营战略,是企业经营理念的最核心的部分。经营战略,简单地说,就是企业根据自己的内部条件和外部环境,来确定企业的经营宗旨、目的、方针、发展方向、近远期目标的规划,以及实现经营目标的途径。

企业经营战略,是指导一个企业全部经营活动的根本方针和政策,是企业各方面工作的中心和主题。它规定企业的经营方向和业务活动范围,从而确定企业的性质和形象,规定企业的经营目标、长远发展目标和中短期目标,提出达到经营目标的战略方针、途径和重点,还决定具体的行动计划和实施方案。

3. 行为规范

理念识别的第三个要素就是行为规范。行为规范不仅指企业的行为规范,而且包括企业每一个员工的行为准则。例如,闻名于世界的美国麦当劳,以"与其背靠着墙休息,不如起身打扫"为员工的行为规范。

在一段时间里,麦当劳几乎没有什么事可做,只好靠墙待着。这一行为规范就是要求服务员利用这段无事可做的时间,迅速清扫内部卫生,维持整洁、优雅的环境,使顾客看得欢心、吃得开心。麦当劳能在美国迅速发展的原因之一是使员工们都能按照行为规范的要求,保持干净、整洁、优雅的环境。

作为企业的行为准则,它体现了企业对员工的要求。具体来讲,是指在正确的经营理念的指导下,对员工的言行所提出的具体要求,例如,"服务公约、劳动纪律、工作守则、行为规范、操作要求"等。

三、企业文化与企业形象的理念识别的关系

1. 从定义看两者的关系

为了弄清楚企业文化与企业理念的关系,有必要梳理一下迄今为止理论界对企业文化的各种表述。

第一种表述:广义的企业文化是指一个企业所创造的独具特色的物质财富和精神财富的总和;狭义的企业文化是指企业所创造的具有特色的精神财富,包括思想、道德、价值观念、人际关系、习俗、精神风貌,以及与此相适应的组织和活动等。

第二种表述:企业文化由两个部分构成,即外显文化和内隐文化,外显文化是指企业的文化设施、文化用品、文化教育、技术培训、文化联谊活动等,内隐文化是指企业内部为达到总体目标而一贯倡导、逐步形成、不断充实并为全体成员所自觉遵守的价值标准、道德规范、工作态度、行为取向、基本观念,以及由这些因素汇成的企业精神。

第三种表述:企业文化是一种与民族文化、社区文化、政治文化、社会文化相对

独立而存在的经济文化,反映的是企业经济组织的价值观与目的要求,以及实现目标的行为准则和习惯。

第四种表述:企业文化由企业的行为文化、心理文化、物质文化三个部分组成,其中心是企业的心理文化,即企业经营管理中形成的浸入企业全体员工灵魂的价值观念和行为准则。

第五种表述:企业文化是由许多文化要素即企业劳动者所创造的不同形态的物质所构成的社会学意义上的概念,是通过企业员工主观意志去改造、适应和控制自然物质和社会环境所取得的成果。

第六种表述:企业文化是一种观念形态的价值观,是企业长期形成的一种稳定的文化理念和历史传统,以及特有的经营风格。

第七种表述:企业文化是受企业经济活动及外界文化因素影响的、由企业员工所创造的物质财富、精神产品、内部组织结构和规章制度。

第八种表述:企业文化是在一定社会历史的环境条件下,企业及其员工在生产经营中逐渐形成的价值体系和各种观念文化的总和。

第九种表述:企业文化是企业群体在长期生产经营活动中创造的适合于员工自身发展的一种生活模式,是企业哲学、企业精神、企业行为方式的内在统一。

第十种表述:企业文化是在企业生产经营中形成的某种文化观念和优秀传统。

西方学者对企业文化的定义,大都指一个组织,例如,企业、公司内形成的独特的文化观念、价值、历史传统、习惯、作风、道德规范和生产观念,并依赖于这些文化组织各种内部力量,统一于共同的指导思想和经营哲学之中。如美国学者彼得斯和沃特曼把企业文化定义为:汲取传统文化精华,结合当代先进管理思想与策略,为企业员工构建一套明确的价值观念和行为规范,创设一种良好的环境气氛,以帮助整个企业进行经营活动。他们都强调企业文化的内涵主要是价值观。

据初步统计,关于企业文化的定义有一百多种,经归纳,国内外学者最有影响力和最有代表性的有以下三种。

第一种是"总和说"。认为企业文化是企业中的物质和精神文化的总和,是企业管理中硬件和软件的结合。硬件,是指企业的外显文化,包括厂房设施、原材料、工艺、产品等;软件,是指企业的隐形文化,是以人的精神为寄托的各种文化现象,包括企业管理制度、行为方式等。

第二种是"同心圆说"。认为企业文化包含三个同心圆。外层同心圆是物质文化,指企业内部的机器设备和生产经营的产品等;中层圆是制度文化,包括人际关系、企业领导制度;内层圆是精神文化,指企业内的行为规范、价值观念等。

第三种是"精神现象说"。认为企业文化是指一个企业以物质为载体的各种精神现象。它是以价值体系为主要内容的企业精神、思维方式和行为方式,是企业全体成员在生产经营活动过程中形成的一种行为规范和价值观念。

从企业文化的诸多定义中,可以看出企业文化与企业理念的关系。

首先,企业理念是企业文化的核心。几乎所有的企业文化的定义都提到价值观,这里的价值观的概念和企业理念的概念基本是一致的。企业的成功来自于成功的企业理念,作为核心地位的企业理念无时无刻不在起指导作用。没有企业价值观,企业理念概括的企业文化起码是低层次的、经不起竞争磨砺的短视文化,也是没有企业特色的。

其次,企业理念统驭企业的行为、经营方向以及企业与外界的联系等,换言之,企业理念指导企业内部与外部的各项工作,指导企业文化的方向,影响企业文化的形成、传播和发展。

最后,企业的外显文化,如典礼、仪式、企业英雄、管理仪式、工作仪式都是企业理念的外化、直观和感觉形象。

此外,企业理念和企业文化一般都强调人本的核心作用。企业英雄作为他人学习的榜样和敬重的对象,他们的一言一行都体现企业的价值观念。英雄是一种象征,同样体现出企业人的完美型理想。有了企业英雄,企业理念所强调的凝聚功能便有了现实的导向。所以,企业英雄也是企业文化的重要内容。

2. 从功能上来看两者的关系

企业文化的功能是指企业文化发生作用的能力,即企业这一系统在企业文化导向下进行生产、经营、管理中的作用。

首先是导向功能。企业文化对企业员工行为具有导向的功能,体现在规定企业行为的价值取向、明确企业的行动目标、确立企业的规章制度和行为方式。导向功能同时也包括对员工的约束、自控、凝聚,指企业通过制度文化、伦理道德规范约束企业全体员工的言行,使企业领导和员工在一定的范围内活动;企业通过广大员工认可的价值观而获得的一种控制功能来达到企业文化的自我控制;企业文化将企业员工紧紧地联系在一起,同心协力,共同奋斗,具体通过目标凝聚、价值凝聚、理想凝聚来实现。

其次是激励功能和调适功能。激励功能是指最大限度地激发员工的积极性和首创精神,具体包括信任激励、关心激励和宣泄激励。调适功能是指为员工创造一种良好的环境和氛围,给员工以心理调适、人际关系调适、环境调适、氛围调适。

最后是辐射功能。企业文化有不断向社会发散的功能,主要途径有以下几种。

(1)软件辐射,即企业精神、企业价值观、企业伦理道德规范等发散和辐射。

(2)产品辐射,即企业以产品为载体对外辐射。

(3)人员辐射,即通过员工自觉或不自觉的言行所体现的企业价值观和企业精神,向社会传播企业文化。

(4)宣传辐射,即通过具体的宣传工作使企业文化得到传播。

企业文化的功能与企业理念的功能多有重复或相近似,而企业理念作为企业文化的核心,其主导与提携作用是十分明确的。正确的理念是企业存在和运行的精神支柱,是企业发展的动力之源。

与企业文化相似,企业理念为企业行为提供导向作用。

在激烈的市场竞争中,企业如果没有一个自上而下的统一目标,是很难参与市场角逐的,更难以在竞争中求得发展。理念的作用正是将全体员工的事业心和成功欲望化为具体的奋斗目标、信条和行为准则。美国国际商业机器公司(IBM)在"为顾客提供世界上最优秀的服务"这一企业理念的引导下,全体员工不仅为客户提供各种机器租赁,而且提供各种机械服务,并在24小时内对任何一个顾客的意见和要求做出满意的答复。

企业发展的道路往往不是一帆风顺的,在逆境中,企业要么把挑战当作机会,把困难当作动力,要么悲伤失望、自暴自弃。正确的企业理念,正是给困惑中的企业指引出正确的方向。

20世纪70年代,一向以"金元帝国"自居且习惯于"美国全能""美国第一"观念的美国人面对日本企业的挑战进行了重新思考。美国一些学者在进行了大量的考察之后,终于找到了差距。莱宾斯坦认为,企业的效率是其生命所在,没有效率的企业不可能在激烈的市场竞争中获胜。而企业低效率的原因在于企业能否提高员工的工作努力程度,调动员工的劳动积极性。未来企业的成功需要看能否聚集创意,是否能激励员工和管理人员一起从事创造性的思考而定,而企业员工积极性、创造性的根源,又在于能否树立正确的企业理念。

企业理念之所以成为企业活力的源泉,成为调动员工积极性的动力,就在于一方面理念能把广大员工的潜力发掘出来,使之服务于该企业共同的事业;另一方面是能使个人目标和企业目标得到统一,减少企业的"内耗"。

在一个企业里,什么样的行为受欢迎,什么样的行为会被禁止,用什么方法比别人得到更多的赞赏,什么样的行为才能为周围的人群所接受,企业理念可以发挥规范性的作用。

企业理念又包括经营理念和行为理念。经营理念是为了实现企业目的、企业使命、企业生存意义所制定出来的企业规范,也是有效地分配经营资源和经营能量的方针。行为理念则是广大员工将企业的生存意义、经营理念转换成一种心态,在平常的言行中表现出来,以明确易懂的组织规范,让员工明了如何共同强化企业力。

一盘散沙的企业与员工关系协调、融洽的企业的经营业绩是大不相同的,两种不同的企业状况反映出两种不同的理念。企业理念不仅使企业领导与领导之间,而且使干部与员工之间产生凝聚力、向心力,使员工有一种归属感。这种向心力和归属感反过来又可以转换成强大的力量,促进企业发展。

企业的理念是个性与共性的统一。普遍性的企业理念具有较强的时代特色,它不仅会在本企业起到很大作用,而且还会通过各种信息渠道渗透、传播到同行业的其他企业甚至不同行业的企业,对其他企业起到楷模的作用。

第三节 企业文化与企业形象的行为识别

一、企业形象的行为识别

1. 企业形象行为识别的内涵

企业行为识别(BI)是企业 CI 系统中的"做法",也就是说企业行为识别是 CI 的动态识别形式,是企业理念识别系统的外化和表现,它通过各种行为或活动将企业理念贯彻、执行、实施。企业形象取决于企业领导和员工的表现,取决于企业领导与员工对企业理念的理解程度和对企业行为规范的执行程度,企业行为是企业形象中重要的部分,它通过企业内部员工之间的联系和企业与外部相关人员的交往,反映出企业的理念和个性,没有良好的企业行为,企业理念就成了水中之月。

2. 企业行为识别系统的特征

1)统一性

企业行为识别系统具有统一性。它要求企业的一切活动,无论是对上还是对下、对内还是对外均表现出一致性。首先,它要求企业的全体员工和各个部门在开展各项活动时必须统一目的,以在社会公众面前塑造出统一而良好的企业形象;其次,它要求企业的各项活动表现必须与企业的理念系统相吻合,使其成为企业理念系统的一个动态表现,保证企业的各项活动及其具体内存互相衔接,形成一个完整的有机整体;最后,它要求企业所有工作人员在活动中的表现具有统一性,这包括语言传播的统一性、行为表现的统一性。只有这样,才有利于企业整体形象的再现和社会公众对企业活动的识别与接纳。

2)独立性

企业行为识别系统具有活动的独立性,即一切行为及活动的识别应体现出企业的精神、企业的个性,显示出与其他企业不同的风格。这种独立的表现形态,是社会公众对企业及其活动识别的基础。如英特尔奔腾处理器的对外传播总是以高科技、领先技术、特殊形象表现与音乐表现来再现一颗活灵活现的奔腾"心",无论对外传播的内容(不同的产品)发生怎样的变化,这一传播主调不会发生变化。同时这一传播主调也将企业的风格、精神再现出来,表现出与众不同的基本内涵和目标追求。

3)动态性

企业行为识别系统具有动态性。企业行为识别的统一性和独立性均经过活动的动态过程得以表现。

3. 企业行为识别系统的主要内容

企业行为识别系统的具体内容包括两大块：一块为企业内部的行为识别系统，另一块为企业对外的行为识别系统。

1)企业内部的行为识别系统

(1)干部教育、培训。

干部教育、培训是企业为提高管理人员的基本素质、工作能力以适应时代发展的需要而实施的一项活动。对企业干部进行教育培训的主要内容包括：由企业决策层向管理人员讲授本企业的文化，贯彻一种系统性的企业理念，推动企业文化与理念系统的贯彻、执行；外请专家研究企业的各项战略，为企业设定战略规模与远景规划；由技术专家进行企业技术培训，使管理者既懂技术又懂管理，以更好地适应市场；增强内部各部门和各环节的透明度，让彼此更多地了解与理解、更多地协调与关照，团结一致，奋发向上，共同为企业发展而努力。

(2)员工教育、培训。

员工教育、培训主要是进行技能、操作培训，认同企业文化，讲解理念系统及企业各项制度等。其具体内容有工作态度与精神、服务水准、能力与技巧、各项礼仪、礼貌用语及约束条件、各项岗位操作等。

(3)组织建设。

组织建设是指组织结构的建设，人员职位与岗位的安排，人才的吸纳、任用与提升等。组织建设的目的在于保证组织机构的完善与稳定，调动内部所有人员的积极性，使企业内部团结一致，共同为企业的发展做出更大的贡献。

(4)管理实施。

管理实施是为贯彻企业管理思想、落实企业管理决策而进行的企业各项管理工作。同时，这也是落实企业理念系统，形成企业内部凝聚力与向心力的系统性工作。企业管理工作做得好，是保证企业有序、正常运作的重要手段。

(5)生产运作。

好的产品是制造出来的，而不是检验出来的。企业的生产运作情况可以表现出企业管理水平的高低、生产能力的大小、生产人员的工作态度和生产目标是否能实现等多方面的内容，生产运作得好又是保证满足市场需求、推动企业发展的基础性工作之一。所以，企业的生产运作在企业内部活动中作为企业运作的始点和市场运作的后盾，永远是企业各项活动的重要内容。

(6)产品开发。

在当今市场竞争中,一个企业只有了解市场、适应市场、满足市场的需求,才能真正赢得市场。市场的需求千变万化,企业要适应这种不断变化的需求,就必须不断地进行产品的开发、研制与创新,掌握行业内的先进水平,利用先进的科技手段,不断进行产品的改良、改进、革新与创新。只有这样,企业才能适应市场、在市场中发展。

(7)内部关系的协调与沟通。

这属于内部公共关系范围的工作,这种协调与沟通主要表现为企业上下级之间的纵向协调与沟通,以及部门与部门、员工与员工之间的横向协调与沟通。

(8)工作软环境的再创造。

在企业内部,硬环境的内容包括厂区、厂房、机器设备、办公环境等。这些内容一旦形成,在一定的期间内很难有大的变化。而企业内部软环境的内容则包括企业内部的氛围,上下级之间、部门之间及员工之间的各类关系,企业文化、企业理念系统对内部工作人员的影响,以及由此形成的人们的精神状态、工作状态和追求目标等。但这并不意味着它可以一成不变。和企业内部硬环境的不同之处在于,企业内部的软环境时时可以调整、处处可以创新,只要它符合企业理念系统的要求,符合企业的发展方向和目标价值,有利于企业的运作,就可以不断地加以修正与调整。

(9)各项方针、政策、制度的制定与实施。

每个企业都有自己的规章制度、方针政策等。它们是企业正常运作、约束员工行为的具体规则,是企业管理工作正常运行的依据。这里的要求,首先是制定的企业方针、政策、制度等必须符合企业一定的发展阶段的水平与特征。制定的目的是为了贯彻、落实,过高的目标与过低的要求对企业的运作与发展均不会产生积极的影响。其次,符合企业发展的方针、政策、制度一旦确定下来,就必须严格地贯彻、执行,并建立健全监督机构将其落到实处,这样才有利于企业内部各项工作的开展、人员积极性的调动和企业目标的实现。

2)企业对外的行为识别系统

(1)市场调查。

市场调查是企业了解市场、把握市场动向的一项具体性工作,市场调查分为日常调查和专项调查。日常调查依赖于企业内部的所有与市场有关的人员,主要是指市场营销人员,市场营销人员每天居于市场之中,对市场的了解可以更细腻、更准确、更可信赖。专项调查是依靠社会上的专项调查机构进行的、确定调查的主题和范围的调查。

通过市场调查,一方面可以掌握大量的有价值的市场信息,把握市场未来的发展方向,知己知彼,充分认识到企业的市场地位;另一方面企业还可以通过市场调查向被调查者获取必要的信息,在一定的范围内让人们了解与认知企业及其产品和品牌。

(2) 产品销售。

产品销售是企业市场营销工作中的重要环节,它是在产品研制开发、产品价格制定、销售渠道选择的基础之上所进行的一项工作。企业产品销售工作包括企业产品离开生产领域之后,进入消费领域之前在流通领域中的一系列工作,如营销队伍的建立、市场的选择、营销政策的实施以及具体的销售工作等。企业的销售工作检验着企业产品的质量与性能,检验着企业各项工作的水平,以及企业销售工作的好坏,直接影响企业销售目标的实现和企业的发展。

(3) 公共关系。

公共关系表现为企业与社会公众之间所建立的全部关系的总和。在企业的形象战略中,企业的公共关系不仅要为企业对外进行信息传递以沟通与协调各种关系,而且在于为企业在社会上树立良好的信誉与形象,赢得社会公众的认可、信赖与接纳。为此,企业必须协调好与消费者、供应商、经销商、上级政府、社区社团、金融机构、新闻媒介等各方面的关系,让社会公众更多地了解与理解企业,并在社会上和市场上形成良好的公共关系氛围。

(4) 广告宣传。

现代市场经济的发展为广告事业的发展提供了一个巨大的市场空间,任何一个企业都必须要看到广告的作用,利用广告宣传好自己的产品和企业的形象。广告是企业对外传播的一个窗口,良好的广告宣传不仅会起到推销产品、扩大市场的作用,而且会传递必要的企业信息,让更多的公众认识企业的内涵与产品。企业在运用广告进行对外传播时,一定要量入为出,确定合理的广告预算,选择好合适的媒体,精心地进行广告策划与创意,认真地设计与制作,以期使广告的效果更理想。

(5) 促销活动。

促销活动是在产品销售活动中所做的营销推广工作,目的在于使企业产品的市场能在一定的期限内得以扩大。现代市场经济的发展使各企业的促销活动花样百出,好的促销活动能够在短期内引起人们的关注,使人们产生购买的欲望。这种购买欲望有时可能不在于产品本身的吸引力,而在于活动对人们的影响。传统的促销活动,如赠品销售、有奖销售、打折销售等已经是人们司空见惯的事情,在竞争激烈的市场中,各企业会不断策划出更能引起人们关注的促销活动并付诸实施。

(6) 服务工作。

在现代人的消费需求中,产品本身的使用价值固然重要,但产品所能体现出的审美价值和附加价值有时更为重要。顾客购买产品是期望获得一系列的利益和满足,这种利益和满足主要表现为企业为顾客提供的各项服务工作,包括购买前的服务、购买过程中的服务以及购买以后的系列服务。服务工作是让顾客产生满意感的最有效途径,因为服务是由人来提供的,服务人员的语言沟通与行为方式是一种活跃的动态过程,好的服务工作可以使顾客产生即时的满意和情感,并使其念念不忘。事后顾客会将这种满意和情感100%地传递给他人,产生10的3次方的有效传播效果。相反,如果顾客对服务工作不满意,也会产生同样的有效传播效果,从而对企业造成不良的影响。因此,服务是窗口,好的服务可以使企业赢得更大的市场。

(7)社会公益性、文化性工作。

企业对外开展的公益性、文化性活动属于大型的公共关系活动。这种活动的特点是:影响大,传播效果好,易产生轰动效果,可以扩大企业的知名度、塑造企业的良好形象。其活动的主要表现形式是参与社会公益性、福利性的赞助活动,主要的赞助对象是体育事业、文化事业、教育事业、社会福利和慈善事业、社会灾难性救助事业等。这里需要注意的是,企业在开展公益性、文化性活动之前,一要把握好主题,选择好机会;二要进行系统的策划工作;三要根据策划的思路认真地实施。只有这样,才能使活动本身产生理想的社会效果。

(8)各项对外协调、传播性工作。

除了大型公共关系活动以外,企业在日常的工作中也要不断地开展与社会各界公众进行协调、沟通的工作,向社会公众传播企业的信息,以让人们更多地了解企业、认同企业、接纳企业。这种协调、传播性工作主要表现为:日常的人际沟通,如企业的人士与外界各界朋友的接触;会议沟通,如新闻发布会、产品订货会、经验交流会和各种其他类型的会议等;公众沟通,如企业主要领导者向社会公众中相关人员,通过确定的方式(如报告、讲座、经验介绍等)传播有关企业的信息。企业对外的这些协调、传播性工作可以归纳为正式的传播与非正式的传播。正式的传播是有确定的组织方式的传播,如以会议形式和公众进行沟通。非正式的传播是无确定的组织方式的传播,如日常的人际沟通。无论是正式的传播还是非正式的传播,企业各类传播者均要以企业精神为统帅,以企业统一要求的表现形式为行为准则,通过传播为企业在社会上树立良好的形象而努力。

二、企业形象行为识别的规划及实施

1. 企业形象行为识别的规划

企业行为是企业理念的动态展示,企业行为识别系统包含的内容是非常广泛的,它涉及市场营销学、广告学、公关学、传播学、管理学等多方面的内容。行为识别意在通过各种有利于社会大众以及消费者认知、识别企业的有特色的活动,塑造企业的动态形象,并与理念识别、视觉识别相互交融,树立起企业良好的企业形象。行为识别系统的规划应在总体目标的要求上,综合运用相关学科的思想与技巧,加以整体策划。

建立企业行为识别系统,需要长期的规划和全体员工的共同努力。它不是短期举措就能立竿见影的,因而必须立足长远。建立企业行为识别系统规划的内容有五个方面。

1)条件分析

条件分析是建立企业行为识别系统的前提。它主要涉及客观方面——企业行为管理历史以及实施经费的问题。任何一个有一定规模的企业,都有员工守则之类的行为规范,并曾持续或间断地实施过这种方案。经费条件也是一个重要的问题,在企业状况好的情况下,经费可能比较容易得到解决;企业困难时,或在决策者并不想投资太大的情况下,经费压缩就会给BI的推行带来困难。实施行为识别规范管理,必须涉及宣传费用、培训费用等,经费不足可能导致虎头蛇尾,起不到应有的作用。

2)目标设定

目标需要一个定量化的标准,而一般情况下,运行标准又很难确定。空泛的目标比较好说,比如建立一整套完善的行为识别制度,有效地提高企业的知名度、美誉度、销售额、效益等。但制度好定,效果难测。提高知名度、美誉度如何衡量?提高了销售额、效率和效益,又如何区分是视觉识别还是行为识别的功劳?所以,目标设立必须跟某种考评标准与方法相结合。

3)培训计划

培训是规划的重要部分。行为识别的规范管理,在很大程度上依赖于有效的培训。它将规范中一些具体的执行细节落到实处,反复演示,反复练习,从学习的规矩到自发的行为。

4)检查督导

只有培训,没有执行与实施是不行的,只有执行而没有完备的考核督导制度也是不行的。检查、考核、督导的进行,可以发现问题,改善规划,加强薄弱环节,这是一种合理的反馈调节机制。

5)奖惩制度

奖惩制度对管理的成效具有很大的作用。在BI行为识别规范的执行过程中,有必要指定一套合理合情的奖惩制度,以调动广大员工的积极性,使行为识别规范更富有成效。

2. 企业形象行为识别的实施

在BI实施过程中,首先要明确实施原则和落实机构,并在整体上加以协调,以最优效率达到 BI 规划设定的目标。在制定实施原则和落实机构中,最重要的是职责说明、控制幅度和授权。

职责说明必须明确:在实施行为识别规范管理的过程中,大到一个部门,小到一个人的职责是什么;他们在什么场合、什么工作中应如何表现;对外服务与交流时,应遵循哪些规范;这些行为规范的恰当含义是什么;在具体执行时应如何把握"度"的合理性,以及他们必须履行的责任的含义和尺度。

控制幅度是指执行单位的负责人的落实及同一负责人管理的员工人数。一般来说,原来企业的部门也就自然成为行为识别规范管理的执行单位。而比较合适的方法是,委托一位部门副职主管专门负责 BI 落实的问题,如销售员的行为规范落实由营销部副经理负责,客房部、餐饮部也应由该部门的副职负责人负责。

授权是指企业最高主管与 CI 专案负责人根据 BI 执行的性质、规模、协调性等授予下属主管人员监督执行 CI 行为识别规范的权力,以期高效率地完成该计划。BI 管理中的授权必须明确:每个 BI 执行单位有效管理的人数限制管理幅距;从企业主管、CI 专案负责机构等组织的顶部向下部署应有明确的授权线即梯状管理;每位具体负责人的 BI 督导职责必须明确说明,大家都清楚地知道自己该做什么;责任与权力必须同时赋予下属负责人;责任不仅包括自己部分行为识别规范的执行,而且应时时注意到企业整体 CI 计划的协调性。

BI 实施还需要经过相当阶段的训练,它将构成员工岗位培训的一部分,培训必须有计划地进行,其计划的内容应该包括:①说明 BI 的意义与行为识别规范的必要性;②确定导入 CI 整体工程中 BI 规范的具体目标;③选择、制订最佳的培训方案;④合理评估 BI 规范培训的成绩。

BI 规范培训不仅要有训练计划,而且要讲究方式方法。方式和方法恰当可以提高培训的效率,否则不但不能达到预期效果,还会造成员工的抵触情绪与负面影响。可选择采用的培训方法有讨论与座谈、演讲与示范演练、纠偏以及重复性演习与比赛。培训的目的在于使广大员工自觉地接受这套行为识别系统的规范,将它不折不扣地贯彻在日常行为之中。

3. 企业文化与企业形象的行为识别的关系

企业文化和企业行为都有规范作用、导向作用和凝聚作用,企业在进行行为识别导入时,必须通过系统的规划,通过营造良好的内部系统和对外系统来展示自己的企业文化和企业形象。

行为科学研究员工的各种需要,要企业千方百计地去满足这些需要,条件是员工必须为企业卖力干活,至于员工的目标和企业的目标是否一致,各个员工之间的目标是否一致,那是不太过问的。企业文化则不然,它把个人目标同化于企业目标,把建立共享的价值观当成管理上的首要任务,从而坚持对员工的理想追求进行引导。

企业文化中的共有价值观念,一旦发育成长到习俗化的程度,就会像其他文化形式一样产生强制性的规范作用。文化的强制作用与法规、规章的强制作用有所不同,对于本文化圈的人来说,一点也不会感觉到文化强制的力量,他们总是极其自然地与文化所要求的行为和思想模式保持一致。对于从外面进入文化圈的人来说,确实会感到文化强制的巨大力量。但是,除直接文化强制之外,间接文化并无具体的强制执行者,而是新来者自己感觉不习惯和不自然。必须经过相当长的一段时间之后,新来者才会完全融合这个文化中。企业文化的规范作用,是一种间接文化强制,因而也是一种潜移默化的力量。

企业文化的导向作用,使企业不再是一个因相互利用而聚集起来的群体,而是一个由具有共同的价值观念、精神状态、理想追求的人凝聚起来的组织。

企业文化和企业行为规范都具有规范性的功能,这种规范性受企业理念的支配,同时又利用一切可能落实到企业行为中。

第四节 企业文化与企业形象的视觉识别

一、企业形象的视觉识别

1. 企业形象视觉识别的内涵

企业视觉识别(VI)是企业所独有的一整套识别标志。它是企业理念的外在的、形象化的表现,理念特征是视觉特征的精神内涵。企业视觉系统是企业识别系统的具体化、视觉化。它包括企业标志、企业名称、企业商标、企业标准字、企业标准色、象征图形、企业造型等。

企业视觉识别系统(VIS)是企业识别系统的重要组成部分。它是在理念识别(MIS)和行为识别(BIS)的基础上,通过一系列形象设计,将企业经营理念、行为规范等,即企业文化内涵,传达给社会公众的系统策略,是企业全部视觉形象的总和。企业视觉识别系统将企业的品牌理念与核心价值通过视觉传播的形式,有组织、有计划地传递给客户、公众和企业员工,从而树立起统一的企业形象。

企业视觉识别系统是企业识别系统的视觉符号,是企业形象的视觉传递形式,它是 CIS 最有效、最直接的表达。企业视觉识别系统是由体现企业理念、业务性质、行为特点的各种视觉设计符号及其各种应用因素所构成的,是企业理念系统和行为识别系统在视觉上的具体化、形象化。企业通过形象系统的视觉识别符号将企业经营信息传达给社会公众,从而树立良好的企业形象。

根据心理学理论,人们日常接受外界刺激所获得的信息量中,以视觉感官所占的比例最高。而且视觉传播最为直观具体,感染力最强。因而,采取某种一贯的、统一的视觉符号,并通过各种传播媒体加以推广,可使社会公众能够一目了然地掌握所接触的信息,造成一种持久的、深刻的视觉效果,从而对宣传企业的基本精神及其独特性起到很好的效果。

2.企业视觉识别系统的基本内容

VIS 所涉及的项目最多,层面最广,效果最直接,与社会公众的联系最为广泛、密切。归纳起来,可分为基本要素和应用要素两个部分。

1)企业视觉识别系统的基本要素

VIS 设计的基本要素系统严格规定了图形标志、中英文字体形、标准色彩、企业象征图案及其组合形式,从根本上规范了企业的视觉基本要素。基本要素系统是企业形象的核心部分,包括:企业名称、企业标志、企业标准字、标准色彩、象征图案、组合应用和企业标语口号等。

(1)企业名称。

企业名称和企业形象有着紧密的联系,是 CIS 设计的前提条件,是采用文字来表现识别要素。企业名称的确定,必须要反映企业的经营思想,体现企业理念;要有独特性,发音响亮并易识易读,注意谐音的含义,以避免引起不佳的联想。名字的文字要简洁明了,同时还要注意国际性,适应外国人的发音,以避免外语中的错误联想。在表现或暗示企业形象和商品的企业名称,应与商标,尤其是与其代表的品牌相一致,也可将在市场上较有知名度的商品作为企业名称。企业名称的确定不仅要考虑传统性,还要具有时代的特色。

(2)企业标志。

企业标志是特定的企业的象征和识别符号,是 CIS 设计系统的核心基础。企业标志通过简练的造型、生动的形象来传达企业的理念,具有内容、产品特性等信息。标志的设计不仅要具有强烈的视觉冲击力,而且要表达出独特的个性和时代感,必须广泛地适应各种媒体、各种材料和各种用品的制作,其表现形式可分为三个方面:①图形表现(包括再现图形、象征图形、几何图形);②文字表现(包括中外文字和阿拉伯数字的组合);③综合表现(包括图形和文字的结合应用)。

企业标志要以固定不变的标准原型在 CIS 设计形态中应用,开始设计时必须绘制出标准的比例图,并表达出标志的轮廓、线条、距离等精密的数值。其制图可采用方格标示法、比例标示法和圆弧角度标示法,以便标志在放大或缩小时能精确地描绘和准确地复制。

(3)企业标准字。

企业的标准字体包括中文、英文或其他文字字体,标准字体是根据企业名称、企业排名和企业地址等来进行设计的。标准字体的选用要有明确的说明性,直接传达企业品牌的名称,要能强化企业形象和品牌诉求力。可根据使用方面的不同,采用企业的全称或简称来确定,字体的设计要求字形正确、富于美感并易于识读,在字体的线条粗细处理和笔画结构上要尽量清晰简化和富有装饰感。在设计时要考虑字体和标志在组合上的协调统一,对字距和造型要做周密的规划,注意字体的系统性和延展性,以适应于各种媒体和不同材料的制作,适应于各种物品大小尺寸的应用。企业的标准字体的笔画、结构和字形的设计也可体现企业精神、经营理念和产品特性,其标准制图方法是将标准字配置在适宜的方格或斜格之中,并标明字体的高、宽尺寸和角度等位置关系。

(4)标准色彩。

企业的标准色彩是用来象征企业并应用在视觉识别设计中所有媒体上的确定色彩。透过色彩具有的知觉刺激于心理反应,可表现出企业的经营理念、多产品内容的特质,体现出企业属性和情感,标准色彩在视觉识别符号中具有强烈的识别效应。企业标准色彩的确定要根据企业的行业属性,突出企业和同行的差别,并创造出与众不同的色彩效果。标准色彩的选用是以国际标准色为标准的,企业的标准色彩使用不宜过多,通常不超过三种颜色。

(5)象征图案。

企业象征图案是为了配合基本要素在各种媒体上广泛应用而设的,在内涵上要体现企业精神,起衬托和强化企业形象的作用。通过象征图案的丰富造型,来补充标志符号建立的企业形象,使其意义更完整、更易识别、更具表现的幅度与深度。象征图案在表现形式上简单抽象,并与标志图形既有对比又保持协调的关系,也可由标志或组成标志的造型内涵来进行设计。在和基本要素组合使用时,要有强弱变化的律动感和明确的主次关系,并根据不同媒体的需求做各种展开应用的规划组合设计,以保证企业识别的统一性和规范性,强化整个系统的视觉冲击力,产生出视觉的诱导效果。

(6)企业提出的标语口号。

企业提出的标语口号是企业理念的概括,是企业根据自身的营销活动或理念而研究出来的一种文字宣传标语。企业标语口号的确定要求文字简洁、朗朗上口。准确而响亮的企业标语口号对企业内部能激发职工为企业目标而努力,对外则能表达出企业发展的目标和方向,加深企业在公众心中的印象,其主要作用是对企业形象和企业产品形象的补充,以使社会大众在瞬间的视听中了解企业思想,并留下对企业或产品难以忘记的印象。

(7)企业吉祥物。

企业吉祥物以平易可爱的人物或拟人化形象来唤起社会大众的注意和好感。

(8)专用字体。

专用字体是对企业新使用的主要文字、数字、产品名称结合对外宣传文字等,进行统一的设计,主要包括为企业产品而设计的标志字和为企业对内、对外活动而设计的标志字,以及为报刊广告、招贴广告、影视广告等设计的刊头、标题字体。

2)企业视觉识别系统的应用要素

企业应用设计要素,是基本要素的一系列应用规范和要求。

(1)办公用品设计。

办公用品是企业信息传达的基础单位,办公用品在企业的生产经营中用量极大,扩散频繁,而且档次、规格、式样变化多端,因此,办公用品是企业视觉识别的有力手段,具有极强的稳定性和时效性。企业识别应用系统中的办公用品主要指纸制品和工具类用品。

(2)企业建筑和环境规划设计。

企业建筑不仅是企业生产、经营、管理的场所,而且是企业的象征。企业建筑的风格代表了企业的经营风格,企业建筑的外观造型和内在功能共同决定了其对企业形象的传播程度。

办公场所的建筑物,应突出其开放性的一面,还得注重庄重、自尊和克制的特点,充分体现企业与社会和人类环境相辅相成、共存共容的特征;生产型企业的建筑物风格,直接体现了企业的经营目标,宏大的建筑体现出一种追求高远的志向,古朴典雅的楼房则体现了精巧细致的企业文化;规模较大的商业和服务企业应采用连锁经营的模式,采用统一的外观形象,不仅有助于扩大市场规模,而且对建立统一的企业形象具有重要的作用。环境规划对鼓舞员工士气、增加凝聚力具有非常重要的作用。

(3)员工制服设计。

员工制服设计要注意以下几点。

①注意适用性原则。首先要考虑员工的岗位,同时要考虑季节因素,应设计多套服装。

②制服的设计要基于企业理念,体现企业特色,表现出企业是现代的还是传统的,是创新开拓的企业形象还是温和亲切的企业形象。

③要基于行业特色,如医院、邮局、学校、宾馆、商业等要表现出已为大众认同的服装模式。

④要考虑视觉效果,通过色彩、标志、图案、领带、衣扣、帽子、鞋子、手套等表现出整体统一的视觉形象。

⑤可以和已设计好的视觉识别基本要素相搭配,在保持整体风格一致的前提下,将企业的标准字做成工作牌或标徽,或直接绣在制服上,并以标准色作为制服的主要色调,以其他不同的颜色区别不同的岗位性质。

(4)交通工具设计。

企业的交通工具是塑造、渲染、传播企业形象,特别是视觉识别形象的流动性媒介和渠道。交通工具外观的设计开发,重在企业识别标志和其变体的构成组合,尤其是同车体、车窗、车门构成组合的协调。

(5)市场营销设计。

企业的市场营销活动对企业视觉识别基本要素应用最广泛的主要体现在四个方面:产品、包装、广告。

①产品。企业应注重塑造产品外观式样的独特个性,赋予其有效的艺术风格,从而以鲜明的设计吸引消费者。产品的外观式样是指产品给予购买者的视觉效果和感觉。

②包装。在进行包装的开发和设计时,企业应考虑诸多影响因素,以做出和企业理念、企业形象、产品特性相符的包装决策。

③广告。从 CIS 的角度来看,广告是实现视觉识别、树立企业形象的重要途径。企业在进行广告决策时,应使广告具备以下几个特点:广告应有极强的明确性和准确性;广告应切合企业的自身实际,真诚并且可以信赖;广告应具有感人的特点。

(6)企业的旗帜、招牌设计。

旗帜根据利用方式一般分为氛围悬挂式和撑杆式两种;氛围悬挂式是为了渲染环境的气氛,撑杆式往往挂有企业的名称、企业的象征物、企业的徽标,通常,企业将上述三种旗帜立于一起,以形成统一的识别项目。旗帜内容的设计往往在企业基本要素设计时同时进行,旗帜的大小应满足标准国旗、团旗的尺寸要求,颜色鲜艳,整体醒目。企业招牌是指引性和标志性的企业符号,是大众首先识别到的企业形象。

二、企业形识别系统设计的功能和原则

1. 企业形象识别系统设计的功能

一个人要想给人以良好的第一印象,取决于他富有特色的容光焕发的仪容仪表;一棵树要想显示其旺盛的生命力,体现在树枝刚劲有力,枝叶茂盛上;一家企业优良形象的树立则需要有能充分展示企业风采,并自始至终贯穿着企业精神理念的视觉识别标志系统。人有时需要美容师为他进行美容装扮;树常常要园艺师为它修枝整叶;而对企业来说,企业视觉识别则是它的美容师、园艺师,视觉识别以其独特的"美容术"把企业装扮得充满魅力,形象动人。

VIS——企业的视觉识别系统,是指纯属视觉信息传递的各种形式的统一,是具体化、视觉化的传递形式,是 CIS 中项目最多、层面最广、效果最直接的社会传递

信息的部分。VIS是企业所独有的一整套识别标志,是最外在、最直观的一部分。因为一个人在接受外界信息时,眼睛(视觉)接受的信息占全部信息的83%,而11%的信息来自听觉,3.5%的信息来自嗅觉,1.5%的信息来自触觉,1%的信息来自味觉。因此,视觉传达成为企业信息传达的最佳手段。VIS能将企业识别的基本精神内含的差异性充分表达出来,并可让消费者一目了然地掌握其中传达的情报信息,达到识别认知的目的。从某种意义上来说,企业识别系统的开发是以视觉化的设计要素为整体计划的中心,即塑造企业形象最快捷的方式,便是在企业传播系统模式中建立一套完整独特的符号系统,供公众识别和认同。

视觉识别在树立企业形象上起着比MIS(management information system,管理信息系统)和BIS(business information system,商业信息系统)更为直接的作用,为世界各大跨国公司所推崇。实践证明,它是现代企业成功的营销战略,具备以下几个方面的功能。

1)识别功能

现代社会商品生活中,各企业的产品品质、性能、外观、促销手段都日趋雷同,企业唯有导入CIS,树立起特有的、良好的企业形象,从而提高企业产品的非品质的竞争力,才能在市场竞争中脱颖而出,独树一帜,取得独一无二的市场定位,最终在消费者心中取得一致认同,使消费者建立起对品牌的偏好和信心。

CIS识别的优势在于它把企业作为行销对象,将企业的理念、文化、行为、产品等形成统一的形象概念,借助视觉符号表现出来,全方位地传播,可以让社会公众多视角、多层面地对企业加以鉴别,决定取舍。而不管从哪个角度,哪个方面,所得到的信息是一致的,所得出的结论也必将是一致的,因为,同一性是CIS识别的功能。CIS识别功能包括如下三个基本的识别要素。

(1)语言识别。

语言识别是指企业用象征本企业特征的语言,包括企业精神口号语、企业产品广告语、企业制度宣传语等,达到识别的目的。其中,最富魅力、最具鼓动意义的是企业精神口号语,国外称之为"关键语",即用简练的语言来表达企业的形象,测定某种象征行为,代表企业的思想、精神,例如:IBM的"IBM就是服务";海尔的"真诚到永远";长虹的"以民族昌盛,振兴民族经济为己任";红塔集团的"天下有玉烟,天外还有天";等等。

(2)图像识别。

图像识别是指企业用象征本企业特色的图形,如标志、标准字体、标准色等图案、形象达到识别的目的。因为图像识别比语言识别更有效,所以,CIS传播要配合蓬勃发展的视觉传播媒体,以具有个性的视觉设计系统传达企业精神与经营理念,是建立企业知名度与塑造企业形象的最有效的方法,这也是中外企业导入CIS

都重视企业标志、标准字体、标准色的原因所在。

(3) 色彩识别。

色彩识别指企业用象征自己特征的色彩（即企业标准色）达到识别的目的。人们都有这种审美心理，看到漂亮的色彩容易引起愉悦的心理，并能很快记住它。这说明色彩具有非常强的识别性，这是因为：色彩能造成差别，色彩能引发联想，色彩能渲染环境。

在我国企业导入 CIS 的典型个案中，可以看到标准色彩显示产品与企业个性的范例：海尔集团用"海尔蓝"作为标准色，体现空调、冰箱、冷柜等家电产品的功能特征和产品形象；同样，美的集团用蓝色调表现美的空调、风扇等家电产品形象和企业形象，给人以美感；而生产口服液的"太阳神"，则是用红、黑、白三种强烈对比的色彩形成反差，表现热情欢乐、健康向上的企业精神、产品形象和经营理念。

2) 应变功能

在瞬息万变的市场环境中，作为一个企业要随机应变。变是绝对的，不变（稳定性）是相对的，企业导入 VIS 能使企业商标具有足够的应变能力，同一商标可以随市场变化和产品更新应用于各种不同的产品。例如：日本索尼公司的著名商标"SONY"，同时拥有电视机、摄影机、音响设备等多种商品；美国 IBM 公司，企业标志的设计最初是粗体黑字，明晰易读，具有强烈的视觉震撼力，达到了易读、易认的效果，随着企业的发展，企业要求以表现经营哲学为最首要的因素，于是设计出以蓝色条纹构成的 IBM 字形标志，成功地建立起 IBM 高科技"蓝色巨人"形象。

3) 传播功能

企业形象作为社会公众对企业活动的印象和整体评价，离不开企业信息的传播。如何使信息传递达到准确、有效、经济、便捷，一直是企业家所追求的，CIS 的传播功能在这方面具有无比的优越性。

在 CIS 识别系统运作的过程中，统一性与系统性的视觉要素设计可加强信息传播的频率和强度，并节省广告费用，产生事半功倍的传播效果。企业理念、精神等情报资源，通过统一的设计符码，利用各种各行进行传播，最后为消费者所接受和认同，从而建立起优良的企业形象。CIS 企业视觉识别系统的导入和开发，能够保证信息传播的统一性和独特性。在企业 CIS 战略中，视觉识别的一项重要任务，就是要使企业在市场竞争中，采用一贯的统一视觉形象设计，并通过所有的媒体扩散出去，才能有意识地造成一个个性化的统一视觉形象，这不仅可以便于公众识别、认知，而且利于为公众所信赖。如美国的可口可乐就是一个成功的典范，可口可乐总部设在美国的亚特兰大，但它的视觉形象却遍布全世界，它那套具有独特风格的视觉识别系统，通过整体的传媒计划、大量的财力投入，使公众头脑中深深地铭刻着可口可乐的良好企业形象。

消费者总是根据自己得到的信息选择动心的商品,形成购买的重要因素,往往正是由形象设计制造的印象而决定的。心理学告诉我们:视觉信息在大脑皮层中记忆的牢固度和回忆度最强。俗语说"眼见为实",视觉传达的影响力不可低估。公众在各种公共场所对信息的接收首先是眼睛的接触,产品价值观与企业形象如果缺乏外在的视觉形象传达,必然成为认知的障碍。

4)协调功能

企业导入 CIS,有助于信息传递的可信性、真实性和统一性,使企业的公共关系活动得到顺利发展。企业的公共关系通过传递企业的有关信息,协调好与公众的各种关系,直接为企业的经营发展服务。

CIS 的推行使企业的传播简单化、差异化,易于公众识别和认同,从而达到最佳的沟通效果,搞好公共关系。同时,CIS 本身创造的优良企业形象,也使公共关系的运转有了坚实的基础。

2.企业形象识别系统设计的原则

进行 VIS 策划设计必须把握同一性、差异性、民族性、有效性等基本原则。

1)同一性

为了达成企业形象对外传播的一致性与一贯性,应该运用统一的设计和统一的大众传播,用完美的视觉一体化设计,将信息和认识个性化、明晰化、有序化,把各种形式传播媒体上的形象统一,创造能储存和传播的统一的企业理念与视觉形象,这样才能集中和强化企业形象,使信息传播更为迅速有效,给社会大众留下强烈的印象和影响力。

对企业识别的各种要素,从企业理念到视觉要素予以标准化,采用同一的规范设计,对外传播均采用同一的模式,并坚持长期一贯的运用,不轻易进行变动。要达成同一性,实现 VI 设计的标准化导向,必须采用简化、统一、系列、组合、通用等手法对企业形象进行综合的整形。同一性原则的运用能使社会大众对特定的企业形象有一个统一完整的认识,不会因为企业形象的识别要素的不统一而产生识别上的障碍,增强了形象的传播力。

2)差异性

企业形象为了能获得社会大众的认同,必须是个性化的、与众不同的,因此差异性的原则十分重要。

差异性首先表现在不同行业的区分,因为,在社会大众心目中,不同行业的企业和机构均有其行业的形象特征,如化妆品企业和机械工业企业的企业形象特征应是截然不同的。在设计时必须突出行业特点,才能使其和其他行业有不同的形象特征,有利于识别和认同。其次必须突出和同行业其他企业的差别,才能独具风采,脱颖而出。日本享誉世界的五大名牌电器企业:索尼、松下、东芝、三洋、日立,其企业形象均别具一格，十分个性化，有效地获得了消费大众的认同，在竞争激烈的世界家电市场上独树一帜。

3) 民族性

企业形象的塑造和传播应该依据不同的民族文化。美国、日本等许多企业的崛起和成功，民族文化是其根本的驱动力。美国企业文化研究专家秋尔和肯尼迪指出："一个强大的文化几乎是美国企业持续成功的驱动力。"驰名于世的"麦当劳"和"肯德基"独具特色的企业形象，展现的就是美国生活方式的快餐文化。

塑造能跻身于世界之林的中国企业形象，必须弘扬中华民族的文化优势，灿烂的中华民族文化，是取之不尽，用之不竭的源泉，有许多值得我们吸收的精华，有助于创造具有中华民族特色的企业形象。

4) 有效性

有效性是指企业经策划设计的 VIS 计划能得以有效地推行运用。VIS 是解决问题的，不是企业的装扮物，因此其可操作性是一个十分重要的问题。

企业 VIS 计划要具有有效性，能够有效地发挥树立良好企业形象的作用，首先在其策划设计时必须根据企业自身的情况、企业的市场营销的地位，在推行企业形象战略时确立准确的形象定位，然后以此定位进行发展规划。在这点上协助企业导入 VIS 计划的机构或个人负有重要的职责，一切必须从实际出发，不能迎合企业的一些不切合实际的心态。

企业在准备导入 VIS 计划时，能否选择真正具有策划设计实力的机构或个人，对 VIS 计划的有效性也是十分关键的。VIS 策划设计是企业发展一笔必要的软投资，是一项十分复杂而耗时的系统工程，是需要花费相当经费的。要保证 VIS 计划的有效性，一个十分重要的因素是企业主管有良好的现代经营意识，对企业形象战略也有一定的了解，并能尊重专业 VIS 设计机构或专家的意见和建议。因为没有相当的投入，就无法找到具有实力的高水准的机构与个人。而后期的 VIS 战略推广更要投入巨大的费用，如果企业在导入 VIS 计划的必要性上没有十分清晰的认识，不能坚持推行，那前期的策划设计方案就会失去其有效性，变得毫无价值。

三、企业视觉识别系统的设计手册

1. VIS 应用要素系统设计表

(1) 待客用项目类：洽谈会、会客厅、会议厅家具、烟灰缸、坐垫、招待餐饮具、客户用文具。

(2) 商品及包装类：商品包装设计、包装纸、包装箱、包装盒、各种包装用的徽章、封套、粘贴商标、胶带、标签等。

(3) 符号类：公司名称招牌、建筑物外观、招牌、室外照明、霓虹灯、出入口指示、橱窗展示、活动式招牌、路标、纪念性建筑、各种标示牌、经销商用各类业务招牌、标示。

(4)账票类:订单、货单、委托单、申请表、通知书、确认信、契约书、支票、收据等。

(5)文具类:专用信笺、便条、信封、文件纸、文件袋、介绍信等。

(6)服装类:男女职工工作服、制服、工作帽、领带、领结、手帕、领带别针、伞、手提袋等。

(7)印刷类:股票、年度报告书、公司一览表、调查报告、自办报刊、公司简历、概况、奖状等。

(8)大众传播类:报纸广告、杂志广告、电视广告、广播广告、邮寄广告等。

(9)SP类:产品说明书、广告传播单、展示会布置、公关杂志、促销宣传物、视听资料、季节问候卡、明信片、各种POP类。

(10)交通类:业务用车、宣传广告用车、货车、员工通勤车等外观识别。

(11)证件类:徽章、臂章、名片、识别证、公司旗帜。

2.VIS设计的基本程序

VIS的设计程序可大致分为以下四个阶段。

1)准备阶段

成立VIS设计小组理解消化MIS,确定贯穿VIS的基本形式,搜集相关资讯,以利于比较。VIS设计的准备工作要从成立专门的工作小组开始,这一小组由各具所长的人士组成。人数不在于多,而在于精干,重实效。一般来说,应由企业的高层主要负责人担任。因为该人士比一般的管理人士和设计人员对企业自身情况的了解更为透彻,宏观把握能力更强。其他成员主要是各专门行业的人士,以美工人员为主体,以行销人员、市场调研人员为辅。如果条件许可,还可邀请美学、心理学等学科的专业人士参与部分设计工作。

2)设计开发阶段

VIS设计小组成立后,首先要充分地理解、消化企业的经营理念,把MI的精神吃透,并寻找与VIS的结合点。这一工作有赖于VIS设计人员和企业间的充分沟通。在各项准备工作就绪之后,VIS设计小组即可进入具体的设计阶段。

3)反馈修正阶段

在VIS设计基本定型后,还要进行大范围的调研,以便通过一定数量、不同层次的调研对象的信息反馈来检验VIS设计的各细节部分。

4)编制VIS手册

编制VIS手册是VIS设计的最后阶段。

3. VIS 的基本要素设计的标志设计

1）企业标志的种类

标志分为企业标志和产品标志两种。企业标志是指从事生产经营活动的实体的标志。产品标志是指企业所生产的产品的标志，又称商标。

2）企业标志的特点

①独特鲜明的识别性是企业标志的首要特点。

②精神内涵的象征性是企业标志的本质特点。

③符合审美造型性是企业标志的重要特点。

④具有实施上的延展性是企业标志的必具特点。

标志的应用范围极为广泛，所以，标志设计应考虑到平面、立体以及不同材质上的表达效果。有的标志设计美观，但制作复杂，成本昂贵，必然限制标志应用上的广泛和便利。

3）企业标志应具有时代色彩

在标志的设计过程中，应充分考虑时代色彩，并在以后的实施过程中随机据情修订。

4）企业标志的设计原则

①标志设计应能集中反映企业的经营理念，突出企业形象。

②标志设计应结合企业的行业特征和产品特征。

③标志设计应符合时代的审美特征。

4. VIS 的基本要素设计的标准字设计

标准字设计，即将企业（产品）的名称，通过创意设计，形成风格独特、个性突出的组合整体。

1）标准字的特征

①识别性是标准字总的特征。由于标准字代表着特定的企业形象，所以，必须具备独特的整体风格和鲜明的个性特征，以使它所代表的企业从众多的可比较对象中脱颖而出，令人过目不忘。

②易识性是标准字的基本特征。

③造型性是标准字的关键特征。

④系列性是标准字设计的应用性特征，即应有一系列的相同风格的标准字，适用于各种场合。

2）标准字的设计步骤

①确定总体风格。一个企业应具有自己的不同于其他企业的内在风格，不同的字体造型和组合形式也具有其内在的风格特征，将两者有机地联系在一起。

②构思基本造型。

③休整视觉误差。

④常见的错视与修正。汉字是方块形的,但在实际的视觉效果中,略长些的汉字看起来比规整的方块形更为美观。这是因为汉字的间架结构上下顶格者多,左右只有部分笔画支持,而且横多竖少的笔画也增强了汉字的高度感。因此按照同样大小的方块写出来的字,看起来很可能是参差不齐、大小不一的。

四、企业文化和企业视觉识别系统

1. 从两者的内涵来看

企业文化是企业形象和品牌的根基和立足点,企业视觉识别系统是企业形象的具体视觉化表现。也就是说,企业视觉识别系统的核心内容是通过具象的标志、图形和文字等内容展示企业文化的系统工程。它将繁杂、晦涩的企业信息,高度概括成简洁易懂的识别符号,通过外在的形象,在短时间内反映企业内在的本质,以独特的构思、新颖的形象、丰富的文化内涵给大众留下完整、美好、难忘的印象。因此,企业文化和视觉识别系统是互为表里、相辅相成的有机整体。

2. 企业文化建设需要企业视觉识别系统的支持

企业文化是企业的灵魂。它需要企业根据自身的文化修养、价值观念、经营理念和企业内外环境进行科学分析,逐步形成成熟的企业文化。

企业文化作为一种意识形态,一方面通过产品质量、管理模式、规章制度等向物质形态转化,另一方面通过企业识别系统反复灌输、广泛宣传。企业视觉识别系统的导入不但使企业文化传播具有鲜明的时代特色,还能不断提升和强化企业的综合实力,是企业文化建设的重要途径和企业文化传播及扩散的有效手段。因此,企业充分继承固有的优秀传统,总结提炼适应新时代要求的文化要素,通过静态的、具体的传播方式,将企业的精神、思想等文化特质形成一个统一的概念,以视觉形式加以外化,准确地传达给大众,使社会公众一目了然地掌握企业的信息,产生认同感,达到识别的目的。

企业视觉识别系统作为一种文化传播的手段,具有文化的导向性和辐射性。为什么有人只选择可口可乐而不喝其他牌子的饮料?为什么有人偏爱苹果手机?视觉心理学家指出,90%以上的信息接收来源于视觉和听觉。因此,虽然有品牌的产品的功能未必就好,但视觉识别毫无疑问可以在消费者心目中增加产品的价值。这就是视觉识别在潜移默化中使参与者接受共有的价值观,引导价值取向和行为取向的作用。

视觉识别系统通过不同的渠道产生社会影响,树立企业形象,扩大企业的知名度,取得良好的社会效应。比如,世界顶级豪华汽车品牌"BMW",无论从它音意俱佳的中文名字"宝马"还是从它蓝白螺旋桨标志,无不蕴含着"BMW"的品牌精神和汽车品位。"BMW"公司最早从生产飞机发动机起步,飞机螺旋桨高速旋转在蓝天白云的背景上划出扇形弧线,概括出蓝白相间四片扇叶的"BMW"标志。译名"宝马"独具匠心,"马"乃载物工具,车的概念显见其中;一个"宝"字让人不禁对马产生美好的想象,因为"宝马香车"古已有之。"BMW"栩栩如生的视觉品牌形象令人耳目一新,几十年来"BMW"公司不断演进、变革,蓝白螺旋桨的主题却始终如一,成为其企业精神不可分割的一部分,显示了其品牌文化的迷人魅力,也获得了巨大的商业成功。

视觉识别能加速文化的渗透,提高企业的凝聚力和感召力。就像炎黄子孙无论在何时何地看到五星红旗时,都会想到自己的祖国,都会有一种自豪感和归属感一样。因为五星红旗所传达的是中国传统文化,传达的是祖国对人民的召唤。同样,优秀的企业视觉识别系统能够形成特定的文化圈,使圈内外围绕中心共识形成一种凝聚力和感召力。

3. 企业视觉识别系统的导入需要企业文化的不断升华

企业形象是企业身份的客观体现。不论在哪个行业领域,有影响力的企业形象,其内在的企业文化和外在的视觉表现总是互为映衬、相得益彰的。企业自我评价与社会公众认知相吻合,这种一致性使企业的经营诉求更容易得到消费者的认同,进而提升企业的影响力。因此,企业在最初建立形象策划和视觉识别系统时,只能简单塑造企业主观所希望具备的形象特征。随着企业不断壮大和发展,新的形象体系必须不断从全局考虑,整体策划使企业形象完整合理。也就是说,企业视觉识别系统的建设是一项长期工程,它是在企业综合实力的不断积累和提升、企业文化的不断升华和提高的基础上不断优化的。

海尔企业文化的核心是创新。它是海尔20年发展历程中,产生和逐渐形成的特色的文化体系。"创新",伴随着海尔从无到有、从小到大、从大到强、从中国走向世界,海尔文化本身也在不断创新、发展。随着海尔的不断壮大,企业的新标志也应运而生。与原来的标志相比,新标志延续了海尔多年发展形成的品牌文化,并且强调了时代感。通过简洁、自然、和谐、时尚的设计,赋予海尔企业标志新的内涵,使其成为海尔发展新阶段的精神承载。整个字体标志在动感中有平衡,寓意"变中有稳",充分体现和延续了海尔的企业文化。

由此可见,企业视觉识别系统的不断优化和改进,需要企业持之以恒、循序渐进地借鉴和吸收优秀的企业文化,不断强化新的精神内涵,在不断完善自我的过程中实现企业形象的改观,同时赋予企业形象新的文化内涵,实现两者新的和谐统一。

本 章 小 结

企业形象是指企业内部员工、社会公众,包括消费者,以及与企业有关的各部门与单位对一个企业的各个方面所给予的整体性评价和一般认定,包括对一个企业的企业行为、企业的各种活动成果的看法。企业形象是由企业理念识别、企业行为识别和企业视觉识别三部分构成的。

企业理念识别是企业识别系统的核心和灵魂。它在 CI 所包含的三个子系统中位于最高决策层,是 CI 的策略层,又有"策略识别"之称。它是确立企业独具特色的经营理念,是企业生产经营过程中设计、科研、生产、营销、服务、管理等经营理念的识别系统。企业行为识别是企业 CI 系统中的"做法",也就是说,企业行为识别是 CI 的动态识别形式,是企业理念识别系统的外化和表现,它通过各种行为或活动将企业理念贯彻、执行、实施。企业视觉识别是企业所独有的一整套识别标志,它是企业理念外在的、形象化的表现,理念特征是视觉特征的精神内涵。企业视觉识别系统是企业识别系统的具体化、视觉化,它包括企业标志、企业名称、企业商标、企业标准字、企业标准色、象征图形、企业造型等。

企业理念是企业文化的核心。企业理念统驭企业的行为、经营方向以及企业与外界的联系。企业文化是企业形象和品牌的根基和立足点;企业视觉识别系统是企业形象的具体视觉化表现;企业文化建设需要企业视觉识别系统的支持,企业视觉识别系统的导入需要企业文化的不断升华。

【课堂检验】

预习题:
1. 企业文化建设的主体是谁?对人素质的培养要注意哪些方面?
2. 企业文化建设要遵循哪些原则?

复习题:
1. 企业文化与企业形象有何关系?
2. 在 MI、BI、VI 导入中必须贯彻哪些原则?
3. 如何对 CI 导入进行科学的评价?
4. 请举例用企业形象评估系统对某一企业的形象力进行评估?

练习案例

永丰纸业企业文化的系统性

永丰公司是中国西部最强的大型民营造纸企业。

天时公司协助创建"永丰之道"企业文化体系,重在其完整的系统性。

在这个系统工程中,天时公司协助永丰纸业塑造了"永丰之道"企业文化现代体系。这个体系的主要内容可以用七个"一"来进行概括。

第一个"一",是确立了一个核心。这个核心就是以吴和均董事长为代表的永丰纸业企业家的价值取向,以及这个核心所表现出的战略远见、"冒险"精神、创新观念、科学态度、务实作风。这个核心是我们永丰事业的核心,是成功的保障。

第二个"一",是提炼了一本书。这本书就是《永丰纸业企业文化价值理念设计文本》。这本书,以吴和均董事长的价值取向为核心,提炼了永丰纸业在战略上坚持发展,在制度上坚持创新,在员工中倡导忠诚,在经营上倡导诚信这四大价值理念支柱;确立了"汲取竹木精华,传载人类文化,做强永丰纸业,造福一方人民"的企业使命,确立了"做中国西部造纸行业最强者"的企业愿景,确立了"忠、信、胆、识"的核心价值观,确立了"生生不息节节高"的企业精神——竹子精神。这些核心理念,是永丰纸业的灵魂,是企业精神文化的主体。

第三个"一",是规范了一系列的行为准则。以"永丰纸业员工道德行为守则"为代表的一系列行为准则,将转化为永丰员工的自觉行动,是永丰纸业的行动指南。

第四个"一",是制定了一套礼仪。它将移风易俗,潜移默化,提高综合素质和文明程度,与员工道德行为一起形成企业行为文化的主体。

第五个"一",是推广了一个企业现场文化的示范标本。5S现场形象文化的推广示范,改善了现场环境,提高了生产文明。

第六个"一",是完善了一个以公司标志为核心的形象识别系统。经过修正完善的VI系统,更加标准化,更加规范化,更加现代化,将成为提升永丰品牌形象的重要载体。现场文化和品牌文化形成了企业形象文化的主体。

第七个"一",是创作了一支《永丰之歌》。这支歌,是永丰人的歌,是永丰纸业的主旋律。

在这里,顺便讲讲企业之歌。企业文化也是企业文化系统工程的组成部分,它对传播企业核心价值理念、弘扬企业精神、培育员工团队、塑造企业形象具有相当大的作用。

永丰之歌(歌词)

(1)
我们永丰,
青山如锦绣;
我们永丰,
绿水永长流;
我们永丰,

(2)
我们永丰,
忠信创新业;
我们永丰,
胆识闯前路;
我们永丰,

竹木根连根； 　　　　一纸行天下；
我们永丰，员工手拉手！　我们永丰，美誉播九州！
忠诚永丰，
我们矢志不移！
强大永丰，
我们奋斗不息！
永丰！永丰！
我们的永丰！

讨论题：
1. 从哪几个方面体现永丰纸业公司的企业形象？
2. 你认为永丰纸业公司的企业文化和企业形象有关系吗？为什么？

第三章 企业文化建设

【学习目标】

(1) 了解企业文化建设的主体、原则及程序；
(2) 掌握企业物质文化建设的原则；
(3) 理解企业行为文化建设的规范；
(4) 了解企业制度文化建设的主要内容；
(5) 掌握企业精神文化建设的措施。

【开篇案例】

企业文化究竟该由谁来建设？

甲公司准备开展企业文化建设的消息传出后，多家咨询公司参与了项目竞争。经过竞标，甲公司的企业文化部聘请了一家知名度较高的咨询公司。该公司在项目建议书中开列了一份名单，包括该公司老板 A、多名知名专家和一名据称有 10 年咨询经验的 B 君。

甲公司付了首付款后，项目组一行 7 人浩浩荡荡地进驻了甲公司，7 人中包括了名单中的老板 A、一名专家和 B 君，余下 4 人都是年轻人。项目组进驻当天，老板 A、专家、B 君和两名助手对甲公司的董事长、总经理分别进行了 90 分钟的访谈。次日，按计划召开了"甲公司企业文化项目启动誓师会"，专家进行了两个小时的专题报告，老板 A 进行了"企业文化建设"的讲座。据甲公司企业文化部部长讲，报告内容他已经在不同场合听过多次。午餐过后，因有其他要务，老板 A 和专家启程奔赴机场，B 君和其他 4 个年轻人继续访谈。

接下来，企业文化部不断听到对咨询人员水平的质疑，部长开始坐不住了，经过一番打听后得知，留下的 5 人中 B 君 32 岁，在大学本科毕业设计时，参与了一个小公司的人力资源管理软件实施，工作 5 年后考取 MBA，毕业后进入咨询行业，主要从事人力资源咨询，所谓 10 年咨询经验是从毕业设计开始计算的。其他 4 人，两人是新的 MBA 毕业生，一人是人力资源专业在读研究生（那位专家的研究生），另一人是新闻专业本科毕业生。

部长开始着急了，频繁地和老板 A 联系，希望调整咨询人员，但老板 A 说，一线人员只是收集资料、初步分析,结论还是专家和他自己把关,让部长放心,配合好项目组工作。

一个月后,诊断报告出来了。在诊断报告中公司存在的问题点说得很清楚,得到董事长的肯定后,部长开始有些欣慰,特意请咨询组去当地的名胜旅游了两天。

又一个月过去了,项目组提交了一份企业文化体系报告,看着这份文字华丽、引论古今中外的企业文化体系报告,部长感觉怎么也和自己的企业挂不上钩。

体系在讨论、修改、提交、再讨论、再修改、再提交中反复了多次,部长感觉项目组的每一次修改其实只是按照意见在改动文字,对一个新的价值观能够在企业中带来什么反应、和企业的生产实际是否联系得上似乎没有考虑。项目开始三个月后,企业文化理念体系还没有确定,甲公司董事长在和B君进行了一次交流后决定终止项目。

乙公司在决定开展企业文化建设后,成立了由公司党群工作部、宣传部、市场部组成的企业文化建设小组,开始独立自主地建设企业文化。

企业文化建设小组首先在全公司开展了大规模的企业文化问卷调查,并派出了多批人员参加各类企业文化培训和论坛。在经过了半年的工作后,小组向公司高层提交了企业文化体系草案。

公司高层都很认真地研究了草案,书记、总经理等8位公司领导班子成员提出了非常具体的修改建议。一拿到这些建议,党群部部长开始头痛了,意见都提得很具体,特别是书记和总经理在一些关键理念上理解还不一致,很难统一。

第一次修改历经了三个月,修改稿提交后,有5位领导班子成员向党群工作部要自己上次的修改意见来对照,总经理还专门找党群工作部部长谈了一次,最后汇集的意见不但没有减少,反而使矛盾更加尖锐,部长向书记建议,是否领导班子开会时再研究一下,书记当即表示:"意见没有统一,怎么研究?"

时间一天天过去,第三稿还是没有出来,企业文化小组已经不再开会了。

在这个案例中,甲公司聘请企业咨询公司专家进行企业文化建设失败了,乙公司专门设立企业文化建设小组,开始独立自主地建设企业文化也失败了,原因何在?企业文化该由谁来建设?又该如何建设呢?

所有企业都有企业文化,但并非所有的企业都有企业文化建设。企业文化建设是企业在对企业文化有一定认知的基础上,为丰富、改善和强化企业文化而进行的一种自觉行为。作为一种自觉行为,塑造和培育企业文化必须选择合适的时机、确定相应的职能机构、遵循一定的原则、按照一定的程序并综合运用各种方法。这一切构成了企业文化建设的基础,也是本章所要讨论的主题。下面将从这些基础出发,走上建设企业文化的漫漫长途。

第一节 企业文化建设的定义与目标

一、企业文化建设的定义

所谓企业文化建设,是指企业所进行的一种有目的、有计划的培育具有自己特色的企业文化的活动和过程。具体来说,就是挖掘、提炼一套符合企业实际、有利于企业生存和发展的价值观系统,并在企业内部采用各种行之有效的途径和方法,使这一系统得到全体人员或大多数员工的认同和接受,形成企业共有的价值观,乃至逐渐沉淀为全体或大多数员工的心理习惯和整个企业共同的价值判断标准、行为准则,即形成全体员工共同的积极向上的做人做事的原则和方式,充分发挥每个员工工作的主动性、积极性和创造性,形成团队精神。

通常情况下,人们常常将企业文化建设与企业文化塑造、企业文化培育等几个概念等同起来使用。为了准确把握企业文化建设的概念,必须注意下列三组概念的区别,即企业文化与企业文化建设、企业文化建设与企业文化积淀、企业文化建设与企业文化变革(或称企业文化创新)的区别。

1. 企业文化与企业文化建设的区别

企业文化是一种客观现象,而企业文化建设则是一种自觉行为。企业文化是企业全体人员所共同认同的价值观念和自觉遵循的行为准则的总和。它是无形的、看不见摸不着的,但它却是企业中客观存在的一种软性要素,比如,企业人员的心理习惯、思维方式、行为方式及企业传统等。它体现于企业人员的言行中,体现于企业的氛围中。企业文化作为企业组织中存在的一种客观现象,是任何企业都有的,但企业文化建设作为一种自觉行为,不是任何企业都有的。企业文化建设的目的是要塑造和培育企业文化,这种自觉的行为决策往往是建立在对企业文化的功能有比较充分的认识和理解的基础上的。没有文化自觉的企业,不可能进行企业文化建设活动。

2. 企业文化建设与企业文化积淀的区别

企业文化积淀是一种内生式的文化形成和发展的过程。先有实践活动(成功经验),然后才有理性认识和精神升华,这是价值观形成的自然过程。

而企业文化建设则往往主要是从愿望出发创建价值观念系统,然后导入和宣传这套价值观念系统,使之内化于心,固化于制,外化于形。与企业文化积淀的内生式特点不同,企业文化建设的特点是导入式的,它更侧重于从理想状态中总结出价值系统,为企业员工提供一个理想境界和规范框架。当然这种导入也是以挖掘和提炼企业原有的文化基因为基础的。

3.企业文化建设与企业文化变革的区别

一般情况下,人们常把这两个概念等同起来使用,不会刻意地区别两者的不同。但严格地说,这两者是有区别的。企业文化建设着重强调企业文化的"立",而企业文化变革则强调企业文化的"先破后立"。企业文化建设的目的在于使企业文化由模糊到清晰、由分散到统一、由自发到自觉、由弱势到强势。其实质就是培育企业的主导文化,并促进这一主导文化的"化人"功能——教育与塑造员工。而企业文化变革则是打破原有的企业文化结构并建立新文化的过程,是一个更复杂、更艰难的先破后立的过程,包括解冻、改变、再冻结三个步骤。

二、企业文化建设的目标

企业文化建设是一项系统工程,在进行企业文化建设时,必须着眼于未来,立足于企业战略,顺应企业的发展趋势。同时,必须把企业文化建设作为整合企业资源、全面提高企业整体素质的重要手段。

企业文化建设的目标必须根据企业的历史、企业面临的现实环境、企业的发展战略等确定,保证企业文化建设的目标与企业的战略目标相一致,并通过实现企业文化建设的目标来促进企业的发展。企业文化建设的总体目标是:培育先进文化、提升员工素质、内强企业灵魂、外塑企业形象。企业文化建设的总体目标详细来说,有以下几点。

(1)构建一个有个性的、积极向上的企业文化体系。

(2)实现企业成员对企业价值理念的认同,提升员工素质,促进员工的全面发展。

(3)内强企业灵魂,持续增强企业凝聚力、竞争力和创新力。

(4)外塑企业形象,塑造企业良好的形象和品牌,整合企业无形资产。

企业文化建设不仅要有总体目标,而且在相应阶段还应有阶段性的具体目标。这样在开展企业文化建设时,就可以目标明确、稳步推进、层层深入、收效良好。

第二节 企业文化建设的主体

一、企业领导人

从广义上来讲,企业领导人包括董事长及执行董事、总经理、党委书记、总工程师、总会计师和总经济师等。企业领导人对企业文化的影响是巨大的,企业的高层主管往往是企业文化、企业风气的创立者,特别是他们的价值观直接影响企业发展的方向。这是因为"价值观"通常是指一种相当持久的信念,它告诉人们什么是对的、什么是错的。它不仅指导着公司雇员在实现企业目标过程中的行动,而且常常渗透在企业职工的日常决策、决策思想和工作方法之中。

事实上,许多成功公司的领导者倡导的价值观、制定的行为标准,常常激励着全体员工,使公司具有鲜明的文化特色,且成为对外界的一种精神象征。比如,埃德温·兰德是波拉罗伊德公司的创建人。为了企业发展,他倡导一种有利于公司创新的文化环境。普罗克特-甘布尔公司的威廉·库珀·普罗克特用"做正当的事"的口号来经营他的公司。美国电话电报公司的西奥多·韦尔强调服务,以满足顾客的需要。

企业的高层主管往往又是企业文化创新的创立者。比如,通用汽车公司董事长罗杰·B.史密斯曾设法改变该公司的企业文化,其中的一个重要任务是要把该公司的文化与那些新收购进来的公司的完全不同的企业文化结合起来。高科技宇航的休斯飞机公司和计算机服务的电子数据系统公司(EDS)是由注重行动的企业家罗斯·佩罗领导的,它们被通用汽车公司收购。通用汽车公司强调严格遵守规章和程序,而 EDS 则强调以军人式的作风来取得成果。通用汽车公司决策缓慢,冒险通常得不到奖赏,而休斯飞机公司由于处于高科技的前沿,需要不断地审视环境以取得新的发展和机会,因此,通用汽车公司不时地要做出有很大风险的决策。为了对不同的企业文化做出选择和导向,罗杰·B.史密斯分发了"文化卡"。卡上说明了公司的使命:通用汽车公司的根本目标就是要提高产品和服务的质量、使客户获得更大的价值、使雇员和企业伙伴分享我们的成功、使股东在其投资上可以得到持久的更多的收益。

特别是公司领导人创造的企业文化、组织文化可以导致完全不同的管理模式。比如,国际商用机器公司就是如此。国际商用机器公司要求每个成员都要遵循三项基本原则:尊重个人、争取最优和提供优质服务。托马斯·沃森创建了一种管理制度,且用这种管理制度去推行这三项基本原则。他的继任者在经济发展迅速和科技日益变化的情况下,以争取更富有挑战性、更富有企业家气魄的体制,坚持了这三项原则,在此基础上形成了国际商用机器公司具有自己个性的企业文化。

国际商用机器公司的最高管理部门表现出的尊重个人的一种方法,是对所有的雇员都一视同仁。其雇员都是终身雇佣的。任何人,除非他一贯达不到明确的标准或违反道德准则,否则将不会失去工作。白领、蓝领和粉领工作人员之间没有什么差别。许多雇员在其工作生涯中得到了提升,几乎所有中上层职务都是由国际商用机器公司已有的雇员担任的。所有雇员都受到鼓励、继续学习,为提升做好准备。所有的新雇员要经过长达 9 个月的培训,以使他们能够胜任工作,并向他们灌输国际商用机器公司的宗旨、企业价值观等企业文化。雇员通过参加竞赛和集体体育活动、参加公司的各种活动和接受公司生活的其他方面,能够很快地适应公

第三章　企业文化建设

司的企业文化。尊重个人的另一个特征是高层管理部门对雇员建议的关注。该公司在最高层次有着对外公开的传统,至少每年一次,雇员与其主管人员一起讨论对他们来讲很重要的问题。反过来,主管人员也会公开回答意见箱中所有的各种意见。该公司对提出降低成本及改善产品或质量控制的意见给予奖励。1975—1984年年间,国际商用机器公司对提出建议的工作人员支付了近6000万美元的奖金,而这些建议为公司节约了3亿美元。

国际商用机器公司的最高管理部门通过调查及每一次的圆桌会议来监督职工的士气。这样,各部门和分支机构都对任何问题的提出、问题的解决和职工士气的提高负有责任。绝大多数职工都很高兴成为该公司的一员,并且在公司中一直工作下去。该公司以其可信赖的服务而著名。高层管理部门通过对提供这种服务的职工(销售代表)的重视突出了公司对服务的承诺。公司认为,忠实履行服务承诺,是提高企业商业信誉、搞好企业文化建设的重要内容。绝大多数高层管理人员,包括托马斯·沃森,都是从销售代表开始其职业生涯的,他们将履行服务承诺、遵循商业道德和建设企业文化有机地统一在一起。销售代表对使顾客满意负有完全责任,如果销售代表失去一个客户,那么,将从他工资中扣掉原来那一客户的销售佣金。

在国际商用机器公司,荣誉是建立在个人业绩基础上的。确定这一制度是为了鼓励做出成绩的人员、管理人员制定实际的目标,并慷慨地奖励那些实现目标的雇员。大约25%的雇员拿到了奖金,许多人收到了礼物,并且他们常常受到表扬。业绩制度在销售部门更为突出,制定年度销售额,要使80%的销售代表能够完成这个定额。销售代表每月的销售量在公告牌上公布。管理人员被要求帮助下属达到目标。实现了年度销售额的销售代表可以参加"100%俱乐部",他们能参加为期3天的年度庆祝盛会;实现最高销售额的10%的销售代表可以参加"金色集团",在繁华的旅游胜地庆祝他们的成功;那些连续未能实现销售额的销售代表将被辞退。同时,竞争由于严格执行的道德水准和集体精神而被缓和了,无论是哪个层次的管理人员,他们的成功都取决于他们集体的努力程度。因为队伍比较小,管理人员可以密切关心他的下属。另外,销售部门每月召开大会来审查工作进度,奖励成绩最突出的销售代表。

在企业领导人当中,企业家也是一个重要组成部分。下面简单地论述一下企业家的素质或能力。

企业家必须具备良好的心理素质、能力素质、文化素质、身体素质等。

美国"卡鲁创业家协会"曾对美国75位成功的企业家做了深入的调查研究,概括了成功企业家的11个特征:①健康的身体;②自信;③控制及指挥欲望;④紧迫感,笃信"时间就是金钱";⑤广博的知识;⑥脚踏实地,做事实在;⑦超人的观念化能力和整合能力;⑧不在乎地位,不计较虚名;⑨客观的人际关系态度;⑩情绪稳定,坚强自忍;⑪乐于接受挑战、承担风险,竭尽全力投入。

美国企业管理协会通过对4000名经理进行分析,并从中筛选出812名最成功的经理做研究,归纳出成功的经理人员需要具备的19种特点:①工作效率高;②有主动进取心;③逻辑思维能力强;④富有创造性;⑤有判断力;⑥自信心强;⑦能辅助他人;⑧为人榜样;⑨善于使用个人权力;⑩善于动员群众的力量;⑪利用交谈做工作;⑫建立亲密的人际关系;⑬心态乐观;⑭善于到员工中去领导;⑮有自制力;⑯主动、果断;⑰客观而善于听取各种意见;⑱能正确地自我批评;⑲勤俭艰苦和具有灵活性。

成功企业家的性格特征表现为:①具有现实主义态度,从不把幻想当成现实,对冒险的事三思而后行;②彻底的独立性,独立决策,稳重、理智地行事;③善于为他人着想,关心同事,热爱他人;④适当地依靠别人;⑤善于控制自己的感情,掌握分寸;⑥深谋远虑;⑦胸襟博大;⑧永不自满,虚心学习,乐于接受新事物,总想做得更好。

一般来说,企业家的能力可以分为:①思维能力,企业家必须具有超出常人的思维能力,具有远见卓识;②决策能力,包括分析问题的能力、逻辑判断能力、直觉判断能力、创新能力、组织决策能力等;③管理能力,包括宏观指导、组织控制、目标管理、层级管理、定向管理、识人用人能力等;④协调能力,妥善处理企业内外关系,协调各方面的关系,具有良好的人际关系。

二、企业英雄

1. 企业英雄的标准

企业英雄,一方面是企业文化建设成就的最高表现,另一方面又是企业文化建设进一步深入开展的最大希望。从个体上来看,企业英雄的标准有以下三点:①卓越地体现了企业精神的某个方面,与企业的理想追求相一致,这可称之为"理想性";②在其卓越地体现企业精神的那个方面,取得了比一般职工更多的实绩,这可称之为"先进性";③其所作所为离常人并不遥远,显示出普通人经过努力也能够完成不寻常的工作,这可称之为"可学性"。但是,对个体英雄,不能求全责备,既不能要求个体英雄能够全面体现企业精神的各个方面,要求他们在所有方面都先进,又不能指望企业全体职工从一个个体英雄身上就能学到一切。

从群体上来说,卓越的英雄群体必须具备以下几个特点:①其是完整的企业精神的化身,这是其全面性;②群体中不仅有体现企业精神的模范,而且有培育企业精神的先进领导,还有企业精神的卓越设计者,这是其层次性;③英雄辈出,群星灿烂,却几乎找不出两个完全相同的、可以相互替代的人,这是其内部具有的多样性。

2. 企业英雄的种类

美国理论家将企业英雄分为共生英雄（或幻想英雄）和情势英雄两大类。情势英雄又可分为出格式英雄、引导式英雄、固执式英雄和"圣牛"式英雄四种类型。所谓共生英雄，是指优秀企业的创建者。如通用电气公司的托生、P&G公司的普罗克特和甘布尔、IBM公司的托马斯·沃森等不仅是企业的创建者，而且是企业的所有者，一辈子为自己的企业呕心沥血。

在我国，企业英雄可以划分为七种类型：①领袖型，这种类型的人有极高的精神境界和理想追求，能把企业办得很好，救活许多濒临绝境的企业；②开拓型，这种类型的人永不满足现状，勇于革新，锐意进取，不断进入新领域，敢于突破；③民主型，这种类型的人善于处理人际关系，集思广益，能把许多小股的力量凝聚成巨大的力量；④实干型，这种类型的人埋头苦干，默默无闻，几十年如一日；⑤智慧型，这种类型的人知识渊博，思路开阔，崇尚巧干，常有锦囊妙计；⑥坚毅型，这种类型的人越困难，干劲就越足；越危险，就越挺身而出，关键时刻能够挑大梁，百折不挠；⑦廉洁型，这种类型的人一身正气，两袖清风，办事公正，深得民心，为企业的文明做出榜样。

3. 企业英雄的作用

从企业文化的角度来看，企业英雄的作用包括以下几点。

(1) 品质化的作用。这就是说，企业英雄将企业精神内化为自身的品质。

(2) 规范化的作用。这就是说，企业英雄为全体职工树立了榜样，使职工被英雄事迹所感染、所鼓舞、所吸引，且知道应当怎样行动，从而规范了职工的行为。

(3) 具体化的作用。这就是说，企业英雄是企业精神的化身，向职工具体展示了企业精神的内容。

(4) 凝聚化的作用。这就是说，企业英雄由于起到规范的作用，且每个英雄都有一批崇拜者，从而使整个企业成为一个紧密团结的、有竞争力的组织。

(5) 形象化的作用。这就是说，企业英雄是企业形象的一个重要的组成部分，也是外界了解和评价企业的一个重要途径。

4. 企业英雄的培育

企业英雄的培育包括塑造、认定和奖励三个环节。企业英雄的塑造，主要靠灌输企业精神来进行，就是要大力抓企业文化建设。企业英雄的认定表现为评判企业英雄的标准上。企业英雄的奖励不应该只是一种物质报酬，而更应该是一种精神价值的肯定；不应该只是对英雄过去成绩的肯定，而更应该是对英雄未来的期望；不应该只是着眼于英雄本人，而更应该是着眼于能够产生更多的英雄。

三、企业员工

企业员工是推动企业生产力发展的最活跃的因素，也是企业文化建设的基本力量。企业文化建设的过程，本质上就是企业员工在生产经营活动中不断创造、不断实践的过程。

虽然企业文化离不开企业家的积极创造、倡导和精心培育，企业家的创造、倡导和培育也加速了文化的新陈代谢，但是，企业文化也源于员工在生产经营实践中产生的群体意识。这是因为企业员工身处生产经营第一线，在用自己勤劳的双手创造物质文明的同时，也创造着精神文明。所以，企业文化既体现着企业家的智慧，又体现着员工的智慧。比如，企业员工在新技术、新产品开发中，接触到大量信息，迸发出很多先进思想的火花，这样，其技术与产品的开发过程也往往就变成了文化的变革过程。创新思想、宽容失败的文化观念可能由此而生。再如，员工从事营销工作，要与供应商、经销商、竞争者及顾客打交道，就会树立强烈的市场意识、竞争意识和风险意识，树立正确的服务理念，并认清企业与供应商、经销商、竞争者之间的相互依存关系，认清竞争与合作、经济效益与社会效益、企业眼前利益与长期利益的统一关系。

企业员工不仅是企业文化的创造者之一，而且是企业文化的"载体"，是企业文化的实践者。企业文化不仅是蕴藏在人们头脑中的一种意识、一种观念、一种思想、一种思维方式，而且，从实践的角度来看，是一种行为方式、一种办事规范、一种作风、一种习惯、一种风貌。企业文化如果只停留在精神层面，不能通过行为表现出来，也就没有任何价值。在企业文化由精神向行为以及物质转化的过程中，企业员工是主要的实践者。全体员工只有在工作和生活中积极实践企业所倡导的优势文化，以一种正确的行为规范、一种优良的工作作风和传统习惯、一种积极向上的精神风貌，来爱岗敬业，才能生产出好的产品，推出优质的服务，创造出最佳的经济效益。

所以，可以这样说，企业文化建设过程就是在企业家的引导下，企业员工相互认同、自觉实践的过程。企业员工实践的好坏，直接影响着企业文化建设的成果。当然，企业文化建设是需要通过一定的提炼、灌输、宣传、推广等活动来进行的，但这些活动的目的是为了企业员工的实践。

第三节 企业文化建设的原则

本质上，企业文化是企业在经营过程中所包含或展示的以价值观为核心的，以理念、行为、视觉等因素为表现形式的，与其他企业相区别的个性或独特性所构成的体系。因此,企业文化建设是一个因时空、行业、企业自身条件等而异的纷繁复杂的系统工程。要建设好企业文化,应当遵循以下几项原则。

一、兼容原则

企业文化是一种亚文化,其建立在时代文化、世界文化、民族文化、同业文化、自我文化等的基础上,并吸收优秀基因作为文化建设的依托。

1. 民族文化

民族文化是一个国家在长期的历史发展过程中逐步建立起来的,对社会交往有着强大的渗透力和影响力。民族文化是企业文化建设的土壤,企业文化在一定程度上应当是民族文化在企业内的综合反映。一个优秀的企业在建立自己的企业文化时,总是十分注重充分利用自己民族的优秀文化元素。正因为如此,同属优秀企业,东方的优秀企业总是与西方的优秀企业因民族文化特性不同而表现出差异。应该认识到,中华民族传统文化的精华部分不仅可以与市场经济相容,而且能够成为现代企业文化的深厚基础。世界各地的华人企业家经过几代人的努力,在世界范围内已经形成了一个跨国家、跨行业的华人经济圈。这些华人企业家在世界各地取得的成功与中国文化传统,尤其是儒家文化所孕育的勤俭、敬业的创业精神,以及儒家商业文化传统、儒家经济伦理和文化价值观是密不可分的。

2. 世界文化

企业文化建设必须从优秀的世界文化中吸取营养,应当具有国际视野和战略眼光。在知识化、信息化引领的世界发展全球化背景下,企业无法脱离世界而单独存在,任何企业都是世界的组成部分,企业的发展离不开世界的发展。同时,企业文化和世界文化是相互影响、相互促进、密不可分的。一个志在与世界接轨的企业必须和世界文化保持紧密联系,暂时没有直接和世界经济接轨的企业也会间接或直接地受到世界文化的影响。此外,由于除意识形态以外,相同的文化形态在世界范围内具有同构性,因此,与世界同步是企业文化建设的必然要求。

3. 时代文化

时代文化是企业文化产生和存在的一个重要前提。它对企业文化有着根本的影响。不同时代都有属于自己的特有文化,企业在进行文化建设时不可避免地会打上时代的烙印,优秀的企业文化是对所处时代的客观反映和真实体现。相反,也只有正确反映时代的企业文化,才能正确地指导企业的经营活动,引导企业与时俱进地向前发展。

二、"以人为本"原则

所谓"以人为本",是指在管理过程中以人为出发点和中心,围绕着激发和调动人的主动性、积极性、创造性展开的,以实现人与企业共同发展的一系列管理活动。具体而言就是尊重人、相信人、激励人,使人能动地发挥其无限的创造力。坚持"以人为本"的管理,主要是要坚持以下三项基本原则。

1. 重视人的需要,将企业管理的重心转移到如何做人的工作上来

坚持以人为本的管理思想,是公司管理实践者必须遵循的一条客观规律。企业管理的基础是员工,必须依靠和信任广大员工的智慧和力量,把有效的管理建立在员工群众积极参与管理、自觉服从管理的基础之上,使员工管理产生最大效能。在公司建设中,必须充分尊重员工的主体地位和创造精神,心系员工、情系员工,切实维护员工权益。坚持以人为本的管理理念,充分认识员工在公司发展建设中的基础地位,理解思想和行为的辩证关系,深入细致的思想教育与科学严格的管理相结合,管好思想、引导行为。正如人们所意识到的:"没有教育的管理是没有灵魂的管理;没有管理的教育是没有规矩的教育。"坚持以人为本的管理理念,必须针对员工思想的活跃性、可塑性的特点,既讲清"不该干什么",又讲清"应该干什么"和"为什么这么干",确保员工在思想上认同,在行动上自觉。

2. 以鼓励员工为主,使人的积极性和聪明才智得到最大限度的发挥

员工管理是企业建设的基础,员工是企业建设的直接参与者。利用员工上进心强的优点,引导他们增强自主管理意识;利用员工参与意识强的优点,引导他们争做公司的主人;利用青年员工思想解放、较少禁锢的优点,引导他们争当管理改革的先锋。积极适应形式的发展变化,不断拓宽员工参与的渠道,充分尊重员工的民主管理权利和创造愿望,切实营造集思广益的民主氛围。鼓励员工讲出不同意见,做到事事有回应,件件有着落,调动员工参与管理的积极性,使每一个员工都处于自动运转的主动状态,激励员工奋发向上、励精图治的精神。

3. 尊重员工的权益,切实处理好管理者与员工之间的关系

确保员工在企业管理中的主体地位,充分调动员工的工作积极性,将蕴藏在员工中的聪明才智充分地挖掘出来。为此,应该做到以下三点。第一,必须进一步完善民主管理制度,保障员工的民主权益,使员工能够广泛地参与企业的各种管理活动。第二,改变压制型的管理方式。变高度集权式的管理为集权与分权相结合的管理;变善于使用行政手段进行管理为多为下级提供帮助和服务的管理;变自上而下的层层监督为员工的自我监督和自我控制。第三,为员工创造良好的工作环境和发挥个人才能、实现个人抱负的条件,完善人才选拔、晋升、培养制度和激励机制,帮助员工进行个人职业生涯的设计,满足员工物质和精神方面的各种需求。

三、共识原则

所谓"共识",是指共同的价值判断。这是企业文化建设的核心所在。其原因

主要有两点。一是,企业文化的核心是精神文化,尤其是价值观。每一个员工都有其价值观,如果达不成共识,企业就可能成为一盘散沙,也就不能形成合力;如果达成共识,企业就会产生凝聚力。二是,当今的企业所面临的内外环境异常复杂且瞬息万变,其内外因素又非常复杂,必须强调共识、全员参与、集思广益,使决策与管理都建立在全员智慧与经验的基础上,才能实现最合理的决策与管理。

海尔企业首席执行官张瑞敏在分析海尔经验时就说:"海尔过去的成功是观念和思维方式的成功。企业发展的灵魂是企业文化,而企业文化的核心内容应该是价值观。"如何贯彻共识原则呢?

1. 发展文化网络

企业文化的形成过程,就是企业成员对企业所倡导的价值标准不断认同、内化和自觉实践的过程。而要加速这一过程,就需要发展文化网络,通过正式的或非正式的、表层的或深层的、大范围的或小范围的各种网络系统,传递企业所倡导的价值观以及反映这种价值观的各种趣闻、故事、习俗、习惯等,达到信息共享,以利于达成共识。

2. 拓宽沟通渠道

企业倡导的价值观只有转化为普通员工的信念,才能成为企业实际的价值观;否则,它不仅对企业没有任何裨益,而且会扭曲乃至损伤企业的形象。企业价值观转化为全体成员的信念的过程,就是让员工接受并能够自觉实施价值观的过程。企业家或企业的管理者要以身作则、言行一致、恪守自己所提倡的价值观。企业管理者应在日常经营中不断地向员工灌输企业的价值观,详细地对员工说明企业的行为准则,通过向企业员工灌输价值观,使员工对企业价值观产生内心的共鸣、达成共识,把企业价值观转化为内心的信念。

3. 建立参与型的管理文化

企业在管理过程中,要逐渐摒弃传统的管理文化,打破权力至上的观念,实行企业必要的分权体制和授权机制,充分体现群体意识,促进企业共识文化的真正形成。

四、创新原则

创新,简单地说就是利用已存在的自然资源或社会要素创造新的矛盾共同体的人类行为,或者可以认为是对旧有的一切所进行的替代、覆盖。创新是以新思维、新发明和新描述为特征的一种概念化的过程。创新一词有三层含义:一是更新;二是创造新的东西;三是改变。创新是人类特有的认识能力和实践能力,是人类主观能动性的高级表现形式,是推动民族进步和社会发展的不竭动力。

企业文化在发展过程中,不可避免地遭遇着新文化与旧文化、组织文化与个人文化、企业主文化与亚文化之间的冲突。这就导致企业文化的建设不可能一蹴而就,只有不断创新发展,对企业文化进行整合,才能保证企业的长远发展。

企业文化创新要以对传统企业文化的批判为前提,对构成企业文化的各种要素(包括经营理念、企业宗旨、管理制度、经营流程、仪式、语言等)进行全方位、系统性的弘扬、重建或重新表述,使之与企业的生产力发展步伐和外部环境变化相适应。

1. 领导者担当企业文化创新的领头人

从某种意义上来说,企业文化是企业家的文化,是企业家的人格化,是其事业心和责任感、人生追求、价值取向、创新精神等的综合反映。他们必须通过自己的行动向全体成员灌输企业的价值观念。这正如某著名公司总裁所说,企业领导者"第一是设计师,在企业发展中如何设计使组织结构适应企业发展;第二是牧师,不断地布道,使员工接受企业文化,把员工自身价值的体现和企业目标的实现结合起来。"企业文化创新的前提是企业经营管理者观念的转变。因此,进行企业文化创新,企业经营管理者必须转变观念,提高素质。

2. 企业文化创新与人力资源开发相结合

人力资源开发在企业文化的推广中有不可替代的作用。全员培训是推动企业文化变革的根本手段。企业文化对企业的推动作用得以实现,关键在于全体员工的理解认同与身体力行。因此,在企业文化变革的过程中,必须注重培训计划的设计和实施,督促全体员工接受培训和学习。通过专门培训,可以增进员工对企业文化的认识和理解,增强员工参与的积极性,使新的企业文化能够在员工接受的基础上顺利推进。除了正式或非正式的培训活动外,还可以利用会议以及其他各种舆论工具(如企业内部刊物、标语、板报等)大力宣传企业的价值观,使员工时刻都处于充满企业价值观的氛围之中。

3. 建立学习型组织是企业文化创新的保证

企业之间的竞争是人才的竞争,实际上应该是学习能力的竞争。如果说企业文化是核心竞争力,那么其中的关键是企业的学习能力。建立学习型组织和业务流程再造,是当今最前沿的管理理念。为了在知识经济条件下增强企业的竞争力,在世界排名前100的企业中,已有40%的企业以"学习型组织"为样本,进行了脱胎换骨的改造。知识经济、知识资本成为企业成长的关键性资源,企业文化作为企业的核心竞争力的根基将受到前所未有的重视。成功的企业是学习型组织,学习越来越成为企业生命力的源泉。企业要生存与发展,要提高企业的核心竞争力,就必须强化知识管理,从根本上提高企业的综合素质。

第四节　企业文化建设的内容

一、企业物质文化建设

随着人们物质生活水平的不断提高,企业物质文化建设的内涵也必须适应新世纪人们的心理审美变化。在环境建设上,创造安全、环保、文明、优美的企业环境;在品牌塑造上,多层次、全方位满足顾客的需求,塑造敬业、周到、亲和的服务形象,拥有较高的知名度和美誉度;在企业效益上,经营业绩稳步增长,职工生活水平逐年提高,实现良好的经济效益和社会效益,形成较强的核心竞争力。企业物质文化建设应当遵循品质文化原则、技术审美原则、顾客愉悦原则、优化组合原则和环境保护原则。

1.品质文化原则

品质文化原则,即强调企业产品的质量。产品的竞争首先是质量的竞争,质量是企业的生命,持续稳定的优质产品是维系企业商誉和品牌的根本保证。

奔驰汽车以质量造就了全球闻名的品牌,在汽车工业领域树起一座丰碑。奔驰成为高品质的代名词,成为德国的光荣与骄傲。它号称跑20万公里不用动螺丝刀;跑30万公里以后,换个发动机,可再跑30万公里。以卓越的质量为后盾,奔驰敢于播这样的广告:如果有人发现奔驰汽车发生故障被修理厂拖走,我们将赠您1万美元。奔驰车之所以拥有如此卓越的品质,主要在于奔驰公司在品牌管理中强化质量意识,营造质量理念,强调人人参与管理的理念。奔驰把生产流水线作业改为小组作业,每组进一步确定内部分工、协作、人力安排和质量检测,以避免员工因单调重复劳动而产生的疲劳和厌倦。人人成为多面手,他们的积极性和主人翁意识得到增强,从而有利于提高工作绩效,保证产品质量。现在,奔驰车"坚固耐用"的品质文化已深入人心。

2.技术审美原则

20世纪初,技术美学诞生。技术美学的英文为"design",其含义既有"设计"的意思,又有"不同寻常""机敏"的意思。因此,"design"常常被理解为"美的设计""不同寻常的、别出心裁的设计"。1994年12月,英国创立了世界上第一个技术美学学会,它标志着工业生产和产品制造的美学问题已引起国际范围的广泛重视。工业产品不仅成为人的使用对象,而且成为人的审美对象,这就要求企业家在组织生产时要兼顾产品的功能价值和审美价值。一场以审美为追求的生产经营革命便悄然来临了。正如一位经济学家所言:世界已进入追求美的时代,经济学产生了让位于美学的趋势。可以说,现代产品都是科技与美学相结合的成果。任何一件技术产品,其存在的唯一根据就是具备效用性和审美性的统一。从这个意义上来说,品牌文化与产品美学是相互渗透、相互融合的。海尔总裁张瑞敏就曾自豪地说:"我们的冰箱不仅仅是冰箱!"海尔的产品是美的感受,能促进家人之间的交流,增加人们的幸福感。

技术美学原理不仅要贯彻到产品的设计与制造之中,而且还要贯彻到企业环境的总体设计、企业建筑设计、门面设计等方面。企业不仅是在制造产品与提供服务,而且还是在创造一种"情境"。企业通过把产品、商店和广告作为信息提供给消费者,也就是给消费者带来新的生活"情境"。企业要善于调动消费者的各种知觉能力。企业如果能全面调动起消费者的听觉、触觉、动觉、嗅觉、味觉,那么,情境的空间即由单一的知觉空间变为"复合知觉空间"。目前,越来越多的商场采用开架式销货,这便是在调动消费者视觉的基础上,进一步调动触觉和动觉参与消费的情境创造,这样,消费者心理感受的强度大大提高,购买的欲望也会增强。

成功的美学设计赋予了产品独特的审美功能,有助于构筑美好的品牌形象。例如,在中国,流行时尚的概念应用不过20多年,中国市场从玩具到家具,从食品到家电,都有了时尚的特征。美的外观、美的包装、美的造型、美的形式、美的结构、美的色彩,都使产品产生了美的文化意境。美国《时代》杂志曾说:"功能已经过时了,形式才是最重要的,从收音机到汽车到牙刷,美国被时尚所包围。"

3. 顾客愉悦原则

品牌物质文化的建设要有助于增进消费者愉快的情绪体验,而这种情绪体验的强弱取决于品牌能否满足,以及在多大程度上满足消费者的各种心理需求,如追求时尚流行、便利高效、舒适享受、显示地位、威望、突出个性特征等。消费者买到了称心如意的商品,受到了热情周到的服务,这时的情绪体验就是愉快的。比如,消费者购物时,宽敞明亮的大厅,琳琅满目、漂亮、高质量、高品位的商品,营业人员不俗的仪表、优雅的谈吐和热情周到的服务等,都能引起消费者良好的心境、愉快的情绪体验,使消费者产生良好的第一印象,从而产生惠顾心理。

在品牌物质文化的建设过程中,企业通过产品、商店和广告等途径,在企业与消费者之间构造一种愉快关系的场合,一切营销活动不过是构造愉快关系场合的中介。日本学者把"愉快关系的场合"称为"共生圈"。在这个"共生圈"里,企业依靠产品、商店和广告向消费者传递信息,同时又从消费者的需求和感受中捕捉反馈信息,并根据反馈信息为消费者提供新的生活情境。

从企业文化的视野来看,产品不仅意味着一个特质实体,而且还意味着顾客购买他所希望的产品所包含的使用价值、审美价值、心理需求等一系列利益的满足。具体来说,顾客愉悦应当包括品质满意、价格满意、态度满意和时间满意。

1) 品质满意

品质满意是指顾客对产品的造型、功能、包装、使用质量的肯定。《中华人民共和国产品质量法》的规定是对产品品质的最基本的要求。品质满意是品质文化的核心规范之一。

海尔现在是一个响当当的国际大品牌,这和海尔"重质量,创品牌"的企业文化紧密相关。1985年,海尔的前身青岛电冰箱总厂的产品中,有76台电冰箱被检查出有质量问题。如果仅仅从企业经济效益来考虑,可以有两种处理方法:一是返工修理,因为都是一些轻微的质量问题,修好并不难;二是降价作为次品销售,当时中国还是卖方市场,电冰箱更是凭票供应,这种办法也是可行的。然而,当时任青岛电冰箱总厂厂长的张瑞敏看到的并不只是这76台电冰箱的销售问题,他更加看重的是通过质量反映出的人的观念,也就是企业的价值理念。他决心通过这76台电冰箱来改变人们的质量意识、品牌意识,于是发生了砸电冰箱的惊人之举:责令直接责任者自己用铁锤当众将这76台电冰箱砸毁。那天,随着一声令下,"咣当""咣当"一阵铁锤声后,那些"亭亭玉立"即将"出嫁"的电冰箱变成了一片狼藉的"工业垃圾"。从此,质量意识、品牌观念在海尔人心中牢固树立起来了:"要么就不干,要干就争质量第一。""只要市场上有比海尔冰箱更好的产品,我们就一定要超过它。""先把产品拿到发达国家去卖,考验我们的质量,树立我们的品牌。"

2) 价格满意

价格满意是指产品必须以质论价,什么样的产品品质就应是什么样的价格。一些以利润第一为导向的企业忘记了自己的根本使命,损害了企业的声誉和形象,这是应当引起重视的。

沃尔玛百货有限公司由美国零售业的传奇人物山姆·沃尔顿先生于1962年在阿肯色州成立。经过几十年的发展,沃尔玛百货有限公司已经成为世界上最大的连锁零售商。目前,沃尔玛在全球开设了6600多家商场,员工总数180多万人,分布在全球16个国家,每周光临沃尔玛的顾客达1.76亿人次。沃尔玛作为目前世界上最大的商业零售企业,在几十年的苦心经营中,创造并积累了丰富的商业运作方面的经验,诸如"大众阶层"的市场定位、"建店小镇"战略、"市场饱和"战略、"一站式服务"、"直接采购、统一配送"、"高效分销"战略、"仓储式会员制"、"日落原则"、"三米微笑原则"、"保证满意"原则、"公仆领导"、"人才本地化"战略,以及构建私人通信卫星、进行高效的信息管理等。这些独具特色的经营之道成了业内众多企业和部门学习的热点。不过,就目前的情况来看,业内的诸多企业和部门在学习沃尔玛的经验时,几乎都只是把目光定位在连锁经营这个层面上。其实,上面提到的这些被商界连连称道的经营之道,只是沃尔玛这棵参天大树上的几束青枝、几片绿叶,"天天平价""薄利多销"才是沃尔玛成功的奥秘之所在,精华之所在。

3）态度满意

态度满意主要是针对商业企业和服务性行业来说的。现在服务性行业中存在的主要问题是服务水平低,服务人员业务素质差,工作责任感不强;服务设施差,不少商业部门和服务行业没有便民服务设施;服务职责不明,对哪些是工作职责范围,应无偿、义务提供,哪些是额外服务,需要适当收取费用,无明确规定。一些商业企业服务附加费过高,损害了消费者的利益。企业在塑造企业文化时,应该把为客户服务作为企业文化建设的主要内容。

近年来,上海电信的企业文化建设,就选择了建立"以客户为中心的服务体系",提出了"网络好,服务更好"的企业口号。上海电信把服务文化作为其标志性文化,建立起了"首问责任"工程、"绿色通道"工程、"112满意"工程、"财务放心"工程、"即要即通"工程等,把整个企业建设成为以客户为中心的服务团队。

4）时间满意

时间满意是指产品交货或应市时间要让顾客满意,同时,也包括及时的售后服务。EMS特快专递业务自1980年开办以来业务量逐年增长,业务种类不断丰富,服务质量不断提高。EMS拥有首屈一指的航空和陆路运输网络,依托中国邮政航空公司,建立了以上海为集散中心的全夜航航空集散网,现有专用速递揽收、投递车辆20000余部。覆盖最广的网络体系为EMS实现国内300多个城市间次晨达、次日递提供了有力的支撑。EMS具有高效发达的邮件处理中心,全国共有200多个处理中心,其中北京、上海和广州处理中心分别达到30000平方米、20000余平方米和37000平方米,同时,各处理中心配备了先进的自动分拣设备。亚洲地区规模最大、技术装备先进的中国邮政航空速递物流集散中心于2008年在南京建成并投入使用。EMS一贯秉承"全心、全速、全球"的核心服务理念,为客户提供快捷、可靠的门到门速递服务,最大限度地满足客户和社会的多层次需求。EMS于2005年先后荣获"中国消费者十大满意品牌""全国名优产品售后服务十佳"和"中国货运业快递信息系统和服务规范金奖"等奖项。

4.优化组合原则

企业物质条件的存在与组合包含着一定的客观规律,对这些规律的认识、把握和提炼就成为品牌物质文化的一部分。进行品牌物质文化建设必须遵从这些规律,实现对各种自然资源的科学配置和合理利用。如果违背其中的客观规律,非但不能建设优良的物质文化,还会使物质条件显得不协调、不美观,有时还会造成资源浪费,甚至出现各种事故。

5.环境保护原则

企业的生产经营要有利于保护人类赖以生存的自然环境,维持生态平衡,减少和避免对自然资源的过度消耗与浪费,实现永续发展。随着世界环保运动的兴起,企业的环保意识日益增强。有的企业已把保护自然资源和生态环境视为己任,只生产无公害、无污染、不含添加剂、包装易处理的绿色商品,尽量减少和禁止污染物的排放。一个过度消耗资源与破坏环境的企业,不会在消费者心中有良好的口碑,因为品牌物质文化必然包含着有利于人类自身健康与发展的文化。

二、企业行为文化建设

企业在塑造自己的行为文化时,必须建立企业行为的规范、企业人际关系的规范、企业公共策划的规范。

1. 企业行为的规范

在企业运营过程中,企业家的行为、企业模范人物的行为以及企业全体员工的行为都应有一定的规范。在规范的制定和对规范的履行中,就会形成一定的企业行为文化。例如,在企业管理行为中,会产生企业的社会责任、企业对消费者的责任、企业对内部成员的责任、企业经营者同企业所有者之间的责任、企业在各种具体经营中所必须承担的责任等问题。承担这些责任就必须有一定的行为规范加以保证。

1)企业社会责任

企业社会责任(简称CSR)的概念起源于欧洲。这一概念是在20世纪20年代,随着资本的不断扩张而引起一系列社会矛盾(如贫富分化、社会穷困,特别是劳工问题和劳资冲突等)而提出的。联合国前任秘书长安南曾向国际商界领袖呼吁企业要约束自己自私的牟利行为,并担负起更多的社会责任。按照安南的话,企业社会责任的九个方面应涵盖人权保障、劳动者权益保障、消费者权益保障、对社区的责任、对资源环境的责任,等等。目前,国际上普遍认同的企业社会责任,对其比较通俗的一个理解是:企业在赚取利润的同时,必须主动承担对环境、社会和利益相关者的责任,最终实现企业的可持续发展。

2)社会责任与经营业绩

在"企业应不应该承担社会责任"这一问题上有两种不同的意见:一种意见认为企业应该承担社会责任;另一种意见则认为企业不应该承担社会责任。每种意见都有很多理由,我们有必要考察一下社会责任与经营业绩之间的关系。我们认为,这种考察是有必要的,因为社会上有一些人担心企业承担社会责任会有损其经营业绩。这种担心乍看起来似乎有点道理,因为在大多数情况下,社会责任活动确实不能补偿成本,这意味着有关企业要额外支付成本,从而损害了其短期利益。但从企业长期的发展来看,企业在力所能及的范围内进行一些社会责任活动相当于投资。虽然短期内这种投资或许牺牲了企业的经营业绩,但从长期来看,这种投资由于改善了企业在公众心目中的形象、吸引了大量人才等,可以增加收益,并且所增加的收益足以抵补企业当初所额外支付的成本。从这种意义上来讲,企业在利他的同时也在利己。大多数研究表明,在公司的社会责任和经营业绩之间有着正相关关系。

3)社会责任的具体体现

(1)企业对环境的责任。

企业既受环境的影响,又影响着环境。从自身的生存和发展的角度来看,企业应当承担保护环境的责任。有社会责任的企业有着强烈的环境保护意识,它们积极采用生态生产技术,使整个生产过程保持高度的生态效率和环境的零污染。企业要紧密跟踪生态生产技术的研究进展,在条件许可的情况下,将最新的生态生产技术应用到生产中,使研究出来的生态生产技术能尽快转化为生产力,造福于人类。在这样做的过程中,企业自身的发展得到了有力的保证。企业研制并生产绿色产品既体现了企业的社会责任,推动了"绿色市场"的发育,又推动着环保宣传教育,提高了整个社会的生态意识。

(2)企业对员工的责任。

企业对员工的责任主要体现在不歧视员工。为了调动各方面的积极性,企业要同等对待所有员工,定期或不定期地培训员工。决定员工(尤其是高素质员工)去留的一个关键因素是员工能否在本企业中得到锻炼和发展的机会。有社会责任的企业不仅要根据员工的综合素质把他安排在合适的工作岗位上,更要营造良好的工作环境。工作环境的好坏直接影响到员工的身心健康和工作效率。

(3)企业对顾客的责任。

顾客是上帝,忠诚顾客的数量以及顾客的忠诚程度往往决定着企业的成败得失。企业对顾客的责任主要体现在提供安全的产品、提供正确的产品信息、提供周到的售后服务、提供必要的产品使用和维护指导、赋予顾客自主选择的权利等。

(4)企业对竞争对手的责任。

在市场经济下,竞争是一种有序竞争。企业不能压制竞争,也不能搞恶意竞争。企业要处理好与竞争对手的关系,在竞争中合作,在合作中竞争。有社会责任的企业不会为了暂时之利,通过不正当手段挤垮对手。

(5)企业对投资者的责任。

企业要努力为投资者带来丰厚的投资收益,还应将其财务状况及时、准确地报告给投资者。企业错报或假报财务状况是对投资者的欺骗。

(6)企业对所在社区的责任。

企业不仅要为所在社区提供就业机会和创造财富,还要尽可能地为所在社区做出贡献。有社会责任的企业意识到通过适当的方式把利润中的一部分回报给所在社区是其应尽的义务,它们积极寻找途径参与各种社会活动,通过此类活动,不仅回报了社区和社会,还为企业树立了良好的公众形象。

2. 企业人际关系的规范

企业人际关系规范的推行是一场意识革命,也是全新价值的创造。它分为对内关系和对外关系两大部分。

1) 对内关系

企业员工的一举一动、一言一行都体现着企业的整体素质。企业内部没有良好的员工行为,就不可能有良好的企业形象。如果员工行为不端,纪律散漫,态度不好,将给企业形象带来严重的损害。

将企业的理念、价值观贯彻到企业的日常运作、员工行为中,最重要的就是确立和通过管理机制实施这些规范。从人际行为、语言规范到个人仪表、穿着,从上班时间到下班以后都严格按照这些规范行事。要做到这一点,在很大程度上依赖于有效的培训,通过反复演示、反复练习,从规矩的学习演变到自觉的行为。培训的目的在于使广大员工自觉地接受这套行为规范,并不折不扣地贯彻到日常工作中。培训的方法有以下几种:①讨论与座谈;②演讲与模范报告;③实地观摩与示范演练;④在实际工作中纠正不符合规范的行为偏差,边检查,边纠正;⑤重复性演示与比赛。

2) 对外关系

对外关系主要是指企业面对不同的社会阶层、市场环境、国家机关、文化传播机构、主管部门、消费者、经销者、股东、金融机构、同行竞争者等方面所形成的关系。其中,处理好与同行竞争者的关系十分重要。企业应联谊竞争对手,在竞争中联合,在联合中共同发展,在竞争中共同发展。任何企业不仅要面对竞争,而且要勇于竞争,要在竞争中树立自己的良好形象。每个企业都应当争取在竞争的环境中广交朋友,谋求公众的支持与合作,最终使企业获得经济效益与社会效益的双丰收。竞争是社会发展和进步的源泉,竞争无所不在、无所不有,竞争的表现形式也是多种多样的。某些企业为了招徕顾客,对竞争对手进行攻击,甚至不择手段地使用贿赂等手段,这种破坏同行关系的做法对双方都是有百害而无一利的,最终可能导致两败俱伤。

3. 企业公关策划的规范

企业公共关系活动的主要作用包括以下几个方面:树立企业信誉;搜集信息,从而全面而准确地分析企业所处的人事环境和舆论环境;协调谅解,包括及时处理组织与公众之间存在的矛盾、建立预警系统并实行科学管理、协助处理纠纷等工作;咨询建议,包括提供企业形象、公众心理、公众对企业政策的评价咨询,提出公关工作建议;传播沟通,通过信息传播影响舆论,争取公众,双向沟通以达到与公众协调的目的;社会交往,为企业创造和谐融洽的社会环境。

企业公关策划是一个设计行动方案的过程,在这个过程中,企业依据目前的组织形象的现状,提出组织新形象的目标和要求,并据此设计公共关系活动的主题,然后通过分析组织内外的人、财、物等具体条件,提出若干可行性行动方案,并对这些行动方案进行比较、择优,最后确定出最有效的行动方案。

根据公关行为的传播特性,公关策划应当遵循以下规范。

1)公众利益优先

所谓公众利益优先,并非企业完全牺牲自身的利益,而是要求企业在考虑自身利益与公众利益的关系时,始终坚持把公众利益放在首位;要求企业不仅要圆满完成自身的任务,为社会做出贡献,同时还要重视其行为所引起的公众反应,并关心整个社会的进步和发展,以此获得自身利益的满足。企业只有坚持公众利益至上,才能得到公众的好评,使自己获得更大的、长远的利益。

2)独创性和连续性相统一

公关活动与广告所追求的重复与反复的信息刺激不一样。一般而言,不会有两个相同的公关活动策划。这是因为企业所处的环境与公众都在不断变化,唯有富有特色的、标新立异的公关活动,才能适应社会条件和公众心理的变化,使之与竞争对手的形象产生差别,从而突出自己的企业形象。企业公关活动策划不仅要考虑活动的独创性,还要考虑本次活动与前后活动的连续性,使独创性和连续性统一起来,这样才能更为科学有效地实现企业整体形象塑造的传播效果。

3)计划性与灵活性相统一

公关策划所形成的行动方案要放到企业的整体计划中,构成企业整体活动的一部分,通常是不能轻易改变的。这种计划性带有对企业行为识别系统最佳效果的战略布局,但是,这种预见性及超前的计划往往也会因企业主、客观条件的变化而出现不适应或不合时宜的情形,这就需要及时进行调整。

三、企业制度文化建设

企业制度作为职工行为规范的模式,使个人的活动得以合理进行,内外人际关系得以协调,员工的共同利益受到保护,从而使企业有序地组织起来为实现企业目标而努力。企业家将企业文化制度化,通过制度的方式来统率员工的思想。建立科学的领导体制、精干高效的组织机构、完善的经营管理制度,具有科学、实用的企业决策机制和人力资源开发机制,有力地约束企业和员工的行为,保证企业目标的实现。由于不同企业的工作性质、工作任务、服务对象不同,各项规章制度的要求也就不同,但是在制定企业的各项规章制度时,有几个共同原则必须把握好。

1. 把握效率原则

企业是一个追求效益最大化的经济实体,企业的目的就是要创造更多的经济效益,实现持续、快速、健康的发展。建立各项规章制度与促进企业发展并不矛盾,相反它是提高经济效益的重要生产要素,增强市场竞争力的有效手段,促进企业生存发展的重要方法。这就要求在建立企业的各项规章制度时要遵循"效率优先"的原则,着重处理好三个关系。一是处理好竞争与服务的关系。经济全球化和我国加入WTO的新形势,使我们面对着更加激烈的市场竞争。在生产优质产品的同时,必须提供优质的服务,创造良好的信誉,才能在竞争中掌握主动权,才能赢得市场。二是处理好个人与企业的关系。要把职工热爱岗位、勤学技术作为良好职业道德的主要标准,培养敬业爱岗、遵纪守法、钻研业务、讲求效率、成才奉献的良好品质,在企业生产经营中多做贡献。三是处理好企业与社会的关系。要求职工切实履行职业责任,做到诚实守信、注重行业信誉、服务群众、奉献社会、尽量满足服务对象的要求。

2. 把握公平原则

公平是市场竞争的基本要求,WTO基本规则突出体现的就是公平、公正、公开的原则。如果不解决好公平的问题,企业所有成员在机会面前就难以体现平等,合理利益就难以保证,职工与职工之间、企业与企业之间就难以在一个起跑线上竞争。体现公平的原则要做到以下三点。一是人人都要遵守企业的各项规章制度。要求每一名员工都要自觉遵守,尤其是领导干部要发挥带头作用,要求职工做到的,自己要带头做到;要求职工不做的,首先做到自己不做。再就是对违反规范的人,不管是谁,都要严格处理,保持规范的严肃性。二是竞争要体现公平。企业的全体员工在机会面前应该平等,特别是涉及竞争上岗、利益分配等问题,一定要严格按制度办事。三是实行厂务公开。对企业改革发展中的重大决策、涉及职工切身利益的重大问题以及党风廉政建设情况,要向职工公开,让职工知情,充分体现民主管理、民主监督。

3. 把握诚信原则

诚信是做人之本,也是立企之本。诚信是道德规范的基石,是个人与个人之间、个人与社会之间相互关系的基础性道德要求。从法治的角度来讲,企业在市场中对盈利的追求需要法规的规范和约束;从德治的角度来讲,办企业一定要讲诚信,要受道德约束。我们在制定企业的各项规章制度时,要注重树立诚信的理念,体现顾客至上、诚信为民、奉献社会的服务精神,杜绝假冒伪劣、坑蒙拐骗、损人利己的行为,使个人和企业的行为与社会要求有机地结合起来。要求职工讲诚信、讲信誉、讲道德,做到上道工序为下道工序服务,辅助部门为生产主体服务,机关为基层服务,企业为社会服务。只有企业内部各岗位、各工序、各方面的工作都以诚信为准则,才能使企业的产品或服务最终赢得用户的满意,进而使企业对内增强凝聚力,对外增强竞争力。

4. 把握激励原则

激励机制是企业管理的组成部分和重要原则。采取一定的激励措施就能形成诱发力和推动力,较好地调动职工的主动性和创造性。我们在进行道德建设时,往往通过加强教育引导来提高职工对本职工作的价值意义以及对职业责任的认识,形成一定的责任感,从而更加热爱本职工作。但仅仅依靠教育引导这一类的"软性"约束是不够的,还需要运用组织纪律、行政措施、规章制度来严格管理职工的行为,促使职工深入理解岗位道德规范的内在要求,强化遵守道德规范的自觉性,最终实现"他律"与"自律"的统一。因此,我们要把各项规章制度纳入竞争上岗机制、干部考核机制、经济责任制和创建工作之中,从而更有效地发挥各项规章制度的激励作用,形成一种是非分明、抑恶扬善的氛围。要大力宣传模范行为,发挥引路人的典型作用,用身边的人、身边的事来教育和影响职工,使职工自觉地向先进、模范人物看齐,从而使职工队伍整体的道德水平得到明显提高。

四、企业精神文化建设

企业精神文化建设的实质是要培育以人为本及诚信的企业伦理观。企业家要营造关心人、尊重人的良好企业环境,为员工提供发展平台,将员工个人的发展列为企业发展的目标之一。企业精神文化是支撑企业文化体系的灵魂,企业文化建设的核心就是精神文化建设。精神文化建设被企业外部环境所制约,时代的变化、消费模式的变化都会影响企业文化的发展变化。在当今社会,以什么样的态度和方法对待市场和顾客、以什么样的态度和方法对待效率和效益、以什么样的态度和方法对待员工和社会,已成为塑造企业精神文化的新课题。

1. 利用思想政治工作的大力宣传,实现企业价值理念灌输

宣传手段在企业精神文化建设中的作用是非常巨大的。由于企业精神文化也属于思想的范畴,在进行企业精神文化建设的时候,利用好报纸、书籍、杂志、电影、电视、广播、板报、黑板报、互联网等主要宣传媒体,充分发挥宣传的作用,可以统一广大员工的思想,使员工的价值理念与企业所倡导的价值理念相一致。

宣传形成舆论、引导舆论的功能对企业精神文化建设的效果有着直接的影响。在进行企业精神文化建设的时候,充分利用各种媒介传播企业所倡导的价值理念,多种宣传媒体在连续的时间传播一致的价值理念,就会把人们的注意力吸引到一起,吸引人们按照企业倡导的价值理念思考问题。同时,它有批判对立价值理念或其他价值理念的异己倾向,启发人们从其他价值理念的束缚中摆脱出来。通过不断引导与企业所倡导的价值理念一致的舆论,批判与其不一致的舆论,从而形成统一的价值理念。因此,在企业精神文化建设中运用宣传手段是非常有必要的。

2.通过评比竞赛法,实现企业价值理念自我培养

评比竞赛法是组织员工相互竞争,激励他们奋发向上的一种方法,因为有一定目标的优劣之争,所以可以激发人争强好胜的心理要求。在思想政治工作中,这是一种常用的方法,通过各种先进的评比、开展各种竞赛,在潜移默化中向员工灌输政治理念,如优秀党员、先进党支部、先进生产工作者的评选等。

企业精神文化建设的工作对象也是人,也就是说,企业精神文化建设的工作对象也具有争强好胜的心理要求,所以在进行企业精神文化建设的时候,也可以并且应该利用人们争强好胜的心理特点,充分利用评比竞赛法的优势,通过评比竞赛法使员工在潜移默化中接受企业所要倡导的价值理念,使案头价值理念转变为实践价值理念,提升企业精神文化建设的效果。

评比竞赛可采取多种多样的内容和形式,既可以在团体之间开展,又可以在个体之间进行。从内容方面来讲,可进行单项赛,也可以进行综合性评比。在企业精神文化建设中采用评比竞赛法,要注意以下几点。

一是,要有明确的目的性。在企业精神文化建设中开展评比竞赛活动,为的是将案头价值理念转化为实践价值理念,因而开展评比竞赛活动要围绕企业所要倡导的价值理念进行,设计好评比竞赛的内容、形式、规则等。

二是,评比竞赛的条件要明确。评比竞赛活动的开展是在一定的条件下进行的,这些条件是竞赛参与者必须遵守的,也是评比的依据。这些条件必须明确具体,使竞赛参与者和参与评比工作的人都能够理解和掌握,这样既有利于竞争者明确努力方向,又有利于评比者掌握评比标准,使竞赛评比工作少走弯路,顺利地开展和进行。如果评比竞赛条件模棱两可,可以做多种解释,就容易让人产生认识上的分歧。这不仅使竞赛参与者难以掌握其要求,也容易使评比工作出现差错,影响价值理念转化的效果。

三是,评判要公正。评判是评比竞赛法的最后环节,它不但会影响这种方法的整体效能,而且会影响员工对这种方法实施的态度。也就是说,如果评判是公正的,如实反映了参赛者的实际水平,不仅能给优胜者以鼓舞,也能给其他员工以鞭策,促使广大员工向优胜者学习;如果评判不公正,真正的优胜者被淘汰,而功效一般者却被评为先进,就会使参赛者产生被蒙骗的感觉,不仅不利于调动员工的积极性,而且会使价值理念转化的效果受到很大的影响。所以评比者要把握好标准,秉公评议,尽力做好评判工作。

四是,要奖励优胜者。奖励优胜者也是对员工的一种有效鼓励。为充分发挥奖励对员工的激励作用,从制订竞赛评比计划时起就要考虑奖励的方式方法,并连同竞赛的条件一起公布于众,使其成为推动员工参加竞赛评比的动因,激励员工参加竞赛评比活动。奖励可分为精神奖励和物质奖励。

3. 发挥情感激励,投入企业精神文化建设

情感激励是一种以联络人的积极感情为基础的管理方式和管理过程。通过关心人、帮助人、尊重人、协调企业中的人际关系,对调动员工的积极性可以起到较好的作用。在企业精神文化建设的过程中,如果能利用好情感激励的方法,将会对价值理念的转化产生很大的促进作用。

在企业精神文化建设中运用情感激励法,企业管理者通过对员工的情感投入,关心、帮助、尊重员工,必然会拉近管理者与员工的距离,打开他们的心灵大门,使员工在心理上接纳管理者。在心理上调动员工的积极性,管理者所要倡导的价值理念借助感情这种"催化剂"也容易被员工所接受,企业精神文化建设的效果将会更为显著。

4. 引导非正式组织,促进企业精神文化建设

在企业精神文化建设的过程中,引导和控制非正式组织要注意以下几点。

第一,巧妙利用人性化管理的技术。企业是由人组成的,人性则是联结人群的纽带。采用人性化管理,就是合理利用人的心理因素或精神状态来取得最佳的工作效率。企业管理者必须清醒地认识到,企业员工的情绪、心理和人际沟通的方式对管理绩效具有重大影响。经验表明,企业中的信息沟通往往在非官方的场合中交合力更强。也就是说,企业管理者在与员工接触时应多一些人情、人性,真心与员工交朋友,了解员工的疾苦,解决员工在学习、工作、生活中的实际问题。

第二,学会平易近人的交流方式。企业中劳动分工是一种自然方式,并不意味着人的先天能力的不平等。但由行政关系而形成的心理距离,使企业的管理者为员工所敬畏。管理者只有主动与员工接触,才能使员工消除对领导的恐惧、顾虑和防备。这样,才能使管理者更容易加入非正式组织,对员工的种种情绪反应有更真切的了解和把握,从而更容易对非正式组织施加影响。

第三,善于把握"关键人物",把握住非正式组织的枢纽。首先是中层干部,他们往往都具有自己的一个小集团,对相当一部分人施加着影响,在一定范围内有较大的影响力,放弃他们就等于舍本逐末。其次是秘书与助理,他们不仅对企业业务上的事很清楚,而且对各种传闻及各类事件的来龙去脉也知之甚多,完全可以将他们作为桥梁,起到沟通作用。当然,若他们试图维护自己的上司,则可轻而易举地通过"闲话网"来传颂上司的感人事件,达到管理者通过自身努力难以达到的效果。最后是非正式组织中的"情绪领袖",他可能是一个很普通的工人,但他对群众舆论有着极大的影响力,管理者的任何一个不慎之举,都可能招致意想不到的严重后果。因此,认清这种"情绪领袖",并与之保持沟通是很有必要的,争取在一些棘手问题的处理上得到他们的理解和支持,使他们的作用方向与企业的目标一致。

5.树立典型,培育企业价值理念

典型示范法是以典型人物、典型事例教育和鼓舞人们,以推动各项工作开展的一种方法,是企业思想工作中最常用的方法之一。在企业精神文化建设中,进一步研究和运用典型示范法,具有极其重要的意义。

在实际工作中,需要培养和树立不同的典型。从典型的主体来划分,可分为个人典型、集体典型;从典型的内容来划分,可分为单项典型、综合典型;从典型的影响面来划分,可分为社会典型、行业典型、单位典型;从典型的价值判断上划分,可分为正面典型和反面典型。

在企业精神文化建设中运用典型示范法,也就是把价值理念的内容寓于典型的人和事中,通过对典型事件和模范人物的宣传,把抽象的价值理念变成具体生动的形象,从而起到转变员工价值理念的作用。典型示范的形象具体、生动直观,便于引起人们在思想感情上的共鸣。任何典型都是个别的、具体的,生活在它周围的人可以直接接触它。有关典型的宣传,很容易得到人们的确认,能够使人们形成较为深刻的印象。同时,人是有感情、有理智的,大多数人的心理情绪总是积极向上的,即使是比较消极落后的人,往往也具有某种程度的积极心理因素。因此,通过生动直观的典型事迹的影响,必然引起人们思想感情上的共鸣。这种共鸣感又将潜移默化地促进人们价值理念的变化。因此,在企业精神文化建设中可以也应当运用好典型示范法。

第五节　企业文化建设的程序

企业文化建设的一般程序,包括"设计""催化"和"实现"三个步骤。企业"设计"出具有本企业特色的企业文化,并采取措施进一步"催化"和"实现"企业文化的发展。因此,企业文化形成整个社会精神财富的有机组成部分。

一、企业文化的设计

企业文化建设的第一步是明确提出本企业的价值观念体系和理想追求,用准确生动的语言把企业精神确定下来,也就是说,要把具有本企业特色的精神财富设计出来。企业文化设计的具体步骤如下。

1.筛选

现代社会积累了大量的精神产品,有的对企业发展起着促进作用,有的起着阻碍作用。合格的精神财富的标准:一是要能促进本企业经济迅速发展;二是要能促进本企业职工人格健康成长;三是要能增强本企业的内在凝聚力;四是要能加强社会凝聚力。企业从中选取精神财富建设企业文化。

2. 梳理

通过筛选而得到的精神财富，是以一般形态存在的，并不具有本企业的特色。梳理，是对本企业的历史和现状，特别是对企业实践中直接萌发的观念和意识进行系统深入的回顾、调查、分析和研究，为一般精神财富与本企业实际相结合打下基础。

3. 挖掘

挖掘即把梳理得出的企业精神当作一种宝贵的资源来加以开发，任务是找出企业精神的形成机理和进一步发展的生长点。

4. 设计

设计是指根据企业的实际情况，确定与本企业相适应的企业文化理念。设计规划要做到全面与重点相结合、主观与客观相结合、独创性与连续性相结合、计划性与灵活性相结合，对本企业文化进行定位准确、指标明确、内容科学简练、措施切实可行的设计。

完整的企业文化建设，只有在做好筛选、梳理、挖掘的基础上才能形成。因为它必须推出三套内容。第一套，是经过科学论证而又具有本企业特色的价值观念、企业精神、企业信念、企业宗旨、企业理想、行为规范、思维方式等，它们是以理论和口号的形式出现的。第二套，是能够体现这些价值观念、企业精神等的个例说明，最好是本企业的个例，但也可以是外单位的个例，甚至还可以是设想的个例和生动的寓语故事等，目的是要把第一套内容形象生动地表示出来，使广大职工易于了解。第三套，是灌输或实现这些价值观念、企业精神的步骤、设想和可操作性的程序。

二、企业文化的催化

合理催化本企业生产的精神财富，可以视作企业文化建设的第二步。要把企业文化理念贯彻到企业的所有活动中，内化为员工的实际行动，这就是传播执行和实践过程。企业文化的催化主要有以下程序。

1. 正确编写企业文化手册

将企业文化，尤其是企业理念进行详细的诠释，可以附加案例、漫画等，将之编成精美的小册子，以作为企业文化培训和传播的蓝本。

2. 举办企业文化的导入仪式

公司请全体员工、上级领导、重要客户、专家、新闻媒体等参加，并颁发企业文化手册，对企业文化的内容进行发布，启动企业文化传播和建设工程。

3. 强化文化训导

企业领导人向全体员工阐释企业文化尤其是企业理念的含义。企业宣传或培训部门以企业文化手册为蓝本编写教材,对新员工和在职员工进行培训;举办各种文化讲座,争取在较短的时间内使员工对企业文化产生认同,信奉企业文化。

4. 开展文化演讲和传播活动

适时举办员工文化演讲活动,让员工结合工作实际和切身体会,谈谈对企业文化的理解和感受,营造催人向上和感人的氛围。利用企业报纸、广播和电视等媒体,突出文化传播的功能,同时利用会议、宣传栏及墙报等形式,积极宣传企业理念,传扬企业中流传的文化故事和文化楷模的故事,弘扬正气,创造强势文化氛围。

5. 制造重大事件

积极利用企业发展或对外交往中出现的重大事件,如重大的技术发明、企业日常事务中的成功事例或责任事故、质量评比获奖或消费者投诉事件、新闻报道中的表彰或批评事件、积极参与社会公益活动等事件。以此为基础,有意"制造"事件的影响,扩大渲染,给员工带来强烈的心理震撼,让员工在无形之中受到教育和启发,进而接受正确的价值观和行为方式。

6. 建立文化网络,拉近管理者与员工之间的距离

比如,企业定期向员工报告生产经营的基本情况和重大事件;高级主管人员定期深入一线与员工进行恳谈;建立总经理和高级管理人员接待日制度等。

7. 营造文化氛围

企业文化氛围是指笼罩在企业整体环境中,体现着企业所推崇的特定传统、习惯及行为方式的精神格调。它虽然是无形的,但是以潜在的方式感染着企业全体成员,体现出企业的整体精神的追求,对企业成员的精神境界、气质风格的形成十分重要。这就是说,企业要在重视物质氛围和制度氛围的基础上,关心员工的事业与成长,做好思想沟通、感情投资,创造学习环境,倡导员工之间的相互尊重与信任,营造良好的感情氛围,使企业成员对企业产生归属感、增强工作责任感,发展团队合作精神。

三、企业文化的实现

实现已被正确理解为精神财富的"消费",可以视为企业文化建设的第三步。企业精神财富的"消费"有以下几种途径。

1. 内化

内化是指利用上面所讲的传播执行和实践的过程,让所有员工充分认识企业

文化、理解企业文化的真正内涵,推动企业发展、员工进步,营造内部团结、和谐发展的整体氛围。

2. 外化

外化即在职工的可见行为、企业的可见产品或物质中,以及在企业的一切有形物如厂房、内环境、外赞助等方面,将崇高的企业理想、企业精神、价值观念体现出来。

3. 习俗化

习俗化即将本企业的价值观念、精神状态等变成全体职工自发地加以遵守的风俗、习惯、舆论、仪式等,这是一个极其漫长的"消费"过程。

4. 社会化

社会化即企业通过向社会提供体现本企业特有精神的优质服务和优良产品,向社会介绍本企业的英雄模范人物,向社会展示并扩散本企业的风俗习惯等形式,形成全社会赞美的企业形象。

在实施过程中,及时了解信息,保证信息渠道畅通,对执行情况和实施效果进行衡量、检查、评价和估计,防止信息误差,调整目标偏差,避免文化负效应,扩大文化正效应,使企业文化建设朝着正确、健康、稳定的方向发展。评估调整要注重实效,建立理想化的参照系。对评估结果要正确分析,避免调整的盲目性和突变,建立激励机制保证调整顺利进行。

企业文化建设的三步是相互联系的有机整体。没有第一步,就不能够迈出第二步和第三步,若强行迈出第二步和第三步就会走上邪路。例如,没有正确的价值观念和理想追求,却大谈要加强企业凝聚力,结果只是用奖金把职工捆绑在一起。这种做法,形似加强群体意识,实则与企业文化建设背道而驰。只走出第一步,而不走第二步和第三步,也谈不上企业文化建设。如果仅仅具有本企业特色的精神财富,如正确的价值观念体系、崇高的理想追求等,还不能说就是企业文化,只要它们还没有在实际的市场竞争中发挥文明功能,还没有结出文明的果实,它们就只是纯粹的精神财富。

本 章 小 结

企业文化建设是一项系统工程,在进行企业文化建设时,必须着眼于未来,立足于企业战略,顺应企业的发展趋势。同时,必须把企业文化作为整合企业资源、全面提高企业整体素质的重要手段。企业文化建设的目标必须根据企业的历史、企业面临的现实环境、发展战略等确定,保证企业文化建设的目标与企业的战略目标相一致,并通过实现企业文化建设的目标来促进企业的发展。企业文化建设的总体目标是：培育先进文化、提升员工素质、内强企业灵魂和外塑企业形象。

企业文化建设的主体包括企业领导人、企业英雄和企业员工。其中，企业领导人对企业文化的影响是巨大的。企业的高层主管往往是企业文化、企业风气的创立者。特别是，他们的价值观直接影响着企业发展的方向。企业英雄，一方面是企业文化建设成就的最高表现，另一方面又是企业文化建设进一步深入开展的最大希望。企业员工是推动企业生产力发展的最活跃的因素，也是企业文化建设的基本力量。企业文化建设的过程，本质上就是企业员工在生产经营活动中不断创造、不断实践的过程。

企业文化建设是一个因时空、行业、企业自身条件等而异的纷繁复杂的系统工程。要建设好企业文化，应当遵循兼容原则、以人为本原则、共识原则和创新原则。

企业文化建设的内容主要包括企业物质文化建设、企业行为文化建设、企业制度文化建设和企业精神文化建设。其中企业物质文化建设应当遵循品质文化原则、技术审美原则、顾客愉悦原则、优化组合原则和环境保护原则。企业在塑造自己的行为文化时，必须建立企业行为的规范、企业人际关系的规范和企业公共策划的规范。企业家将企业文化制度化，通过制度的方式来统率员工的思想。建立科学的领导体制、精干高效的组织机构、完善的经营管理制度，具有科学、实用的企业决策机制和人力资源开发机制，有力地约束企业和员工的行为，保证企业目标的实现。企业精神文化建设的实质是要培育以人为本及诚信的企业伦理观。企业家要营造关心人、尊重人的良好企业环境，为员工提供发展平台，将员工个人的发展列为企业发展的目标之一。

企业文化建设的一般程序，包括设计、催化和实现三个步骤。企业设计出具有本企业特色的企业文化，并采取措施进一步催化和实现企业文化的发展。因此，企业文化形成整个社会精神财富的有机组成部分。

【课堂检验】

预习题：
1. 如何建立企业的信用评价系统？
2. 如何进行企业文化的评价？

复习题：
1. 如何进行企业文化的创新？
2. 企业文化建设的一般程序有哪些？
3. 如何成功地进行企业文化的灌输与传播、推展与实践巩固？
4. 如何进行企业文化精神建设？
5. 企业物质文化建设的主要内容是什么？要达到遵循顾客愉悦的原则应该注

意哪些方面?

6.企业行为文化建设的主要内容有哪些?什么是企业的社会责任?

 练习案例

中视传媒的文化自觉

中视传媒股份有限公司是中国国际电视总公司控股的上市公司,其影视基地诞生过享誉海内外的影视精品,如《三国演义》《太平天国》《大宅门》等。其企业文化塑造工程历时八个月,是我国传媒行业第一次与中国企业文化研究会策划部联手开展的活动。企业文化塑造工程分四个阶段进行,即经营文化明确化、企业文化深植化、精神文化共识化和企业文化推广化。

达成五项目标:①明确公司总体的经营目标;②形成特色的企业文化;③寻找新的优势点;④加强人力资源开发、吸引人才确保企业发展;⑤凝聚共识、激励士气、提高全员素质。企业文化策略研讨营由中国企业文化研究会策划部和中视传媒企业文化塑造工程推委会组织实施,这个集各分公司、各部门50名中高层负责人及多名策划设计师的策略研讨营,2002年6月23日至24日在无锡马山桃源山庄举行。此次策略研讨营打破常规,以全新的概念活动方式,着力营造平等自由、活泼轻松的氛围,使策划部与营员在文化的激荡中,进行深层次的交流、沟通与研讨,进而达成共识,为中视传媒企业文化塑造工程的顺利推展打下了坚实的思想基础,这个过程实际上也是文化主体自觉的过程。它给我们深刻的启迪:企业文化首先是意识的革新、观念的创建,是文化的自觉。挑战中视传媒自然演化法则,即适者生存,不适者淘汰的"优胜劣汰"法则,也是企业竞争的法则。企业应该如何来应对,如何认识自己,超越自己?这些已成为企业经营最大的挑战。"请说出中视传媒的五大优势,五大劣势。"这是策略研讨营开始后不久,主持人提出的要求。问题看似简单,却引起中视传媒人的深思。且看大家如何作答。优势:①依托CCTV得天独厚;②拥有上市公司的体制和机制;③领导班子敬业,思路开阔,有超前意识;④具备行业优势;⑤资金雄厚,负债率低……见仁见智,众说不一。主持人提问的用意在于启发中视传媒人对自身定位及文化概念的思考,由此引发策略研讨营的主题——创新思维,凝聚共识,提炼企业文化要素,实现企业文化策略定位。

"挑战中视传媒"是对中视传媒内涵及本质的捕捉与挖掘,是对企业的反思、展望,也是对未来愿景的构想,"挑战"贯穿策略研讨营活动的始终。主持人通过发放问卷的形式,要求大家在新的起点上,以新的视角对中视传媒以往的发展步骤、经营思想、文化品格进行再认识。经过这番自我反省与重新审视,逐步摸清了中视传媒现实的文化家底,也为下一步文化的勾画与整合提供了依据。

随着活动的开展,"挑战"由起初的主持人策动、引导,逐步成为中视传媒人意识深层对自身文化定位、精神理念的自觉思考。中视传媒人的主体意识已被触发，他们开始自觉关注自我在公众心目中的形象与价值。策略研讨营期间，思考、寻找、挑战与追索的痕迹随处可见。

挑战自我，就是认识自我、超越自我。人类的创新使人类免于毁灭，得以生存和延续；人类自我挑战使人类面向未来，不断进化和超越。一个团队如果没有挑战自我、创新、兼容、开放的精神理念，就失去了文化的根基与活力，就会苍白无力，就会在历史与社会的进程中隐没。

"挑战"其实就是对企业本质、内涵、精神气质的探求与确认，其意义在于激发每一位中视传媒人的思考。我是谁，我到哪里去？这是人类哲学的命题，也是企业文化的本质与核心，这一意识深层的上下求索必将促使企业文化主体的自觉。

"习惯"悖反中的触动

"习惯"推动历史发展，同时也束缚社会进步。企业文化作为对陈规与积弊的挑战，很重要的一条就是走出"习惯"的框框，与时俱进，更新观念。

策略营主持者不是简单地说教，而是通过轻松诙谐、包含哲理的博弈活动，通过对"习惯"的悖论，改变其成长过程中形成的思维定式，促使思维方式的转变。

悖反之一：队名、标志、标语。策略营活动一开始，主持人便要求事先编好的四个组在十分钟内选队长，起队名，设计队标志，拟定队标语。经过一阵紧张热烈的讨论，各队争先恐后地将讨论结果写上投影片，又按主持人的要求，推举执行队长依次上台讲解。一队起名为"一鸣惊人"，将自己的荣誉队长的名字镶嵌在里边，同时表达了本队的凌云壮志。二队队长宣布其队名是"少年先锋队"，其标志是帆船，精神标语是"超越自我，实现梦想"。三队起名为"突击队"，将标志拟定成翱翔的海燕，标语为"海纳百川，创造无限"。四队起名为"旭日队"，标语是"乘风破浪，勇往直前"。

以往，人们一般用序号区分组别、队别，策略营让大家自己取队名，制定标志与标语，通过想象力、创造力的调动，使个性得以充分体现，而个性化的识别体系，正是企业文化所追求的。

悖反之二："赢跑"。企业文化的实施需要观念的重建，重建要靠对"习惯"的悖论，旧的"习惯"能不能改变？如何着手？联欢晚会的一项游戏比赛"赢跑"给我们许多启示。游戏的规则是：两人对垒，猜拳定输赢，赢了拳的转身逃跑，输了拳的要发足追赶。这一悖反习惯游戏开始时，许多人会出错，经过几个回合的比试，多数人渐渐适应，能做出正确的反应。这一游戏告诉我们：行为习惯的改变有赖于思维方式的改变。

悖反之三:"传密码"。博弈活动还有一项内容是传密码。四个队各自排成一个纵列,要求每队由后向前传三次数字,分别是两位数、三位数、四位数,传递过程中各队队员不允许说话,不允许回头,完全靠肢体来感觉后边传递过来的数字究竟是多少。以往我们都习惯了在传递信息时使用听、说、看的方法,突然不让用这些常规方法了,四个队都不知所措,后来在主持人的提示下,四个队分别商量了几套方案,有敲背的,有捏耳朵的,方式各异,花样百出。游戏结束后大家都说:原来信息的传递方法这么多!

由于一系列悖反活动的触动,研讨中流露出许多逆向思维的痕迹,大家都从新的视角来重新思考认识。提出问题远比解决问题重要!

策划主体的觉醒

中视传媒企业文化塑造工程的真正策划师、设计师是中视传媒人自己。纵观近几年国内的企业文化建设,企业身为策划主体,其作用往往被忽视,尽管在企业文化规划与实施中企业也有参与,但仅仅作为响应与配合,往往被动地听任策划公司摆布。策划公司对企业的了解与认识是有限的,势必造成企业文化与企业实际的脱节、与员工心态的格格不入,以及主、客体的分离和企业文化产生本意与方向的偏离。成功的企业文化塑造应是一分策略,三分策划,六分执行。

企业文化策略研讨营最关注的问题就是如何最大限度地调动策划主体(中视传媒人)全心投入企业文化塑造工程。为此,我们主题先行,有意设计文化强力磁场,以充分调动主体的参与意识。

激荡头脑,一点突破。为更深层次地调动策划主体参与,策略营组织者设计了一整套问卷,内容包括基本信念、行为信念、组织管理信念、形象策略、企业道德、组织温度调查等。要求各队根据本队制定的总体战略,提出"一点突破"策略行动方案,问卷环环相扣,大家在竞争与应激的心态下热烈讨论,思想在激荡与碰撞中擦出火花,短短的四十分钟,四个队都拟订了方案。其中"少年先锋队"在组织温度测试中以"理顺架构,提高效率"方案进行消除控制不当阻碍因素的"一点突破"。"突击队"提出的行动方案名为"制度文化＝团队精神"。策略营的重要活动项目,其一是分组做报告。内容包括理想标志拟订、中视传媒五大优劣势、企业文化理念架构、一点突破战略等,要求每个队对每项内容在二十分钟内做完报告。其二是看图说故事。这是每个人的启蒙课程,此次策略营中的看图说故事,四个队都别出心裁,屡有创新。

策划主体的觉醒,不仅仅表现在对活动的热心参与上,还表现在意识革新方面。在活动最后的心得感受发布会上,大家深有感触地说:"最大的收获是在这里学到了全新的思维方式。"

共识在沟通中达成

企业文化是沟通的艺术,没有沟通就无法"凝其心,励其志"。在策略营的种种沟通活动中,人们感受最深的莫过于"玫瑰心情故事"。这种沟通是在心与心的对话、情与情的交融中悄悄进行的。"玫瑰心情故事"是策略营晚会当中一个特别的节目,即在晚会即将结束时,主持人燃起烛火,要求每人讲一个感性的故事。本次策略营的营长、中视传媒公司的总经理崔屹平先生讲了他的一个真实的故事:"有一年我们摄制组到陕甘宁老区去拍专题片,有一位老大娘把自己珍藏多年的冰糖拿出来招待我们,冰糖是用塑料袋封存好,又藏在瓷罐里面的。临走时这位老大娘去送我们,我们都走出去很远了,回首看见老大娘还在山上眺望我们。十几年后当我们再次来到小山村,想要去看望这位老大娘时,老大娘已经去世了。"崔屹平总经理到现在都记得老区人民的淳朴、善良和厚道。高小平先生讲了一个惊心动魄的故事:"那年,我们广电部的工作组去西藏调查达赖喇嘛的反动电台情况,途经一座雪山,公路一边是悬崖,一边是峭壁,公路上已经完全结冰了,随时都会有生命危险。当时我们加上司机一共四个人,司机要求我们三个人下车走过去,他把车开过去,这样我们三个人的危险就小了,可汽车就会因为只有一个人的重量而更容易打滑出事。因此三个人都没有下车,最终我们四个人一起度过了这段危险的历程。""一花一世界,一叶一菩提"。这是一个动人的场面,几十个人围在一起,含苞的玫瑰花静若处子,烛火在饱含深情的讲述中跳动,心与心在默默交融,无论是对一件小事、一次经历的记忆,还是仅仅一句话、一个字表达的心得感受,一样感人至深,因为其中凝聚了中视传媒人的精神,蕴藏了大家对这块热土的眷恋与赤诚。

为了营造交流与沟通的氛围,在策略营一开始的欢迎会上主持人就规定,中视传媒的每个人无论职务大小,年龄高低,一律以同学相称,以此拉近心与心的距离。在两天全封闭的营地生活中,无论是重大战略问题的讨论,还是轻松活泼的游戏,都是在无拘无束的气氛中进行的。这种气氛,使大家心神活泼灵动,因此,心与心得以充分交流、沟通,而对企业文化塑造工程的共识则在沟通中一点一滴地达成。

崔屹平总经理总结策略研讨营时说:"两天的企业文化研讨营,大家共同学习了理论,参与了游戏,沟通了情感,探讨了问题,丰富了见解。收获虽然在程度上各不相同,但解放思想、快乐心情的收获一言难尽,一定是共同的。我们要感谢中国企业文化研究会策划部的各位同志,他们为摸清我们企业文化现状和问题做了大量细致艰苦的工作,为这次研讨营做了充分准备……我真诚地谢谢大家!"

台湾大学校长许士军教授给企业文化下的定义是:企业文化就是在一个组织里,为大家所认可的、做人做事的准则。许校长主要强调了两点:一是对企业文化进行科学定位(准则);二是宣传推广(为大家所认可)。由此观之,此次策略研讨营达到了预期的目的。

资料来源:王超逸.文化在自觉——中视传媒企业文化塑造工程策略研讨营实证研究[J].企业文化:2002(10).

讨论题:

1.结合案例,总结中视传媒的企业文化建设的可取之处。

2.研讨营这种形式对企业文化建设有什么作用?应该怎么举办?

第四章 企业文化评价

【学习目标】

(1)了解企业文化评价的目的及原则；
(2)掌握企业文化评价的维度与方法；
(3)掌握企业文化评价的实施。

【开篇案例】

SH移动通信有限责任公司的企业文化评价

SH移动通信有限责任公司(以下简称SH移动)成立于1999年。在SH移动的快速发展中，SH移动的企业文化工作发挥了重要的作用，先后经历了萌动探索、构建导入和提升发展三个阶段，形成了独具特色的文化体系。其不仅较好地承袭和体现了中国移动通信集团公司的理念体系，还立足自身特点，提出了自身的理念体系，培养了企业文化建设的队伍，编写了《SH移动企业文化白皮书》《员工行为规范——我的承诺》等企业文化内部宣传材料。

进入新的发展时期，一方面新的战略对文化提出了新的要求，另一方面需要对过去的文化积淀进行科学的认识和分析，进一步有效提升公司文化管理水平和效率。SH移动决策层决定对公司的企业文化建设现状进行全面的审视和梳理。为此，2005年年底，SH移动系统地展开对本公司企业文化建设现状的评估工作。评估采用北京长青基业管理咨询公司研发的CVSM定性和CSM定量相结合的科学方法。内容主要包括企业文化与战略的关系评估、企业文化与经营业绩的关系评估、企业文化战略发展趋向、企业文化理念作用导向评估、核心价值观、文化领导力、文化环境以及个性文化等。

通过以上各方面的综合分析，对SH移动企业文化发展的趋势、规律，以及企业文化功能、价值、内在结构及文化资源的现状形成了科学系统的认识。

1. SH移动企业文化整体上呈现出较为成熟的市场型特征

(1)文化体系形成了以"市场导向"为中心的科学、完善、独特的结构。
(2)以"市场"为导向的文化内涵已经趋于成熟。

2. SH 移动在文化建设和管理方面已经初步具备了"文化管理"模式的雏形

SH 移动的企业文化工作包括企业文化建设和初步的管理工作,经过了由无到有、由浅到深、由粗到细再到精的三个发展阶段,已经初步走出了以建设为主的初级阶段,开始尝试迈入以管理为主的高级阶段,在不断完善文化系统管理的同时,逐步迈向真正意义上的文化管理模式的高级发展阶段。在这个阶段,SH 移动的企业文化建设和管理工作表现出如下几个特征。

(1)在企业文化建设过程中采取了与企业战略并驾齐驱的协同路线。

(2)在企业文化渗透中与企业管理紧密结合形成了多维的执行路线。

(3)在企业文化效果中与利润水平等紧密结合形成了清晰的价值路线。

3. SH 移动企业文化的转移

SH 移动企业文化应实现从市场型向团队型、创新型、层级型战略方向的微观转移。排除不可预期的干扰因素,按照可预期的结果,在今后的 3~5 年内,SH 移动企业文化将出现如下一些变化。

(1)在企业文化整体特征方面,将会在团队型和创新型上有明显增强。

(2)目前企业理念导向分布中的处于短板状态的创新导向、和谐导向和进取导向将会有显著的提升。

(3)在企业价值观结构中,具有创新属性的卓越和创新、具有团队属性的协作和人本、具有层级属性的诚信等基本价值元素将会逐步在企业中得到广泛的理解和认同。

(4)管理层的文化领导力将会得到进一步提升,尤其是在管理创新、管理未来、管理客户、开发人员四项领导能力上将会有显著提升。

(5)全体员工的个性文化和职业发展倾向结构在保持目前以"超越型"为主导特征的前提下,进一步消除内部的冲突和矛盾,员工的个性文化和需求结构将会更加成熟和自觉。

(6)在整体文化氛围上,SH 移动的企业文化氛围在保持较高的使命感氛围中,还会继续增加成就感的内涵,员工不仅能受到企业愿景的鼓舞,也同样会脚踏实地地从持续改善自身工作质量做起,不断超越自我。

以 SH 移动总经理为首的公司决策层,对以上工作和成果十分满意,认为:的确达到了科学、系统认识、分析、评估 SH 移动企业文化的目的,其结论和建议严谨翔实、有的放矢,为今后 SH 移动的企业文化建设和管理工作提供了可信的依据;将直接有助于 SH 移动继承、发扬企业文化建设和管理的优秀经验,建立 SH 移动企业文化科学决策机制;有助于 SH 移动明确思路、抓住重点,集中突破企业文化建设的关键环节;有助于 SH 移动及时修正企业文化的基因库,形成新的文化理念体系;有助于创新 SH 移动企业文化渗透机制,逐步发展为较为完善的动态系统管理机制。

通过本案例思考如何有效地确立企业文化评价的指标体系,企业决策层在企业文化评价过程中发挥怎样的作用?

随着改革开放的深入和市场竞争的深化,对企业文化建设的要求越来越突出。人们已经意识到,企业文化建设关系到企业的兴衰成败。只有构建好企业文化,企业才能达到更高的发展境界。作为企业灵魂的企业文化,是一种资源,是企业发展的原动力,是现代企业发展的必然要求。众多企业渴望正确把握其企业文化的内涵与结构,了解自身企业文化建设的状态,这就需要一套科学的评价体系对企业文化进行综合分析。企业文化评价的最终目的,是通过对企业文化的深入了解,对员工内心真实感受的理解,采取有效的方式方法凝聚员工,形成合力,创造更好的绩效,使企业获得持续的成功。所以,对企业文化进行评价是极其重要的。

作为对事物发展过程和结果的有效控制和反馈,评价属于管理基本流程中不可缺少的关键一环,它是评价主体按照预定的评价目的对特定评价客体进行评价性认识与事实性认识的过程,它通常需要针对评价方案确定评价内容、选择评价指标,并按照一定的评价标准进行评价。同样,企业文化评价工作也是贯穿于企业文化建设全过程的一项基本工作,是指根据一定的原理和标准,对企业文化建设的内容、过程、结果等进行综合比较、分析,发现缺点,查找不足,从而使企业能够及时对企业文化建设的方向、内容和对象进行相应的调整和改进,以促进企业文化建设的有效开展。

第一节　企业文化评价概述

一、企业文化评价的目的和原则

1. 企业文化评价的目的

企业文化评价的目的在于衡量企业竞争力,了解竞争力的状况,找出企业竞争力强弱的原因,提出能改善企业竞争力的方法和途径,实现企业竞争实力的增强。

(1)企业文化评价的终极目的是促进企业长远发展,这是企业文化建设评价中始终要把握的基本方向。

(2)企业文化评价的根本目的是为了促进和改进企业文化建设工作,为此,需要坚持评价的全面性、有效性和针对性。

(3)企业文化评价的直接目的是发现企业文化建设中的问题和不足,不能为评价而评价,避免陷入各种形式的指标、数据之中,规避形式主义的误区。

企业文化评价体系的建立与实践在整个企业文化建设中是一项举足轻重的工

作,它的目的就是要找准企业文化建设的立足点和落脚点,有的放矢地设计和实施企业文化建设。没有建立和实践这个体系,就不能保证企业文化建设沿着健康的方向发展。从哲学意义上来讲,企业文化建设也是一个从实践、认识到再实践、再认识,循环往复、不断提高的过程。企业文化建设就像盖一座大厦一样,首先要知道大厦的建设进展如何,质量上有没有什么问题,了解了这些情况后,才能明确诊断并保证工程的优质完美。

企业文化评价可谓是建设高绩效企业的根本基石。如海尔集团通过对其企业文化不断的评价和提高,保证了其文化的先进性,使其发展战略切实可行,引导着海尔步步为营,走向世界。

2.企业文化评价的原则

为了准确、完整地评价企业文化的整体水平,必须明确评价原则,选择一些能够立体地反映企业文化水平的要素。企业文化评价的基本原则有以下几点。

1)全面性原则

全方位把握,从企业的实际和差异性出发,从整体着眼,在设置了若干个能反映企业全貌的宏观性指标后,应对其中关键性的指标进行具体分解,使评价体系真正做到从大处着眼,从小处入手。

2)动态性原则

注意时效,影响企业的内外因素是在不断地发展变化之中的,因此,要考虑企业的历史和现实,追踪和预测其发展。

3)可行性原则

设计的指标应易于取得,便于操作,在设计指标初期尽可能删除重复的无典型性的指标,对统计指标进行简化。指标应在企业间普遍适用,这样易于企业进行横向对比和纵向对比。

4)激励性原则

人在受到激发和鼓励的情况下,能够充分发挥内在的潜力,积极工作,表现出较高的积极性、主动性和创造性。每个企业的激励机制都不会完全一样,因为行业背景、发展阶段、发展战略、公司文化等都不一样,所以一定要进行个性化设计。如车厢理论认为在一个目标轨道上,每节车厢(个人)都有动力,这样的列车才会动力强劲、速度快。

5)系统性原则

企业文化评价体系是一个由相互联系、相互依赖、相互作用的部分和层次构成的有机整体。它的建立涉及企业的各个方面,因此在这一体系的构建中要保持其完整性和协调性。如在提炼和演绎时,不仅要求各个理念之间应该体现出一致性,还要求企业文化与社会的整体文化相统一和适应。

6）实用性原则

企业文化建设评价体系最重要的原则就是实用,必须使其与企业的各项经营活动融合起来,不能脱离企业管理的实际及员工的思维方式等。

二、企业文化评价的基本功能

1. 企业文化评价是认识企业文化现状的基本手段

了解企业现状是进行企业决策、制定企业战略、开展企业管理、促进企业快速发展的基础。企业现状包括很多内容,主要有企业的组织机构、人员构成、产品结构、技术要素、生产流程、企业所处的外部环境等。企业文化现状是企业现状的重要组成部分,是企业活的灵魂,在某种意义上来说决定着企业的生死存亡。

2. 企业文化评价是有针对性地开展企业文化建设的坚实基础

企业文化建设的实质是对企业文化进行管理,改变企业文化现状中不符合企业价值创造的文化因素。开展企业文化评价是认识、分析、找出企业优秀文化和不良文化的基本手段。摒弃不良文化,发扬优秀文化,有针对性地进行企业文化建设,是形成有特色的企业文化建设的坚实基础。

3. 企业文化评价是促进企业文化建设"落地"的有效工具

企业文化建设的关键在于把企业提倡的企业文化"落地生根",这就要求能够对企业文化建设工作进行有说服力的考核,而令人信服的考核必须建立在科学评价的基础之上。因此,开展企业文化评价能够引导企业文化建设"落地生根",真正有所成效。

中国电信 2008 年开始在全集团范围内启动了企业文化建设评价试点工作。在试点工作实施中,中国电信各级单位对此项工作给予了高度重视。通过试点工作,认真梳理了中国电信企业文化建设现状,在认识提高的基础上,许多单位进一步将企业文化建设作为提高企业市场竞争力的有力手段,从提高企业核心竞争力的角度去开展企业文化工作,这些都进一步推进了中国电信的企业文化建设。

三、企业文化的评价标准

1. 教化作用的发挥

一个企业文化是否有成效,首先要看它能不能提供对企业从上到下各种角色的教化与训练。

2. 维系作用的发挥

维系企业共同体存续的核心和基本力量是企业文化,尤其是企业精神文化。具体来说,企业文化维系作用发挥得如何,主要通过以下几个方面得到检验。

(1)企业文化能否提供物质诱因与员工贡献相平衡的机制。

(2)企业文化能否提供职业安全保障机制,满足员工职业安全感的需要。

(3)企业文化能否制造一种团体认同感,使员工有归属感,形成一种对共同事业的认同而带来的团体凝聚力。

(4)企业文化能否通过制造一种成就感、机会均等感,使员工都有实现理想的可能。

(5)企业文化能否通过对员工自我价值与企业经营目标的协调,使员工找到两者最佳的结合点和最大的发展空间。

3. 激励作用的发挥

企业文化的激励作用是指企业文化对文化行为的主体能够产生激发、动员、鼓动、推动的作用。

第二节 企业文化评价的维度与方法

企业文化如何测量?要求给出一个测量的维度框架,即解决从哪几个维度来测量评价企业文化的问题。

影响企业文化特征的因素很多,例如民族文化传统因素,以及企业所在的地域,甚至企业的类型、规模、生命周期都将对企业文化特征产生重要影响。在设计企业文化量表时需要选择能够反映不同企业之间文化差异的关键因素,也就是设计企业文化的评价维度。

评价维度的设计是企业文化量表的精髓所在,需要分析从哪些方面来测量、描述和评价企业文化特征。维度的选择一般有三个要求:一是能够反映企业文化特征,这是最基本的要求;二是能够反映出不同企业之间的文化差别,具有代表性;三是维度相互独立,满足统计检验的要求。

从企业文化评价维度的研究过程来看,西方国家的起步较早,许多模型都非常稳定。例如,德尼森的企业文化评价模型,至今约20年没有进行大的改动,仍然在实践中发挥着重要的作用。而国内的研究近10年来处于刚起步的阶段,至今还没有一个企业文化评价模型比较稳定,也没有一个企业文化评价模型具有普遍应用的推广价值。下面分别介绍西方国家企业常用的企业文化评价维度和东方国家企业常用的企业文化评价维度。

一、西方国家企业常用的企业文化评价维度

1. 德尼森的企业文化评价维度

德尼森企业文化评价模型是由瑞士洛桑国际管理学院的著名教授丹尼尔·德

尼森创建的。它是在对1000多家企业、40000多名员工长达15年研究的基础上建立起来的,被学界评价为衡量组织文化最有效、最实用的模型之一。

德尼森企业文化评价模型(见图4-1)建立在四个文化特性基础之上。这四个文化特性分别是相容性(或参与性)、一致性、适应性和使命感,它们与企业的经营业绩有着必然的联系,譬如,资产收益率、投资收益率、产品开发、销售增长额、市场占有率、产品质量、顾客满意度等。

德尼森对四个文化特性做了明确的界定和初步的分解,分别用三个方面的指标对每一个特性进行衡量。相容性是指培养员工的能力、主人翁精神和责任心,这一特性是通过授权、团队导向和能力发展三个指标衡量的;一致性是指确定价值观和构建强势文化体系,这一特性是通过确立核心价值观、配合、协调、整合三个方面来衡量的;适应性是指把商业环境的需求转化为企业的行动,这一特性是通过创造变革、顾客至上和组织学习三个方面衡量的;使命感是指为企业确定有积极意义的长期的发展方向,这一特性是通过愿景、战略导向与意图、战略目标三个方面反映出来的。这样,四个文化特性就分解为企业经营管理的十二个方面的指标。

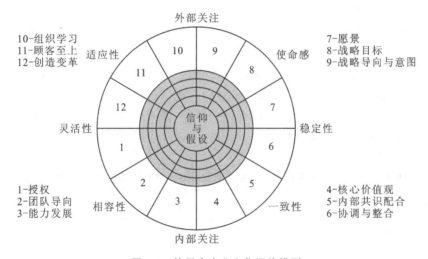

图4-1 德尼森企业文化评价模型

1)相容性
(1)授权:企业成员进行自主工作的授权状况,它是责任感的源泉。
(2)团队导向:依靠团队的力量来实现共同目标的意识。
(3)能力发展:企业用于员工技能成长、素质开发的投入状况。
2)一致性
(1)核心价值观:企业成员共享的、特有的价值观和信念体系。

(2)内部共识配合:企业成员达成一致观念的难易程度,尤其指在遇到冲突时。
(3)协调与整合:企业不同部门之间为共同目标而相互协作的状况。

3)适应性
(1)组织学习:企业从内外部环境中吸收、内化、传播知识与经验,并迅速进行创新,创造新知识的能力。
(2)顾客至上:企业了解客户并做出反应,而且能预测客户未来的需求。
(3)创造变革:企业对环境变化能够迅速采取变革措施并顺利实现。

4)使命感
(1)愿景:企业所有成员共享的对企业未来发展的看法,它是核心价值观的外化,是企业凝聚人心的重要因素。
(2)战略目标:为实现企业愿景、战略而设定的一系列阶段性目标。
(3)战略导向与意图:对如何实现企业愿景所进行的战略规划,包括明确的企业战略以及每个成员为实现目标所采取的行动步骤。

2. 莱恩与蒂斯特芬诺的六文化维度系统

莱恩和蒂斯特芬诺经过对亚洲、非洲、拉美等许多发展中国家进行观察与调研,开发出六维度模型,即人与自然的关系、人的时间导向性、管理人性观、人的活动导向性、人际关系导向和对空间的态度。

下面采用表格形式来陈述六文化维度系统(见表4-1至表4-7)。首先表明每一维度方面的三种典型价值观(或价值导向),即两种相互对立的极端形态和一种中间状态的形态,在这部分之下,还有另一部分,说明这些不同的价值对实践中的若干重要管理活动的对应影响。

1)人与自然的关系

表4-1 人与自然关系的典型价值形态及其对几种重要管理活动的对应影响

文化维度	典型的价值观的表现形态		
人与自然的关系	臣服于自然	与自然和谐相处	主宰自然
对管理活动的影响			
重要的管理活动	对应的具体特点		
目标设置	定性手段、迟疑不定、含糊不清	权变的、按外界条件调整的	具体、充满信心、明确、高水准
预算编制	无效的、结果是事先定妥的	练习、只有实际成果才是真的	真实、有关、有用的

2) 人的时间导向性

表 4-2 时间导向性的典型价值形态及其对若干管理活动的影响

文化维度	典型的价值观的表现形态		
时间导向	面向过去	面向现在	面向未来
对管理活动的影响			
重要的管理活动	对应的具体特点		
计划制订	是过去做法的延伸	短期	长期
决策标准重点的选择	按过去的情况定	考虑目前的影响	考虑希望取得的结果
奖酬制度的设置	照老规矩办	按现有合同规定办	取决于工作绩效

3) 管理人性观

表 4-3 典型人性观的表现形态及其对一些重要管理活动的影响

文化维度	典型的不同的观点	
对人的本性的认识	可改变的	不可改变的
对管理活动的影响		
重要的管理活动	对应的具体特征	
监控制度	严密的、以怀疑为基础	适度的、以经验为依据	松弛的、以信息为基础
管理风格	紧密监督专断型	中性程度、监督协商型	放任参与型
组织氛围	对立性的、按章行事的	中间型、混合型	合作性的、非正式性的

4) 人的活动导向性

表 4-4 活动导向的不同典型方式及对一些重要管理活动的影响

文化维度	典型的不同的观点		
活动导向	自在	自制与自控	自为
对管理活动的影响			
重要的管理活动	对应的具体特点		
决策标准	感性的	理性的	务实性的
奖酬制度	以感情为基础	以逻辑为基础	以结果为基础
对结果的关心	自发的	目的均衡的	强制性的
信息测评制度	含糊的、以感情为基础的、直觉的	复杂的、定性的、广阔的	简单的、操作性的、指标甚少的

5）人际关系导向

表 4-5　人际关系导向的不同模式及对一些重要管理活动的影响

文化维度	不同的典型模式		
人际关系	等级型	群体型	个人型
对管理活动的影响			
重要的管理活动	对应的具体特征		
组织结构	重视纵向差别	重视横向差别	非正规行为灵活可变、不受组织结构制约
沟通与影响模式	以权威为基础	重点在群体内部	多层次、多方位的，按照需要进行的、开放的
奖酬制度	以地位为基础	以群体为基础	以个人为基础
群体内合作关系	有规定制度约束的、正规的	规范化的、例行的	自愿的、非正规的

6）对空间的态度

表 4-6　空间导向的不同典型模式及其对一些重要管理活动的影响

文化维度	不同的典型模式		
空间导向	私有型	混合型	公有型
对管理活动的影响			
重要的管理活动	典型模式的具体特征		
沟通与影响模式	一个对一个，秘密性	有选择，半私下的	广阔、公开的
办公室布局	强调设障碍（关门、大办公桌等）	专业区域（非正规家具与正规办公桌相邻）	按分开性、概念性布置
交往模式	相隔较远，一对一，逐个进行	相距中等，人数适度，有组织	靠得较紧，频繁接触多方面关系（有时是同时）

表 4-7　六种文化因素不同形态的完整矩阵表

文化维度	对待问题的不同形态		
人与自然的关系	臣服型	和谐共处	主宰型
时间导向	面向过去	面向现在	面向未来
基本人性	不可改变的	可以改变的	
	性恶论	混合中性论	性善论
活动导向	自在型	自制自控型	自为型
人际关系	等级型	群体型	个人型
空间导向	私有型	混合型	公有型

二、东方国家企业常用的企业文化评价维度

20世纪80年代初,企业文化理论与文化管理理论引入中国。到了20世纪90年代,国内关于组织文化的研究进入了高速发展期,针对企业管理实践的需要,研究者逐渐形成了具有自己特色的文化管理研究体系。然而,在企业文化量度的规范性上,现有的研究与西方相比还很落后,国内对企业文化维度模型尚缺乏充分的创新性研究,尤其是实证方面的创新。因此,对企业文化内涵的深入研究,提供适合中国企业特点的理论框架和评价维度模型显得尤为迫切。

可以说,目前中国不同的企业文化评价模型还停留在探索和验证阶段,这个阶段可能还有很长的路要走,其原因有两个:一是中国民族文化太深厚,可能难以用一个模型准确地概括;二是中国现有不同的企业文化评价模型的应用时间不长,还没有充分的实证材料来证实模型的稳定性,即企业文化评价模型的信度和效度都还没有得到充分的证实。

分析当前中国不同的企业文化评价模型,常用的维度包括以下十四个方面。

1. 领导风格

领导风格是指企业中上级指挥、监督、协调、管理下属的方式。在儒家文化中,领导代表着权威,命令、控制与协调是领导的主要特征,其内涵与西方的领导理论有着很大的差异。是"领导者"还是"管理者"?这一基本假设将对企业文化产生重要的影响。

2. 能力绩效导向

能力导向就是能者得其职,通过职位向内外开放和职位竞争,使得有能力的人走向关键职位和核心职位。当然,有能力的人并不意味着他潜在的工作能力会自动转化为工作业绩。工作业绩导向,即薪酬制度的设计、激励制度的构建要和个人的工作业绩考核挂钩。只有建立一个以能力和工作绩效为导向的激励制度,才可能真正形成强大的工作动力,推动组织整体发展战略目标的实现。

3. 人际和谐

讲究和谐的人际关系是东方国家企业文化的一个重要特征。"家和万事兴",这句话道出了人际关系在人们工作中的重要作用。个人与个人、个人与群体、群体与群体都需要传递和交流情感、思想、信息,和谐的人际关系是成功的关键。但在现实生活中,人与人之间的沟通往往会有障碍,而一旦逾越这个障碍,人们的工作效率和竞争力都会大大提高。

4. 科学求真

讲求科学求真精神是指不做表面文章,实事求是。在工作中尽量相信统计数

据,运用科学的方法,强调数据与量化分析,通过系统实证的方式来达到一种客观的标准,而不仅仅依靠直觉来进行判断。

5. 凝聚力

企业的凝聚力是衡量企业成员为实现企业目标而相互合作的程度,它是企业成员对企业表现出来的向心力。企业凝聚力的大小反映了企业成员相互作用力的大小。凝聚力越强,企业成员之间的关系越融洽,企业的整体目标和成员的个体目标越容易实现。加强企业成员的沟通、树立共同的理想以及恰当的激励机制对增强企业凝聚力来讲至关重要。企业凝聚力是企业文化建设的一个重要标志。

6. 正直诚信

正直诚信是企业中一项重要的品质。不徇私舞弊,不靠关系走后门,任人唯贤,重视培养正直诚信的风气。在这种文化中,强调服务与奉献,人们相互尊重,信守诺言,法必信,言必行。在这种价值观的影响下,企业会有诚实纳税、不拿回扣、不送礼、不搞小团体等行为特点,也会有严密的组织检查机构。

7. 顾客导向

顾客导向是重要的营销理念,但它贯穿整个企业的生产、运营、管理等各个方面。这种企业非常强调顾客的兴趣和观点,企业的环境分析、市场研究、经营决策、战略战术、生产制造、销售和服务等都以顾客作为出发点,从而建立围绕顾客的业务体系。

8. 卓越创新

追求卓越、开拓创新的精神日益得到社会的倡导,在企业中具有首创精神的员工也越来越受到重用。在这种价值观的影响下,员工有强烈的自我超越意识和求胜意识,在工作中积极负责、自我要求严格,以期望达到一流的业绩标准。而企业则扮演着为员工提供相互竞争、不断成长的舞台的角色,坚持优胜劣汰,不断改善、精益求精,从而使得产品技术不断创新,始终领先。这种价值观在高科技企业中尤为常见。

9. 组织学习

组织学习是一个持续的过程,是通过各种途径和方式,不断地获取知识、在组织内传递知识并创造出新知识,以增强组织自身的能力,带来行为或绩效的改善的过程。学习能力的强弱决定了企业在经营活动中所增值的知识的多少。创建学习型企业是一项系统工程,它至少由四个部分构成:观念、组织学习机制、组织学习促进和保障机制以及行动。学习型文化对于保持企业活力和可持续发展来讲是必不可少的。

10. 使命与战略

企业使命，或者说是企业宗旨，是指企业现在与将来从事哪些事业活动，以及应该成为什么性质和类型的企业。而企业战略是指对如何实现企业愿景所进行的战略规划，包括明确的企业战略以及每个成员为实现目标所需付出的努力。企业使命奠定了企业文化的基调，而企业战略目标的制定则必须充分考虑企业文化的支持性。

11. 团队精神

一个好的企业，首先应是一个团队。一个团队要有鲜明的团队精神。企业的发展以及个人自我价值的实现，都有赖于人们之间的相互协作。一群人同心协力，集合团队的脑力共同创造一项事业，其产生的群体智慧将远远高于个人智慧。如果没有人们在企业运行过程中的相互协作，没有团队精神，企业就不可能高效益地发展，从而也就不会有企业中每个人的自我价值的实现，所以协作与团队精神是企业文化的重要基本点。

12. 发展意识

发展意识是指人们对企业未来发展前景的认识和态度。员工的发展意识是企业前进的原动力，而与发展意识紧密相连的是危机感。在市场竞争中，必须让员工清楚企业所面临的机遇和挑战、企业自身的优势和不足，从而激发员工的危机感和紧迫感，使他们自动自觉地思考企业未来的发展问题，永远前进，永不满足。

13. 社会责任

企业的社会责任，是指企业在谋求自身利益的同时，必须采取保护和增加社会利益的行为。企业作为社会物质生产的主要部门和物质文化的创造者，担负着为社会公众提供物质产品和服务的责任，它通过赢利来繁荣社会的物质生活，这是企业不可推卸的责任。企业对社会责任的负责与否直接影响到企业声誉和企业形象。为了利润最大化而放弃自己的社会责任或损害社会利益的行为，都只能导致企业失去公众的信任和支持。履行企业的社会责任，协调企业的社会责任与经济责任之间的关系，是企业文化的一项重要内容。

14. 文化认同

文化认同是指企业文化所提倡的价值观、行为规范、标志在员工心目中得到认同的程度。员工一旦认同了企业文化，将自觉地通过自己的行为来维系这种文化，从而使管理由一种强制性的制度约束变成非强制性的文化导向。所以，企业文化建设强调的是"认同"，只有形成了企业所有员工的共同价值观，才能形成企业文化。从这一意义上来讲，企业文化的核心就在于"认同"。

三、企业文化的评价方法

1.比较评价法

比较评价法是指依据对同类企业的文化的不同表现及结果进行比较,来评价企业优劣的方法。它的优点是简洁、易操作、评价结果直观;不足之处是比较对象或参照系难以选择,影响评价结果的科学性。

美国管理学家威廉·大内在《Z理论——美国企业界怎样迎接日本的挑战》一书中比较了两种企业文化:Z型文化和A型文化。

(1)Z型企业中的雇员一般比A型企业中职位相当的雇员工作时间长。

(2)A型企业每年要更换其副总经理的25%,且至少已经贯彻了20年;而Z型企业每年只更换其副总经理的4%,更换的主要原因是由于退休。

(3)Z型企业的各级雇员比起A型企业职位相当的雇员来说,往往在更多的位置上工作过。

(4)在工作生活与个人生活方面,A型企业与Z型企业并没有什么差别。雇员们都宁愿把工作与家庭区分开来,没有感到有压力,企业让他们大量参加午餐会等一些以企业为基础的社会活动。但是,在同事之间接触的广度方面,Z型企业的雇员比A型企业的雇员要广泛得多、相互了解得更多、谈论的问题更广泛、参与的活动更多。

(5)从价值观、心理感受、职员情绪和心态角度来看,主要有以下几点。

①A、Z型企业的雇员都具有进取心、独立思想,但在Z型企业中的雇员远比在A型企业中的雇员更相信集体的责任。

②Z型企业的雇员都感到他们的企业有一种独特的宗旨,运用着微妙而含蓄的控制形式;而A型企业的雇员却感觉不到这种独特性和微妙性。

③Z型企业中较低级的雇员认为企业不会解雇他们,且他们通常不会自动离职,而A型企业中的雇员则认为自己在不久的将来不是被解雇,就是自动离职。

④在决策方面,两类企业的副总经理一级的干部都有高度的参与意识和积极的工作态度,而在较低级别的雇员里,Z型企业的雇员有高度的参与意识,A型企业的雇员则相反。

⑤Z型企业中的员工表现出比A型企业中的员工好得多的感情状况。虽然这两类企业的雇员在家庭生活和婚姻关系方面没有什么明显的差别,但他们的配偶则认为Z型企业较A型企业在这方面更令人满意。

⑥就雇员心理素质和情绪状态而言,"在Z型企业中,同我们谈话的人表现出镇静、有条理和能控制感情,而A型企业中同我们谈话的人则表现出匆忙、烦躁不安"。

所以,得出如下结论:Z 型企业和 A 型企业几乎在同一时间进入营业,以类似的速度增长,且都被列在美国的一千家工业企业中,但在过去的五年中,Z 型企业比 A 型企业更为成功,提供了更多的职位,获得了更多的利润,以更高的速度增长。在社会各方面,尤其是在经济方面,Z 型企业都比 A 型企业成功得多。

2. 生命周期评价法

生命周期评价法是一种以较宏观的整体观来判断企业文化优劣的方法。犹如生物体一样,一个公司的企业文化也有自己的生命周期。要判定一种企业文化是否先进,要看这种企业文化处在生命周期的哪个阶段。

企业文化生命周期包括创业文化阶段、守业文化阶段和败业文化阶段。

1) 创业文化

这是指公司开创时期孕育、形成的企业文化。其特点是:企业文化的主旨、内容、基本结构与文化形式、文化体系呈不均衡、不等比发展;勇于创新,甘冒风险,但文化积累不足,权衡利弊、计算得失不足;注重未来,无所顾忌,不背包袱,义无反顾,勇往直前;易于共同对外,精诚团结,而不是把目光放在内部的权力、利益的分割上。

2) 守业文化

这是指公司进入稳态发展时期的公司文化。这个时期的企业文化已经成为一种成熟的、完备的、系统的团体文化。与创业文化相比,守业文化多了平衡、稳重、患得患失等特点。

3) 败业文化

这是以不思进取、坐吃山空、谨小慎微、明争暗斗为特点的文化。这标志着企业已走到了尽头,走向消亡。当然,守业文化和败业文化的滋生、萌芽以至形成一种企业文化暗流,往往在前一阶段就已经存在了。只不过那时的企业文化主流正处于上升和鼎盛时期,居于绝对优势和统治地位,而守业文化和败业文化则往往容易被人们视而不见。

3. 实际考察评价法

实际考察评价法是通过比较完整地考察企业文化的状况,进而对企业文化的优劣做出客观评价的方法。其考察内容主要有以下三个方面。

1) 考察企业的物质环境

企业的物质环境的好坏是企业文化优劣最直观的反映。这包括企业的建筑装潢、生产经营环境、企业生产和产品的优劣,以及企业生活设施和文化设施的多少等。

2) 审视企业的规章制度和行为方式

企业规章制度的执行情况如何,人们在工作中采取什么样的行为方式,也表现着企业文化的优劣。具体来说：规章制度的执行是否严格，企业有没有形成良好的惯例、习俗和传统，员工是否有积极的工作态度和良好的精神面貌。

3）研究企业的价值观

直接探究企业的价值观并非易事，只有通过分析企业的物质环境、规章制度和行为方式等才能进行。此外，还可从企业有什么样的发展目标、企业有什么样的"精神"、企业有什么样的英雄人物来进行分析。

第三节 企业文化评价的实施

企业文化评价的流程应该与企业的运营与绩效管理流程相匹配。评价的数据可直接为战略规划的修订提供数据支持，也能为人力资源发展和团队建设提供参照指标。

一、企业文化评价的基本流程

评价不是目的，目的是为了改善和提升企业管理。实施企业文化评价，基本上可以分为测评、改善与总结三个大的阶段。

1. 企业文化测评阶段

1）评价策划

形成企业文化评价的细致策划，包括企业文化评价的目标、计划、组织和实施要求。一般来说，为了保持评价的科学、客观和中立，可以选择具有权威的第三方作为测评机构。

2）评价动员

对员工进行广泛动员，既要让员工对企业文化评价形成了解和正确的认识，又要激发员工参与测评的热情，保障企业文化评价有足够的样本量和填答问卷的质量。

3）数据收集和报告撰写

最好让员工上网填答，这样通过软件系统可以直接统计数据，对不能填答的部分，员工可以采用邮件或纸质方式作为补充。员工填答之后，可以适当做一些访谈或座谈，作为定性资料，用以解释定量数据。并且，要根据企业需要，制作定性和定量相结合的评价报告。

以中国大唐集团公司为例，作为一个新组建的企业，加强企业文化建设，整合、提炼、培育独具特色的企业理念，既是展示企业形象的团队精神，执行统一的行为规范，走向市场的客观需要，又是实现企业发展战略目标，成就百年基业的重要保证。为此，该企业明确了企业文化建设、评价与企业发展同步的战略，拟通过评价动员来使全体员工对企业文化评价的意义、目标、任务等有更深刻的认识,增强开展企业文化活动的自觉性,并且通过对数据的分析、梳理,从中提炼出可融入理念系统、行为规范等系统的资料,这对丰富该企业文化的体系建设有很大的帮助。

2. 企业文化改善阶段

1) 研讨决策

企业的管理层在看到评价报告之后,要积极研讨和分析问题,针对一些制约企业管理和影响企业发展的问题,及时做出改进的决策。特别是高层要率先示范,做出改善的承诺。企业文化的源头在高层,改善也应该从高层开始。

2) 培训宣传

对调研的主要结论、解决措施和实施要求,应该告知全体员工,员工有权了解评价的结果,另外,员工也希望看到企业改进的计划。各级领导或企业文化部门应该给予员工适当的培训和宣传。

3) 反馈改善

各单位的管理者应该对自己所管辖的部门的企业文化负起责任,并提供相应的指导工具和专业方法。借助评价报告,与下属员工进行沟通和反馈调查结果,为后续一起制订改善计划做好准备,然后根据各个单位的改善计划,实施改善行动。

仍以大唐公司为例。大唐公司这个阶段的规划主要是从高度、深度、广度上巩固提升企业文化建设的水平,进一步增强企业的核心竞争能力,立足于改进员工的思维模式,为员工提供良好的培训条件和学习环境,培养员工不断超越自我的学习能力和创新能力。

3. 企业文化总结阶段

1) 经验总结

企业定期开展各单位企业文化评价改善的经验总结会,宣传、总结和巩固其中的优秀经验;结合企业发展战略取得的成就和面临的新形势、新任务,在总结经验的同时,分析工作中存在的差距和不足,研究如何进一步完善企业文化建设工作机制,制定今后新的企业文化建设规划。

2) 表彰激励

建设优秀的企业文化不是一朝一夕之功,而是需要长期不懈的努力。企业文化建设评价体系的构建必须贯彻长期性原则,将其纳入企业总体工作范畴,对企业文化改进的优秀单位,适当给予物质和精神奖励,使企业文化建设评价体系能够长期坚持下去并逐步完善,持续不断地发挥其应有的作用。

大唐集团公司在这一阶段的规划是,要立足于集团公司未来发展的历史趋势和时代特征、内外部发展环境的变化、体制改革和战略发展的需求、管理层与员工个人价值的实现等方面,不断进行文化的评价与创新。这对企业精神、战略目标、宗旨、价值观、理念和员工行为规范的进一步提炼、升华,形成完善、成熟的集团公司文化体系是大有裨益的。

二、企业文化评价的责任与考核

企业文化评价的各类人才对企业文化评价工作的顺利开展起着重要的作用,促使他们积极学习、掌握企业文化评价的有关工具和方法,充分发挥他们在企业文化评价中的骨干作用,才能更好地落实和完善企业文化。

1. 企业内部的责任分工

企业文化的形成和发展,是各级主管通过自己的言行和管理行为,逐渐形成自己团队的小文化,各个团队的小文化最终汇集形成企业文化。可以说,各级主管对企业文化的形成和发展发挥着关键作用,并对企业文化建设的过程和效果负有重大责任。企业文化的基层工作者担负着对企业文化的总结规划、传播教育、组织实施和评价激励等职能性工作,这是企业文化部门和企业文化基层工作者应该担负的主要职责,这种职责相对各级主管而言,是企业文化评价的辅助线。

2. 把企业文化评价的指标纳入企业目标责任体系

把企业文化评价的指标纳入企业目标责任体系,就能像业绩指标一样被逐级评价与考核,营造出一种"奖金靠绩效、升迁靠文化"的氛围,具有一定的激励作用。目前,把企业文化这样的软性指标纳入企业考核体系之中有较大的难度,需要谨慎操作。企业文化考核应该在绩效考核体系相对完善和企业文化相对成熟的企业中间开展,防止使企业文化评价与考核流于形式。

3. 评价在于完善企业的文化建设

企业有必要在认真总结文化建设经验教训的基础上,对各级主管部门提出新的改进要求。例如:在管理模式、激励机制和沟通保障等方面加强工作;重新审视文化建设的方式方法,规范企业文化诊断、宣传、推广应用以及企业文化变革等方面的工作流程和管理标准;规范企业文化管理的职能与分工、责任与考核等。通过不断调整、完善、再实践,实现企业文化发展的良性循环。

如上述的大唐集团公司,在文化建设规划中阐明由各职能部门负责人组成企业文化建设领导小组,负责制订企业文化实施计划,并做好相关部署、指导、检查工作及完善相关的考评制度,以及时分析企业文化建设中存在的问题,采取切实有效的措施,确保企业文化建设的健康发展。

综上所述,企业文化建设是一个长期的、循环往复的过程,客观环境发生了变化,企业文化就必然发生变革,既要与企业的发展相适应,又要不断地完善提高,这就需要对文化建设的情况进行科学的分析评价,找出差距和不足,如果没有这个分析、评价和反馈的过程,改进和调整就会无的放矢,最终企业文化建设的效果就难以保证,目的也就难以实现。因此,建立科学、有效并与企业发展和文化建设相适应的评价体系是十分必要和有意义的。它能为考核与评价企业成员的工作业绩和文化行为提供依据,使考核和评价过程成为总结经验、推进工作良性循环和文化进步的过程,能有效地引导企业成员的认知和行为,激励企业成员的工作热情和创新精神,强化追求卓越的内在动力。

本 章 小 结

企业文化评价的目的在于衡量企业竞争力,了解竞争力的状况,找出企业竞争力强弱的原因,提出能改善企业竞争力的方法和途径,实现企业竞争力的增强。企业文化评价的基本原则包括:全面性原则、动态性原则、可行性原则、激励性原则、系统性原则和实用性原则等。

企业文化的评价标准主要是观察教化作用、维系作用和激励作用的发挥情况。评价维度的设计是企业文化量表的精髓所在,需要分析从哪些方面来测量、描述和评价企业文化特征。维度的选择应该能够反映企业文化特征、能够反映出不同企业之间的文化差别,维度应相互独立,满足统计检验的要求。

从企业文化评价维度的研究过程来看,西方国家的起步较早,许多模型都非常稳定,例如,德尼森的企业文化评价模型,至今约20年没有进行大的改动,仍然在实践中发挥着重要的作用。而国内的研究近10年来处于刚起步的阶段,至今还没有一个企业文化评价模型比较稳定,也没有一个企业文化评价模型具有普遍应用的推广价值。

企业文化的评价方法包括:比较评价法、生命周期评价法和实际考察评价法。其中,比较评价法是指依据对同类企业的文化的不同表现及结果进行比较,来评价企业优劣的方法。它的优点是简洁、易操作、评价结果直观;不足之处是比较对象或参照系难以选择,影响评价结果的科学性。生命周期评价法是一种以较宏观的整体观来判断企业文化优劣的方法。犹如生物体一样,一个公司的企业文化也有自己的生命周期。要判定一种企业文化是否先进,要看这种企业文化处在生命周期的哪个阶段。实际考察评价法是通过比较完整的考察企业文化的状况,进而对企业文化的优劣做出客观评价的方法。

实施企业文化评价,基本上可以分为测评、改善与总结三个大的阶段。企业文化建设是一个长期的、循环往复的过程,客观环境发生了变化,企业文化就必然发生变革,既要与企业的发展相适应,又要不断地完善提高,这就需要对文化建设的情况进行科学的分析评价,找出差距和不足,如果没有这个分析、评价和反馈的过程,改进和调整就会无的放矢,最终企业文化建设的效果就难以保证,目的也就难以实现。

【课堂检验】

预习题:
1.企业核心竞争力有何特征?
2.企业文化是否是企业的核心竞争力?

复习题:
1.企业文化评价的目的和原则是什么?
2.如何进行企业文化评价?
3.如何理解企业文化的评价指标体系?
4.如何建立企业的信用评价系统?
5.如何理解德尼森的企业文化评价模型?

 练习案例

中国中铁股份有限公司企业文化建设

中国中铁四局集团第二工程有限公司是一家具有铁路、公路、市政工程一级资质,并通过了 ISO9001:2000 质量管理体系、OHSMS18001 职业健康安全管理体系和 ISO14001:1996 环境管理体系认证的大型国有控股综合施工企业,素以技术精湛、纪律严明、信守合同而享誉四方。

经过几十年的锤炼和积淀,公司的企业文化建设体现了独特的内涵,已成为持续健康发展的宝贵财富和精神支撑,在公司三代人手中薪火相传,生生不息,放射出璀璨的光芒。近两年来,公司在强手如林的市场竞争中,共完成产值 28 亿元,总营销额近 38 亿元。企业各项管理科学有效,债权债务规模适度,公司积累不断增强,先后荣获"全国工程建设质量管理优秀企业""全国质量效益型先进单位""全国优秀施工企业""全国全面质量管理活动优秀企业"和安徽省、中国铁路工程总公司"优秀政工企业"等称号。

振叶以寻根,观澜而索源。中国中铁四局集团第二工程有限公司在深化改革的过程中,从精神、制度、品牌、形象四个层面开展的独具魅力的企业文化建设,有力地促进了企业的持续健康发展。

培育核心价值观念,铸造企业发展之魂

公司在企业发展壮大的实践中逐渐形成了"顾全大局、团结和谐、敢为人先、争创一流"的企业精神,成为召唤企业员工的一面鲜艳旗帜。

培育顾全大局、科学发展的务实精神。务实精神是企业健康发展的重要保证。公司把解放思想、转变观念、顾全大局、科学发展作为企业文化建设的主旋律,努力引导员工树立与市场经济相适应的思想观念,引导员工树立"顾全大局促发展"的

观念,引导员工自觉地维护大局,激励公司员工不断进取,为公司的发展注入强劲动力,引导员工树立以竞争求发展的观念,引导员工自觉增强竞争意识,观念围绕市场变,工作瞄准市场干,引导员工认同"企业追求的最终目的是追求效益最大化",教育员工只有用稳定增长的综合效益来扩大规模,才能使企业发展进入良性循环,引导员工树立"既要按劳分配,又要按效分配"的观念,建立了以岗位为基础、以业绩为核心、以考核为依据的薪酬分配制度。

培育敬业爱岗、团结和谐的奉献精神。员工的奉献精神是企业发展的重要因素。公司在员工中强化"只有努力实现企业目标,才能实现更大自身价值"的思想教育,引导员工把个人理想融入为国家富强和企业兴旺的工作之中。无论是在逆境中拼搏奋起,还是在顺境中快速发展,公司都把"团结协作、不等不靠"作为工作的指导思想,把员工的思想统一到实现"兴企富工"目标上。

培育敢为人先、争创一流的创新精神。创新精神是企业保持生机和活力的源泉。首先,公司把"不进则退、慢进也是退"的危机意识贯穿到企业发展的全过程,激励并帮助员工在建筑市场上与知名企业争高低,营造"人人争当优秀员工,项项工程争创精品"的氛围,把"是否达到本系统、本行业最高水平、最好成绩"作为衡量工作优劣的标准,凡是有可比性的工作,都要创一流,凡是业主所设的奖项都要争先进。其次,树立"奋勇领先,力创示范"的理念,引导员工追求卓越,以最优的工作业绩把一流的目标变成现实的业绩,每项工程施工中,都建立示范点或样板工程,以此引路,带动后续工作。再次,勇于创新。无论是建设国内首座独塔钢管混凝土结构的淮北长山路斜拉桥,还是建设安徽省第一座采用多跨钢梁浮拖技术的蚌埠淮河铁路大桥,公司都力争在激烈的市场竞争中一马当先、引领潮流。如今,公司又在世界第一座加劲梁采用钢混叠合形式的云南澜沧江大桥、世界最长的跨海大桥杭州湾大桥的建设中不畏艰难,奋勇争先,以勇攀高峰的气魄和科学的技术与施工手段,实现了新的跨越。

建立科学管理制度,巩固企业发展之本

制度化过程是推动企业文化发展的重要手段。公司把建立健全企业各项规章制度作为实现企业目标的有力措施,企业的生产经营管理始终处于可控状态,公司的合同履约率始终保持 100%。

建立各项管理制度,突出一个"全"字。公司规定了企业全方位的管理制度。在计划管理制度方面,公司制定了《章程》《中长期发展规划》,设立了战略研究、决策咨询、考核奖惩专门委员会,以保证决策的科学性。质量管理制度方面,公司制定了《项目经理部管理办法》,出台了《施工技术管理细则》和《公司质量管理手册》。在经济核算制度方面,公司在建项目实行 AB 账户管理制度,建立拨款、资金和成本台账,对总会计师实行委派制、不定期轮岗制度。人事劳动管理方面,对人力资源实施动态管理,掌握员工的需求层次,建立了责、权、利、效相结合的报酬分配体系。党建和思想政治工作制度方面,公司制定了《党群工作制度》和《重大事项党政领导会签制度》。

完善创新管理制度,突出一个"细"字。随着改革的深入,需要在原有的管理制度基础上建立新的细则。公司1999年出台了《责任成本管理办法》,并相应制定了《工程责任成本预算单价和外包指导价》《工程项目经营承包考核办法》等配套制度,建立起"干前测算、干中核算、干后结算"的成本控制体系,把成本控制贯穿于整个项目经营的全过程。同时,重视制度在执行中的反馈。针对当前"营销增大,如何加强管理"的问题进行分析,结合公司区域发展新形势,制定了《地区经理部管理办法》,对项目管理进行充实和完善。公司重新修订了《党群工作检查评比办法》,进一步增强了党群工作的针对性和可操作性。公司近期修订了《外协队伍管理办法》,在队伍选择、质量控制、施工组织等方面明确相关主体的责任,在工程结算、风险防范上规定了严格的程序和应急措施。随着营销额的不断扩大,公司制定了《项目经理个人风险抵押承包管理办法》,努力探索新的管理方式。

贯彻执行管理制度,突出一个"严"字。公司建立了以责任追究制为核心,以监督机制为保障,以考核制度为依据的制度执行机制。一是考核决定奖惩,公司出台了《责任成本考核办法》《项目亏损追究处罚办法》。二是确定责任人,公司首先抓领导的执行力,划分公司领导生产经营责任区,建立公司领导工作联系点,对所分管工作和分管区域内项目的施工进度、安全、质量负责,工作成效与年薪挂钩。明确各部门、各岗位的管理职责,制定考核办法,并将考核结果与员工收入挂钩,以问责制与多种纪律处分、行政处分并用,做到令行禁止。三是强化民主监督机制,依靠广大员工,拓宽监督渠道,推行厂务公开,组织职工代表"巡视"活动,检查督促制度措施是否到位。

实施品牌经营战略,扬起企业发展之帆。公司把"干一项工程,树一种精神,育一批人才,立一座丰碑,拓一方市场"作为生产经营的主旋律,不断提高工程质量和服务水平,公司美誉度和客户满意度稳步提高。公司承揽任务突破10亿元大关,2005年前三个月先后中标云南新河高速公路10标段等工程,夺得了5亿多元的市场份额,保证了企业的持续发展。

靠高素质的员工,干高质量的工程。公司在员工中培育终身学习、团队学习机制,组织导师带徒、技术比武,激励员工学技术、钻业务。2003年以来,公司共举办技术比武5场次,在中国中铁股份有限公司举办的各项技术比武中,有2人获技术标兵称号,1人获技术能手称号,有32人成为技师。重视培训学习、选拔干部,精心培育项目经理、党支部书记、项目队长、技术主管、财务主管、物资主管六支队伍。近两年来,公司先后提拔了60名有大专以上学历的员工担任中层干部,为实现品牌兴企打下了良好的基础。公司注重员工的技术培训和知识更新,建立职业教育、委托外单位培训、在岗自学等教育网络体系。四年来,全公司共举办各类培训班474期,培训员工10757人次。公司在上海地铁M8线施工中,针对地铁盾构施工技术空白,成立了盾构机械操作、盾构机维修与保养、盾构施工三个专业学习小组,大学生当管片安装工,工程师当机械操作手,只用了半年时间就基本掌握了盾构机械的操作和盾构施工技术。

品牌是以实力做支撑的,而最根本的是科技实力。公司制定了科技发展规划,瞄准高、新、尖、难工程项目,提高自己的技术水平。公司成立了技术开发中心,注重开发应用新技术、新工艺、新材料、新产品,针对科技含量高的新项目,一方面加大科研投入,组织质量控制技术攻关组,解决现场难题,每年投入的科研经费都在500万元以上。另一方面,从企业发展的长远目标出发,组织专家队伍和年轻技术人员学习观摩先进施工技术,进一步培养人才、增加技术储备。建立了人才使用培养、科技创新的分配激励机制和关怀荣誉机制。自2002年开始,公司每年拿出135万元设立了岗位贡献特殊津贴,奖励有突出贡献的技术人员。完善了技术创新机制,设立专项基金,实行重大课题专人负责,最大限度地发挥技术人员的技术创新潜能。加强公司与科研机构和大专院校的合作,实现技术上的突破。几年来,公司先后攻克了斜拉桥主塔垂直度控制、多跨长大钢梁浮拖及深水基础施工、32米铁路单线大型箱梁整体预制等多项具有创新水平的技术难题,多项科研成果获国家、省部级科技进步奖,为企业的快速发展提供了强有力的技术支持。

创建优质工程,扩大企业影响力。产品的质量是决定品牌的重要因素。多年来,在"精心施工、精密检查、精细管理"的"标尺"上,上至公司领导,下至操作工人,每个人都成为质量体系中自律、严控的"节点",将工程质量责任制同企业品牌效应挂钩,创建优质工程,扩大企业影响力。每一项工程无论大小,均瞄准"开工必优、一次成优"的目标,结合质量、职业健康安全、环境"三位一体"管理体系的运行,建立工程全面创优规划,对关键环节、特殊工序制订详细的施工方案、作业指导书和质量包装措施,并设立质量专用基金,用于优质工程项目的奖励。在施工过程中,坚持"五查一访",即查质量意识、查质量水平、查质量体系、查现场管理、查质量损失、访问用户。为规范施工行为,在每个操作工人的手中,都有一个与自己工种有关的卡片,上面印有公司的质量管理方针和具体工作的作业规范,使员工牢固树立"创优在我心中,质量在我手中"的责任感,用智慧和汗水擦亮企业的金字招牌。一个个样板工程、精品工程不断涌现,形成了以阜阳枢纽、西康铁路、神延铁路为代表的"铁路工程"品牌,以淮河铁路大桥、淮北长山路斜拉桥、合肥五里墩立交桥为代表的"桥"品牌,以渝怀铁路磨沙溪隧道、株六铁路复线新水花隧道、南京中山门隧道为代表的"隧道"品牌。近年来,工程合格率100%,优良率达85%以上,先后有

3项工程获全国用户满意建筑工程奖,4项工程获中国建筑工程鲁班奖,1项工程获中国土木工程(詹天佑)大奖,30多项工程被评为国家优质工程和省部级优质工程。

塑造企业良好形象,再添企业发展之力

良好的形象是企业宝贵的无形资产,是企业综合实力的重要组成部分。为此,公司既注重塑造产品形象、环境形象和员工形象,又积极运用各种媒介主动地把自己展示给社会公众,提高了企业的知名度和美誉度。搞好环境建设,增强员工认同感,是坚持"以人为本"、改善员工生产生活条件的需要,而实际上,它是企业形象和管理水平的具体体现。针对施工企业生产环境恶劣、生活条件艰苦、员工远离家庭和亲人的实际情况,近年来,公司结合标准化工地建设的要求,制定了公司"三工建设"的指导标准,在工地设置、后勤保障、工地生活等方面进行了统一的要求,每年投资100余万元用于工地驻地的环境建设。如今,在公司的每一个施工现场都是彩门耸立、色旗招展、标语醒目、灯箱耀眼。中国中铁四局集团有限公司标识系统的规范应用,给人以强烈的视觉冲击。建筑材料整齐堆放,施工机械有序摆放,操作规程分类挂放,成为建设工地一道亮丽的风景线。2004年以来,共有5项工程被评为省级文明工地。杭州湾经理部统一员工服饰,在工作服上印上"今天我做了什么",提醒员工努力工作,激发员工大干的热情,规范员工的行为,教育员工个人的形象就是企业的形象,并将此项要求延伸到协作队伍当中,展现了中国中铁四局集团人的风采,赢得了社会广泛的赞誉。

丰富文体活动,增强员工归属感。2003年以来,公司先后投资300万元用于建立和完善员工的文化活动设施。在公司基地,出台了《幸福路一条街形象建设规划》,对建设绿色花园、文明社区等进行统一设计,建立了员工活动中心。坚持节假日大型活动与平时小型活动相结合,先后组织了秧歌舞、广播操、保龄球、篮球、排球大联赛,成立了读书活动小组和摄影、美术、棋牌、钓鱼等兴趣小组,不断提高员工的文化生活质量。在基层文化建设方面,结合点多线长、流动性大的特点,每年投入近20万元为基层单位添置文体用品,实现了文化设施规范化、定型化。办公区普遍接入了宽带网,让职工了解网络世界的精彩,陶冶员工情操。在人迹罕见的青藏铁路通天河特大桥施工中,通过创办内部刊物《通天河之声》,让员工在荒凉寂寞的高原上品饮着文化的甘泉,感受着文化的力量。公司还经常开展送文化下基层活动,为员工送去精神食粮,每年坚持冬送温暖、夏送清凉,让广大员工感受到企业大家庭的温暖。

加强典型宣传,增强员工荣誉感。公司的先进典型是企业核心价值观的集中体现,是企业的"形象大使"。30多年来,公司员工心系企业,忘我奉献,出现了许多先进典型,他们身上所体现出的敬业之情、爱企之心是企业的宝贵财富,是推动公司持续健康发展的强大精神动力。在京九铁路阜阳枢纽会战中,公司员工不畏艰难,团结拼搏奉献,创造了闻名全国的"阜阳速度"和"颍河精神",涌现出一大批先进集体和先进个人。在举世瞩目的青藏铁路建设中,广大员工高扬旗帜,挑战生命极限,展示了公司的精神风貌,谱写出"鏖战雪水河大桥""攻坚通天河大桥"等一个个动人的篇章。公司员工刘志祥在工作中刻苦攻关,成绩卓著,先后获全国十大杰出职工、全国劳动模范等多项荣誉称号。全国优秀企业家、公司董事长、党委书记张建场,全国优秀项目经理、公司总经理张庭华,全国先进女职工马晓蓉,铁道部"火车头"奖章获得者罗振芳、高宝昌等先进人物成为公司员工学习的榜样。多年来,公司不断通过新闻媒体,让先进典型折射出的企业文化在国内各大媒体频频"闪光",每年都有600余篇报道在各级媒体上播发,增强了广大员工的自豪感。

　　回顾公司30多年的发展,文化力的驱动至关重要。同时公司也清醒地认识到,在市场经济不断完善的今天,优秀的企业文化不仅需要长期的积累,更需要不断创新,才能夯实企业的核心竞争力。我们将进一步抓好企业文化建设,努力使表层文化和深层文化有机结合,相得益彰,为企业的健康发展提供不竭的动力。

　　资料来源:王瑞祥.铸造企业之魂——央企企业文化建设实践与探索[M].北京:中国经济出版社,2006.

　　讨论题:

　　1. 中国铁路工程总公司企业文化建设中有哪些地方是值得其他同类企业借鉴的?

　　2. 如果你是公司的企业文化处负责人,你觉得应该怎样让文化落地生根?

第五章　企业文化与企业竞争力

【学习目标】

(1) 了解企业竞争力的含义、特征及影响因素；
(2) 理解企业文化的经济价值；
(3) 掌握企业文化如何影响企业经营业绩；
(4) 掌握企业文化如何影响企业的竞争力。

【开篇案例】

柯达"逝去的春天"

2005年,在全球品牌下降最多的前五名企业中,柯达排在第一位。尽管它在世界品牌中排名第53位,但下降速度却很快。2003年柯达的品牌价值是78亿美元,但到2004年只剩了52亿美元,下降了33%。柯达早期建立的优势正在丧失。面对已经取得霸主地位的佳能、索尼等日本品牌,柯达危机重重。在大多数消费者眼里,柯达的品牌形象已经和胶卷画上等号,超过95%的消费者最认可的是柯达在色彩和影像上的优势,而这种认识都来自于柯达胶卷和柯达冲印店,几乎没有消费者从柯达联想到数码相机。从2000年起,数码技术已经慢慢地取代传统的胶卷技术,成为影像的主流技术,并带动了全球数码相机市场的连续高速增长。在这个高速增长期间,柯达却没有合适的产品满足市场的需求。直到2003年9月,柯达才宣布转向数码领域。但随着商业竞争日益激烈,日本佳能和索尼凭借迅速的反应和技术的优势后来居上,在数码领域一直抢在前面,并以矫健的身手杀入重围,成为这一阶段的最大赢家,导致柯达数码相机一下跌入低谷。

最高层次的竞争不是资本的竞争,而是文化的竞争。只有当文化与现代技术有机地结合在一起,并且转化为实用性产品的时候,企业才能立于不败之地。市场的竞争大体上经过三个阶段:第一个阶段是价格和质量的竞争;第二个阶段是技术和专利的竞争;第三个阶段是制度和标准的竞争。柯达从来都不缺少技术储备,它曾经站在世界照相技术的巅峰,甚至到目前为止,仍然在胶片生产领域掌握着许多专利技术。柯达的破产绝不是因为缺乏技术创新,恰恰相反,柯达之所以陷入困境,就是因为过于迷恋技术主义。柯达为了确保自己在传统感光胶片生产企业的龙头地位,人为地搁置了数字照相专利技术,从而导致其他企业后来居上。柯达希望国家的专利制度能够保护其未来的市场,可是它没有想到,在其申请专利保护的范围之外,大量的数字技术扑面而来。从这个意义上来说,柯达的竞争仍然停留在第二个层次上,而其他照相器材生产企业早已把竞争定位在制度和标准之上。当亚洲和欧洲一些公司开发出越来越人性化的照相器材,并且把传统的照相器材与现代的通信工具有机地联系在一起的时候,柯达"笨拙"的形象就显而易见。这是一个热衷于技术开发的公司,但却不是一个引领时尚文化的公司。在追求个性化的年代,这样的公司注定要被人抛弃。

第一节　企业竞争力概述

一、企业竞争力的含义及特征

1. 企业竞争力的含义

所谓企业竞争,就是指在市场经济条件下,企业作为商品生产者和经营者为了争取实现企业自身的经济利益,并获得有利的产、销条件而发生争夺、较量、对抗的经济关系。

2. 企业竞争力的特征

1) 企业竞争力可使企业拥有进入各种市场的能力

企业竞争力是联系现有各项业务的黏合剂,也是发展新业务的引擎。它决定着企业如何实行多样化经营,以及如何选择市场进入模式,是差别化企业竞争优势的源泉。

2) 企业竞争力应能给最终产品用户带来实惠

企业竞争力应具有市场价值,应能给消费者带来价值创造或价值增加。不能给消费者带来实惠的企业竞争力无法形成企业的竞争优势,企业竞争力也就无从谈起。

3) 企业竞争力应不易被企业竞争对手轻易取得

企业竞争力既包括公开的技术,又包括不公开的秘密技术。企业竞争对手可能掌握组成企业竞争力的一些技术,但要将这些技术有机地结合起来再现本企业的企业竞争优势却并非易事。

4) 企业竞争力可以叠加

一种企业竞争力可以作为一种技术成分,成为更高层次企业竞争力的组成部分。

二、企业竞争力的作用

随着世界的发展变化、竞争的加剧、产品生命周期的缩短,以及全球经济一体化的加强,企业的成功不再归功于短暂的或偶然的产品开发或灵机一动的市场战略,而归功于企业竞争力的外在表现。企业竞争力首先能很好地实现顾客所看重的价值,能显著地降低成本,提高产品质量,提高服务效率,增加顾客的效用,从而给企业带来竞争优势。竞争力还具有延展性,能够同时应用于多个不同的任务,使企业能在较大范围内满足顾客的需要。

企业竞争力在企业成长过程中的主要作用表现在以下几点。

(1)从企业战略的角度来看,企业竞争力是企业战略中层次最高、最持久的,从而是企业战略的中心主题,它决定了有效的战略活动领域。

(2)从企业未来的成长角度来看,企业竞争力具有打开多种潜在市场、拓展新的行业领域的能力。

(3)从企业竞争的角度来看,企业竞争力是企业持久竞争优势的来源和基础,是企业独树一帜的能力。

(4)从企业用户的角度来看,企业竞争力有助于实现用户最为看重的、核心的、基本的和根本的利益,而不是那些一般性的、短期的好处。

企业竞争力以企业核心技术能力为核心,通过企业战略决策、产品制造、市场营销、组织管理,以及企业文化的整合而使企业获得长期的竞争优势。而企业核心技术能力又在于不断创新。在经济全球化的市场经济体系下,企业所面对的市场不再是一个国家或一个地区的市场,而是全球化的市场,企业今天的核心技术不等于明天的核心技术。因此,只有通过不断地创新,企业的技术才能始终走在科学的前沿,才能成为企业的核心。企业竞争力不仅可以表现在技术上,还可以表现在生产经营、营销和财务上,正是由于具有这种独特的能力,企业取得了成功。只有深入认识企业核心竞争力的内涵,即核心竞争力=核心技术+企业文化+学习性组织+信息化,核心技术=技术创新+管理创新,充分吸收和借鉴国外企业的成功经验,企业才能在纷繁复杂的市场经济环境中,面对汹涌而来的全球化浪潮,找准自己的定位,以企业真正的核心竞争力来应对国外企业的挑战。

三、企业竞争力的影响因素

1.人力资本

人力资本是相对于物质资本而言的另一类资本,是指投于企业劳动者的资本,表现为劳动者的技术、文化、创造能力的资本化。人力资本投资能显著改善人的技术素质和文化素质,使物质资源得到充分利用,使人的创新能力得到有效提高。因此,人力资本是一种最基本的生产性投资,它作为企业的第一资源要素,是影响企业竞争力的基础因素。

2. 技术因素

技术因素包括企业技术专利权、专有技术和企业的技术创新能力。在市场竞争中,在科学技术较高的今天,企业的专利技术和专有技术,日益显现出重要性。企业的专利和专有技术越多、越先进,企业竞争力就越强大。反之,企业如果缺乏专利或专有技术,竞争力就越弱小。当然市场是变化的,技术也是发展的,谁能够在变化的市场中拥有良好的技术创新能力,谁就能够占领其所在领域的技术至高点,拥有自己的知识产权,成为该领域的技术权威,企业竞争力自然就会得到提升。

3. 硬件设备

硬件设备是企业生产的基本手段,是提高企业竞争力的主要物质基础。自然资源加工利用的程度、产品结构的优化升级、质量的提高和成本的降低,在很大程度上取决于设备的技术水平。我国传统产业庞大,许多企业的设备陈旧,技术落后,成为长期制约我国企业竞争力的基本因素之一。

4. 企业制度和企业经营机制的创新能力

企业制度包括组织制度、责任制度和治理结构等;企业经营机制包括决策机制、分配机制、激励机制等。它们具有强烈影响企业员工爱好及行为的重要功能。制度决定机制,机制决定竞争力。一个制度健全、经营机制灵活的企业能够合理地利用企业的各种资源,充分发挥每一种资源的效用,实现企业利益最大化,从而增强企业竞争力。但是任何先进的企业制度和企业经营机制都是相对的,企业要始终保持制度和机制上的先进性,就必须具备不断进行制度和机制创新的能力。企业的制度和经营机制创新能力对企业的竞争力具有决定性作用。

5. 企业的管理创新能力

企业只有通过科学的管理,才能把企业的各种生产要素有效地组织起来,转化为现实的生产力。然而,由于管理水平的不同,相同的生产要素形成的生产力也就不同,企业竞争力也就不同。所谓管理,一方面表现为对企业生产力的组织,一方面表现为生产关系的处理。由于企业的生产力是不断发展的,所以管理也必须随着企业生产力的发展而不断创新。只有管理不断创新,企业才会有持续的竞争能力。

6. 竞争战略

竞争战略是保证企业在竞争中发挥优势的指导思想。哈佛大学商学院迈克尔·波特教授的竞争战略理论认为企业在竞争中受到五种力量的影响,即企业面临着一系列的外部威胁:新的进入者、供应商要价能力、现有竞争者之间对抗、消费者还价能力、替代产品或服务。在此基础上,迈克尔·波特提出了三种基本的竞争战略,即低成本战略、差别化战略和专一化战略。一个合适的竞争战略能指导企业对付各种威胁,改变企业与其他竞争者之间的竞争对比力量,甚至达到以小胜大、以弱克强的效果。所以,竞争战略是影响企业竞争力的战略性因素。

7. 企业文化

企业文化就是企业在长期生产经营实践中形成的并被全体员工认同与遵守的价值观念和行为规范的总和。这种价值观念和行为规范是非条文的和无形的,它与企业的规章制度一起从不同的侧面影响和制约着企业员工的行为。当企业文化处于正效应状态时,企业成员会极大发挥自己的主动性和创造性,积极参与建设,不断提供高质量的产品和服务,处于正效应状态的企业文化还会极大地激发职工的创造力,提高企业获得新技术、新工艺、新产品、新思路的效率,从而形成一种巨大的整体合力,使得企业适应多变的市场环境,无论是对付自己的竞争对手,还是为顾客提供服务,都显示出极大的优势。反之,对于负效应状态的企业文化则会对企业造成重大的负面影响,在实践中,它常常表现为企业文化与企业的新战略或新战术产生抵触、不断削弱企业自身生存发展的能力。所以,企业文化也是影响企业竞争力的重要因素。

第二节 企业文化的经济价值

一、企业文化的管理价值

企业文化建设是提高企业凝聚力、实现科学管理的需要。从博弈论的观点来分析,企业员工的行为选择正是人与人博弈的过程。人的行为取决于他自己的效用函数和约束条件,由于效用函数变化很小,个人所面对的约束条件自然决定了他的行为。人在静态的博弈中,由于受到机会倾向的影响,他所选择的往往是"均衡",而不是"最佳"。企业员工在决策和实施决策中,在相互的协作中,所选择的并不是资源的最佳配置,而是在风险预测基础上的资源配置。其行为表现不是全力以赴,而是留有余地;不是满腔热情,而是心有余悸;不是追求卓越,而是退而求其次。

建设企业文化,塑造共同的价值观、创造良好的工作氛围,可以潜移默化地引导员工的行为,降低员工选择的预期风险,减少不确定性选择和机会倾向,最大限度地调动、发挥员工的进取精神、协作精神和创新精神,实现企业资源的最佳配置和企业利益的最大化。

企业在向现代企业转轨的过程中,强调管理创新和流程再造。但由于受到不完全信息的影响，企业不可能把员工活动的所有场所和未来发生的所有事件都明确地写在合同和制度上，企业在管理和制度上总是不可避免地存在着一些空白。在空白之处，管理与制度的约束力显得鞭长莫及。此时此刻，员工的行为选择取决于价值取向，良好的企业文化对员工的行为选择具有正面的导向作用。

企业文化是实现企业科学管理的"看不见的手"。企业在优化与量化管理中，存在着边际效益递减的问题。企业可以通过企业文化的导向和约束功能解决这一问题。企业文化的无形参与，可以使人格的力量与制度的约束相结合，从而降低企业量化管理和监督考核的边际成本。

案例1：

2001年1月6日，北京电视台《第七日》节目反映了亚运村地区某小区居民因无固定电话而改用手机通信，但手机信号并不理想的情况。北京移动网络优化人员看到这个节目后，立即与《第七日》负责报道此事的记者取得了联系，并派出测试人员对投诉地区进行驱车测试，对天线进行调整。仅仅用了一天的时间，解决了问题。对北京移动的快速反应，电视台又专门予以了报道。

案例2：

2001年12月29日，《北京晚报》百姓留言栏目刊登了一则题为"万事俱备 只差电话"的留言，文中叙述了家在大兴广茂大街泰中花园小区、年过八旬的李先生由于当地固定电话难装，与医院和儿女们联系困难，呼吁有关部门予以帮助解决。时任北京移动通信有限公司总经理的董会义看过此消息后，立即请相关部门予以解决。12月31日，郊运中心大兴分公司员工不辞劳苦，在楼房林立的小区中挨门挨户地查找，逢人便问，终于找到了李先生。李先生夫妇从北京搬迁过来已有5个多月，儿女们有的在市区上班，有的在外地上班。眼看快要过节了，老人非常想与儿女们及外界保持方便的通信联系，儿女们也很担心两位老人的健康。最近他们发现了《北京晚报》百姓留言专栏，就想以委婉的方式呼吁一下，希望能加快解决此地通信的问题。令他们没有想到的是，北京移动通信有限责任公司的领导对此事如此重视，当老人拿到北京移动送去的一套神州行卡时，发自内心地说："你们今天送来的不只是一种'神州行'的通信方式，还有贵公司真诚为客户服务的心。"

以上案例所谈的问题都是制度规定之外的，而在北京移动通信有限责任公司，无论是领导还是员工，都能自觉地服务企业客户，维护企业形象，这正是企业文化的价值所在。

二、企业文化的市场价值

企业文化建设是适应市场竞争、增加产品文化附加值的需要。企业文化建设，是市场竞争的必然趋势，不是个别人的主观意愿。客户对企业认同的服务内涵，包括企业的核心产品、形式产品、附加产品三个层次。进入市场经济之后,特别是随着同行业竞争的加剧及核心产品差异性的缩小,企业之间的竞争逐渐从核心产品的竞争发展到形式产品和附加产品的竞争。

企业的文化附加值是竞争对手难以模仿的比较优势。企业赢得竞争的关键是存在比较优势,当核心产品的比较优势为零时,企业不得不寻找新的比较优势。企业附加产品与核心产品相比,具有鲜明的个性、不可模仿性和不可替代性的特点。

培育企业文化附加值符合现代消费心理。企业往往把核心产品放在第一位,而客户往往把附加产品放在第一位。客户在选择服务上,往往首先关注企业的附加产品,即首先关心产品的品牌。随着市场经济的成熟和消费者心理的成熟,这种趋势日益明显。企业要从"消费者,请注意"到"请注意消费者"转变,就必须将附加产品放在重要的位置,树立文化价值形成产品价值核心的观念,将"物"流与"意识"流结合起来。

企业文化是企业产品文化附加值的核心。服务的文化价值,不是简单的服务质量的体现,而是凝结在服务中的质量意识;不是企业与客户的关系本身,而是处理与客户关系的办法与处世的哲学;不是营销策略,而是形成这种策略的观念;不是利润,而是取得利润的心理。未来的市场竞争,企业给客户提供的服务不仅是物质上的,而且还是精神上的,不仅是优质的通信服务本身,而且还是得到服务的心理优越感。

案例3:

1999年5月29日,于北京市密云县云蒙山风景区主峰,17位受困的大学生,在迷路的两天后,用"全球通"手机给远在北京的同学打了求救电话,20个小时后,所有的人安全获救。2002年10月6日,于江西井冈山主峰五指峰,8位探险青年在茫茫森林中行走4天后迷失方向,是"全球通"手机帮助他们与外界取得联系并于20个小时后全部获救。2002年10月6日上午9时36分,于越南海域,一艘载有128名中国游客的越南游船从越南海防驶向芒街时,因为船长驾船失误,在下龙湾偏离航道2000米后触礁。沉船随时可能发生,游客生命危在旦夕,是北京的梁先生和他的朋友邓先生依靠"全球通"手机向外界呼救,5个多小时后,128名乘客全部获救。"全球通",满足客户的安全需要,关键时刻,信赖"全球通"。无论是在中国,还是在世界。

"全球通"是中国移动通信最主要的品牌,是目前全国网络覆盖最广、网络质量最好,并且是目前中国唯一能够在全球五大洲实现国际漫游的移动品牌。

三、企业文化的业务推广价值

企业文化建设是拓展新业务、形成消费者剩余、降低企业营销成本的需要。服务的文化附加值降低了新业务进入市场的成本。企业的基本业务所形成的文化附加值,即品牌形象一旦为客户所认同,那么企业新业务进入市场的成本将大为降低。反之,成本会大为提高。因为在消费心理上,人们存在着"光环效应"。

服务的文化附加值缩短了新业务进入市场的时间。良好的企业品牌形象可以缩短新业务进入市场的时间,降低风险。新业务进入市场的预热期越长,风险越大。因为当新业务进入市场的预热期越长时,新技术的生命周期将越来越短,替代品随时可能出现。或许,新技术还没有离开实验室就已经老化,新业务还没有被消费者知晓就已经面临淘汰。因此,在新业务的推广中,企业必须强调一个"快"字,企业良好的品牌形象恰恰是"快"的"助跑器"。

案例 4:

短信业务发展迅猛。目前,短信不仅可以点对点发送,而且还可以点播、定制,不仅可以查询信息,而且还可以进行铃声、图片下载和短信游戏。从 2000 年 11 月 19 日起,北京短信市场全面启动,所有北京"全球通"用户无须申请,只要在手机的短消息中心菜单中输入相应号码,就可以发送短信。2001 年 5 月 17 日,"神州行"用户可以自由发送短信。从此,短信业务便"火"了起来。2001 年,北京移动短信发送量逐月增长,年末的短信发送量是年初的 13 倍,全年成功发送短信 8 亿条;2002 年,发送 38 亿条。春节、中秋、新年的短信发送量远远高于平日,短信已成时尚。寻求短信"时尚"的原因,除了满足了消费者多样化、个性化需求外,"全球通""神州行"的品牌效应成为重要的推动力,再加上供应价值链的有机连接,短信市场在雪球的滚动中引发了"雪崩"效应。

服务的文化附加值参与了需求价格弹性的调节。服务的文化附加值不仅在范围经济中起到了降低成本的作用,而且对规模经济产生了积极的影响。随着企业网络规模和客户规模的扩大,单位成本呈下降趋势。单位成本的下降必将引发单位价格的下降和需求数量的增长。品牌形象将在这一动态的变化过程中参与调节需求价格弹性的系数,增加市场竞争的文化壁垒。

服务的文化附加值是形成消费者剩余的要素。所谓消费者剩余,就是产品的实际价格与消费者期望的价格之差。高附加值的产品和低附加值的产品,有时尽管成本相近,质量相当,但价格却相差很大。维持这种价差的重要因素是客户对服务文化附加值的认同。随着中国进入 WTO,高文化附加值的产品的竞争力日益凸现。高文化附加值除了获得较高的消费者剩余之外,还可以有效地节约资源。

案例 5:

北京移动和北京联通是北京两大移动通信运营商。2002 年 7 月之前,国家不对称管制政策赋予联通 10% 的资费优惠不足以说服客户从移动转到联通,人们愿意为更好的品牌、产品和服务质量多付 10%。从 2002 年 7 月开始,北京联通先是预存话费送手机、租借手机,再是 CDMA 手机大幅降价,后推出资费套餐,接着是赠送手机,话费跳水、200 元打 600 元的通话时间等进行了一系列促销,但北京移动的客户群依然牢固。在用户的心中,"全球通""神州行"的消费者剩余空间很大。

四、企业文化的客户关系管理价值

企业文化建设是巩固企业客户群体、实现客户关系管理的需要。随着信息技术在企业经营活动中的广泛应用,企业对市场和客户信息的把握更为准确。信息技术实现了企业与客户间交互式的沟通,有助于企业与客户建立长期关系。市场竞争的日趋激烈和信息技术的广泛应用使企业管理从全面质量管理向客户关系管理转变。客户关系管理将客户的忠诚作为着力点,通过保持客户来使企业获得长期收益,而传统的管理较为注重以交易量为基础的短期利润的增减。

同资金、技术、人才一样,关系成为企业可利用的重要资源。对已经获得较高市场份额的企业,将营销重点放在获利较为丰厚的客户群上,能够实现大部分的盈利目标,即使不在新客户上投资。加大市场份额并不一定能够改善收益,因为企业为争取高市场份额所投入的成本可能会大大超过所能获得的收入。一项调查表明,争取 1 位新客户的成本是保住 1 位老客户的成本的 5 倍。同资金、技术相比,关系资源具有难以衡量、难以控制的特点。

客户关系管理的实现过程同步于企业经营理念转变的过程。客户关系管理强调以客户为中心,提供个性化服务的全过程。客户关系管理依据客户历史资料和交易模式等影响未来购买倾向的信息,构建成熟有效的预测模型,并通过模型,监控客户行为,实现有效沟通,寻找客户的潜在需求,实施及时的应对。在沟通和应对中,客户关系管理以"个性化和优化"为原则,动态控制企业与客户的每一个接触点,以实现两者的永久性合作。企业能否与客户建立长期、良好的合作关系,并管理、控制好这种关系既取决于企业的信息库,又取决于企业的价值观。

案例 6:

北京移动为客户创造的价值由低向高分为四个层次。第一层次,通过价格回报来增加客户关系的财务利益,如积分制、VPMN,在这一层次,客户乐于和企业建立关系的原因是希望得到优惠或特殊照顾。第二层次,通过个性化和人性化的服务,增加企业和客户的社会性联系,如客户俱乐部、客户关怀服务、一站式服务、哑语服务。第三层次,为客户提高效率和产出,如 M-OFFICE 商务干线卡,为客户实现移动办公,M-GROUP,为集团客户提供移动通信整体解决方案。第四层次,为客户创造文化附加值。企业为客户创造的价值不仅是物质上的,而且还是精神上的,不仅是优质的服务本身,而且还是客户享受服务的心理优越感。不妨用这样的公式去表示:价值=收益/成本=(功能性收益+心理性收益)/(价格+精力+体力+时间)。

案例 7:

为解决信息采集、传递不及时,管理被动后置以及政府管理缺位、管理方式粗放等难题,北京移动为东城区委开发了网格管理服务。网格管理将东城区所辖 25.38 平方公里划分为 1652 个网格单元,由城市管理监督员对所分管的万米单元实施全天候监控。与此同时,通过运用地理编码技术,将区内路名牌、井盖、垃圾站、公共卫生间、雕塑等 16 万多个城市部件按地理坐标定位到万米单元网格地图上,并为每个部件编了一个 8 位代码。如有居民举报,只需要说出这些城市部件的地理位置,监督中心即可在大屏幕上找到它的编码及名称、现状、归属部门等信息,并指派相关人员到现场处理。

目前,300 多名城市管理监督员活跃在东城区城管第一线。他们人手一部"城管通",每人分管大约 12 个网格单元、0.18 平方公里和 1400 个城市部件。"城管通"具备接打电话、短信群呼、信息提示、图片采集、表单填写、位置定位、录音上报、地图浏览、单键拨号、数据同步等 10 项主要功能。监督员通过"城管通",可在第一时间、第一现场将城市管理的各类信息发送到监督中心,监督中心也可以利用 GPS 技术和手机定位技术,实现城市管理问题的精确定位和对监督员的科学管理。

企业文化的开发、管理、推广、控制的过程是企业利润的实现过程,是企业无形资产保值和增值的过程。建立一流的企业,必须建立一流的企业文化。能否建立与现代企业制度接轨的企业文化,关系到企业的未来。

第三节 企业文化对经营业绩的影响

一、不同经营业绩的企业文化的特征

1. 有益于企业经营业绩增长的企业文化的特征

1) 力量强大

企业里几乎人人都能接受和遵守组织选择的价值观念和行为方式,包括企业新来的成员。不过,力量强大并不是企业文化对企业经营业绩产生积极影响的唯一要求。

2) 适应性强

能够促进企业经营业绩的企业文化必须是与企业内外环境、企业经营策略相适应的。企业文化的适应性越强,企业经营业绩成效越大,而企业文化适应性越弱,企业经营业绩成效也越小。例如,决策果断、开拓进取的企业文化可以让一家高科技公司取得优良的经营业绩,却不适合传统型的人寿保险企业。又如,独断专行的经营管理对小型企业似乎无甚危害,可对大型企业来说就危害较大了。

3)企业能够正确对待企业的股东、顾客和员工的利益

股东、顾客和员工是企业所有支撑要素中最重要的因素,企业只有正确对待股东的合法权益,股东才会放心倾注公司运转所需要的血液(宝贵的资金);企业必须重视顾客的需求,才能不断地扩大市场;企业也必须充分重视那些为顾客服务的人(公司员工)的利益,才能赢得员工的忠诚和奉献。

2. 不益于企业经营业绩增长的企业文化的特征

1)缺少出众的领袖

领导人素质低下是企业业绩不佳的根本原因,也是不良企业文化形成的根源之一。在这些企业中,领导人或者能力平平,缺乏远见决策能力;或者专政独裁,听不进有益的尤其是反面的意见;或者保守僵化,缺乏开拓进取精神。

2)忽视股东、顾客和员工利益

企业领导人和各级管理者不注重维护股东、顾客和员工的利益,相比较而言,他们更为关注自己的权利、荣耀和前程。

3)人心不稳、一盘散沙

企业的广大员工精神沮丧、士气低落,对工作没有主动性和责任心,对组织怀有强烈不满、怀疑和厌恶,甚至把损害组织利益作为发泄不满的途径。

4)缺少监督、奖惩不明

企业所有人的工作和生活行为尤其是不良行为缺乏有效的监督和评级体系,致使他们的行为偏差得不到必要的矫正。奖罚不明使得企业内部充满了投机取巧、行贿受贿等各种不好的行为。

二、优秀企业文化对经营业绩的作用

企业文化对企业的经营业绩有着至关重要的影响,而企业经营业绩的好坏,又直接或间接地影响着企业文化建设的强度和力度,二者之间是相辅相成、相互促进的关系。

优秀的企业文化从以下几个方面促进企业经营业绩的提高。

(1)企业文化的核心所体现出的企业共同价值观和企业精神,使企业领导层与企业员工在企业经营目标上容易达成共识,在企业经营理念的指引下,通过对企业目标的一致认同,凝聚成一股巨大的竞争力,最终实现企业经营目标,实现企业价值最大化。如惠普公司通过确立"企业发展资金以自筹为主,提倡改革与创新,强调集体协作精神"的价值观,逐步形成了一种注重顾客、股东、公司员工的利益要

求,以真诚、公正的态度服务于消费者,企业内部提倡人人平等与人人尊重的企业文化系统,在实际工作中提倡自我管理、自我控制与成果管理,提倡温和变革,不轻易解雇员工,也不盲目扩张规模,坚持宽松的、自由的办公环境,努力培育公开、透明、民主的工作作风。通过对这种企业价值观的认同,企业的经营业绩有了飞速发展,在20世纪50年代至60年代公司纯收入增加了107倍,投资回报率高达15%。

(2)良好的企业文化体现出一种优质的管理,具体表现为企业内部规范的管理制度、领导层的先进管理理念、员工的科学行为方式等方面,从而实现企业运作的最高效率,最大限度地降低企业生产经营成本,实现企业经营效益的最大化。如柯达公司通过推行"柯达建议制度"的新型管理制度,极大地调动了员工的工作积极性,创造出了不凡的经营业绩,并通过这种建议制度总结出了企业科学管理的七个要素,即人事、资金、方法、机器、材料、市场和精神。这种管理要素的有机组合,可以有效地促进企业的经营业绩。

(3)良好的企业文化通过多种传达体系最终塑造出优秀的企业品牌形象,通过企业品牌的辐射力和感召力,从而吸引更大范围内资源的聚合,企业得以滚动式发展,实现良性循环,取得最佳效益。如戴姆勒-奔驰公司正是通过其品质管理和品质文化的塑造,最终打造出了驰名世界的顶级品牌,为企业赢来了丰厚的利润和广泛的赞誉,也才有了"如果有人发现奔驰汽车发生故障被修理车拖走,我们将赠您1万美金"这样豪迈的广告语。

(4)具有良好企业文化的企业,在其经营过程中体现出一种良好的经营道德和伦理意识,这为企业争得外部公众的认同、创造出良好的经营环境、赢得宝贵的社会资源创造了条件,从而大大降低企业的外部运作成本,最终实现企业经营效益和社会效益的双丰收。如宝钢公司自1978年建厂以来,积极探索有中国特色的现代化钢铁企业生产经营与环境保护同步推进、协调发展的新路子,于1998年1月在全国冶金行业中率先通过了ISO 14001国际环境管理体系标准的审核认证,并通过其环境保护的"六领先"战略,即环保目标领先、环保教育领先、环保装备领先、环保技术领先、环境管理领先、环保成果领先,初步树立了世界一流钢铁企业的良好企业形象,为企业的可持续发展奠定了坚实的基础。

一个具有优良经营业绩的企业,会越发认识到企业文化建设的重要作用,舍得花大力气加强企业文化建设,实现企业文化与经营业绩的互促互动和良性循环。而经营效益差的企业,往往认识不到或者没有精力顾及企业文化建设,易局限于眼前的经济利益,认为企业文化的投入得不偿失,从而限制了企业经营向更高层次的跨越,越发难以摆脱困境,从而陷入了企业生产经营的恶性循环。

第四节　企业文化对企业竞争力的影响

一、企业文化对企业竞争力的影响方式

企业竞争力是企业在市场竞争中赢得竞争、实现可持续发展的能力。随着市场及竞争的演进,企业竞争力的内涵与要素也发生了嬗变:企业家战略取向、员工价值观与行为取向,以及企业与各相关利益方的关系已取代资本、技术等而构成当今企业竞争力的核心因素。

企业文化对企业竞争力的影响主要从以下三个方面发挥其作用:一是通过影响企业家的战略取向来影响企业经营方式与发展模式,进而影响企业经营和发展的绩效;二是通过影响企业员工的价值取向来影响其行为方向、行为方式、行为力度和行为效率,进而影响企业的整体运作效率;三是通过影响企业经营伦理、经营价值取向和经营宗旨来影响企业与各相关利益方(如顾客、竞争者、供应商等)之间的关系,进而影响企业存续发展的外部环境与条件。

1. 企业文化对企业家战略取向的影响

企业家是企业战略决策的主导者,其战略决策理念思想决定了企业的战略决策文化,反过来企业战略决策文化又直接支配和影响着企业家的具体战略决策取向和行为,并进而决定着企业的经营方式与发展战略模式。不同的战略决策文化会形成不同的企业经营方式和发展模式。一般来说,企业的战略决策文化大致可分为两种类型:其一是发散型战略决策文化,其二是内敛型战略决策文化。

1)发散型战略决策文化

发散型战略决策文化的核心理念强调机会是企业发展的关键,速度与规模是企业发展的两个"轮子"。这种战略决策理念所支持的企业经营方式与发展模式必然是粗放型和外延型的。在经济相对短缺、市场供给相对不足、市场机会较多的情况下,以及竞争相对缓和的时期,这种战略决策文化所支配的企业粗放式经营模式和外延式发展模式无疑有其积极的意义。因为在这一时期,机会是企业快速发展的关键,往往是抓住若干市场机会,企业的发展就会上几个台阶。企业间的竞争很大程度上表现为机会之争。同时,市场供给的相对不足一方面将消费者的优势需要定位在商品的使用价值上,使竞争力体现为企业能否在平均时间与平均成本的基础上多于和快于竞争对手而提供具有一定使用价值的产品;产品的市场扩张能力也主要取决于企业内部生产的数量扩张能力。因而速度化和规模化成为必需,企业之间的竞争表现为速度之争、规模之争;另一方面又为企业的快速扩张提供了巨大的空间,因而,速度化与规模化不仅是必需的,而且是可能的。正是在这一背

景下,迈克尔·波特教授将企业的竞争优势几乎完全归结于企业的市场力量。四处出击、遍地开花的多角化经营模式成为这一时期主流和时尚的经营模式,而且快速造就了一大批"暴发户"式的企业。西方企业于20世纪60年代至70年代是如此,中国企业于20世纪80年代至90年代也是如此。这种战略决策文化的极端形式就是急躁冒进的浮躁文化。浮躁文化及其巨大的惯性会使企业不顾条件地变化而一味固守原来的扩张战略,从而使企业在无限扩张中耗尽有限的资源,最终使企业在速度中衰竭,在规模中瘫痪。因此,企业应根据环境与条件的变化及时地调整战略,条件变了而战略未变就会导致"成也萧何,败也萧何"。西方企业在20世纪70年代末在多元化方面所出现的问题,以及中国一些企业在20世纪90年代中期左右的"纷纷落马",就是鲜活的例证。

2) 内敛型战略决策文化

内敛型战略决策文化的核心理念注重资源和能力这一企业发展的两大基元,由企业关键资源及其积聚与配置整合能力所形成的企业核心竞争力是企业发展的核心动力。这一战略理念所支持的企业经营方式和发展模式必然是集约型和内涵型的。在经济相对过剩、市场相对饱和、市场机会相对少且较隐含、市场竞争越来越激烈的背景下,企业的竞争优势主要来自于企业内部,企业在资源的投向及外部市场的选择方面应持十分谨慎的态度。企业应通过其内部关键资源和核心能力的积聚来构建和提升企业的核心竞争力,并以企业核心竞争力为基础来选择企业的核心业务和企业资源的投向领域。回归主业是这一背景下企业经营战略的趋势,而专业化集中经营则是这一背景下企业经营的特点。

由此可见,不同的战略决策文化会对企业家的战略取向产生巨大的影响,这进而又会通过影响企业经营方式与战略模式的选择对企业的存续发展产生影响。

2. 企业文化对员工及其行为的影响

员工是企业及其活动的主体,其行为的方向与方式、行为的力度与行为的效率直接决定了企业的整体运作效率。而员工的行为又是受其价值取向和需要的影响而驱动的。因而,按照马斯洛的需求层次理论,企业文化必然是通过形成各种、各个层次的诱因与贡献相平衡的"诱因引导与成就驱动"文化来实现其对员工行为的影响,不同企业文化由于其"诱因引导与成就驱动"的性质和力度的不同而导致对员工行为影响效果有差别。

其一,企业通过形成一种物质诱因(或物质刺激)与职工贡献相平衡的分配文化来吸引职工为满足其基本的物质需要而聚集在企业文化共同体内。在其他条件相同的情况下,企业的物质刺激更强,其吸引力与激励力也就更大。这在事实上已演化成"高报酬和高奖励文化"。

其二,企业通过制定招工、雇用、内部待业(优化组合后的编外在职)、解雇(或辞退、开除)、养老及其他方面的规章制度,形成一种就业及其他安全保障文化,以满足职工安全感的需要。在其他条件相同的条件下,更能提供职业保障的企业,更有吸引力。

其三,企业主文化和亚文化,在全体员工中制造了种种团队认同感和归属感,从而在职工甚至包括他们的家属中形成一种团队心理凝聚力,使人们先天固有的合群意识和群体行为找到了一种企业群体归属。在其他条件不变的情况下,更能激发并满足职工的归属欲、团体认同感的企业,更能把职工聚集在其名下,文化凝聚作用也就更大。这在事实上已发展成了一种"家族主义企业文化":那些优秀的公司、企业都犹如一个个和谐美满的大家庭,员工们爱厂如家,亲如手足,同事之间的关系和情感联系得到升华。这种"家族主义企业文化"同建筑在任人唯亲、家天下的劣根性文化传统基础上的企业文化,同早期西方资本主义的家族控制、家长式统治的家族所有企业文化毫无共同之处。它是一种后天形成的、建立在非血缘亲情基础上、靠团体事业凝聚起来的、具有紧密社会联系的社会集团文化。这种文化的维系,靠的是人们的身体、人格、精神完全独立和自主基础上的自动趋向和自愿归属,它既不同于各种人身和非人身的依附关系,又不同于血缘纽带关系。

其四,企业文化通过制造"使命感、成就感、公平感(机会均等、平等竞争)、自豪感"等,为企业成员提供追求成功、追求卓越需要的心理满足。在其他条件相同的情况下,更能使职工获得机会满足、成就满足的企业文化的激励功能更强。在一个企业文化共同体成长和发展的过程中,高级领导和决策层能否形成一种强烈的使命感、成就感固然重要,但企业文化做到这一点通常并不难。因为,这个层次的人物一经做了抉择并充当了某种领导角色,他们通常都会有自发的"领头羊"意识和成就感。困难的是如何在普通职员,尤其是在工序最末端、作业最具体的职工心目中,焕发出那种强烈的在平凡的岗位上做出不平凡的事业来的意识和成就感。

其五,企业文化通过对群体中自发的价值追逐与企业经营总目标的协调,通过对各种、各类职员提供不断拓展的发展可能性空间,为他们提供最高境界的自我实现的满足。在其他条件相同的情况下,一种企业文化越是能提供追求自我实现的满足感,对职工的激励力就越大。随着员工教养、学历的不断提高,企业行为主体内在的自我实现的欲望必然越来越强,因而,企业文化应尽可能地向员工提供相应的满足感,使员工自我实现的欲望与企业的发展在互动中共同提高。

从这里,我们可以看出,企业文化对员工行为的影响不仅具有层次性,而且作用的层次不断提高。这就要求企业要根据员工的具体情况构建和调整相应的企业文化价值体系,以充分调动各层次员工趋向企业目标的积极性和创造性。而这只有在以人为本的"员工本位"型企业文化环境中才是有可能做到,在单纯追求企业效率、忽视员工需要和人性的"效率本位"型企业文化环境中是不能做到的。

3. 企业文化对企业存续环境的影响

企业的存续环境主要是指与企业的生存和发展密切相关的一系列相关利益集团,如企业的顾客群、供应商、金融机构、股东、竞争者,以及代表社会公众利益的其他各社会压力集团(如政府等),等等。这些相关利益集团有的为企业的存续提供市场、顾客,有的为企业的存续提供资源(如供应商、银行、股东等),有的则为企业的经营与发展提供外部动力或压力(如竞争者和政府等)。但无论哪一类相关利益集团,也无论它为企业提供什么,都是企业存续不可或缺的,更不可忽视的外部因素。因此,企业能否正确处理与各相关利益集团的关系,是影响企业经营绩效乃至存续发展的关键之一,也是衡量企业竞争力的主要标准之一。可以这样讲,善于处理和各相关利益集团之间关系的企业更能赢得它们的青睐和支持,从而具有更优越的存续环境,进而更具有企业竞争力。但如何看待企业各相关利益集团、如何处理与它们的关系,是受特定企业价值取向、经营哲学和经营伦理观念的影响和支配的。不同的企业文化理念会表现出不同的企业价值取向、经营哲学和经营伦理观念,以及不同的对企业各相关利益集团的态度及关系处理方式,而这反过来又必然会影响到相关利益集团对企业的不同态度和反应,最终影响企业经营、存续和发展的外部环境。

在看待和处理与各相关利益集团的关系方面,大致有两种类型的企业文化:一类可称为"企业本位"型企业文化。这类企业文化以本企业利益为中心,在看待和处理与各相关利益集团关系的问题上,以本企业利益最大化为原则,在本企业的利益与各相关利益集团的利益发生冲突时,以本企业的利益为重。甚至为了最大化其利益空间而不惜损害各相关利益集团的利益,以尽可能地外化成本,内化收益。在该种经营价值取向和经营伦理的指导下,企业必然会把顾客视为利润榨取之源,利用其信息优势,通过不平等交易,用质次价高的产品攫取顾客利益,甚至冒天下之大不韪,制假贩假、制毒贩毒、制黄贩黄,坑害消费者,污染毒害社会,牟取非法利益,把供应商、股东及金融机构当作资源的攫取之源,无视市场规则和经营伦理,采取包括不守信用甚至欺骗在内的各种花招手段,廉价甚至无偿占有并使用供应商、金融机构等提供的生产资料、资金等资源,借上市招(募)股之名行"圈钱"之实,侵害股东利益;视竞争对手为不共戴天之敌,采取包括价格战、垄断原材料、勾结某些政府机构,甚至动用暴力手段等在内的各种经济或非经济的手段来对付同行或其他相关竞争者,必欲灭之而后快,搅得市场硝烟四起、秩序紊乱。这类企业无视国家法规,无视人类整体和长远利益及经济社会的可持续发展,一方面对自然资源进行掠夺性开采和破坏性开发,另一方面肆意污染自然环境,破坏生态平衡。这种"企业本位"型企业文化及其所指导的经营伦理和经营行为,在短期内可能会使企业获得非正常的高利益,但由于这种高利益是以牺牲相关利益集团的利益为代价的,必然会引起作为平等的社会经济利益主体的相关利益集团的不满,从而恶化企业与构成其存续发展环境的相关利益集团的关系。从长远的角度来看,这种关系的恶化,必然会使企业的存续发展因失去社会环境的支持而受到极大的不利影响。

另一类可称为"社会本位"型企业文化。这类企业文化当然也注重本企业利益,但它又把整个社会经济的利益作为对本企业利益的约束条件,在考虑和谋求本企业利益的同时,关注并兼顾社会其他相关利益集团的利益。在该种经营价值取向和经营理念的指导下,企业必然会将相关利益集团视为平等的社会经济利益主体,充分尊重他们的正当利益,在平等合作中互惠互利,谋求"多赢"。例如:在对待顾客方面,视顾客为"衣食父母",在为顾客提供优质产品和精致服务以使顾客满意的基础上,求取合理的利润;在对待供应商、金融机构和股东方面,讲求公平交易、诚实守信,切实保障各方的合理利益;在对待竞争者方面,视竞争者为伙伴,而非敌人,遵守市场规则,按照优势互补、共存共荣的原则与竞争者展开亲密合作,以求得"多赢"和共同发展;在对待社会责任与义务的问题上,一方面公开公正地确认并积极处理企业的生产经营活动所造成的社会影响,正视并确定企业对这种影响应负的具体责任,另一方面确认社会问题的存在,并积极参与社会问题的解决,即把一个社会问题转化为企业经营发展的机会,从而使企业的活动既满足了社会的需要,又为企业本身的发展奠定了基础;在对待自然环境方面,以人类整体和长远利益为重,遵循社会经济的可持续发展原则,严格遵守相关法律法规,科学合理地开发利用自然资源,保护环境,维护自然生态平衡。显然,这种"社会本位"型企业文化及其所指导的企业经营伦理与经营活动,也许在短期内不会使企业取得高的利益,但企业与各相关利益集团和谐而融洽的关系必然会使企业赢得它们的普遍青睐与支持,从而使企业的存续发展获得极为有利的外部环境与社会环境。

二、企业文化对企业核心竞争力的影响

1. 企业文化是企业核心竞争力的核心要素

企业竞争力可分为三个层面:第一层面是企业生产产品及控制其质量的能力、企业的服务能力、成本控制的能力、营销的能力、技术发展能力(所有这些属于产品层);第二层面是各经营管理要素组成的结构平台,企业内外人、事、物、环境、资源的关系,企业运行机制,企业规模、品牌,企业产权制度(所有这些属于制度层);第三层面是以企业理念、企业价值观为核心的企业文化、内外一致的企业形象、企业创新能力、差异化个性化的企业特色、稳健的财务、拥有卓越的远见和长远的全球化发展目标(所有这些属于核心层)。第一层面是表层的竞争力,第二层面是支撑平台的竞争力,第三层面是最基础、最核心的竞争力。

企业要做到最优秀、最具竞争力,必须在企业核心价值观上下功夫。技术、高

科技可以学,制度可以制定,但企业全体员工内在的追求这样一种企业文化、企业伦理层面上的东西却是很难移植、很难模仿的。从这个意义上来说,以企业理念为核心的企业文化才是最终意义上的第一核心竞争力。

任何企业(包括高新技术企业)的产品竞争力是企业竞争力的最直接体现,围绕产品竞争力做文章是提升企业竞争力的关键。而产品竞争力是由技术竞争力决定的,所以说技术是第一竞争力。而技术竞争力是由制度竞争力所决定的,制度高于技术,制度应是第一竞争力。认识到此还远未结束,这是因为,制度无非是物化了的理念的存在形式,没有正确的理念就没有科学的制度,因此,理念高于制度,理念才是第一竞争力。总之,理念决定制度,制度决定技术,技术决定产品。拥有正确的、不断创新的理念,才具有最强的竞争力。先进的企业在于导入先进的理念,海尔的张瑞敏在1984年企业亏损147万的创业时期首先提出的就是企业文化先行、企业理念先行,现代企业的竞争已从产品平台的表层竞争转向深层次的理念平台的竞争。企业文化是企业生存和发展的"元气",是企业核心竞争力的活力之根和动力之源,其在本质上所反映的则是企业生产力成果的进步程度。现在,管理已从"经验管理""科学管理"阶段发展到了"文化管理"阶段。与体现在制度层面的企业文化相比,精神层面的企业文化更能展示企业文化的本质和精髓,它在管理层体现的是企业家精神,在员工层体现的是士气。随着经济全球化和知识管理时代的到来,企业文化也日渐表现出人本文化、创新文化、虚拟文化、融合文化、团队文化、学习文化和生态文化等特征。未来企业竞争的根本必然是企业文化的竞争,企业文化已经成为企业核心竞争力的核心。美国加利福尼亚大学管理学院教授威廉·大内在《Z理论——美国企业界怎样迎接日本的挑战》一书中特别强调"以人为本"的企业文化对其核心竞争力的作用,其主要论点有两点:①现代企业竞争的重点正从产品竞争上升到企业文化竞争,没有文化的企业是绝对没有竞争力的;②管理"人"的不是制度,而是"以人为本"的健康企业文化环境。美国维娜·艾莉则更明确地指出:"企业价值链其实是一条知识链。传统观念认为人只是填充固定工作岗位的可替换工人,而新的管理理念则把人作为具有独特竞争力的知识节点。"只有激活通常情况下企业知识链的每一个节点,善于开发人的智慧与潜力,练好"内功",企业核心竞争力才可能持续提高。从管理的角度来看,企业应首先把员工群体意识与企业的管理哲学、管理行为联系起来,建立一种从企业文化的角度出发的管理体系,把握好知识创新的机会,提供激化知识创新的氛围。因为,知识创新往往具有偶然性、非连续性特征。它往往突发于某个人或一些人的想象、创意。也就是说,创新有可能完全在例行公事之外发生,不一定与企业所期望的具有连续性、协作性的创新目标相一致。因而,企业应警于发现创意,抓住时机,并给予创意以支持、鼓励,甚至打破常规,为激化创意提供良好的环境与条件。这就是现代管理所提出的企业环境培养企业文化,而企业文化又反过来影响、改善企业环境,不断提高企业的核心竞争力。

2.企业文化是企业核心竞争力的源泉

文化本身就是一种生产力。文化既是一定的生产力、生产组织方式的反映,又与一定的生产力、组织方式相适应。文化属于上层建筑,对经济有着反作用力。从一定的意义上来讲,它比生产力的硬件(劳动对象、劳动工具等)对生产力的进步所起的作用还要大。

我们可以看到这样的经验事实:在不同的社会文化背景下,可以创造不同的社会生产力,不同的企业文化也可以给企业创造不同的经济效益。文化作为生产力是通过生产力中最活跃的因素(人)去发挥作用的,不同的文化可以塑造不同品位的人,不同品位的人则可以创造出有着质的差别的其他生产力要素。这是由于:①文化包含着价值判断,标志着社会赞赏什么和反对什么。在特定的文化背景下,人们会近似于条件反射地找到自己的位置,知道该干什么和不该干什么;②文化作为生产力,其核心在于对人的创造性潜能的解放。

1)企业文化——企业经营战略的指南针

企业经营战略都是建立在一系列的假设、前提与信念的基础之上的。许多公司往往难以实施其制定的战略,在企业基本假设正确的前提下,企业文化与经营战略不协调是其失败的主要原因。企业文化对企业经营战略有着重要的作用。一方面,企业文化的核心引导着经营战略的定位。现代企业的经营战略是在企业价值观、经营观等企业文化核心要素所规范、营造的总体经营思想、路线和方针的指导下产生的;另一方面,企业文化的氛围引导着经营战略的实施。企业经营战略需要企业全体员工共同自觉地去贯彻执行,否则再完美的战略都只是纸上谈兵。企业文化正是以其所营造的企业整体价值取向、经营观念和行为方式潜移默化地引导企业全体成员去贯彻、执行企业既定的战略,保证战略目标的实行。

2)企业文化——企业组织的灵魂

企业组织以往被认为是一个静态的封闭系统,企业在运行中追求和谐的构造,以求产生组织效率,但是面对迅速变化的外部环境,这种刚性制度就会抵制变革,使企业失去对环境变化的敏感性、适应性和应变能力。对稳定的组织结构,企业文化的沟通、协调功能可以积极地、有效地防止减弱企业组织行为僵化的倾向,促成其从协调一致到创新张力的转变;对相对松散的网络化组织结构,企业文化的导向功能、凝聚功能,促使松散的结构形成一个有机的系统,使企业在庞大的机构和快速反应能力之间实现平衡。由此,在知识经济时代,独特的组织能力,不仅反映出静态的制度,更主要的是体现了组织过程和功能,从而与竞争力产生了一种更为直接和动态的联系,这种不具有模仿性的联系,正是通过独特企业文化整合而形成的核心竞争力。

3) 企业文化——企业创新力的原动力

企业文化的激励功能就是要形成一种有利于企业员工创造性的发挥、倡导创新意识、运用创新思维、精通创新之道、敢于创新竞争、鼓励尝试风险的企业文化环境。良好的企业文化氛围不仅有助于新思想的产生，而且能使这些新思想迅速且有效地转变成实际运用。知识经济时代的创新特征是"团队创新，企业文化内化为团队精神"，这种团队精神将个体团队分力，整合为团队创新合力，如果没有团队精神的整合，"明星队"永远打不过"冠军队"，从这个意义上来讲，企业文化是企业创新能力的原动力。

4) 企业文化——企业竞争的最高境界

海尔之所以能用文化注入方式创造企业的成功，原因在于海尔不仅学习了西方发达国家的先进管理经验，更重要的是与中国国情相结合，创造了适合中国的管理文化。海尔倡导的"敬业报国，追求卓越"，以及建立在此基础上的海尔文化使海尔人紧密地团结在一起，为创国际品牌这个共同的目标奋斗。这种文化不仅使它成功地跨地区兼并了合肥黄山电子有限公司、顺德区爱德洗衣机公司，还获得社会认同，对周围环境产生了巨大的影响，形成榜样效应，引起其他企业效仿。用文化注入代替资金注入不仅大大地降低了经营风险，降低了企业经营成本（甚至出现了零成本），而且也为优势企业迅速壮大探索出一条捷径。越来越多的企业重视企业文化在兼并、改造企业中的作用。企业文化将成为企业竞争的最高境界。知识经济时代是一个竞争异常激烈的时代。当代经济的竞争表面看来是产品和服务的竞争，深一层是经营管理的竞争，再深一层就是文化的竞争。

3. 核心竞争力是企业文化功能的体现

随着经济全球化进程的加快，越来越多的企业认识到企业文化的重要作用。一个企业的动力及凝聚力都来自于企业的文化，技术只是一个平台，没有一套成功的企业文化，企业的生命力是有限的。企业文化存在的理由有以下几点。

1) 企业本身的需要

企业文化是企业概念中必不可少的要素之一，尤其对现阶段处于由人治向法治转换过程中的国内公司，健康的企业文化将能削弱甚至取代个人影响力在企业中的过分存在，为企业的平稳发展创造条件。

2) 管理制度的需要

管理制度中存在的各种漏洞导致的后果的大小完全取决于员工对企业的忠诚度。

3) 人才竞争的需要

对共同价值的认同会使员工产生稳定的归属感，从而使企业能够吸引和留住人才。

4) 市场竞争的需要

良好、健康的企业文化能够提高效率，减少费用支出，提升品牌含金量，增加产品的价值，从而增强企业竞争力。

5) 经营业绩的需要

自从约翰·科特和詹姆斯·赫斯克特在《企业文化与经营业绩》一书提出企业文化对企业经营业绩有重大作用以来，企业文化对企业经营业绩的促进作用已得到大家的公认。

6) 管理创新的需要

企业文化作为现代企业管理理论和管理方式的重要内容，其丰富的内涵、科学的管理思想、开放的管理模式、柔性的管理的手段，为企业管理创新开辟了广阔的天地。加强有中国特色的企业文化的研究、运用和实践，是企业管理创新的必由之路，也是完善和建立现代企业制度的重要途径。

没有企业文化就没有核心竞争力。企业的发展源于核心竞争力，核心竞争力来自于技术，技术来自于管理、人才，而管理和人才靠的是企业文化。

4. 品牌是企业文化作用于企业核心竞争力的具体体现

品牌是企业综合优势的集中表现，是企业经济实力的重要标志，也是市场经济条件下企业取得竞争成功的主要支点。品牌根植于企业文化并成为企业文化的重要标志。同时，优秀的企业文化有助于增强企业创品牌的内在激励机制，可以保证品牌战略实施的成果。良好的企业文化是实施品牌战略的坚强后盾。倡导新的企业价值观，强化品牌意识是实施品牌战略的根本保证。

企业文化、企业精神与企业价值观对企业实施品牌战略影响最大，两者之间是紧密联系、不可分开的。它们的联系主要表现在以下几个方面。

1) 品牌战略是一种竞争战略

创立一种或几种品牌商品，需要企业从产品的性能、规格、款式、技术含量及售后服务等方面能与竞争对手抗衡，并赢得消费者的信赖。在企业与同行的竞争中，竞争的残酷性、艰苦性表现得尤为突出。因此，企业领导人的竞争意识、拼搏精神及企业职工的奋斗精神、团结精神对实施品牌战略至关重要。品牌的后面是一种精神，是一种信念，是企业全体职工乃至整个地区、整个社会的力量的汇合，而这些正是企业文化的关键所在。

2) 品牌战略是一种形象战略

驰名商标、国际品牌，这些品牌商品的实体已不再重要，重要的是这些产品的外在形象与内在品质。如今，企业在公关设计、广告宣传、售后服务、营销策划、人才培训等诸多方面的行为都向外界展示了企业的内在品质与外在形象的重要性，这种形象是否与品牌内涵一致也决定了品牌能否保持和发展,而形象设计的关键是由企业文化所显示、倡导的经营理念和管理风格决定的。

3) 品牌战略的支撑点是企业的全体员工

松下幸之助有句名言:"在生产出合格商品之前,先培养出合格的人。"若企业员工对企业不忠诚、不热爱、缺乏职业道德、缺乏敬业精神、工作不负责任,那企业就不可能生产出合格产品,更不可能生产出品牌商品。因此,企业在创立品牌产品之前,先培养出合格员工是实施品牌战略的关键。只有将品牌战略、品牌意识变成全体职工的自觉行动,才能使品牌战略真正落到实处。

4) 品牌战略是一种文化战略

品牌创立既是物质的生产过程,又是精神的生产过程。品牌不仅追求丰富的技术含量,而且也包含深邃的文化内涵。成功的品牌里面包含该民族的优秀文化传统,包括企业自身的文化特色,反映企业的文化地位和价值观念。品牌是文化和生产方式的有机结合,是物质文明与精神文明的有机统一。注重品牌就是注重文化,创造品牌就是发展文化。除此之外,品牌战略还包括科技观、市场观、发展观、改革观。但笔者认为,这里面的关键还是文化观、价值观。一个没有相应的文化观念、精神和经营理念支持的企业,就不可能有效地实施品牌战略,也不可能开创出品牌商品,更不能保持品牌和发展品牌。实践和理论从正、反两面表明:企业文化建设与企业实施品牌战略密切联系、不可分割。在某种意义上可以认为:没有与品牌战略相配套的企业文化网络,没有相应的企业精神与企业经营理念,企业就不可能开创出品牌商品。即便一时创立了一种品牌,也不可能长期保持和发展下去。企业文化是企业品牌战略的支撑和基础,品牌则是企业文化的集中表现与结晶。

产品的市场竞争优势来源于产品的差异性。当产品的功能和质量难以体现产品的差异时,品牌文化就成为企业创造产品差异的主要手段。

本 章 小 结

企业核心竞争力就是能使企业在市场竞争中制胜的根本能力,它是竞争对手难以模仿的优势,是支持企业持续稳定向前发展的因素。其必须具备以下三个特征:长期的积累性、保证企业在市场上赢得竞争和难以被其他企业复制。而优秀的企业文化具备以上三个特征。

美国哈佛大学商学院教授约翰·科特和詹姆斯·赫斯克特在他们的专著《企业文化与经营业绩》一书中总结了他们在1987—1991年期间对美国22个行业207家公司的企业文化和经营状况的深入研究,得出两个重要结论:一是企业文化对企业的长期经营业绩具有重大的作用;二是企业文化今后很可能成为决定企业兴衰的关键因素。

企业文化的经济价值通过三个途径实现:①优秀的企业文化可引导企业遵照经济规律办事,从而避免因违反经济规律而带来的惩罚;②优秀的企业文化能提高企业的商誉,进而提高企业的竞争力和增值力;③优秀的企业文化能激起员工的积极性,提高劳动效率,最终给企业带来较高的经济效益。

【课堂检验】

预习题:
1. 人力资源管理包含哪些内容?
2. 企业文化对企业人力资源管理有何影响?

复习题:
1. 企业竞争力有哪些特征?企业核心竞争力有哪些特征?
2. 如何理解迈克尔·波特的竞争优势理论?
3. 企业文化能否成为企业的核心竞争力?为什么?
4. 企业中哪些属于硬件要素,哪些属于软件要素?二者有何区别?
5. 企业文化对企业到底是雪中送炭,还是锦上添花?为什么?

练习案例

沃尔玛的企业文化与企业竞争力

沃尔玛是世界500强之首,其核心竞争力来源于其企业文化。沃尔玛创始人山姆将其独特的处世理念融入沃尔玛的企业文化中,使沃尔玛从小到大,从优秀到卓越;从小镇到全美,进而走向全世界。山姆制定的三条原则(顾客是老板、尊重员工、追求卓越)是沃尔玛文化的精髓。

一、经营者的灵魂

山姆说他一直拥有经营者的灵魂,不求最大,但求最好,其目标是希望沃尔玛成为最好的零售商。

1. 一个使命:改善所有人的生活

山姆把沃尔玛定义为一个关心顾客和员工、一心为生活在其中的人提高生活水准的地方。他明确提出沃尔玛的使命是改善所有人的生活,宗旨是为顾客提供价廉物美的商品,为顾客节约每一元钱,提高人们的生活质量。"天天平价"是沃尔玛的基本原则,每年能为美国消费者节省100亿美元。多年来,沃尔玛因低成本从供应链中挤出数百亿美元,并以低价形式让利给全球消费者。经济学家称之为普遍的"沃尔玛效应",即年复一年地抑制通货膨胀,把生产率增长带来的好处扩及整个世界经济。沃尔玛的使命,清晰且具体,使人们产生崇高的使命感,产生上进的力量,使沃尔玛的全体成员朝着"不求最大,但求最好"的目标前进。

2. 三大核心价值观

沃尔玛的使命表现在三大核心价值观上：尊重个人、服务顾客、追求卓越。企业使命指引着公司前进的方向，核心价值观支撑着企业使命，二者相得益彰。

1) 尊重个人，视员工为合伙人

尊重个人，就是善待每一位员工，视员工为合伙人。"我们的员工与众不同"，其真正含义是每位员工都很重要，沃尔玛每时每刻都在提升员工的自豪感，激励员工。"员工是合伙人"这一理念还具体化为公司政策：利润分享计划；购买股票计划；员工折扣规定；损耗奖励计划；员工培训计划。

2) "顾客是老板"的服务文化

山姆在其整个职业生涯中，一直遵循着既定原则：顾客第一，保证顾客满意。"顾客就是老板"，"顾客永远是对的"，成为沃尔玛文化的重要特色。沃尔玛为顾客提供超值服务。"一手硬"，是指一流的商品质量，低廉的商品价格；"一手软"，是指完善的服务。公司规定，要"露出八颗牙齿的微笑服务"给顾客以亲切、友好；"日落原则"，即为顾客服务必须"今日事今日毕"；"一站式购买"，为顾客提供周全的服务。完美的售后服务是沃尔玛的竞争之道。毫不犹豫的退货政策，确保了每个顾客永无后顾之忧。

3) 追求卓越

连续几年位居全球商业榜首，但公司上下并不满足，"每天追求卓越"的企业精神，是对沃尔玛文化的概括。商店经理每周至少要到周边商店10次，知己知彼，丝毫不敢懈怠。营业前、开会前，颇具特色的沃尔玛欢呼，鼓励员工时刻争取第一。沃尔玛在销售方式、促销手段、经营理念、管理方法等方面不断创新，追求卓越。山姆被誉为20世纪最有影响力的零售商。当他努力把自己塑造成一个合格商人时，同样塑造了卓越的沃尔玛文化。作为一位杰出的企业家，他的不畏艰险的开拓精神，独具慧眼的创新精神，敢于拼搏的竞争精神，科学理性的实干精神，爱惜人才的宽容精神，感恩社会的奉献精神，成为沃尔玛文化的组成部分。山姆是沃尔玛文化的灵魂，他已经成为一个文化标志，其精神成为公司的精神财富。

二、企业伦理：阳光利润

沃尔玛十分重视企业伦理建设，它的行业道德和企业信用赢得普遍赞许。具体表现在：一是不与政府官员拉关系；二是严禁贿赂。

1. 与政府"井水不犯河水"

山姆从来不主动与政府及官员打交道、拉关系，多年来一直拒绝成立公关部门，与政府"井水不犯河水"。不拉关系，不开后门，沃尔玛照样健康成长、壮大，这表现了美国市场经济的成熟、法制的健全。

2. 对供应商：近乎苛刻的友好合作

沃尔玛对供应商一方面对质量问题和人文道德的要求近乎苛刻。例如，是否使用童工,是否给职工买养老保险,有没有环境污染,消防设施是否齐全,食堂、厕所卫生如何,等等,都可能成为沃尔玛拒绝采购的理由。另一方面,沃尔玛恪守契约,讲诚信,与供应商建立共赢关系。沃尔玛不向供应商要回扣,不收进场费,及时付款,绝不拖欠。相反,为压缩采购成本,沃尔玛还帮助供应商改进工艺、提高质量、降低劳动力成本、控制存货,成为供应商忠实的伙伴。

3. 对内部:自扫烟囱的"廉政公署"

沃尔玛内部特设防损部,以外防超市物品遗失、被盗,内防商业腐败。防损部是沃尔玛的"廉政公署",直接向沃尔玛总部负责。自家烟囱自己扫,由于沃尔玛内部举报,已有几个贪污受贿的干部被送进监狱。在今天,这种商业贿赂、"钱权交易"正日益成为国家和企业的头等心腹大患时,沃尔玛顽强地坚守着自己的道德底线,起到了独特的示范作用。这对全球市场经济的发展产生积极的影响,有助于建立新兴的世界商业文化。

三、永远学习,不断创新

我国的不少民营企业各领风骚两三年,平均寿命只有两年半,原因在于随波逐流。沃尔玛之所以能做大、做强、做久,从优秀走向卓越,是因为其善于学习,不断创新,努力打造学习型组织。

1. 向对手学习

山姆说:"如果你找到竞争对手的一个优点,就是为自己的店添了一件好商品"。他研究对手的策略,不是去找对手的错处,而是认真学习对手的长处,以便日后反映在沃尔玛的经营策略上。沃尔玛还满世界地收集好点子,如大销量商品补货墙方法来自于巴西、展示鞋子的方法采纳于加拿大、排酒架展示酒类源于墨西哥、购物广场的经营方式是向欧洲人学来的、沃尔玛的口号文化出自韩国人。

2. 在纠错中开设正确的店铺

在正确的时间、正确的地点开设正确的店铺是沃尔玛的基本策略。所谓正确的时间,是指开店的火候正好;正确的地点,就是要拿到最低的地价和最好的商圈。两者都要兼备。开设正确的店铺是指商店业态要符合当地的购物心理。在纠错中开设正确的店铺是沃尔玛的方法。一些经营不成功、不能产生预期现金流的店铺会被及时转型或关闭。

3. 打造学习型组织

沃尔玛之所以能不断地从优秀走向卓越,是因为沃尔玛在长期实践中努力把自己打造成学习型组织。组织成员拥有一个共同愿景。"不求最大、但求最好"的共同理想,使不同个性的人凝聚在一起,朝着组织共同的目标前进。沃尔玛善于不断学习:一是强调"终身学习",山姆的一生是奋斗的一生,也是学习的一生;二是强调"全员学习",即企业组织的决策层、管理层、操作层都全心投入学习;三是强调

"全过程学习",学习必须贯彻于组织系统运行的整个过程之中;四是出现问题,进行深入的学习;五是向联盟伙伴和竞争对手学习;六是向全世界学习;七是持续有效地学习。沃尔玛把学习与创新作为公司的核心理念进行塑造,不断地创新调动每个成员的积极性,使公司的一切资源得到最佳配置,整合成企业的核心竞争力,使公司不断突破自身成长的局限,成为可持续发展的发展型组织。

四、卓越的供应链文化

供应链管理不仅是一种管理方法,还是一整套管理理念、一种文化,是管理理论的又一次革命性的飞跃。与传统的企业供应链不同,沃尔玛直接寻找制造商,越过批发和代理,自己承担物流配送和运输,在先进的信息技术基础上,建立起一条以满足消费者需求为目标、以沃尔玛为链主、以供应商为伙伴的供应链。这是一条信息共享之链、价值增值之链,是共赢之链,也是一条诚信之链、优秀企业文化之链。

1. 信息共享之链

卫星通信系统是沃尔玛供应链的最大优势。通过全球卫星网络,沃尔玛总部可在1小时之内对遍布全球的5300多家门店的每种商品的库存上架及销量,全部盘点一遍。沃尔玛建立的供应链对顾客、供应商、公司内部来说,目标一致,信息共享,是信息共享之链。

2. 共赢之链

沃尔玛与供应商采取的是双赢的策略。沃尔玛内部建立了价值让渡系统。这样的一套价值让渡系统加强了供应商、生产商和经销商之间的合作,使销售信息快速流动,提高了营销效率。沃尔玛力图和供应商保持一种战略伙伴关系,以促进自身的发展。

3. 价值增值之链

沃尔玛的全球供应链以先进的信息技术为依托,构成了一整套先进的供应链管理系统。统一、集中、实时监控的供应链管理系统,使沃尔玛能从根本上改变以往零售商的地位,直接"控制生产"。基于信息技术的供应链的高效运作,沃尔玛降低了成本,创造了价值,提高了生产率,高水准地为客户服务,为商界树立了成功的典范。

4. 诚信之链

沃尔玛的供应链,完整而又系统,有着完善的评估体系和良好的执行能力。沃尔玛推行"天天低价,保证满意",忠诚于顾客。沃尔玛与供应商之间恪守契约,这就形成了顾客、沃尔玛、供应商三者和谐统一的诚信链。

五、文化渗透:沃尔玛全球化

沃尔玛在进军海外市场过程中,成绩辉煌。从企业文化方面来总结,成功的经验是：依托美国根基，高度重视和发挥企业文化作用，移植沃尔玛文化，充分发挥影响力。沃尔玛成功拓展海外市场的经验，总结起来就是做好六大决策：一是选择产品；二是选择市场；三是选择打入市场的方式；四是移植企业文化与经验；五是占领当地市场；六是把握全球化拓展的速度。沃尔玛在国际竞争中的优势就在于强大的企业文化和高度规范化的管理。沃尔玛全球扩张的第一步是向海外市场输出企业文化，以文化的力量征服海外员工，并影响海外顾客。沃尔玛认为，其文化对企业的贡献比其他任何方面都大。这种文化的传播力和影响力几乎是难以抵抗的，在许多国家，顾客和员工已在积极拥抱沃尔玛文化。

六、回馈社会：将欢乐带给世人

山姆是一个生意人，相当看重企业利润，但不唯利是图，他具有相当高的道德操守。沃尔玛家族创业时白手起家，"虽穷犹富"，发家后"虽富犹穷"，生活节俭，乐善好施。

山姆以家庭为中心，通过慈善事业机构捐赠了许多福利项目，包括儿童网络、教育机构、教会、社区建设、医院、艺术团体、环保团体、退伍军人组织、经济发展团体。例如：关爱儿童，成为儿童奇迹网络的最大赞助商；支持教育，设立特殊奖学金，资助中美洲地区经济困难但学习优异的学生到美国大学就读；保护环境，实施绿色环保计划、保护地球计划、资源回收再生计划，积极开发"绿色"产品，开设生态商店，发起绿色革命。

沃尔玛真正将经营上升到"文化营销、人文关怀"的高度，回报社会，树立了良好的社会形象，同时取得了很好的社会效益。它加强了社会公众对教育、环保等公益事业的了解和关心，它为人们从事公益事业提供了具体途径，它以身作则说服人们奉献自己的时间、精力和金钱来帮助那些需要帮助的人，将欢乐带给世人。

资料来源：http://wenku.baidu.com/view/d969f72ca5e9856a56126067.html

讨论题：

1. 沃尔玛是如何将自己的企业文化转化成企业核心竞争力的？
2. 沃尔玛的做法有哪些地方值得我国同类企业借鉴？

第六章 企业文化与人力资源管理

【学习目标】

(1) 了解企业人力资源管理的职能、作用及基本原理；
(2) 掌握企业文化如何影响企业的招聘及员工关系管理；
(3) 了解企业文化对企业人力资源管理其他职能的影响。

【开篇案例】

　　沃尔玛是美国现代商业最成功的商业企业，成立于 1962 年。在 1980 年以前，其年销售额为 24 亿美元，不到西尔斯销售额的 12%。但在 20 世纪 80 年代，沃尔玛年营业额以每年 25% 的速度增长。目前，它的年销售额达 400 亿美元，超过西尔斯，成为美国最大的零售商。

　　沃尔玛销售的商品是和其他同行同样的商品，但它为什么能成功？其中一个因素是企业创立者山姆最初选择了正确的成长战略：在少有竞争对手的小城镇，建立毗邻的销售网点，方便分配商供货。但沃尔玛成功的真正秘诀是它的企业文化。山姆创立的企业文化，成为 350 000 名企业员工共同承认的价值标准。这种文化强调质量、低消耗、服务顾客。在企业中，沃尔玛鼓励在各层面上工作的员工冒险、创新，对待员工真正像对待自己的伙伴一样。有一则小故事可以说明这种企业文化。

　　1985 年，在阿拉巴拿的一位商店经理助理 John 犯了非常愚蠢的错误，他订了商店所需量的 4~5 倍的甜点。发生这种情况在别的企业责任人必然被辞退。但在沃尔玛则不然，商店的经理告诉他："John，发挥你的想象力，想出各种方法将它卖掉。"John 的方法是在他的商店附近停车场举办第一次吃月饼世界冠军比赛。促销活动非常成功，这项赛事已成为该店每年一度的传统活动。

第一节　人力资源管理概述

一、人力资源管理的含义与人力资源管理活动的内容

1. 人力资源管理的含义

　　人力资源管理是指运用现代化的科学方法对与一定物力相结合的人力进行合

理的培训、组织和调配,使人力、物力经常保持最佳比例,同时对人的思想、心理和行为进行恰当的诱导、控制和协调,充分发挥人的主观能动性,使人尽其才、事得其人、人事相宜,以实现组织的目标。

2. 人力资源管理活动的内容

1) 职务分析与设计

对企业各个工作职位的性质、结构、责任、流程,以及胜任该职位工作人员的素质、知识、技能等,在调查分析所获取相关信息的基础上,编写出职务说明书和岗位规范等人事管理文件。

2) 人力资源规划

人力资源规划是指将企业人力资源战略转化为中长期目标、计划和政策措施,包括对人力资源现状分析、未来人员供需预测与平衡,确保企业在需要时能获得所需要的人力资源。

3) 员工招聘与选拔

根据人力资源规划和工作分析的要求,为企业招聘、选拔所需要的人力资源,并录用、安排到一定岗位上。

4) 培训与开发

通过培训,提高员工个人、群体的知识、能力和工作绩效,进一步开发员工的智力潜能,以增强人力资源的贡献率。

5) 绩效考评

对员工在一定时间内对企业的贡献和工作中取得的绩效进行考核和评价,并及时做出反馈,以便提高和改善员工的工作绩效,并为员工培训、晋升、计酬等人事决策提供依据。

6) 薪酬管理

薪酬管理包括对基本薪酬、绩效薪酬、奖金、津贴、福利等薪酬结构的设计与管理,以激励员工更加努力地为企业工作。

7) 员工激励

采用激励理论和方法,对员工的各种需要予以不同程度的满足或限制,引起员工心理状况的变化,以激发员工向企业所期望的目标而努力。

8) 职业生涯规划

鼓励和关心员工的个人发展,帮助员工制订个人发展规划,以进一步激发员工的积极性、创造性。

9) 劳动关系管理

协调和改善企业与员工之间的劳动关系,进行企业文化建设,营造和谐的劳动关系和良好的工作氛围,保障企业经营活动的正常开展。

二、人力资源管理的目标、功能与基本原理

1. 人力资源管理的目标

1）人力资源管理的总体目标

人力资源管理的总体目标是指通过人力资源管理活动所争取达到的一种未来状态。它是开展各项人力资源管理活动的依据和动力。人力资源管理的最高目标是促进人的发展。从生理学的角度来讲，人的发展包括生理发展和心理发展。生理发展是心理发展的基础，心理发展则进一步影响和促进生理发展。从教育学的角度来看，人的发展包括全面发展与个性发展。全面发展是指人的体力和智力，以及人的活动能力与道德品质等多方面的发展；个性发展是指基于个性差异基础上的个人兴趣、特长的开发与发展。全面发展和个性发展是相互促进的关系。二者有机地结合是社会高度发展的产物，也是人力资源开发与管理的最高目标。

2）人力资源管理的根本目标

人力资源管理的目标是为充分、科学、合理地发挥和运用人力资源对社会经济发展的积极作用而进行的资源配置、素质提高、能力利用、开发规划等。而发挥并有效地运用人的潜能是其根本目标。已经存在的人力，并不等于现实的生产力，现实的生产力常常是以潜在的形态存在。因此，人力资源管理的根本目标就是采用各种有效的措施充分发挥劳动者的潜力，提高劳动者的质量，改善劳动者的结构，合理配置和管理使用，以促进劳动者与生产资料的最佳结合。

3）人力资源管理的具体目标

（1）经济目标。经济目标是使人力与物力经常保持最佳比例和有机结合，使人和物都充分发挥出最佳效应。

（2）社会目标。社会目标是培养高素质人才，促进经济增长，提高社会生产力，以保证国家、民族、区域、组织的兴旺发达。

（3）个人目标。个人目标是通过对职业生涯设计、个人潜能开发、技能存量和知识存量的提高，使人力适应社会、融入组织、创造价值、奉献社会。

（4）技术目标。技术目标是不断完善和充分使用素质测评、工作职务分析等技术手段和方法，并以此作为强化和提高人力资源管理工作的前提和基础。

（5）价值目标。价值目标是通过合理地开发与管理，实现人力资源的精干和高效。正如马克思所说，真正的财富在于用尽量少的价值创造出尽量多的使用价值，即在尽量少的劳动时间内用尽量低的成本创造出尽量丰富的物质财富。

人的使用价值达到最大等于人的有效技能得到最大的发挥。因此，人力资源开发与管理的重要目标就是取得人力资源的最大使用价值，发挥人最大的主观能动性，培养全面发展的人，提高其工作效率。

2. 人力资源管理的功能

1) 获取

获取主要包括人力资源规划、招聘与录用。为了实现组织的战略目标,人力资源管理部门要根据组织结构确定职务说明书与员工素质要求,制定与组织目标相适应的人力资源需求与制订供给计划,并根据人力资源的需求与供给计划开展招募、考核、选拔、录用与配置等工作。显然,只有首先获取了所需的人力资源,才能对之进行管理。

2) 整合

整合是使员工之间和睦相处、协调共事、取得群体认同的过程,是员工与组织、个人认知与组织理念、个人行为与组织规范的同化过程,是人力资源管理中的人际协调职能和组织同化职能的体现。现代人力资源管理强调个人在组织中的发展,个人的发展势必会引发个人与个人、个人与组织之间的冲突,产生一系列的问题,其主要内容有三点:①组织同化,即个人价值观趋同于组织理念、个人行为服从于组织规范,使员工与组织认同并产生归属感;②群体中人际关系的和谐,组织中人与组织的沟通;③矛盾冲突的调解与化解。

3) 奖酬

奖酬是指对员工为组织所做出的贡献给予奖酬的过程,它是人力资源管理的激励功能和凝聚职能的体现,也是人力资源管理的核心。其主要内容为:根据对员工工作绩效考评的结果,公平地向员工提供合理的与他们各自的贡献相称的工资、奖励和福利。设置这项基本功能的根本目的在于增强员工的满意感,提高其劳动积极性和劳动生产率,增加组织的绩效。

4) 调控

调控是对员工实施合理、公平的动态管理的过程,是人力资源管理中的控制职能和调整职能的体现。它包括:科学、合理的员工绩效考评与素质评估;以考绩与评估结果为依据,对员工进行动态管理,如晋升、调动、奖惩、离退、解雇等。

5) 开发

开发是人力资源开发与管理的重要职能。广义上的人力资源开发包括人力资源数量与质量的开发。从宏观上来看,人力资源的数量开发的主要方法有人口政策的调整、人口的迁移等。而对于组织而言,其人力资源的数量开发的方法有招聘、保持等。人力资源开发是指对组织内员工素质与技能的培养与提高(即使他们的潜能得以充分发挥),最大限度地实现其个人价值。它主要包括组织与个人开发计划的制订、组织与个人对培训和继续教育的投入、培训与继续教育的实施、员工职业生涯开发及员工的有效使用。以往在开展人力资源开发工作时,往往只注重员工的培训与继续教育,而忽略了员工的有效使用。事实上,员工的有效使用是一种投资最少、见效最快的人力资源开发方法,因为它只需将员工的工作积极性和潜能充分发挥出来即可提高劳动生产率。当员工得到有效使用时,对于员工而言,其满意感增强,劳动积极性提高,对于组织而言,则表现为员工得到合理配置、组织高效运作、劳动生产率提高。

以上五项基本职能是相辅相成、彼此互动的。它们包含功能性管理作业与支援性管理作业。功能性管理作业直接用以完成人力资源管理任务,而支援性管理作业则用以支持和保证功能性管理作业的顺利进行,包括职务分析与员工评估两项内容。值得注意的是,职务分析为各项人力资源管理作业提供基本依据,所以起着核心作用,员工评估为各项人力资源管理作业提供方法与手段,也起着支持作用。

3. 人力资源管理的基本原理

1) 同素异构原理

同素异构原理是从化学中借用的概念,是指事物的成分因在空间关系上即排列次序和结构形式上的变化而引起不同的结果,甚至发生质的变化。把自然界中的同素异构原理移植到人力资源管理中,是指同样数量的人采用不同的组织结构,可以取得不同的效果。好的组织结构可以有效地发挥整体功能大于个体功能之和的优势。合理的组织结构可以充分地发挥人力资源的潜力,发挥组织的系统功能。

2) 能级层序原理

能级层序是来自物理学的概念。能是指表示做功的能量;能级是指事物系统内部个体根据能量大小形成的结构、秩序、层次。将能级层序原理引入人力资源管理中,是指具有不同能力的人应配置在组织中的不同职位上,给予不同的权利和责任,使能力与职位相应,这样组织结构才会相对稳定。这里的能力不仅指知识、经验,还包括人的道德水平、价值观。

3) 要素有用原理

要素有用原理是指在人力资源开发与管理中,任何要素都是有用的,关键在于知人善任,没有无用之人,只有不用之人。

首先,要承认人的能力、知识、价值观是有差异的,也是多元化的。

其次,要根据每个人的知识、能力、经验等要素,将每个人配置到合适的岗位上。

最后,作为领导,要善于发现员工的特点,用其所长,避其所短。

总之,每个人身上都有闪光的一面,关键是要将其放到合适的岗位,给他创造闪光的机会。

4) 互补增值原理

互补增值原理是指将各种差异的群体,通过个体间取长补短而形成整体优势,以实现组织目标。该理论给我们的启示是在目标一致的前提下,充分利用互补增值原理,往往可以事半功倍。互补的内容主要包括以下五个方面。

一是知识互补。在一个群体中,若个体在知识领域、广度和深度上实现互补,那么整个集体的知识结构就比较全面合理。

二是能力互补。在一个群体中,若个体在能力类型、大小方面实现互补,各种能力的互补就能形成优势,使组织的能力结构更加合理。

三是性格互补。每个个体都具有不同的性格特点,而且不同的性格特点之间具有互补性,这样易于整个组织形成良好的人际关系和形成胜任处理各类问题的良好的性格结构。

四是年龄互补。合适的人员年龄结构,可以在体力、智力、经验、心理上形成互补,从而有效地实现人力资源新陈代谢,使企业焕发出持久的活力。

五是关系互补。每个人都有自己特殊的社会关系,从整体上来看,关系互补更易于发挥集体的社会关系优势。

5) 动态适应原理

动态适应原理是指随着时间的推移,员工个体状况、组织结构、外部环境等也会发生变化,人力资源管理要适时予以调整,以适应各种变化。

人与事的不适应是绝对的,适应是相对的,从不适应到适应是在运动中实现的,是一个动态的适应过程。因此,应对人力资源实行动态管理。动态管理主要包括五个方面。

一是实施岗位的调整或岗位职责的调整。

二是实施人员的调整,进行竞聘上岗,平行调动。

三是实施弹性工作时间,如聘用小时工、临时工等。

四是培养、发挥员工一专多能的才干,实现岗位流动。

五是实施动态优化组合,实现组织、机构人员的优化。

6) 激励强化原理

所谓激励,就是以物质和精神满足员工的需求,激励职工的工作动机,使之产生实现组织目标的特定行为的过程。使用激励强化原理时,应注意对人的动机的激发,对人的激励。激励可调动人的主观能动性,强化期望行为,使之适应企业目标,从而提高劳动生产效率。

7) 公平竞争原理

公平竞争原理是指竞争条件、规则的同一性原则。在人力资源管理中,公平竞争原理是指考核录用和奖惩过程中的统一竞争原则。同一性是指起点、尺度、条件、规则的统一。运用竞争机制要注意以下三点。

一是竞争的公平性。应严格按规则办事,并一视同仁,对员工给以鼓励和帮助。

二是竞争的适度性。没有竞争或竞争强度不够,会使企业死气沉沉,缺乏活力;相反,过度竞争会使人际关系紧张,破坏员工之间的协作,破坏组织的凝聚力。

三是竞争的目的性。竞争应以组织目标为重,良性竞争可提高效率,增强活力,又不削弱凝聚力。而恶性竞争必然损害组织的凝聚力,难以实现组织目标。

企业应坚持公平竞争、适度竞争、良性竞争三项原则。

8)企业文化凝聚原理

企业文化凝聚原理是指通过价值观、理念等文化因素把员工凝聚在一起的原理。组织凝聚力的大小取决于两个方面:一是组织对个体的吸引力或是个体对组织的向心力;二是组织内部个体之间的黏结力或吸引力。企业文化是企业的灵魂,具有极强的凝聚力,是企业员工的黏合剂,员工一旦对企业文化认同,就会与企业同甘苦、共命运。所以,要加强企业文化的建设,用高尚的企业目标、企业精神、企业风气塑造人才、凝聚队伍,促进企业发展壮大。

第二节 企业文化对员工招聘的影响

一、企业文化与员工招聘的关系

1. 企业文化对员工招聘的影响

1)企业文化不同,招聘的途径和方式不同

企业招聘的途径主要有内部招聘和外部招聘两种,二者各有利弊,互为补充,大多数企业是两者并用,但存在一个主次问题,这主要是依据企业的文化而定。一般来说,强调创新和学习的企业文化要求以外部招聘为主,这样的企业的外部环境和竞争情况往往变化非常迅速,选择外部招聘可以经常为企业带来新的观念和思维方式,增强企业的活力。而强调稳定的企业文化要求以内部招聘为主,因为这样的企业外部环境比较稳定,企业需要的是平稳的发展,选择内部招聘有利于企业的内部安定。

即使是采用相同的招聘途径,各企业在具体的招聘方法的选择上也会因为企业文化的不同而有区别。例如:同样是采用外部招聘,受儒家传统文化的影响,讲求义利合一的国有企业和民营企业可能更多地选择利用媒体信息资源招聘和校园招聘,而追求法律允许下效用最大化的欧美企业可能更多地通过代理机构和猎头公司来招聘。

2)企业文化不同,招聘的对象不同

企业所需要的人才类型直接取决于企业文化,这主要体现在不同行业的企业中。例如：对于IT行业来说，更喜欢有技术、抗压力、善于学习和创新、思维活跃的人才；对于饭店经理类的职业要求来说，更强调细致、严谨、敬业、责任心强的员工。

3）企业文化不同，招聘的策略不同

企业进行招聘前要制定一些决策，主要包括招聘人数、类型、预算、途径及其方法的确定。企业文化对招聘策略的制定有着举足轻重的作用。例如：在外资企业中，招聘关注能力与岗位的匹配，任人唯贤，人才招聘手段多样化，招聘的对象也是多元化的；国有企业则方法单一，多雇佣固定员工；私营企业则任人唯亲，随意性较大。

2. 员工招聘对企业文化的影响

1）招聘是企业文化宣传的工具之一

招聘过程中，有意识地宣传可让潜在的员工了解企业文化，达到招聘和宣传的双重目的。

2）招聘是执行企业文化的战略手段

现代企业管理中的人力资源管理和企业文化建设息息相关，企业可以通过有效的人力资源管理形成和建设有自身特色的企业文化。招聘是人力资源管理的入口，理所当然地是执行企业文化的第一步，对可能承载企业理念的应聘者有着筛选大权，并对企业文化的整合带来深远的影响。

3）招聘是更新企业文化的必然选择

企业文化需要与时俱进，以适应外部环境的变化。基于企业文化的人才招聘能给企业文化带来新鲜血液，促进企业的阶梯式发展。

二、企业文化与员工招聘的融合

企业文化与员工招聘既相互联系又相互制约。如果招聘到的人才的价值观与企业文化一致，则会使企业如虎添翼；反之，则会使企业寸步难行。因此，需要将企业文化与员工招聘相融合，具体可以从以下几个方面进行。

1. 以企业文化主导招聘

企业文化具有影响和规范内部员工思想和行为的作用，它可以引导人才在行为追求上寻求一种最佳的行事方式，实现组织发展的战略目标。员工的价值标准与公司的企业文化相符，能为企业带来新动力和高绩效，否则就会阻碍企业的健康发展。因此，在招聘之前，要确定一个大的原则：以企业文化主导招聘。

2. 在招聘的过程中宣传企业文化

招聘可以为企业选拔合格的员工，同时也是宣传企业文化的良机。企业在招聘过程中应树立宣传企业文化的观念，并将其落实到实处。

1) 招聘者要具备企业文化特质

员工是企业文化的第一载体,招聘工作人员在招聘过程中与应聘者直接接触,其个性特点、个人修养、专业知识及能力都会影响到应聘者对企业整体形象的印象。因此,招聘工作人员本身应该认同和理解企业文化,这样既能为企业带来新的与企业价值观相一致的人才,又能起到宣传企业文化的作用。

2) 招聘过程中融进企业文化的宣传培训

招聘程序应力避简单化,尽可能安排多个考察测试;在选才进程中,人力资源管理者应设置围绕企业哲学及核心价值观的文化识别维度,将企业的核心价值观分解为员工的核心能力要求,并作为测试的主要内容之一;在决定人选时,人力资源管理者应尽可能把淘汰的机制放在最后两三个环节,让那些不能进入选择范围的应聘者也较多地了解企业。

3) 善待落选者

企业应清楚认识到,应聘者即使落选,也会成为企业潜在的人力资源或消费群,礼待落选人员,对企业文化和企业整体形象的宣传是很重要的。

3. 注重心理契约的建立

心理契约是员工与企业之间的隐性契约,其核心是员工满意度。人力资源管理者应当在招聘中将员工关系从法律契约提高到心理契约的高度,在强势的文化指导下,强化哲学和核心价值观在招聘环节中的制度体现,同时将招聘职位在企业中的现状及未来几年的发展情况传递给应聘人员,使其建立一个合理的预期,这样不仅可以在招聘环节中传播企业文化,更重要的是在招聘的双向选择上,企业选择认可、接受和适合企业的人才。

第三节 企业文化对员工关系的影响

一、员工关系及员工关系管理

1. 员工关系的含义

员工关系是指劳资双方的关系。员工关系会对企业的发展潜力产生强烈的影响,它取决于不同的社会环境及管理者对员工的基本看法。管理者既可以把员工看作是需要通过资源投入才能够形成的一笔财富(即真正的人力资源),又可以将员工仅仅看成是实现最小化支出的一项成本。

2. 员工关系管理的内容及最终目的

从广义的概念上来看,员工关系管理的内容涉及企业文化和人力资源管理体系的构建。如企业愿景和价值观体系确立、内部沟通渠道的建设和应用、组织的设计和调整、人力资源政策的制定和实施,等等。所有涉及企业与员工、员工与员工之间的联系和影响的方面,都是员工关系管理的内容。

从狭义的概念上来看,即从人力资源部门的管理职能来看,员工关系管理主要有劳动关系管理、员工人际关系管理、沟通管理、员工情况管理、企业文化建设、服务与支持、员工关系管理培训等内容。

从理论上来说,企业人力资源管理从三个方面影响企业与员工、员工与员工之间的联系,这三个方面就是工作设计、员工异动和员工激励。工作设计是指根据企业目标和业务特点,确定每个工作职位的工作内容和所应承担的职责,彼此之间的工作联系、管理关系和方式,以及承担这些工作对员工的要求。工作设计明确了员工应该做什么和如何做才能达到要求。员工异动是指员工从进入企业到离开企业的整个过程。这个过程实际上是员工为实现本人的职业发展计划和企业为保证业务运转的整个人力资源配置过程,以及满足企业和员工本人对工作能力要求而进行的绩效评估、能力转化和提升过程。员工激励是指如何通过内外部激励手段,不断促进企业目标实现和员工个人发展之间的良性循环。内外部的激励手段,既包含报酬体系、福利体系,又包含其他满足员工心理需求的措施。

不论从影响企业与员工、员工与员工之间的联系的工作设计,人力资源的流动和员工激励等三个方面来说,还是从员工关系管理的广义和狭义内容的角度来说,沟通渠道建设特别是涉及员工异动的员工成长管理(即"员工成长沟通管理")都是管理者进行员工关系管理的重点。

二、影响员工关系的因素

1. 沟通是影响员工关系最重要的因素

如果企业沟通渠道不畅,缺乏必要的反馈,将会引起很多矛盾,进而导致员工工作热情和积极性下降,影响工作效率。不断进行的双向沟通将会增进员工关系,减少冲突,增加员工对企业的信任。如果员工不信任管理者,上行沟通将会受到阻碍;如果管理者不信任员工,下行沟通将会受到影响。

2. 管理者的理念影响员工对企业的信念,进而影响员工关系

如果员工不支持或不理解管理者的道德理念,他们将间接地对管理者的动机产生疑问。这将使员工产生压力,进而影响员工的工作绩效,同时也影响员工对企业的信念。在员工关系中,信念比现实更重要。员工将根据他们对企业的信念履行工作职责,员工应当被明确地告知工作的真实情况,尽管有时这对管理者或对员工来说是不合适的。员工的信念将会影响其工作绩效。良好的沟通将确保员工的信念与企业的现实相关联。另外,重视和关心与工作问题有关的员工情感是建立

员工关系的重要部分之一。

3. 冲突是产生负向的员工关系的直接起因

冲突是由于工作群体或个人试图满足自身需要而使另一群体或个人受到挫折的社会心理现象。企业内部的冲突表现为由于双方的观点、需要、欲望、利益和要求的不相容而引起的激烈争斗。企业内部的冲突既可能发生在个人与个人之间，又可能发生在群体与群体之间。如上下权力层次间的冲突、同一权力层次各部门之间的冲突、职能部门和一线班组之间的冲突，等等。企业必须解决冲突，从而避免不适当的压力对员工或绩效产生的负面影响。

4. 管理者对员工的期望不明确将增加员工的压力，进而影响员工关系

员工需要知道管理者对他们的期望是什么。员工知道管理者的期望可极大地减少其工作压力。

5. 企业是否公平地对待所有员工是影响员工关系的关键因素

公平可以简单地认为在相同的情况下，对所有的员工都一视同仁，不存在厚此薄彼。对于员工来说，公平也意味着获得公平的工资和福利。

三、如何利用企业文化对员工关系进行管理

1. 员工关系管理的起点是让员工认同企业的愿景

企业所有利益相关者的利益都是通过企业共同愿景的实现来达成的。因此，员工关系管理的起点是让员工认同企业的愿景。没有共同的愿景，缺乏共同的信念，就没有利益相关的前提。但凡优秀的企业，都是通过确立共同的愿景，整合各类资源，当然包括人力资源，牵引整个组织不断发展和壮大，牵引成员通过组织目标的实现来实现个体的目标。企业的价值观规定了人们的基本思维模式和行为模式，或者说是习以为常的东西，是一种不需要思考就能够表现出来的东西，是一旦违背了它就感到不舒服的东西。因此，可以说，企业的价值观是企业的伦理基准，是企业成员对事物共同的判定标准和共同的行为准则，是组织规范的基础。有了共同价值观，对某种行为或结果，组织成员都能够站在组织的立场做出一致的评价。这种一致的价值观既是组织特色，又是组织成员相互区分的思想和行为标志。所以，认同共同的企业愿景和价值观，是建设和完善企业员工关系管理体系的前提和基础。

2. 完善激励约束机制是员工关系管理的根本

企业有多种利益相关者，但其创立和存在的核心目标在于追求经济价值，而不是为了单纯地满足员工个体的利益需求。因此，根据企业组织的目标和其所处的竞争状况，建立企业与员工同生存、共发展的命运共同体，是处理员工关系的根本

出发点。因此,如何完善激励约束机制、建立科学合理的薪酬制度包括晋升机制等、合理利用利益关系就成了员工关系管理的根本。

3. 心理契约是员工关系管理的核心部分

20世纪70年代,美国心理学家施恩提出了心理契约的概念。虽然心理契约不是有形的,但却发挥着有形契约的作用。企业清楚地了解每个员工的需求和发展愿望,并尽量予以满足;而员工也为企业的发展全力奉献,因为他们相信企业能满足他们的需求和发展愿望。心理契约是由员工需求、企业激励方式、员工自我定位和相应的工作行为四个方面的循环构建而成的,并且这四个方面有着理性的决定关系。心理契约给我们员工关系管理带来的思考是:企业在构建心理契约时,要以自身的人力资源和个人需求结构为基础,用一定的激励方法和管理手段来满足、对应和引导员工的心理需求,促动员工以相应的工作行为作为回报,并根据员工的反应在激励上做出适当的调整;员工则依据个人期望和企业的愿景目标,调整自己的心理需求,确定自己对企业的关系定位,结合企业发展目标和自身特点设定自己的职业生涯规划,并因此决定自己的工作绩效和达成与企业的共识——个人成长必须依附企业平台,离开企业平台来谈员工个人目标的实现只能是一句空话,这好比大河与小河的关系,企业是大河,个人是小河,大河无水,小河是会干枯的。这就是现代人力资源管理的心理契约循环过程,也是企业员工关系管理的核心部分。

4. 利用其他职能部门的影响

职能部门负责人和人力资源部门是员工关系管理的首要责任人,在企业员工关系管理体系中,职能部门负责人和人力资源部门处于联系企业和员工的中心环节,他们相互支持和配合,通过各种方式,一方面协调企业利益和员工需求之间的矛盾,提高组织的活力和产出效率,另一方面通过协调员工之间的关系,提高组织的凝聚力,从而保证企业目标的实现。因此,职能部门负责人和人力资源部门是员工关系管理的关键,是实施员工关系管理的首要责任人,他们的工作方式和效果,是企业员工关系管理水平和效果的直接体现。

在当今复杂的经济背景下,如果我们能在管理方面垂拱而治,我们的管理者就能腾出大量的工作时间去完善战略和方针细节的制定,这对于我们来说无疑是一个非常重要的优势,也是成功必备的条件。

总的来说,员工关系管理的问题最终是人的问题,主要是管理者的问题。所以,管理者,特别是中高层管理者的观念和行为对员工关系管理起着至关重要的作用。在员工关系管理和企业文化建设中,管理者应是企业利益的代表者,应是群体最终的责任者,应是下属发展的培养者,应是新观念的开拓者,应是规则执行的督导者。在员工关系管理中,每一位管理者能否把握好自身的管理角色,实现自我定位、自我约束、自我实现,乃至自我超越,关系到员工关系管理的成败和管理的水平,更关系到一个优秀的企业文化建设的成败。或许,这才是我们每一个管理者在进行员工关系管理时应该深深思索的问题。

第四节 企业文化对人力资源管理其他职能的影响

一、企业文化与人力资源管理的相互关系

1. 两者都是基于对人的管理,都强调以人为本

企业的人力资源管理,实质是按照以人为本的理念,采用现代化的科学方法和手段,对人的思想、行为进行有效的管理,充分发挥人的潜能,从而实现企业目标。而企业文化也倡导以人为本的理念,提出人是企业的核心、人力资源是真正的资源、企业的管理工作必须以人为中心等思想。企业文化通过运用文化理念来引导、调控、激发人的潜能、积极性和创造精神,以此促进人与企业的共同发展。因此企业文化与人力资源管理都是基于对人的管理,强调以人为本,激发人的潜能与创造精神。

2. 企业文化是人力资源管理的助推剂

不同的企业文化体现在不同企业的人力资源管理上也是千差万别的。同时,人力资源管理的获取、整合、奖酬、调控、开发等各项功能的实现又都受到企业文化直接或潜在的影响。人力资源管理作为企业管理的一部分,通过或利用企业文化进行,是人力资源管理发展到今天的必然要求,也是企业管理所追求的最高管理境界。因此,人力资源管理只有在一定的企业文化基础上进行,并服从于企业文化这个软环境,才更加有效率。在企业文化建设中,从表层文化(厂貌、员工面貌)到中层文化(制度)再到深层文化(理想信念、行为准则)的构建,都离不开对员工群体和个人行为的逐步规范。人力资源管理是载体,企业文化是精神实质和精髓。人力资源管理的任务是吸纳、培训、保留、激励和开发高素质人力资源。因此,企业文化所提供的价值标准和行为准则应成为人力资源管理的主要依据和准则。

3. 人力资源管理是企业文化的根基

尽管每个企业都有自己富有特色的企业文化,但不是所有的文化都能得到落实和完善,从而有效地激励员工提高企业的经营业绩。只有运用正确的、系统的、完善的人力资源管理手段,才能保证企业文化的贯彻和落实,人力资源管理实践才能真正成为落实企业文化最有力的工具。

1)赋予企业文化以生命力

企业文化并不是服饰、口号、徽标等一些脱离企业管理实践而发生作用的纯粹

表面文章,而是一种以企业人力资源管理政策与实践为基础,在长时期实践中形成的综合性人际关系氛围。只有以企业的人力资源管理政策与实践作为制度支撑的企业文化,才能真正深入每一位员工心中,才能真正发挥其精神的激励作用,才具有强大的生命力。

2)培养企业文化产生的土壤

企业人力资源管理的主要目的在于:通过为员工提供稳定的就业岗位、公平适度的报酬、友好合作的工作环境及个人长期职业发展的机会,与员工建立起长期稳定的雇佣关系。这样,企业和员工之间实际上就形成了一种心理上的契约关系:企业为员工提供种种经济和非经济的福利,员工则贡献自己的工作热情、能力及对企业的忠诚。这种互惠合作、相互信赖的关系,是企业文化产生的土壤。

3)强化企业文化建设的助推器

通过完备人力资源管理体系,可以强化已经初步建立的企业文化;通过在招聘过程中对应聘者价值观进行测试,拒绝不符合企业基本文化观的应聘者,有利于使公司的企业文化在一致的环境中发展;通过入职培训、在职教育、人才培养等手段,把企业文化灌输给员工,可以促使其在员工心里扎根;通过绩效考核,树立优秀的典范,在薪酬、升职上给予激励,可以让全体员工看到公司所希望的员工的表现,强化员工对公司企业文化的认可。

二、企业文化对人力资源管理的作用

1. 导向作用

企业文化的核心是企业全体员工共同拥有的价值观。这种价值观会对人们的思想意识和行为产生一种导向作用,发出无声的命令,要求企业全体员工按照共同价值观及以其为核心的企业文化要求去行动。例如:北京同仁堂药业以"工序虽繁必不敢省人工,品质虽贵必不敢减物力"为经营理念,沃尔玛的"顾客永远是对的"理念引导和影响职工的思想和行为。通过企业文化将企业的基本信念、基本价值观等灌输给职工,可以形成上下一致的企业文化,促进广大职工在一致的企业文化下进行工作。企业文化对人力资源管理体系具有导向功能,主要表现在以下几点。

1)在人力资源的招聘中,将企业的价值观念与用人标准结合起来

在招聘过程中,对招聘者进行严格的考察,在招聘开始以前就应描绘好所要招聘人员的整体形象。

2)在人力资源的培训中,将企业文化的要求贯穿于企业培训之中

当今一些企业改变以往生搬硬套的培训,采取拓展训练、团队打造等较灵活的体验式培训,以在培训过程中让员工树立和接受企业的文化理念。

3)将企业文化的要求融入员工的考核与评价中

在对员工进行考核与评价时,要将企业价值观念的内容注入,作为多元考核的一部分。其中,对企业价值观的解释要通过各种行为规范来进行,可通过鼓励或反对某种行为,达到诠释企业价值观的目的。

4)在员工的薪酬系统上,企业应真正建立起符合其核心价值观和企业原则的薪酬系统

例如,如果企业的核心价值观强调业绩导向,那么在薪酬系统设计上就应该拉大不同表现员工的薪酬差距,并且真正让工作表现好、对企业贡献大的员工得到明确的奖励和赏识。

2. 人才吸引与保持作用

企业文化可以把企业各个层面、各个层次的人聚合起来,从而产生一种巨大的向心力和凝聚力,让职工对企业产生归属感。例如:同仁堂药业从古至今,都保持一个非常突出的特色,即讲礼仪重人和,在整个企业文化氛围中都显示出"人和"与"亲善"的色彩,成为同仁堂药业吸引与留住人才的重要因素。

企业文化通过提供各种诱因与贡献的相互平衡,即"诱因引导与成就驱动"的平衡使人才认同来达到吸引人才、留住人才的作用。如企业可以通过分配文化保证人才物质利益的实现,通过招聘、录用、内部待业、解雇、养老等安全保障文化来满足人才安全感的需要,通过主体文化和诸多亚文化制造团体认同感和归属感,通过自我价值的追求与企业经营目标的协调来满足员工自我实现的需要。这是企业文化所特有的魅力,这种魅力可以将企业发展所需要的人才牢牢吸引住。近年来,海尔、娃哈哈等知名企业受到越来越多的应聘者的青睐,这与其有着独特的企业文化的吸引作用是分不开的。

3. 激励作用

优秀的企业文化常常可以使企业员工懂得自己所在企业存在的社会意义和自己作为企业一员的意义,从而产生使命感与责任感。企业文化的人力资源激励功能具体体现在以下三点。

1)信任鼓励

例如惠普公司对员工的信任表现:实验室备品库就是存放电器和机械零件的地方,公司不但允许工程师在工作中可以随意取用备品库里的电器和机械零件,还鼓励他们拿回家使用。惠普公司认为,不管工程师是在工作岗位还是在家使用这些电器和机械零件,都能学到一些东西。

2)关心鼓励

例如:惠普公司的创建人比尔·休利特说,惠普的政策和措施都是来自于一种信念,就是相信惠普员工想把工作干好,有所创造。只要给他们提供适当的环境,

他们就能做得更好。这就是惠普之道。

3）宣泄激励

在心理学家的建议下，日本的一些企业设立了"特种员工室"，里面有经理、车间主任等人偶，用塑料或沙袋制成，工人可以对特定人偶任意地拳打脚踢，发泄不满情绪而无人干涉。"特种员工室"设立后，员工的消极情绪得到发泄，暴力事件明显减少了。

4. 约束作用

当员工产生自觉行动，而不需要外在约束时，企业文化才算初步建立起来。企业文化的人力资源约束功能表现在以下几点。

一是能使对员工的心理约束和对工作的约束一致起来，建设一支具有统一的价值观念、首创精神，以及一切行动听指挥、遵纪守法的员工队伍，既发挥员工的主体作用，又使每一个员工懂得自己的工作任务、目标、职责，并按照这些要求驾驭、管理各种要素，尽职尽责地完成本职工作。

二是能使自我约束与强制约束结合起来。一个企业群体的价值观念一旦成为广大员工的自觉意念和行为，员工就不需要外力约束，而自觉地按照群体认同的价值观念待人处事和从事经营活动。

三是能使事前、事中、事后的约束相结合，三者约束，环环紧扣。企业文化中长期形成的群体观念和道德行为准则，在员工中起潜移默化的作用，可以使员工自我约束不良行为。即使发生不良行为，也比较容易进行纠正。

5. 人才培养作用

企业文化的人才培养作用是通过文化本身的行为约束功能和价值导向功能来实现的。企业文化的行为约束功能的人才培养作用主要体现在制度文化和企业伦理的作用。一方面企业规章制度的约束作用非常明显，而且是硬性的，制度面前人人平等；另一方面，对企业伦理中的社会公德和职业道德，员工都必须遵守，这是一种无形的、理性的韧性约束。通过这种方式，可以培养出符合企业发展需求的高素质员工。

在海尔曾发生这样一件事情：

一位客户住进了海尔的招待所。年轻的服务员发现客户走路一瘸一拐，就询问客户有什么需要帮助的。客户解释说自己的脚气病犯了，又没带脚气药水，所以行动不便。说完，这位客户就随团游览崂山去了。等到他下午回到招待所，发现床前放着一盆热水，盆沿上搭着一条毛巾，床旁边的桌子上放着一瓶脚气药水，这令客户非常感动。

这件事情说明，海尔的规章制度再严密，也不会规定发现顾客行动不便时该怎么处理，而年轻的服务员之所以能够这么做是因为他受到良好的企业文化教育。

海尔正是通过良好的企业文化培养了这么优秀的员工。

迪尔和肯尼迪在《企业文化》一书中反复强调:"我们认为人员是公司最伟大的资源,管理的方法不是直接用计算机报表,而是经由文化暗示,强有力的文化是引导行为的有力工具,它帮助员工做到最好。"企业文化和人力资源管理共同关注的对象是一致的,都是企业中的人,将企业文化与人力资源管理密切结合,使企业文化的渗透过程贯穿人力资源管理的始终,能更好地发挥引导企业向前发展。

三、在人力资源管理中推进企业文化建设

在人力资源管理的关键环节(选人、育人、用人)中塑造与传播企业文化,使员工了解、认同并遵循它,可以逐渐形成一种深入人心的企业文化;有了员工对企业文化的认同,在建设企业文化的同时最终也达到了人力资源管理的目的,从而提高企业竞争力。

1. 在企业价值观的指导下选人

企业文化的核心是价值观,因此企业在选人时就要将企业的价值观与用人标准联系起来,选好企业需要的人才。企业要在企业价值观的指导下制定招聘要求,在招聘甄选过程中要选择对本企业文化认同度较高的人员,对应聘者进行严格的培训和企业文化的传播,这样选择出来的人员既可以满足企业的要求,又可以减少企业人才的流失,尤其可以防止那些经过企业培育并在生产中获得较高技术的人员,最终因没有认同企业而"跳槽"。

2. 结合企业文化进行育人

企业文化建设的目的是让员工树立良好的职业道德。加强培训,不断提高企业员工的基本素质,是建设企业文化的基础保证。

员工培训是人力资源管理中重要的一环,是企业必不可少的育人环节。培训不仅是包括使员工掌握基本的岗位、技术知识,更重要的是将企业的价值观传达给员工,也就是对员工进行企业文化的培训。这是塑造企业价值观的关键步骤。培训是从思想上用企业文化去整合和占领员工的思想,让所有员工都必须认同企业的企业文化,并用企业文化在现实中指导自己的行为,使员工自觉地把个人目标纳入企业目标的轨道,激励员工的责任感。

因此,企业应全方位地重视企业文化的教育工作,并投以一定的人力、经费,要尽最大努力,给员工提供良好的培训和学习机会,让他们真正学到其想学的东西,不断丰富其知识面,拓宽其视野,使其不断进步。

3. 企业文化与用人

企业人力资源管理中用人的目的就是为了达到人的最大效能。绩效评估可作

为衡量用人结果的标准。企业文化对业绩也有很大的贡献。良好的企业文化具有使全体员工团结一致的凝聚作用,不仅可以使员工产生认同感,积极参加企业的事务,为企业做出自己的贡献,还可以提高企业经营管理水平,优化企业结构,提高企业整体素质,从而提高企业业绩。

绩效评估的有效实施需要有优秀的企业文化,因为优秀的企业文化可以调整员工的行为准则、价值观,使他们在特定条件下采取正确行动,促进组织绩效的改进。设计绩效评估方案时,应以定义绩效为基础。企业文化与企业战略为定义绩效确定了明确的方向,同时企业文化对绩效反馈的方式、重视程度都有很大的影响。因此,在员工的评估体系内,将企业价值观念的内容注入,营造一个坦诚和信任的企业文化氛围,并建立健全的奖励制度,使做到遵守企业文化的人受到奖励,不遵守企业文化的人受到惩罚,这样可以使企业文化根植于员工的头脑之中。

我国企业文化建设与人力资源管理正处在探索阶段,面对经济全球化及加入WTO后我们面临的严峻挑战,只有结合我国国情,借鉴国外先进的管理经验,重视企业文化的建设,用企业文化理论进行管理,同时在人力资源管理中注重企业文化建设,才能提高企业竞争力。

本 章 小 结

企业文化和人力资源管理共同关注的对象是企业中的人,企业文化是人力资源管理的导向和支撑,人力资源是企业文化的载体,它们之间是相互联系、相互作用的关系。可以说,企业人力资源管理体系构建的过程,同时也是企业文化建设与整合再造的过程。两者之间相互联系、相互作用。随着经济全球化步伐的不断加快,企业面临的问题将更加复杂,企业之间会在财力、物力和人力资源上展开更加激烈的竞争,企业文化则在吸引人才上起到越来越重要的作用。因此,构建一种基于企业文化的人力资源体系,正确处理企业文化和人力资源管理的关系,提升企业竞争力,才能真正让企业文化成为企业成长和发展强大和持久的动力。

【课堂检验】

预习题:
1. 文化有哪些内涵及特征?
2. 如何理解文化管理?

复习题:
1. 企业人力资源管理有哪些职能内容?这些职能分别对企业管理有何作用?
2. 企业文化在企业招聘中有何作用?如何利用企业文化提高企业招聘的有效性?

3.企业文化对企业员工关系管理有何影响？如何利用企业文化实现企业员工管理的有效管理？

4.企业文化对企业人力资源管理的其他职能分别有哪些影响？

5.企业人力资源管理活动对企业文化建设有何影响？

 练习案例

丰田汽车公司企业文化与人力资源管理

日本丰田汽车公司成立于20世纪30年代末，公司现有8个工厂，职工人数达45 000人，其产品主要包括钢铁、有色制品、化纤制品、塑料制品、橡胶、玻璃、各种日用品用具等。现在日本丰田汽车公司的汽车产量仅次于美国通用汽车公司和福特汽车公司，居世界汽车制造业第三位。其营业收入额为990多亿美元，利润为27.8亿美元，总资产达1200多亿美元。

企业管理界人士普遍认为，日本丰田汽车公司的成功经验是：积聚人才，善用能人，重视职工素质的培养，树立良好的公司内部形象。作为企业文化和人力资源管理结合中的一部分，日本丰田汽车公司的企业教育取得了很大的成果。较高的教育水平和企业人才培训体系的建立，是企业乃至社会经济飞速发展的基础。这一点，在日本丰田汽车公司的企业文化和人力资源管理中得到了证实。日本丰田汽车公司对新参加工作的人员，有计划地实施企业教育，把他们培养成为具有独立工作本领的人。这种企业教育，可以使受教育者分阶段地学习，并且依次升级，接受更高的教育，从而培养出高水平的技能集团。

日本丰田汽车公司教育的范围不仅仅限于职业教育，还进一步深入个人的生活领域。有人问："丰田人事管理和文化教育的要害和目标是什么？"丰田的总裁曾这样回答："人事管理和文化教育的实质是，通过教育把每个人的干劲调动起来。"日本丰田汽车公司教育的基本思想以"调动干劲"为核心。

非正式教育，在日本丰田汽车公司叫作"人与人之间关系的各种活动"，是日本丰田汽车公司独有的教育模式，这种教育就是前述的关于人的思想意识的教育。非正式教育的核心是解决车间里人与人之间的关系，培养相互信赖的人际关系。光靠提高工资、福利等劳动条件，还不能成为积极地调动员工干劲的主要因素。日本丰田汽车公司创造出一系列精神教育的活动形式，这种活动是以非正式的形式和不固定形式的做法进行的。

非正式的各种活动如下。

1.公司内的团体活动

公司内的团体活动是根据员工的特点，将员工分成了更小的团体。团体小可使参加者更加随意、亲近地接触，这对于培养员工的团队意识来说是很有帮助的。

一个人可以根据不同身份参加不同的团体聚会。员工通过参加这些聚会,既开展了社交活动,又有了互相交流的机会。为了这种聚会,公司建造了体育馆、集会大厅、会议室、小房间等设施,供自由使用。公司对聚会活动不插手,也不限制。职工用个人的会费成立这种团体,领导人是互选的,并且采取轮换制。所以,每一个人都有当一次领导人来"发挥能力"的机会。这些聚会都有一个共同的条件,就是把这些聚会作为会员相互之间沟通、自我启发、有效地利用业余时间,向不同职务的会员进行交流的媒介。

2.个人接触和前辈制度

日本丰田汽车公司为了让新参加工作的职工熟悉新环境,曾提出了"热情欢迎新职工"的课题,并采取了"个人接触"的形式。这种形式的做法是,选出一位前辈,把他确定为新职工的"专职前辈"。这位前辈担负着对新职工所有事情的指导工作,这种做法产生了很好的效果,"专职前辈"的任职期一般为6个月。在工作上、在生活上、在车间里,"专职前辈"都给予新职工以指导和照顾,对人际关系、上下级关系给予新职工以协调。公司把这个前辈的做法加以制度化。

另外,日本丰田汽车公司还采用了"故乡通信"的做法。班组长每日轮流往新职工的家寄信。新员工进公司的第一个月,由组织写信和寄小组照片,寄丰田画报和丰田报。如何使这股亲情不断、不倦地持续下去?这是日本丰田汽车公司领导者一直在思考的问题。这个问题要作为企业长远的精神建设方面的问题对待,他们正为开展更加多种多样的活动而冥思苦想。20世纪70年代以后,日本丰田汽车公司20岁以下的职工占到50%。他们的思想意识、价值观念和欲望同20世纪五六十年代的职工相比发生了很大的变化。为生活在20世纪70年代的人创造出一个使他们满足且"有吸引力的工作环境",是一件很不容易的事情。然而,日本丰田汽车公司仍在不断地进行积极的努力,继续创造能培养"生存的意义和干劲"的土壤。

企业文化与人力资源管理的契合

对日本丰田汽车公司的做法,我国企业有许多可以借鉴之处。在人力资源管理中,企业不能仅仅把员工招聘、吸引优势人才看作成功的人力资源管理,要做到"招得来,留得住,用得好",除了人力资源的常用技术手段外,还要把人力资源管理活动与企业文化相结合,把企业文化的核心内容灌输到员工的思想之中,使企业文化体现在员工的行为上,这是企业文化形成的关键。具体的人力资源管理与企业文化结合的做法可以从以下几个方面进行。

1.将企业的价值观念与用人标准结合起来

将企业的价值观念与用人标准结合起来,要求企业在招聘过程中对招聘者进行严格的培训,在制定招聘要求时要有专家的参与。在招聘面试过程中,选择对本企业文化认同度较高的应聘者。

2. 将企业文化的要求贯穿于企业培训之中

企业培训既要包括企业职业培训,又要包括非职业培训。尤其是非职业培训,企业要改变以往的生搬硬套的模式,而应采取一些较灵活的方式,如通过非正式活动、非正式团体、管理游戏、管理竞赛等方式,将企业价值观念在这些活动中不经意地传达给员工,并潜移默化地影响员工的行为。

3. 企业文化的要求要融入员工的考核与评价中

大部分企业在评价员工时,以业绩指标为主,即使有些企业也提出德的考核,但对德的考核内容缺乏具体的解释,也缺乏具体量化的描述,使考核评价的人根据个人的理解进行,并未起到深化企业价值观的作用。企业要将企业价值观念的内容注入考核体系中,作为多元考核指标的一部分。其中对企业价值观的解释要通过各种行为规范来进行,通过鼓励或反对某种行为,达到诠释企业价值观的目的。

4. 企业文化的形成要与企业的沟通机制相结合

只有达到上下理解一致,才能在员工心目中真正形成认同感。这要求人力资源管理要处理技术性工作,它不单单是人力资源部门独有的工作,还要求所有的管理人员参与其中,如此才能形成公司人力资源管理的整体能力,从而形成核心能力,建立起在市场竞争中特有的竞争优势。

资料来源:http://www.chinahrd.net,略有改动。

讨论题:

1. 日本丰田汽车公司如何把自己的价值观与具体管理行为紧密结合在一起的?

2. 结合案例,说明企业的人力资源管理政策和企业文化是如何相互影响的。

第七章　文化与企业文化

【学习目标】

(1) 了解文化的内涵及特征；
(2) 掌握文化管理的定义及特征；
(3) 理解文化管理与人本管理的联系；
(4) 理解中国传统文化的内涵及基本精神；
(5) 掌握中国传统文化与中国企业文化之间的联系。

【开篇案例】

　　人们都惊叹世界华人首富李嘉诚的成功。他白手起家，创造了一个个经济奇迹和一个个商业神话。如果我们探索其成功的原因，会发现他父亲从小灌输给他的传统文化，在他日后的成功中起了很大的作用。他从小会诵《三字经》《千家诗》，这些童蒙读物，使他最早接受了传统文化的熏陶。在他14岁时，他的父亲去世，没有给他留下一文钱，却给他留下了"求人不如求己""不义而富且贵，于我如浮云"，"做人须有骨气"，"失意不灰心，得意莫忘形"，"贫穷志不移"的遗言。这些道理和父亲遗训变成其灵魂的一部分，并成为其从商和做人的准则，使他终身受益。当时14岁的他只有一个信念，就是要养活母亲和妹妹。他谢绝了舅父供他上学的好意，毅然辍学，走上了挣钱养家之路。他的第一份工作是在茶楼当泡茶扫地的小学徒，然后他做过钟表学徒、推销员。在当时纷纭变幻的世界里，刻骨铭心的先父遗训，使他始终朝着正确的人生方向。"天将降大任于斯人也，必先苦其心志，劳其筋骨，饿其体肤，空乏其身，行拂乱其所为，所以动心忍性，增益其所不能"，在残酷的求职和打工生涯中，他时时以此言鞭策自己，"诚""信""勤""敬""谦"成就了他骄人的业绩。

　　有一次，当别人说他是一位成功的商人时，他认为自己首先做好了一个人，然后才是一个商人，一个成功的商人。纵观他商海搏击数十年的经历可以知道，虽然他的企业采用的是西方国家的管理经验和技术，但是他奉行的是"反求诸己""君子爱财，取之有道""诚信待人""以和为贵""广结善缘""仁爱"等中华民族的传统道德观。

第一节 文化的内涵与特征

一、文化概述与内涵

"文化"一词在英文和法文中的拼写都是 culture(它源自拉丁文 cultural)。在拉丁文中,cultural 有几种含义:耕耘、居住、练习、留心或者注意、敬神。在中国古代,"文化"常常指"人文化成"和"以文教化",《周易》中有关"关乎人文,以化成天下"之说,这里的"人文"指文化典籍和礼仪风俗。从起源上来看,中西对文化一词的理解很有默契。

美国著名文化人类学专家 A.L.克鲁伯和 C.克拉克洪通过多年广泛而深入地引证研究,在 1952 年出版的《文化:一个概念意义的考评》中,共收集、归纳、整理了自 1871 年至 1951 年的 80 年里 160 余种有关文化的定义。据不完全统计,经过半个多世纪的不断研究与发展,有关文化的各种不同的定义至少已经突破了 200 余种,并且众说纷纭,可谓仁者见仁、智者见智。

在西方国家中,最先给文化下定义的是英国杰出的文化人类学家泰勒。1871 年,泰勒在其著作《原始文化》中第一次把文化作为科学概念,并给文化下了一个明确的定义:"所谓文化或文明,就其广泛的民族学意义来说,乃是包括知识、信仰、艺术、道德、法律、习俗和任何人作为一名社会成员而获得的能力和习惯在内的复杂整体。"这是迄今为止仍被学术界誉为最经典的近代意义上的文化概念。

自泰勒以后,许多哲学家、语言学家、人类学家、社会学家、历史学家、民族学家、管理学家等纷纷从各自的研究方向和目的出发,努力研究,试图从各自学科的角度来阐释、界定文化的概念。

美国著名文化人类学家 C.克拉克洪和另一位学者凯利一起,对文化做出了比泰勒的定义更为具体且精致的表述:文化是历史上所创造的生存式样的系统,既包含显性式样又包含隐性式样,它具有为整个群体共享的倾向,或是在一定时期中为群体的特定部分所共享。

法国著名学者卢梭在他的《社会契约论》一书中指出:"文化是风俗、习惯,特别是舆论。它的特点:一是铭刻在人们的内心;二是缓慢诞生,但每天都在获得新生力量并取代权威力量;三是能够维持人们的法律意识,激活已经疲软的法律或取代已经消亡的法律。"

苏联学者对文化定义有一个简明、科学的概括,那就是:"广义的文化是指人类所创造的一切,既包括物质又包括精神,只要是带社会性的事物都属于文化的范畴;狭义的文化是指与人类精神有关的精神生活、精神现象和精神过程。"苏联学者还下了"文化是人们在社会发展过程中所创造的物质财富和精神财富的总和"的定义。

美国著名学者塞缪尔·亨廷顿在其论文中写过这样一段话:"21世纪是作为文化的世纪开始的,各种不同文化之间的差异、互动、冲突走上了中心舞台,这已经在各个方面变得非常清楚。"

我国是具有五千年历史的文明古国和文化大国,许多学者也对文化概念进行了深入的研究和探讨。

现代著名学者、哲学家、历史家、文学家胡适先生把文化定义为人们的"生活的方式"。他是在对文明与文化做比较时阐述这一观点的。他说:第一,文明是一个民族应付他的环境的总成绩;第二,文化是一种文明所形成的生活方式。

国学大师、现代哲学家、哲学史家张岱年先生以唯物辩证法考察文化的形成和发展,其视野中的文化是人类"活动的方式和成果的辩证统一"。他指出:"所谓文化,是人类在处理人和世界关系中所采取的精神活动与实践活动的方式及其所创造出来的物质成果和精神成果的总和。"

国学大师、著名文学家、语言学家、教育家季羡林先生在《陈寅恪先生的道德文章》一文中说:"我曾经把文化分为两类:狭义的文化和广义的文化。狭义指的是哲学、宗教、文学、艺术、政治、经济、伦理、道德等等。广义指的是包括精神文明和物质文明所创造的一切东西,连汽车、飞机等等当然都包括在内。"

上述中外学者关于文化的阐述和解释,分别是从人类学、社会学、哲学、民族学、管理学及相关学科和领域做出的。从不同的视角对文化做出的界定不同,中外学者在对文化的认识上存在较大的分歧。之所以如此,其根本原因是这些研究者的文化背景存在差异。

二、文化的哲学释义

文化的哲学释义,就是以哲学的视野和方法对文化进行阐释和解读,回答当代文化理论与实践中遇到的各种现实问题。马克思在《哲学的贫困》一文中说:人们按照自己的物质生产方式建立相应的社会关系,正是这些人又按照自己的社会关系创造了相应的原理、观念和范畴。

在我国传统文化中,哲乃智的意思。顾名思义,哲学就是智慧的代称。同样在西方国家,哲学被叫作"philosophy",源于古希腊语中"爱"和"智慧"两词的结合,统称"爱智慧",表示的是对高度智慧的热爱和正确生活方式的追求。毛泽东曾说:"什么叫哲学?哲学就是认识论。为什么关于思想的问题是哲学的最基本问题?关于任何事物的思想,首先它是一种思想,它都与关于思想的思想密切相关。关于思想的思想,是全部思想的关键。"

现代汉语和现代意义上的"文化"一词,主要是英语 culture、德语 kultur,

culture 的音译,其源出于(古罗马)拉丁文 cultural,原意为耕耘(耕后来被引申为对自然界的开拓)。追根溯源,我国古代典籍中"文化"和"文明"原本都是哲学用语。文化本来指"以文教化",与"武力征服"相对应,其本源如智慧、变化、教化等颇具哲学的实践意义和活动性质,这与哲学的原意是一致的。

朱希祥认为:"文化概念的基本词源包含了形而上与形而下的两极。耕种、耕作、饲养、培养、栽培体现的是形而下的内涵,崇拜、教养、修养、文明(与文明某种程度上是同义)等则表达了形而下与形而上的两极。对文化概念的这一特点的认识,可以说是哲学的基本认识。"

毛泽东指出:一定的文化(当作观念形态的文化)是一定社会的政治和经济的反映,又给予伟大影响和作用于一定的政治和经济;而经济是基础,政治则是经济的集中表现。这是我们对文化和政治、经济的关系及政治和经济的关系的基本观点。毛泽东对文化所进行的科学表述,确立了马克思主义的文化观。

综上所述可以概括为:文化相对政治和经济而言,有广义和狭义之分,广义的文化是指物质财富和精神财富之和,狭义的文化主要是指社会意识和观念形态。对文化概念或定义这一特点的认识,可以说是哲学的基本认识。

三、文化的基本特征

人类文化的产生和发展有其自身的规律性,不以人的意志为转移。文化的产生和发展有以下五个特点。

1. 实践性

文化产生于人类的劳动实践。历史的文化能够传承到今天的根本原因是人类不停地劳动。劳动使人的大脑发达,思维敏捷;劳动创造了语言、文字和艺术;劳动创造了人类一切物质的、精神的文明成果。由于劳动的范围、内容、方式及使用工具的不同,不同民族、地域在经济、政治和文化上形成了差异。如果把某地域的文化照搬到另一地域,那就等于空中楼阁,根本不可能实现,因为那里缺乏适应这种文化的劳动基础。文化的创新也是在社会劳动的实践中实现的。人类为了解决新的矛盾,排除生存的障碍,在寻求新的思维方式和解决问题的过程中,往往就会在文化观念上向前迈进一步。

2. 人本性

人与动物的本质区别在于文化。文化的实践是"人化",凡是经过人的劳动改变的事物都留下了文化的痕迹。人创造了文化,文化又创造了人,人在文化中处于中心地位。对文化进行评价必须坚持人的标准,看其是否有利于人的存在和发展。一种文化,不管其自我评说和外在表现多么繁荣灿烂,它的最终目的还是为了人,具体来说,就是为了人的存在和发展。如果一种文化在这一点上迷失了自己,导致的直接结果是在这种文化中的人萎缩了,最终的结果则是这种文化自身走向衰落,甚至灭亡。

3. 约束力

文化总是通过一定的载体来体现的,但文化一旦形成,又有其独立性,不依赖于个人而独立存在。文化在特定的社会情境中可以直接影响甚至决定人的行为。在人与社会的关系中,文化会成为对个体施加强大约束的力量,但是文化的约束力并不否定个体在文化发展中的自由和空间。一般来说,文化为个体提供了相对宽松的环境,个体在其界限之内有发展的自由和个体差异,只有在超越这个界限时才会感受到其约束力。而且,需要指出的是:人并不是一味被动地受着文化的制约。人在学习文化、适应文化的同时,还在积极地发展和创造文化。

4. 民族性

任何文化总是依附在一定的民族基础上而存在的。世界上任何一个民族都有自己的文化,只不过有深浅浓淡的区别。

我们说文化传统,一般都是指民族的文化传统。每个民族都有自己的传统文化。一般来说,能流传于世的文化,其积极的、正面的东西要多于消极的、负面的东西,或者说精华多于糟粕。但江河横流、泥沙俱下是难免的,应当正确分析民族传统文化的价值。在全球经济一体化的趋势下,文化的民族性仍然能够保存,世界文化一体化的趋势是难以出现的。这是因为,虽然随着技术条件的改变,产品及产品消费越来越显示出共同性,世界各国民族的人们可以乘坐同样的飞机、汽车、轮船,可以用同样的计算机、电话、电视,可以穿同样的衣服、吃同样的食品,但是这只是文化在交流中出现的某种程度的融合,并不表明民族文化特征的全部丧失。各民族之间持续不断的文化交流,导致民族文化某些旧特征的消失和某些新特征的形成与发展,促使民族文化更加繁荣。

5. 开放性

文化是全人类的文化,文化事业是全人类的事业。从本质上来讲,人类文化从来就是一个不断进行物质交换和信息传递的动态开放系统。这种动态开放,包括两层含义:一层是人类社会与自然界和谐发展,改变掠夺自然的生产方式和生活方式,变自然价值为文化价值;二是不同文化群体(国家、民族或区域)之间在文化上的吸纳吞吐,相互交融。一个民族的文化系统只有在这种动态开放的生命运动中不断实现自我保持和自我更新,求得延续与变异、稳定与发展的对立统一,才能生生不息,繁荣昌盛。如果夜郎自大、故步自封、闭关锁国,把自己封闭起来,文化则将走向衰落甚至灭亡。随着社会生产水平的提高、现代化交通的发展,世界范围的文化开放交流越来越向着大范围、远距离、深层次、高成效方向演进,而且势不可挡。世界经济一体化,是以文化的传播沟通为先导的。世界各国在国际经济文化的合作交流中,互相学习,取长补短,既使自己得到发展,又保持自己民族文化的特色,共同推进人类文化向更高层次发展。

第二节 文化管理的定义及特征

一、文化管理的含义

何谓企业文化管理?国内外学者从不同的角度提出了自己的看法,但目前仍没有一致的看法。应焕红在《公司文化管理》一书中认为:"文化管理就是把企业管理的软要素——文化作为企业管理的中心环节的一种现代企业管理方式。它从人的心理和行为特点入手,培养企业组织的共同价值观和企业员工的共同情感,形成组织自身的文化;从组织整体的存在和发展的角度,去研究和吸收各种管理方法,形成统一的管理风格;通过公司文化培育、管理文化模式的推进,激发员工的自觉行为和内在积极性。"

二、文化管理是企业管理的高级阶段

企业文化是一种与企业共生的客观存在,当人们对它的存在没有意识,或者只意识到了它的存在而没有对其进行认真剖析、精心培育时,它只是处于企业管理者的视野之外,自发地成长、缓慢地发育,并且自发地发挥着作用,而当人们在实践中意识到它的客观存在,并有意识地提倡和培植积极的企业文化,摒弃和抑制消极落后的企业文化,从而引导企业文化向健康的轨道发展,并使之渗透管理中时,企业文化就逐渐演变为一种新型的管理方式——文化管理。

从管理发展的历史来看,企业管理经历了经验管理、科学管理和文化管理三个阶段(见表7-1)。经验管理处于管理的初级阶段,注重管理者个人的经验、能力和水平,主要表现为"能人管理""拍脑袋决策"。科学管理是管理的中级阶段,注重管理手段、管理技术,强调制度化、法治化、共性和集体价值的实现。科学管理把管理人员的注意力吸引到对流程的重视和对管理技术的重视上,把管理变成了烦琐的、形式主义的管理。

表7-1 经验管理、科学管理与文化管理的比较

管理阶段	管理方式	特　　点
初级阶段	经验管理	人治:凭个人经验能力的经验管理
中级阶段	科学管理	法治:注重明确的定额、制度管理
高级阶段	文化管理	文治:注重愿景、信念、企业精神等,员工与企业结成命运共同体

文化管理作为一种新的管理方式,是管理的高级阶段。它建立在"人本管理"的基础上,强调人是管理的出发点和归宿点,坚持以人为中心,尊重人、信任人,把人放在企业管理的主体地位上,主张以文化为根本手段进行管理,反对单纯的强制管理,注重企业愿景、信念、企业精神对员工的积极性、主动性、创造性的激发,强调文化认同和群体意识的作用,使员工与企业结成命运共同体。长期以来,传统管理所形成的形式主义倾向和物化主义倾向掩盖了管理的本质,使其因丧失精神而变得呆滞、僵化、片面。管理不仅使管理人员异化,而且也使被管理人员严重异化,管理走到了它的反面,成为企业生产经营发展的桎梏。文化管理则通过建立一整套适应性文化体系,克服了管理手段、方法、技术的自相矛盾和互相抵消,克服了管理的片面性、杂乱性、无机性,把形式主义的、事务性的、烦琐零碎的管理变成活生生的灵魂管理。价值观念统一了,物性的管理便获得了方向和目标,表现出生气勃勃。统一的价值理念是企业的生存基础。托马斯·彼得斯说:"如果一个公司没有坚强的信念,并反映在他们的价值观念上,还有反映在故事、神话传说上,这时人们的安全感仅从公司的组织机构图上他们所处的位置而来。如果组织受到威胁,同时缺乏更大的企业目标,就会使人们最紧要、最密切的事情受到威胁,这些事情在他们的商业生活中占有全部意义。"文化管理建立在"人本管理"的基础上,强调以文化为根本手段进行管理。文化管理是企业运作的灵魂管理、根本战略管理、管理中的核心管理,是攀登企业管理高峰的一场革命,是管理思想发展的新阶段。

三、文化管理是人本管理的最高层次

1. 人本管理的要义

人本管理将人视为企业之本、企业最重要的资源,倡导围绕调动企业中人的积极性、主动性和创造性开展企业的一切管理活动,其核心是理解人、尊重人、激发人的热情,实现企业与员工共同发展的目标。在企业是什么、企业靠什么、企业为什么等基本问题上,始终贯穿着以人为本的思想,即"企业即人(of the people)、企业靠人(by the people)、企业为人(for the people)",因此,把人本管理称为"3P管理"。

1) 企业即人

企业是由人组成的集合体,企业无"人"则"止"。企业的营利性目的,首先必须对员工进行有效的组织和管理,进而通过员工实现对物质资源的配置和利用来达到。缺乏一支精干高效、充满才干的员工队伍,再好的机器设备、再充裕的资金也不能创造出任何效益,甚至还可能会成为企业的包袱。"企业即人"的思想要求企业必须建立高度信任的理念,相信人的能力,把人的因素放在中心位置,时刻将开发人的潜能放在主导地位。

人的潜力极大,关键在于开发。著名经济学家舒尔茨曾说过,当代高收入国家的财富是靠人的能力创造的。一个正常的健康人只运用了其能力的10%,人类学、心理学、逻辑学、生理学的一系列最新成果证明,人类的潜能是巨大的。在正常情况下工作的人,一般只使用了其思维能力的很小一部分。如果能使人们的大脑达到其50%的工作能力,人们就可以轻而易举地学会40种语言,将一本大百科全书背得滚瓜烂熟。这种对人的潜能的推断,现在已为人们所接受。怎样才能挖掘这一巨大的潜能?这是一个牵涉甚广的复杂问题。如果一个人处于自由、轻松的状态,工作就显得特别轻快,创造性就会得到空前的发挥,工作也会卓有成效。因此,一个企业要开发人的智力和潜能,就应使企业员工经常处于轻松愉快的氛围中。智力劳动者是最活跃的生产力要素,谁能充分发挥这种最活跃的生产力要素,谁就取得了管理企业的成功奥秘。

日本索尼公司前董事长盛田昭夫曾说:"如果说日本式经营真有什么秘诀的话,那么,人,是一切秘诀最根本的出发点。"被誉为"经营之神"的松下幸之助也说:"松下公司的口号是'企业即人'"。松下幸之助也多次宣称"要造松下产品,先造松下人"。

2)企业靠人

人本管理实现企业目标的主要方式是充分依靠和利用企业的人力资本,发现人才、爱护人才、调动人才的积极性和创造性。人本管理重视情感管理,运用行为科学,致力于改善人际关系,提高员工对企业的归属感;人本管理强调员工参与,全体员工既是管理的客体,又是管理的主体,鼓励员工通过各种途径为企业发展献计献策,以提高企业的决策水平,强化员工执行决策的意愿和效率;人本管理提倡员工自主管理,管理层对员工充分授权,让每位员工都能享受权利、信息和知识,在自我控制下有效地完成工作任务,达到自我实现的目的;人本管理注重文化管理,通过创造良好的企业文化氛围,来铸造员工共同的行为模式,培养积极向上的企业精神,努力将员工的个人目标有效地统一到企业的组织目标上来。

3)企业为人

人本管理成功的标志是企业目标与员工个人目标都能得以实现。传统意义上的企业是一个经济组织,企业的控制权和剩余索取权归股东所有,企业的经理阶层代理股东行使管理权力。企业管理是否成功的衡量标准直接表现为短期的企业利润率或长期的企业股票市值,这实际上反映的是企业资本所有者的利益。在施行人本管理的企业中,企业员工成为管理活动的服务对象,管理活动成功的标准不但要看资本所有者的利益是否实现,还要看企业员工的个人目标是否实现。

实行人本管理的企业都十分注重全面提高员工的工作质量和生活质量。它们为员工提供在工作中学习的机会,使他们不断进步。员工培训的着眼点不仅仅是掌握某种技能,更强调员工的自我发展和完善。企业帮助员工开展职业生涯设计,以求得企业发展和员工个人发展的协调统一。许多企业还为员工建立了利润分享制和形式多样的股权激励,包括员工持股计划、股票期权等,使"以人为本"的管理思想转化为实实在在的报酬激励。

随着环境问题日益受到人类的关注,一些企业开始将"企业为人"的人本管理思想从企业的"内部人"扩展到企业的"外部人",关心社区的公益事业,保护资源和环境,把企业自身的经济目标和社区的发展规划、国家的发展目标结合起来。现在国外企业流行的"绿色管理"所采用的一些做法,如尽量减少生产过程中的环境污染、使用可回收的材料做包装、生产绿色的天然食品等,都反映了这种广义的人本管理思想。

2. 人本管理的五个层次

人本管理是一种以人为中心的管理,它包含情感管理、民主管理、自主管理、人才管理和文化管理五个不同的层次。

1)情感管理

情感管理是指通过情感的双向交流和沟通来实现有效的管理。例如,"走动式管理"就是鼓励企业主管走出办公室,深入现场,与各层次各类型人员接触、交谈,加强感情沟通,建立融洽关系,了解问题,征求意见,贯彻实施企业的战略意图。这种以情感为主要特征的管理方式可以减少劳资矛盾,融洽劳资关系,提高员工对企业的归属感。

情感管理注重人的内心世界,根据情感的可塑性、倾向性和稳定性等特征进行管理,其核心是激发员工的积极性,消除员工的消极情绪。情感管理就是应该诚心诚意地相信:每个人都有自己的专长,无论你多么忙,也必须花时间使别人感到他们的重要。一个经理怎样才能使人们感到自己的重要? 一是要倾听他们的意见,让他们知道你尊重他们的想法,让他们发表自己的见解;二是要承担责任,要向他们授权,不授权会毁掉人的自尊心,应该用语言和行动明确地告诉他们你欣赏他们。

情感管理就是要经常地鼓励人们去取得成功。作为一个企业家,应当意识到人人需要表扬,而且必须诚心诚意地去表扬,因为每个人都希望得到这种机会。表扬的方式多种多样,如口头赞扬、请被表扬人上台接受众人的鼓掌祝贺、在刊物上公布先进名单与事迹等。虽然物质鼓励也是需要的,但是促使人们取得优异成绩的因素,远远不只是金钱,上台接受同行们的赞扬比接受一份装在信封里的钱要重要得多。

2)民主管理

民主管理就是让员工参与决策。人人都有自尊心,管理者在做出涉及部下的决定时,如果不让部下参与,就会损伤他们的自尊心,甚至引起他们的强烈反对。如果管理者能让员工参与决策,即听取员工的意见,会提高员工的士气,被征求意见的人多一些,人们的士气就会高一些。

民主管理不是仅挂在口头上的,应确确实实体现在日常工作之中。管理者应多听少谈,"听"是一种艺术,这种艺术的首要原则是全神贯注地听取对方的意见,绝不可心不在焉,应鼓励部下反映来自下面的意见。民主管理要求管理者集思广益。办企业必须集中多数人的智慧,否则就难得真正的成功。集思广益并不是说遇事必找人商量,更不是要取消自己的主见,左右摇摆拿不定主意。集思广益重要的不在于形式,而在于经营者心里秉承着"要集思广益地办事"这一原则,要有随时随地听取别人意见的思维习惯和行为习惯。保持这样的态度,就会造就一种让员工自由说话的民主氛围。

民主管理还要求管理者坦诚地不受自己的利益、感情、知识及先入为主意识的影响,按事物的本来面貌去看问题。只有心地坦诚,才能知道事物的真实面貌和事物的本质,并顺应自然的规律,才能倾听企业员工的呼声,集中广大员工的智慧,才会拥有该做的就做、不该做的就不做的勇气,也才会产生宽容和仁慈的心态。

3)自主管理

自主管理是现代企业的新型管理方式,是民主管理的进一步发展。这种管理方式主要是员工根据企业的发展战略和目标,自主地制订计划、实施控制、实现目标,即"自己管理自己"。它可以把个人意志与企业意志统一起来,从而使每个人心情舒畅地为企业做奉献。

"信任型"管理和"弹性工作时间制"管理都是自主管理的新型管理方式。它是以广大员工的良好素质为基础的,不是由企业主管凭职务权力和形式上的尊严去领导下级,而是员工自己制订、实施与上级目标紧密联系的个人工作目标和计划。自主管理的根本点在于对人要有正确的看法,因为经营是靠人来进行的,身负重任的经营者是人,员工也是人,顾客及各方面的关系户也都是人。可以说,经营就是人们相互依存地为人类的幸福而进行的活动,正确的经营理念必须立足于对人的正确的看法之上。

怎样正确地看待人?日本著名企业家松下幸之助的回答是:"人就是万物之王,是伟大而崇高的存在。"这里所说的"王",一方面是指人是自然界万事万物的主宰,可以驾驭自然规律,支配万物,自己给予自己生机;另一方面则是指人能自主地担负起使一切事物发挥其作用的责任。根据对人的正确看法来看待企业,就是要自觉地认识到,企业中的每个人都可以成为自主的管理者,都是经营组织内的"王者"。企业家不要随意解雇人,要信任人,而且要实践"新的人道",即要在承认人的自主性的基础上,看清万物的天赋使命和本质,按照自然规律进行恰当的处理,充分发挥每个员工的积极性,这就是人道的本义和自主管理的根本要义。

4)人才管理

善于发现人才、培养人才和合理使用人才是人才管理的根本。人才的重要特点是热爱学习,注意广泛获取信息。企业给员工创造学习和发展的环境和机会,就是最大限度地爱护人才。

企业竞争的利刃是人才——受过教育又有技能,渴望发挥自己的潜能,促进企业成长的人才。人才和创造性是可以通过学习培养的。多数企业认为创造性领域与它们无关,但是,在信息丰富、分权制及全球化的社会中,创造性人才在工商界的重要性日益明显,企业主管应该激励和保护创造性人才和人的创造精神。企业在使用人才的过程中,要遵循人才管理的规律,建立人才信息管理系统,使人才的培养、使用、储存、流动等工作科学化,真正实现人事工作科学化、合理化,做到人尽其才、才尽其用。

5)文化管理

从情感管理到文化管理,管理依次向纵深方向推进。文化管理是人本管理的最高层次,它通过企业文化培育、管理文化模式的推进,使员工形成共同的价值观和行为规范。

文化管理就其重视人和文化的作用而言,是行为科学的发展和继续,不是行为科学的简单重复。文化管理充分发挥文化覆盖人的心理、生理、人的现实与历史的作用,把以人为中心的管理思想全面地显示出来。文化是一整套由一定集体所共享的理想、价值观和行为准则形成的,使个人行为能为集体所接受的共同标准、规范、模式的整合。

四、文化管理的基本特征

1. 文化管理以人本管理为基础

文化管理是在人本管理的基础上发展起来的新的管理方式。它强调人是整个企业中最宝贵的资源和财富,是企业活动的中心和主旋律,企业必须充分重视人的价值,最大限度地尊重人、关心人、依靠人、理解人、凝聚人、培养人和造就人,充分调动人的积极性,发挥人的主观能动性,努力提高企业全体成员的社会责任感和使命感,使企业和成员不仅成为利益共同体,而且成为真正的命运共同体。

2. 文化管理以文化为管理的根本手段

文化管理强调"以文化人""以文治企"。文化管理的核心就是认为任何企业都必须建立一套适应市场要求的适应性文化体系,以这一套适应性文化体系贯穿、整理、提升和完善企业的管理制度和行为规范,使之完美地表现这种适应性文化的要求。同时,必须用这种个性文化塑造员工的思想和心灵,使他们被这种文化指引,对这种文化认同深刻,成为这种文化的自觉执行者和推动者,使企业从物的层面到人的层面,从静的状态到动的状态完全统一,以此来实现企业目标和个人目标的有机结合,实现企业与社会及企业内部物质、制度、精神的最佳组合和动态平衡。

3. 文化管理以软性管理为主

文化管理是把企业管理的软要素作为企业管理的中心环节的一种现代企业管理模式。它强调从人的心理和行为特点入手,培养企业组织的共同价值观和企业员工的共同情感,形成企业自身的文化。然后,通过这种柔性的而非刚性的文化引导,建立起企业内部合作、友爱、奋进的文化心理环境,以及协调和谐的人群氛围,自动地调节企业成员的心态和行动,使企业的共同目标转化为成员的自觉行动,使群体产生最大的协同合力。事实证明,这种由软性管理所产生的协同力比企业的刚性管理制度有着更为强烈的控制力和持久力。

文化管理以软性管理为主,同时要求刚柔并济、软硬兼施。企业制度是强制性的、硬的,但员工自觉遵守企业制度,要靠企业共同价值观和企业精神;企业精神、企业道德是非强制性的、软的,但其形成的群体压力和心理环境对员工的推动力又是不可抗拒的、硬的,这种软环境的建立和维持,需要通过执行制度、进行奖惩来强化。软环境保证硬管理,硬环境强化软管理,这体现了文化管理的辩证法。

4. 文化管理以群体凝聚力为目标

企业中的成员来自于五湖四海,不同的风俗习惯、文化传统、工作态度、行为方式、目的愿望等,都会导致成员之间的摩擦、排斥、对立、冲突乃至对抗,这往往不利于企业目标的顺利实现。而企业文化通过建立共同价值观和寻找观念共同点,不断强化企业成员之间的合作、信任和团结,使之产生亲近感、信任感和归属感,实现文化的认同和融合,在达成共识的基础上,使企业具有一种巨大的向心力和凝聚力。

第三节　中国传统文化与企业文化

一、中国传统文化的概述

优秀的传统是永恒的。从经济的角度来说,每一个时代都必然要遇到前人留给他们的生产力、资金和环境。如果我们扩展一下就会发现,每一代人除了必然遇到前一代人留给他们的经济因素,还会遇到政治的、观念的、行为的、生活的等各种因素,这些因素的综合就是传统。不管人们喜欢不喜欢、愿意不愿意承认,人们总是生活在传统中。"他们的所作所为、所思所想,除去其个体的特性的差异之外,都是对他们出生前人们就一直在做、一直在想的事情的近似的重复。"希尔斯说,"无论一代人多么有才干,多么富有想象力和创造力,无论他们在多大的规模上表现得多么轻率冒失和反社会道德,他们也只是创造了他们所使用的和构成的这一代的很小的一部分东西。"虽然知识经济时代给人类的创造力提供了更广阔的空间,个人的作用也因社会系统处于分叉阶段而随之增大,但是,我们还是要清醒地认识到,我们不能高估了包括我们在内的任何一代人的创造力,不能低估了传统在人们现实生活中的永恒性和惯性。

二、中国传统文化的概念

要了解中国传统文化,首先要了解传统的内涵。传统文化的概念是以传统的内涵进行界定的。所谓传统,是指人们在漫长的历史活动中逐渐形成并积淀下来的,反映人的共同特殊本质的基本价值观念体系。它渗透在一定民族或区域的思想、道德、风俗、习惯、心态、审美、情趣、制度、思维方式、行为方式、生活方式及语言文字之中,影响着现在和未来。研究中国古代思想史和文化史的著名学者庞朴在谈到传统文化时指出,"传统文化对应于当代文化和外来文化而谓。其内容当为历代存在过的种种物质的、制度的和精神的文化实体和文化意识"。所谓传统文化,一般是指在以往相当长的人类社会历史进程中形成和发展起来的文化,是特定民族从历史上沿传下来的民族文化。它作为一种文化形态,按文化结构可分为物质文化、制度文化和观念文化。

中国传统文化博大精深。它作为中华民族精神的表现,对中国社会和中华民族的历史发展,产生了极其深远的影响。中国传统文化是指以儒家文化为核心的中华文明,博采了道、佛、法、兵、墨等各家之言,最终形成以小农经济为基础,以家法制、家族制为背景,以儒教伦理为中心,包容各家所言的传统文化。

三、中国传统文化的特征

任何一种文化的产生都离不开特定的自然条件和社会历史条件。中国文化的特质正是由其特定的自然、社会历史条件所决定的。从地理环境来看,我国处于一种半封闭的、高度稳定状态的大陆性地域,与西方沿海的民族有着很大的不同;从物质生产方式来看,我国文化根植于农业社会的基础之上,封建的小农经济在中国有几千年的历史,这与西方工商业比较发达的海洋民族也有很大的不同;从社会组织结构来看,宗法制度在我国漫长的历史中成为维系社会秩序的重要纽带,专制制度在中国延续两千年,这在世界历史上更是罕见的。

正是上述独特的自然、社会、历史条件的相互影响和制约,使得与之相适应的中国传统文化带有鲜明的个性色彩。如果从整个世界文明与文化的发展历史来考察与比较,我们就可以发现,中国传统文化的特质大致表现在以下几个方面。

1. 中国传统文化有着无与伦比的生命延续力

就世界范围而论,中国古代文化虽然是世界上最古老的文化之一,但不是最早的文化。然而,在世界上所有的文明与文化中,唯有中国传统文化表现出最顽强的生命延续力。正是这种无与伦比的生命延续力,使得中国传统文化成为世界上唯一延绵不绝。

2. 中国传统文化有着非凡的包容会通精神

中国传统文化在自己的发展历程中,从不抱残守缺,故步自封,总能以非凡的包容会通精神来丰富和完善自己。也正是这种精神,使得中国文化拥有非凡的融合力。这种文化的融合力也就成为凝聚中华民族大家庭的一种亲和力。英国历史学家汤因比在20世纪70年代初,曾与日本学者池田大作有过一次著名的对话,他指出:"就中国人来说,几千年来,比世界任何民族都成功地把几亿民众,从政治上、文化上团结起来。他们显示出这种在政治上、文化上统一的本领,具有无与伦比的成功经验。"

中国传统文化的这种包容会通精神同样也表现在对外来文化的吸纳与同化上。特别值得推崇的是,中国传统文化在与外来文化交会接触时,既能包容吸纳外来文化,又始终以本土自创的文化为主体。所以,虽然经历了几千年的吸收、融合过程,中华文化仍有始终贯一的体系、特点,这也是其他古代文化所没有的独特现象。

3. 中国传统文化特别推崇"天人和谐"的思想

中西文化的基本差异之一就表现在人与自然的关系问题上。中国文化比较重视人与自然的和谐统一,而西方文化则强调人只有征服自然、改造自然,才能求得自己的生存和发展。在对天与人的关系的基本观点上,中国传统文化把人生处世的理想目标确立为"天人和谐",其积极意义是明显的。近代西方尤其是16世纪开始发展起来的自然观,在"人定胜天""征服自然"等思想的支配下,一方面取得了巨大的物质文明成就;但另一方面,随着工业文明的发达,生态平衡、环境污染、能源危机等令人忧虑的社会问题迭起,这无疑是破坏"天人和谐"的结果。也因如此,当代西方许多学者对中国传统文化中的"天人和谐""天人合一"的思想开始表现出极大的关注和向往。英国历史学家汤因比甚至断言:"人类未来的文明如果不以此作为范式的话,人类的前途将是可悲的。"

4. 中国传统文化贯穿了"以人为本"的人文精神

"以人为本",用中国传统文化的话语来说,就是肯定在天、地、人之间,以人为尊;在人与神之间,以人为本。特别值得指出的是,中国古代文化的这一人文传统还培养了中华民族重德行的人生价值观。在古人那里,人与动物的根本区别就在于人有仁爱之心,有道德伦理的观念。而人的一生所应追求的理想人格,也就是能够坚持和践行以"仁义"为核心的伦理理想的君子人格。如孔子就有"仁者乐山,智者乐水"(《论语·雍也》)一说。

四、中国传统文化的基本精神

中国的传统文化内容丰富、形式多样、结构复杂。基本精神则蕴含在其中。对什么是中国传统文化的基本精神这一问题,学者们的意见并不一致。作为中国传统文化的基本精神,一方面它必须有广泛的影响,为大多数人所认同,是他们的基本人生信念和自觉的价值追求;另一方面,它必须具有维系民族生存和发展、促进社会进步的积极作用。总体来看,中国传统文化的基本精神是一个复杂的思想体系。

1. "天人合一"

"天人合一",是中国传统文化的根本特色,也是中国传统文化的根本观点。这一观点萌芽于西周时期的天命论。战国时期,孟子和庄子从不同的角度发展了这一观点。孟子认为:天或天命是决定一切事物发展的不可抗拒的力量,天是人们道德观念的本原,性善来自天赋。而庄子认为:天是自然,人是自然的一部分,因而天与人是合一的。汉代董仲舒提出"天人之际,合而为一"。宋代以后,天人合一的观点几乎为各派哲学家所接受,并作为一个明确的命题,由北宋著名哲学家张载最先提出来。他认为"儒者则因明致诚,因诚致明,故天人合一,致学而可以成圣,得天而未始遗人"。张载之后,"天人合一"的思想得到不同学派的进一步阐发,但在天与人之间具有统一性的问题上,他们有着共识。

从中国古代"天人合一"的思想中,我们可以看出"天人合一"观念主要阐述的内容有以下几点。

1)人是自然界的一部分

在中国古人看来,人是宇宙自然的缩影、副本。如果说整个自然界是一个大宇宙,那么人本身则是一个小宇宙,人副天数,天人同构。中国人认为自然界的万事万物,包括人在内,都是由气化生而成的,认为物和人由一种材料(气)构成,物类也像人一样是充满生机与活力的,是有生命的,人并不是独立于自然之外的个体,其本身就是自然的一部分。而气的根本特性是流荡往复、永无止息,整个自然界的一切都是富有生命的,都是气韵流荡、生机盎然的。物与人从根本上来讲,是相类相通的。中国古代哲人总是不遗余力地谋求人与天、社会与自然的统一与融合。天人同构,天人一体,天人合一,这就是中国人对整个宇宙的总观点、总看法。

2)自然界有普遍规律,人要服从这一普遍规律

中国人的宇宙论是系统论,"一阴一阳之谓道","生生之谓易",是大自然永恒

的运动模式。道家提出"人法地,地法天,天法道,道法自然",明确地把自然作为人的精神价值来源。在人与自然的关系上,阴阳相互作用、相互推移的规律就是性命之理,自然界与人类遵循同一规律。

3) 人生的理想是天人的调谐

中国人强调人要与天地合德,天、地、人三位一体,追求人与大自然和谐统一的人生理想境界,要求"见素抱朴",返璞归真,回到自然。"天与人一也","天地与我并生,万物与我为一",使人们向往和追求这种生活。

中国传统文化以人为尺度,对"天人合一"也主要是从以人作为主体的角度来看待的,是作为主体的人对待自然的一种态度,即善待自然。这种对自然的善待是在服从自然规律的前提下进行的,只有善待自然,才不会造成人与自然的对立,也只有这样,才可以最大限度地避免自然对人类的报复。当然,作为主体的人是不会简单地服从自然规律的,而是要在服从自然规律的过程中充分展示人的主体性和能动性。

2. 以人为本

人本主义是中国传统文化的精髓之一,也是中国传统文化的一大特色,我们可以从两个方面来理解这一文化精髓。

1) 中国传统文化肯定人在万物中的地位和作用

与古希腊文化注重人与自然的关系、印度佛教文化和希伯来文化重视人与神的关系所不同的是,中国传统文化侧重于人与社会、人与人的关系及人自身的修养问题。中国传统文化认为,在天、地、人之间,以人为尊,在人与神之间,以人为本。所以,中国传统文化自孔子起就有超越宗教、对鬼神敬而远之的基本文化传统。也正因为如此,与西方曾经出现过漫长的神本主义历史不同,在中国历史上,宗教神学的东西从未占主导地位,更有甚者,从西方引入的一些教派,如佛教、伊斯兰教、基督教等,都无一例外地被儒家的人文精神同化。

2) 中国传统文化提倡以民(人)为本

很多人认为,提倡以人为本源于西方 14—16 世纪文艺复兴时期,我国古代只提倡过以民为本。其实,提倡以人为本起源于我国古代。在我国最早明确提出"以人为本"的是春秋时期齐国名相管仲。他认为"夫霸王之所始也,以人为本。本理则国固,本乱则国危。"(《管子》),意为霸王的事业之所以有良好的开端,是以人民为根本的,只有本理顺了,国家才能巩固;本搞乱了国家势必危亡。管仲所说的以人为本,就是以人民为本。在我国古文献中,"人"与"民"二字经常连用,合成为一个词组。例如,最古老的诗集《诗经·大雅·抑》有这样名句:"质尔人民,谨尔侯度,用戒不虞",意思是劝诫大臣们要自警自律,要善于治理人民,谨慎法度,防止发生意外事故。人民在古汉语中意为平民百姓。管仲提倡以人为本,与《诗经》齐名的《书经》则说:"民为邦本,本固邦宁"。应该说,以人为本与以民为本的意思完全相同。孟子强调"民为贵,君为轻"。《孟子·尽心》又说:"诸侯之宝三,土地、人民、政事"。可见,孟子所说的"民为贵"也就是以人为本的意思。

3. 刚健有为

在中国传统文化中,贯穿着一种刚健有为的进取精神。《周易》云:"天行健,君子以自强不息"。时间永恒地流逝,天体永远运行不止,有德之人也应当效仿天的这种精神,积极有为,努力向前,永无终止。孔子自称是"发愤忘食,乐以忘忧,不知老之将至。"曾子也说:"士不可以不弘毅,任重而道远。仁以为己任,不亦重乎?死而后已,不亦远乎?"墨子也强调自强有为的精神:"强必荣,不强必辱","强必富,不强必贫"。这些正是对中华民族自强不息、积极进取精神的高度概括。

刚健有为作为一种影响广泛的民族精神,所包含的内容十分丰富,具体包括以下三个方面。

一是,强调健动,是刚健有为思想的基础和根据。中国历来就有动静辩,佛、道、玄持柔静之说,主张"无为"、出世,儒、墨、法持刚动之说,主张有为、入世。其中,尤以儒家学说最为突出,影响最为深远,所以中国古代虽有动静两说,但健动之说却一直占据主导地位。

二是,崇尚"日新""革命",所体现的是积极有为的态度。孔子提出"刚健笃实,辉光日新","苟日新,日日新,又日新";《易经》说"天地革而四时成,汤武革命,顺乎天而应乎人,革之时大矣哉!""革,去故也;鼎,取新也"。

三是,推崇高尚节操和抗争精神,这是刚健有为所体现的道德品格。孔子说"志士仁人,无求生以害仁,有杀身己成仁"(《论语·卫灵公》),他为了坚持"天下有道则现,无道则隐"(《论语·泰伯》)的人生准则,绝不与无道者同流合污。孟子也主张舍生取义,他认为人应当有"富贵不能淫,贫贱不能移,威武不能屈"的大丈夫气概和人格。

4. 贵和尚中

中国传统文化根植于农耕文明,重视宇宙与自然的和谐、人与自然的和谐、人与社会的和谐、人与人之间的和谐及人的身心和谐等。中国传统文化以和为贵的和合精神最为典型地体现在"天人合一"的思想传统中。以儒家为代表的中国传统文化中"贵和尚中"的思想观念主要侧重于人与社会及人与人之间的和谐统一,故而孔子云:"礼之用,和为贵","极高明而道中庸""致中和";孟子云:"天时不如地利,地利不如人和"。儒家文化注意到和谐的方法论作用,反对片面性和走极端。在处理人际关系上,孔子的孙子孔极在《孔记·中庸》中进一步说:"中也者,天下之大本也;和也者,天下之达道也。"他强调和谐是国家人伦关系的五个"达道",即君臣、父子、夫妇、兄弟、朋友这五个共生共存的最根本的人伦关系。这种"持中贵和"

的思想观念经历史积淀,逐渐泛化为中华民族普遍的社会心理习惯,如"大一统"的政治观念、"不患寡而患不均,不患贫而患不安"的经济思想、"中行"的人格塑造、"天下一家"的文化情怀、"以和为美"的审美情趣,等等。

这种以和为贵的和合精神,肯定了事物是多样性的统一,因而主张以广阔的胸怀、海纳百川的气概,容纳不同的东西。不偏不倚谓之"中",不"狂"不"狷"谓之"中庸",这种"无为无不为","不争之德"的观点造就了中国人平和的性格。

作为中华民族的一种基本思维趋向,"贵和尚中"的观念贯穿于中国文化的基本精神之中,"天人合一"、以人为本、刚健有为都是以"贵和尚中"为基本价值取向的,它们同时也是"贵和尚中"的具体表现。

五、中国传统文化与企业文化的关系

企业文化是一种管理理论(或称为方法)。管理的社会属性,即作为人类特殊实践形式的管理,总能体现所处时代的社会关系及其特定的文化背景这一属性,决定其对特定时代、特定区域内的社会文化背景的从属性。因此,企业文化必不能脱离所处时空内的社会文化背景。企业文化是企业的文化,企业是一种特定形式的组织。组织是由两个以上个体组成的、通过某种手段或过程达成特定目的的人群集合体,其所具有的社会功能及其自身运作的要求会产生组织共同的目标、共同的价值观念体系、共同的行为准则及与之相适应的组织结构和制度,就是组织文化。因此每个组织的文化都会因其背景、目的、成员及组成方式的不同而不同。可见,组织文化既不同于无组织的"个体文化",又不同于超越"组织"这一层次的更大范畴内的文化——社会民族文化,而仅仅是处于两者中间的文化。所以,企业文化也只属于中观层面上的文化范畴。

构成企业组织的个体在作为企业文化的主体的同时,还充当着社会中的一员。作为特定时空内的社会成员,在其创办或进入企业之前,他们在该时空内成长、生活的过程中,已不可避免地受到该时空内的社会民族文化的影响。进入企业后,除必然将这些长久以来接收的社会民族文化带入企业外,由于其社会人的性质永不会改变,因此,他们仍将继续接受这些社会民族文化的洗礼。所以,在企业文化的建设过程中,不能忽视整个社会的文化的影响。

企业文化不是脱离传统文化而突然产生出来的,它根基于传统文化又超出传统文化,是在现代企业组织这个实体里渐渐形成的。

在一定意义上可以说,民族文化或社会文化是企业文化的根,而个人行为文化则是企业文化这棵大树上的绿叶。

企业文化是社会文化的缩影,是民族文化延伸到企业文化的缩影。

历史告诉我们,中国传统文化将对任何时段的中国现时文化产生深远的影响,

中国现代文化从中国传统文化中继续汲取营养,以不断丰富和扩展着的自身内涵。因此,中国当代文化的各个领域都将不可避免地打上中国传统文化的深深烙印。换言之,现代中国企业文化在每时每刻都渗透着中国传统文化的印记。相对于现代社会及经济制度而言,传统,有璀璨精华,也有晦暗糟粕。因此,在对待现代企业文化建设中传统文化的复兴问题上,我们需要的是辩证地扬弃。

六、中国传统文化对企业文化的影响

关于中国传统文化,毛泽东同志有一段名言:"中国在长期的封建社会中,创造了灿烂的古代文化。清理古代文化的发展过程,剔除其封建性的糟粕,吸收其民主性的精华,是发展民族新文化、提高民族自信心的必要条件,但是决不能无批判地兼收并蓄。"

传统文化中的精华,完全可以为我们构建现代企业文化所用,而其中的糟粕,则可能对我们构建现代企业文化产生不利的影响。另外,即便是精华,也应结合今日的具体实践进行批判的继承。所以,为了使中国传统文化更好地为构建现代企业文化服务,我们必须就此进行辩证的分析。

1. 传统文化中有利于构建现代企业文化的积极因素

1)自强不息、正道直行的进取精神

古人特别崇尚气节,重视情操,强调培养刚直不阿、充满浩然正气的理想人格。今天,企业在艰苦创业、顽强拼搏的过程中,同样体现了这种进取精神。不少企业或以"自强不息""发奋图强""拼搏进取"等作为企业精神,或以此为信念推动企业发展,表明其与企业文化内容是充分合拍的。

2)以人以本,注重教化的人文精神

以人为本,可谓中国文化一以贯之的传统,使得传统文化的人文色彩极为浓厚。这一思想与现代管理"以人为中心"的发展趋势是相呼应的。因此,对注重教化的人文精神,不仅要加以继承,还应得到强化。为此,要树立人是最大资源的观念。市场竞争归根到底是人才的竞争,人是决定企业兴衰的根本。在企业管理中做到重视人的因素,发挥人的主动精神,激励人的创造热情,挖掘人的潜在能力。坚持用优秀的价值观来引导、规范和约束员工的行为,从而树立良好的企业形象,实现经济效益与社会效益的平衡发展。

3)贵和持中,强调整体的中和精神

讲和谐、持中道、重视整体利益的维护是中国文化的一个特点。中和思想既有可供企业文化充分挖掘、汲取养分的精神资源,又会因为简单的因袭而带来弊端。以儒家为代表的传统文化孜孜以求人与人的和谐、人与社会的和谐、人与自然的和谐,把天、地、人视为统一的整体,以"天人合一"为最高境界,以维护社会安定、群体协调为宗旨。这一点即使在现代社会,对处理好发展与稳定的关系、个人与集体的关系、经济发展与环境保护的关系等仍有其存在价值。在企业文化建设中,它对企业凝聚力、向心力的培育,调节内部人际关系,实现可持续发展也大有裨益。而且它注重整体意识,以群体为本位,更符合现代企业管理发展的方向。但中和思想也存在抹杀个体利益、造成个人创造性的萎缩、抑制竞争观念等局限性和不利因素,与崇尚创造与竞争的现代企业精神存在抵触的一面。因此,在企业文化的建设过程中,应对贵和谐、重整体的思想积淀进行适当的调整和科学的转换,并注入更多的竞争意识,以充实、改造传统的中和思想,提倡在竞争基础上的协同。

4) 厚德载物的兼容精神

厚德载物体现出包容万物、落落大方的气魄,是中华民族在五千年文明岁月里形成的传统美德和文化精神。正所谓:"海纳百川,有容乃大。"我们进行企业文化建设,正是要以这种精神作为自己的企业精神,对传统文化要厚德载物,对社会要厚德载物,对企业员工要厚德载物。正如荀子所说:"君子贤而能容罢,知而能容愚,博而能容浅,粹而能容杂,夫是之谓兼术。"这就是说,我们要具有仁爱之心,做到将心比心,推己及人。

5) 用智尚谋的谋略思想

传统文化中的谋略思想发展源远流长,传承不辍。如《孙子·谋攻》:"百战百胜,非善之善者也;不战而屈人之兵,善之善者也"。意思是:百战百胜,并不就是高明中最高明的;不经交战而能使敌人屈服,这才算是最高明的。"故上兵伐谋,其次伐兵,其次伐交,其下攻城。"在竞争中,通过"伐谋"达到"不战而屈人之兵","兵不顿而利可全",才是最高明的。又如《孙子·虚实》:"水因地而制流,兵因敌而制胜。故兵无常势,水无常形;能因敌而取胜者,谓之神。"就是说,谋略、策略都应根据主、客观条件的变化及时调整,只有提高应变能力,才能立于不败之地。企业文化要从传统谋略思想中汲取营养,树立市场观念,做到"先谋而后事",随时根据市场变化和竞争对手来制定策略,做到"知己知彼,百战不殆。"

6) 以道制欲、以义制利的理性精神

中国传统文化认为:人是道德理性之人,个体情感和欲望的满足要以"道"为准则,要与社会的理性要求相统一,这就是以道制欲的思想。在道义规范与逐利行为之间的冲突日益凸显的今天,以道制欲,以义制利,显示出特殊寓意。提倡见利思义,强调个人欲望的满足与社会的理性要求相统一,在现实生活中对遏制不道德的逐利行为、规范经营行为,乃至维护经济秩序都有着积极的意义,也有益于正确的企业伦理、企业道德的形成。

2. 中国传统文化中不利于构建现代企业文化的消极因素

从上述的概括分析中,我们可以清楚地看到传统文化有着十分广泛和丰富的内容,其中既有许多可吸取的营养,又包含许多消极的成分。因为任何一种文化的优点和缺点都不是决然分开的,全盘肯定或全盘否定都是不可取的。正如成中英所指出的:"中国人每一个优点后面都跟着一个缺点。"我们应如何对待传统文化?马克思曾说道:"人们自己创造自己的历史,但是他们并不是随心所欲地创造,并不是在他们自己选定的条件下创造,而是在直接碰到的、既定的,从过去承继下来的条件下创造。一切已死的先辈们的传统,像梦魇一样纠缠着活人的头脑。"

由于中国传统文化毕竟是一定历史条件下的产物,而且具有封建"大一统"的特征,其既有璀璨的精华,又有晦暗的糟粕。现代企业文化是在高度发达的市场经济中发展起来的。因此,传统文化中的一些消极因素也会对企业文化的建设产生一些负面影响。而且,其有些因素具有双重性,如果处理得不好,也会产生不利的影响。如"重义轻礼","强调群体意识","崇尚中庸"等思想都含有积极的因素,但也有消极的一面;至于愚民、特权思想、保守主义等则更会对现代企业文化的构建带来不利的影响。

1)传统文化"重义轻利"

"义""利"割裂的观念在一定条件下束缚着企业家的手脚。以儒家为代表的中国传统文化不提倡人们追求哪怕是合理的经济利益,崇尚"君子谋道不谋食、君子忧道不忧贫","君子喻于义,小人喻于利",把"义"和"利"、经济和文化对立起来。这种观念几千年来深深地影响着人们的进取方向,不利于经济的发展与繁荣。在市场经济条件下,企业既要追求社会效益,又要追求经济效益,"利"的获得是企业生存的前提,失去它,社会效益也就无从谈起。因此,必须树立"义利统一"的价值观,这是当前企业文化建设的首要问题。

2)传统文化特别强调群体意识,忽视对人的个性的认可与培养,不利于企业员工个体意识的发挥

企业文化建设中最重要的一点就是尊重员工的主体地位,塑造个性化的企业形象及企业家形象,而中国传统文化十分强调群体的作用,强调整体对个体的制约力量,忽视了群体中每一个个体作为最积极的行为主体所能够发挥的巨大作用。受这种思想意识的长期影响,人们难以坚持个人的看法,企业家不敢大胆地实施自己的改革方案,不愿显示个人的力量,这对企业的发展是十分不利的。

3)传统文化崇尚"中庸"之道,提倡平均主义,压抑了人们的进取精神

市场经济需要冒险精神、开拓精神、进取精神,需要通过公平的竞争实现优胜劣汰,实现资源配置的优化。但传统文化的"中庸"之道提倡的是不偏不倚,不要为人之先。这种观念造成的行为后果是压抑人的进取精神。虽然我国现阶段市场经济体制还不健全,竞争机制还不完善,但从观念的引导上来说,应积极提倡广大员工在工作中积极进取,崭露头角,勇于超越自我、超越他人。

4）缺乏民主精神，官僚主义严重

无论是奴隶社会，还是封建社会，传统文化都是维护专制主义的。邓小平指出："旧中国留给我们的，封建专制传统比较多，民主法制传统很少。"商鞅在向秦孝公献策时说："能制天下者，必先制其民者也。能胜强敌者，必先胜其民者也。"由此可知，民在专制国家中，始终就是被制的，被束缚的，绝无自由可言。孔子也说："民可使由之，不可使知之。"这也把民当成一种工具，毫无民主可言。这样，一方面，严重压抑和束缚了个性的发展；另一方面，造成官僚主义，使领导者高高在上，滥用权力。在企业中，官僚主义的体现就是"一把手"说了算，"一把手"随意处罚职工，职工代表大会流于形式，压制民主，忽视或否认员工的智慧，使职工的民主决策、民主管理、民主监督等权益得不到实施，限制了员工的积极性和创造性，使企业失去活力和凝聚力。

5）因循守旧，消极处世

经济基础决定上层建筑，文化须依附于经济。我国几千年的经济是以小农经济为主。半封闭的大陆自然环境，"日出而作，日落而归"，虽然造就了人们勤劳善良的一面，但又使人们进取心减弱，安于现状，沉淀出一种封闭的惰性心理。儒家思想的"中庸"观，推崇"安贫乐道，知足常乐"，主张自我克制，谨慎小心，循规蹈矩。同时，传统文化中的消极处世、明哲保身的处世态度也比较普遍。孔子曰："不在其位，不谋其政"也就是"事不关己，高高挂起"。而这种因循守旧、消极处世的心态反映到企业里：一方面表现为员工保守思想严重，缺乏竞争意识，不敢突破传统，阻碍企业改革；另一方面表现为员工的主人翁意识淡薄，对企业的效益、发展等不闻不问，缺乏参与企业经营管理的意识，这与市场经济是开放型经济格格不入。

6）特权意识、等级化观念严重

我国经历了几千年的封建社会，高度集权的专制统治使人们头脑中的等级观念根深蒂固。加上儒家思想所倡导的"忠孝观"，尤其强调忠君思想，强调尊卑等级，极大地抑制了平等、民主、法治观念。中国传统文化中，把国家的兴衰系于皇帝和少数权威者身上。皇帝、权威者贤明，则国家兴旺；皇帝、权威者荒淫，则国家衰败。特权意识、等级化观念使人们对权力产生向往和崇拜，导致个人产生崇拜和特权思想。从我国企业管理的实际情况来看，"一言堂"现象及独断专行，对领导的过分吹捧，把企业的兴衰系于一两人之手的观念等就是突出体现。

中国传统文化在法制思想上强调实行人治，重视"礼"，不重视法治，正所谓"道之以政、齐之以刑、民免而无耻；道之以德、齐之以礼、有耻且格。"把道德教化看作是治理国家的有效方法，法律仅作为治国的某种辅助手段。在封建专制统治中，皇权是至高无上的，朕即国家，君言就是法，正所谓"君要臣死，臣不得不死"。荀子也说："君子者，天地之参也，万物之总也，民之父母也。"把君主的地位抬高到参天地、总万物的神圣化地步。在这样的环境下,法律面前人人平等无从谈起,"刑不上大夫,礼不下庶人"是对其很好的写照。这种思想对企业的影响就是表现为特权现象严重,领导者按个人意志去行使权力、解决问题,而不依法办事、不依法治厂,这与现代市场经济是法制经济格格不入。

在现代企业文化建设中,中国传统文化无疑是一份宝贵的资源,特别是我国企业文化建设不能脱离中国优良的文化传统。从文化学理论上来说,精神文化有民族性,有深刻的民族烙印,这种烙印像生物学上的"基因"一样深刻,因此,它又被称为"文化基因",中华民族源远流长的优良文化传统,就是这样一种"文化基因"。但是中国传统文化不能原封不动地搬进现代企业文化建设之中,而要经过"辨证综合",实现"创造性转换"。

七、基于中国传统文化建设中国企业文化

优秀的传统文化是中华民族的精华,是经过了历史检验和淘汰留下的维系民族生存的智慧结晶。企业文化是现代企业不可缺少的内容,随着企业的发展而不断发展。企业文化不仅具有鲜明的时代性,而且深受传统文化的影响和制约。企业文化之所以能显示出新文化的生命力,原因不仅在于它具有全新的物质基础,还在于它继承和吸收了传统文化中的优秀成分。如果失去传统文化这一基础,企业文化就会失去强大的生命力。因此,传统文化不仅是进入知识经济时代的企业文化建设的重要源泉和基础,还是具有中国企业文化建设的重要支撑。因此,构建中国的现代企业文化必须立足于并进一步解放和发展中国传统文化,只有这样,才符合中国国情。

1. 建设可持续发展的企业经营哲学

企业哲学是企业在创造物质财富和精神财富的生产经营过程中表现出来的世界观和方法论。在不同的民族文化传统之下,在特定经营环境下,企业哲学也会不尽相同。

由于科技的进步和经济的飞速发展,出现了20世纪以来的全球生态危机,如土地沙化、环境污染、能源短缺、森林锐减、某些物种灭绝等,这已经严重地威胁到人类的生存和发展。为了解决全球的生态危机,越来越多的企业和国家都接受了可持续发展的原则和理念。1992年,联合国环境与发展大会通过的《21世纪议程》给可持续发展下的定义为:既满足当代的需求,又不危及后代满足需求能力的发展。可持续发展的核心思想是健康的经济发展应建立在生态可持续发展、社会公正和人民积极参与自身发展决策的基础上。可持续发展强调经济发展与人口增长、资源利用、生态环境保持和社会进步的相互协调。企业作为社会的一员,理当承担起可持续发展的重担。

从哲学上来说，社会发展是一个人类与自然协调发展的过程，人类与自然彼此制约，必须保持一种和谐关系，否则会出现灾难性的后果。可持续发展涉及政治决策与各国之间的协商问题，也涉及科学技术与社会的问题，但最根本的思考应当从人文价值及其哲学基础入手。在这个问题上，中国儒家哲学具有很深的现实人文价值。

西方哲学传统的主流，注重的是探索自然的奥秘并进而征服自然，在这种思想观念的熏陶下，人们习惯性地认为自己是自然的立法者而凌驾于自然之上，从而把征服自然看作是自己的成果和当作乐趣。所谓"知识就是力量"，说的正是认识是征服自然的力量，而这种思想观念恰恰忽视了人和自然相和谐的一面。儒学所讲的"天人合一"是中国哲学的基本精神，这一学说要求人与自然保持和谐统一，它的最深刻的价值之一，就是承认自然界具有生命意义，具有自身的内在价值。换句话来说，自然界不仅是人类生命和一切生命之源，而且是人类价值之源。

由于儒家的"天人合一"思想与现代的可持续发展原则相契合，因而其价值越来越得到当代企业家的重视。企业可以采用四种方式来贯彻"天人合一"的哲学思想，以追求人与自然的和谐发展，促进社会的可持续发展。其一是法律方式，企业要自觉遵守环保方面的法律法规，预防环境污染，提升企业市场形象。其二是市场方式，企业通过对顾客的环境偏好做出积极响应，即顾客无论需求何种善待环境的产品，企业都会提供。其三是利益相关者方式，企业对利益相关者（如雇员、供应商或社区等群体）在环境方面的多种需求做出反应。其四是活动家方式，企业积极寻求尊重和保护地球及其自然资源的途径，这种方式表现出最高的环境敏感度，是儒学"天人合一"的最高体现。

宝钢在践行"天人合一"理念、正确处理企业发展与社会发展的关系方面有值得借鉴和推广的经验。宝钢在实施环境保护战略中主要抓了以下"六领先"，即环保目标领先、环保教育领先、环保装备领先、环保技术领先、环保管理领先、环保成果领先。

1）坚持环保目标领先

宝钢从建厂开始，按照中央政府的要求，就明确提出高标准的环保奋斗目标，即努力创建世界一流的清洁工厂。在一、二、三期工程考虑建设方案的同时，宝钢认真制定与当时的现代化工艺设备相配套的完整的环保一流规划，并与各期各单元的建设项目同步设计、同步推进、同步投入运行。

2）坚持环保教育领先

在全体员工参加的定期政治轮训中，增设了环境保护和"可持续发展"的课程和内容，尤其是从 1996 年 9 月 ISO 14001 标准正式颁布之日起，宝钢在全公司范围内，利用一切舆论工具和手段对员工进行广泛的宣传教育。如在《宝钢日报》、宝钢有限电视台开设专栏,开展剧本展览和系列讲座,组织领导和骨干专题学习等。如今,宝钢逐步形成了"保护环境人人有责,治理环境家家有份"的好风气。创世界一流企业、走可持续发展道路已成为全体宝钢人的共识。

3) 坚持环保设备领先

坚持环保设备领先的目的是按照可持续发展战略的要求,为了最大限度地利用资源,尽可能地减少废弃物的产出量,降低能耗物资,减少对环境的污染,在提高经济效益的同时,大大改善生态环境。宝钢以此为指导思想,在工程设计和环保规划中,积极采取国际上先进的综合防治方案,参照西方发达国家的环保标准,大力采用世界上最先进、高效的环保设备,以达到最佳的环保效果。

4) 坚持环保技术领先

宝钢从工艺设计开始,就注意采用尽可能节约、回收资源和减少污染物排放量的先进生产工艺和环保工艺技术。宝钢十分重视对"三废"的研究、开发和综合利用。20年来,它先后开发了煤炭灰、高炉干渣、水渣等废资源的回收、净化、再生和深加工的项目和产品。宝钢千方百计地变废为宝,减少污染,净化环境,增加效益,造福后代。

5) 坚持环保管理领先

为了加强领导,宝钢专门成立了环保综合治理领导小组,由集团公司总经理任组长,各主要管理处和各生产行政处一把手参与。环保综合治理小组每年召开两次环保工作会议,制定环保方针、政策,审定有关环保制度和工作规划,制定环保措施,落实环保任务,下达环保指标,使环保管理成为宝钢企业管理的一个重要组成部分。

6) 坚持环保成果领先

在宝钢 17.76 平方公里的厂区里,绿化面积为 677 万平方米,绿化率高达 38.12%。近几年,宝钢在年年取得生产经营优异业绩的同时,先后获得了"上海市绿化先进企业""上海市环境卫生先进单位""上海市资源综合利用先进企业""上海市花园单位""上海市文明单位""全国部门造林绿化 300 佳单位""全国绿化先进单位"和"全国环境保护先进单位"等称号,彻底改变了传统钢铁工业发展生产与污染环境难舍难分的弊端,呈现出现代化钢铁工业花园式工厂的崭新面貌。

2. 建立以人为本的企业价值观

企业价值观是指企业在追求经营成功的过程中所推崇的基本信念和奉行的目标。从哲学上来讲,价值观是关于对象对主体有用性的一种观念,而企业价值观是企业全体或多数员工一致赞同的关于企业意义的终极判断。正如每个人都有自己的价值观一样,不同的企业可能会有不同的价值观,如"企业的价值在于致富""企业的价值在于利润""企业的价值在于服务"或者"企业的价值在于育人"等。不同的价值观能体现企业不同的价值取向,决定了企业在生产经营过程中对各种相关利益的选择和判断。

中国传统文化中,人本主义是企业价值观的基本格调。我们要充分发掘中国传统文化人本主义的积极意义,把它吸收到现代企业文化建设中来。

现代企业文化归根到底是一种以人为本的管理文化。以人为本,是指在企业管理中,强调以人为中心,尊重人才,注重对人才的培养,满足人才的合理需要,为人才的成长创造一个良好的环境,以充分调动人才的积极性和创造性,达到人尽其才、才尽其用的目的。现代企业要提高自身参与市场的竞争力,最重要的是要充分调动员工的积极性和创造性,而要充分调动员工的积极性和创造性,就要确立以人为本的管理理念。

企业要拥有一批德才兼备的创新人才,必然要求企业家树立起一种以人为本、唯人兴业的企业管理理念。以人为本,着眼点是人,而不是物。企业要从人出发,以人为核心,要把满足人的需要、促进人的发展作为基本的激励手段。以往企业大多注重强调满足市场、顾客的需要,"顾客至上"、"顾客是我们的衣食父母"、"顾客是上帝"、"顾客永远是对的"等理念是最好的证明,却忽视了对企业内部员工需要的满足。满足顾客需要是企业发展的一个重要因素,但满足企业内部员工的需要,则是企业发展的根本前提。失去了这一前提,要满足顾客需要也将会事倍功半。所以,企业要把满足内部员工的需要作为以人为本管理中的一项重要内容来抓,只有这样,才能最大限度地发挥企业员工的潜能,才能最大限度地满足市场、顾客的需要。

以人为本,还要求尊重人的人格、人的价值。企业管理者与员工的身份虽然不同,但在人格上是平等的。人人需要尊重,人人需要被尊重。企业管理者不仅要尊重员工的人格,还要以自己高尚的人格来感化员工。只有企业管理者与员工之间相互尊重、相互理解、相互信任,企业才能兴旺发展。那种以管理者自居,高高在上、指手画脚,把员工当作工具来使唤的管理者,只会把企业推向深渊。古人在谈到招揽人才的方法时说,"帝者与师处,王者与友处,霸者与臣处,亡国与役处"(《战国策·燕策》),其意为成就帝业的人与老师相处,成就王业的人与朋友相处,成就霸业的人与臣子相处,亡国之君与仆役之人相处,这突出了领导尊重人才、尊重人才人格的重要性。要尊重人的价值,实现员工的个人价值与社会价值的统一,就要求管理者继承发扬儒家"尊贤使能、俊杰在位"的人本思想,合理安排和使用每位员工,并对他们的劳动贡献给予公正合理的评价和激励,使员工的个人价值能在为企业的贡献中得以承认并实现。誉满全球的IBM公司之所以能够领导世界潮流,最根本经验在于始终坚持三大理念:尊重个人、顾客至上、追求卓越。

以人为本,还要求为人才的成长创造一个良好的环境。人是在集体的环境中生存和发展的,不仅有物质生活上的追求,还有精神上的追求,企业管理者应尽可能为个人能力的展现和创造性的发挥创造有利的环境。就我国企业现有情况而言,并不缺乏人才,真正缺乏的是人才成长的环境。在过去的许多年里,我国的许多科技人才就是因为西方国家的环境有利于他们的成长,于是漂洋过海为西方国家创造财富。虽然他们凭借自己的聪明才智,过上了拥有小汽车、别墅的小康生活,但真正获得更大利益的则是创造这一适宜于科技人才成长环境的国家。所以,企业要发展,要吸纳人才、留住人才、发挥人才的积极作用,首先要营造一个适宜于人才成长的良好环境。

企业要尊重人才,要将企业领导和人才的领导与被领导的关系转变为"合伙人"的关系,实行有效的激励制度,为人才的成长、发展创造有利条件,帮助人才实现自我价值,满足其最高层次的要求。如海尔集团在长期的经营实践中,为员工创造了一种奋发向上、积极进取的激励环境,形成了"事事有人管,人人都管事"的人才观,较好地发挥了员工的主人翁精神,激发了人才的主动性和创造性。

3. 建立提倡参与、创新的企业精神

企业精神是现代意识与企业个性相结合的一种群体意识,是企业全体员工或多数员工共同一致的态度、意志状况和思想境界。它可以激发企业员工的积极性,增强企业的活力。企业精神作为企业内部员工群体心理定势的主导意识,是企业经营宗旨、价值准则、管理信条的集中体现,它构成企业文化的基石。

在当代社会,参与、创新已成为现代企业员工值得倡导的一种意志状况和思想境界。各企业在提炼自身企业精神时可以作为参考。

1) 参与

参与在此是指参与管理。参与管理是企业兼顾满足员工各种需求和效率、效益要求的基本方法。员工通过参与企业管理,发挥聪明才智,得到比较高的经济报酬,改善了人际关系,实现了自我价值,而企业则由于员工的参与,提高了效率,达到了更高的效益目标。

在美国许多公司已经把参与作为一种企业精神,要求每个员工每年要写一份自我发展计划,简明扼要地阐述自己在这一年中要达到什么目标,有什么需要,希望得到什么帮助,并对上一年的计划进行总结。自我发展计划,一方面是员工实行自我管理的依据,另一方面给每个员工的上级提出了要求。因为,对如何帮助下属实现自己的计划,自我发展计划既可以作为上级人员制订自我计划的基础,又可以作为考核上级人员的依据。每个员工应随时提出合理化建议并定期填写对公司意见的雇员调查表。这个调查可以使那些没有参与管理积极性的人也参加进来,他们对公司工作的评价会成为管理部门主动了解意见和建议的基础。当然,雇员调查的内容比较广泛,涉及公司业务的各个方面。有的企业每年进行一次员工评议,

包括总经理在内,都要受到他的上级和下属及与他有关的平行部门(企业内外)的评议。

实施参与管理要根据员工知识化程度和参与管理的经验采取不同方式。参与管理的全过程一般可分为如下三个阶段。

第一个阶段是控制型参与管理。它的主要目标是希望员工在经验的基础上提出工作中的问题和局部建议,经过筛选后,由工程师和主管人员确定解决方案并组织实施。在提出问题阶段,是由员工主导的;在解决问题阶段,主导权控制在工程师和主管人员手中。这种模式的长处是它的可控性,但由于它倾向于把参与的积极性控制在现有的标准、制度范畴内,因而不能进一步发挥员工的积极性和聪明才智。

第二个阶段是授权型参与管理。它的主要目标是希望员工在知识和经验的基础上,不但提出工作中的问题和建议,而且制订具体的实施方案,在得到批准后,他被授予组织实施的权力,并以其为主导完成参与和改革的全过程。

第三个阶段是全方位参与管理。它不限于员工目前所从事的工作,员工可以根据自己的兴趣、爱好,对自己工作范围以外的其他工作提出建议和意见。企业提供一定的条件,帮助员工从事自己喜爱的工作,并发挥创造力。这种模式是针对员工具有较广博的知识、管理部门又具有相当的宽容度、企业内部择业又有很大的自由的情况而采用的。

2)创新

创新是现代企业精神必须强调的重要内容。在知识经济时代,创新成为经济增长的最强劲动力。企业创新一词,最先是由美籍奥地利著名经济学家约瑟夫·熊彼特于1912年在其所著《经济发展理论》一书中提出的,他把创新界定为"执行新的组合",即建立一种新的生产函数,把一种从来没有过的关于生产要素和生产条件的新组合引入生产体系。约瑟夫·熊彼特之后的经济学家发展了这一创新理论,并形成了当代西方创新经济学。随着技术进步和时代的变迁,企业创新的内涵也越来越丰富。

对现代企业来说,在经济全球化、科技飞速发展的时代背景下,企业持续运行的期限和生命周期受到严厉的挑战,而高素质的、具有创新能力的知识型员工不仅是企业发展的灵魂,而且是创新文化的主体。在知识经济时代,一个人若不及时更新知识,将难以胜任新的工作。知识的积累在于学习,创新的起点在于学习,环境的适应依赖学习,应变的能力来自学习。只有通过培养整个企业组织的学习能力、速度和意愿,在学习中不断实现企业变革、开发新的企业资源和市场,迅速地吸收所学到的新知识并在实践中加以运用,企业才能获得最终竞争优势,挺立潮头。管理学家彼得·德鲁克曾说,培训与教育是使员工不断成长的动力与源泉。在知识经济时代,这种培训与教育也是企业吸引人才、留住人才的重要条件。这就需要一种重视学习、善于学习的文化氛围,因而企业不再是一个雇佣的组织,而是一个学习型组织。现代企业只能作为一个不断学习的组织,才能够善于创造、寻求及转换知识,同时能根据新的知识与领悟而调整行为。一个企业要想在当今不断变化的环境中生存下去,就要不断学习,随时了解全球各方面的新信息,掌握层出不穷的新知识。企业应将教育与培训贯穿于员工的整个职业生涯,使员工能够在工作中不断更新知识结构,保持与企业同步发展。建立"学习型组织"是企业的重要目标。

所谓学习型组织,是指通过培养整个企业的学习气氛、充分发挥员工的创造性思维能力而建立起来的一种有机的、高度柔性的、横向网络式的、符合人性的、能持续创新发展的组织。学习型组织的真谛是"透过学习,我们重新创造自我;透过学习,我们能够做到从未能做到的事情,重新认知这个世界和我们跟它的关系,以及扩展未来的能量"。学习型组织包括:"自我超越""心智模式""共同愿景""团体学习""系统思考"五项,"组织结构""管理模式""组织文化"三种形式的创新。归纳起来,学习型组织的基础是团结、协调及和谐,核心是在组织内部建立完善的"自学习机制",精神是学习、思考和创新。

学习型组织有以下三个特点:一是共同意愿,即将个人的意愿整合为企业的共同意愿,将全体员工凝聚在同一旗帜下,形成企业强大的生命力;二是团队学习。公司将通过整合个人的学习,创造良好的学习环境,使员工终身学习;三是制定"学习,提高素质;创新,加快发展速度;不断学习,提高素质;不断创新,加快发展速度"的企业战略。只有反应敏捷的企业才能最终赢得竞争。中国加入世界贸易组织后,衡量中国企业的企业文化建设的又一个重要标志,就是看这个企业能否最终成为一个学习型组织。

本 章 小 结

文化是人类改造自然、社会和人类自身活动的成果,其本质是:在一定自然环境和历史环境中的人在长期活动中所形成的、以价值观系统为核心的一系列习俗、规范和准则的总和。它体现了一个群体在价值取向、思维方式、理想追求、精神风貌等方面区别于另一个群体的显著特征。任何文化都是由物质文化、认知文化、象征符号、行为规范、价值文化五个基本要素相互制约而形成的有机整体。文化具有共享性、整合性、适应性、层次性、规范性、差异性、继承性等特点。

文化管理作为一种新的管理方式,是管理的高级阶段。它建立在"人本管理"的基础上,以群体凝聚力为目标,以软性管理为主,强调"以文化人""以文治企"。

中国传统文化重视社会伦理、关系导向、集体本位、含蓄表达和整体性思维,与西方文化有着巨大的差异。中国传统文化对企业管理影响主要体现为七个关键而敏感的因素,即大家庭制、务虚先于务实、爱国主义敏感性、礼貌、关系导向、耐心、小生产者心态。中国企业文化建设大致经历了三个阶段:强国济民——1949年前民族资本企业的文化建设;创业奉献——新中国社会主义建设时期的企业文化建设;创新发展——改革开放新时期的中国企业文化建设。

在文化制胜的知识经济时代,中国企业文化亟待普及、强化、升华和创新。中国企业文化建设尤其应抓好以下四个方面:发挥企业领导者的主导作用,用企业家精神带动企业文化建设;正确理解企业文化内涵,系统有序地推进企业文化建设;坚持以职工为主体,发挥群众的首创精神;正确对待传统文化,外来文化和企业传统,处理好继承与发展、借鉴与创新的关系。

【课堂检验】

预习题:
1. 企业家文化与企业文化之间有何联系?
2. 企业家文化在企业文化建设的各个阶段分别起什么作用?

复习题:
1. 如何理解文化?文化与管理之间有何联系?
2. 中国传统文化的基本精神有哪些?
3. 中国传统文化中包含了哪些管理思想?
4. 企业文化与中国传统文化之间有怎样的联系?
5. 中国传统文化对企业文化建设有哪些影响?
6. 文化管理的思想是什么?文化管理与人本管理有何联系?

 练习案例

"青蛙"变"王子"

多年前,美国通用汽车公司设在加利福尼亚州弗里蒙特的汽车装配厂,由于连年亏损而关闭,但当它与日本丰田汽车公司合营组成新联合汽车制造有限公司以后,仅仅18个月企业面貌就发生了难以想象的巨大变化:原来这个拥有5000名员工的企业,雇员中存在5000件左右不满事件,如今只剩下2件;原来高达20%的旷工率也大大下降了,劳动生产效率大约提高了一倍。用美国人的话来评论这个厂的变化就是:"仿佛像一只青蛙一下子变成了王子。"这样巨大的变化是怎么发生的?日本丰田汽车公司派来的日方管理人员施行了什么魔法?关键是对管理模式进行了转换!美国通用汽车公司弗里蒙特厂原料的负责人,采用的是标准的泰勒式科学管理模式,行政命令、严格监督、惩罚和解雇的手法及管理者高高在上的领导作风,弄得劳资双方矛盾十分尖锐(劳方与资方就像两个有着世仇的家族,长期进行斗争)。而日本管理人员反其道而行之,他们尊重工会、尊重工人,让工人们分组管理,各负其责,并且处处建立管理者与工人平等的气氛——经理人员与工人合用停车场、餐厅,穿同样的工作服,取消经理专用办公室,大家互相称作"同事"。这种尊重员工、平等共事、分权管理的价值观,激发出美国工人的敬业精神、对管理者的信赖和对企业的忠诚。日本管理人员在培养美国工人的忠诚时并不需要花费多少钱,然而日本管理人员的方法看来远比美国人之前所采取的对抗性方法更为有效。正像新联合汽车制造有限公司人事总经理威廉·蔡尔所说:"日本人的哲学是把人作为一个重要因素,而典型的美国哲学则相反,它把工人仅仅看成机器的延伸。"这段话一针见血地指出了以人为中心的管理模式与忽视人的因素的科学管理模式之间的本质区别。

资料来源:张德,吴剑平.企业文化CI策划[M].2版.北京:清华大学出版社,2003.

讨论题:

1.案例中企业管理模式发生了怎样的变化?

2.文化管理为什么能提高企业生产效率?

第八章　企业家文化与企业文化

【学习目标】

(1) 了解企业家的含义及基本素质；
(2) 了解企业家文化的含义及特征；
(3) 掌握企业文化与企业家文化之间的联系；
(4) 理解企业家文化对企业生命周期中各个发展阶段的影响。

【开篇案例】

浙江人特别是浙江的温州人有很强的致富欲望和创业精神。为了致富,他们非常勤劳,敢于冒险,勇于闯天下,即使在再艰苦的地方,他们也能寻找到生机,并生根发展,而且他们没有"小富即安"的思想,永不满足。"白天做老板,晚上睡地板"就是对他们生活的生动的写照。

台州飞跃集团(以下简称"飞跃")是我国最大的缝纫生产基地,目前与其配套的企业有上千家。就是在这样的大企业里,人们难得看到宏伟的办公大楼,企业领导和员工的办公地方仅在一层高的平房内,厂房、车间挂着醒目的艰苦创业的标语。靠300元补鞋起家的董事长邱继宝现在仍住在仓库楼上。企业的一位副总曾在介绍"飞跃现象"时说,飞跃始终保持和发扬知难而进、艰苦创业的作风,正是凭着这种作风,飞跃才能从小到大,从农村到城市。飞跃赚钱后,不是像别人那样造房子、买汽车享受,而是用于扩大再生产。

温州民营企业家大多都是凭着艰苦的精神发家的。正泰集团的董事长南存辉、德力西集团董事局主席胡成中就是由补鞋、做小买卖起步的。为了创业,他们挤过火车,吃过方便面。而在积累了一定的财富时,甚至一辈子也不愁吃穿时,他们没有选择"小富即安",而是仍继续奋斗,致力于将企业做成国内品牌,做成享誉世界的品牌。

德力西集团早在多年前就确立了"以人为本"的企业文化和"德报人类、力创未来、赶超西方"的企业核心理念,以"三名五度"(名品、名企、名人;知名度、美誉度、指名度、定位度、忠诚度)加强企业的形象体系建设。如今,德力西集团更注重通过营造亲和力、凝聚企业的文化氛围来达到主动管理,而不是单纯地依靠利益驱动、采用被动式管理。而正泰集团以"创新意识、团队精神"作为企业文化的精髓。集团董事长南存辉说,他的企业有两个上帝:一是顾客,二是员工。对员工如对上帝一样,让正泰集团始终充满活力、凝聚力和竞争力。

温州、台州民营企业家的另一种精神在于敢出去闯,善于抓住商机。无论是在黑龙江的"北极村",还是在西陲边境唐古拉兵站,无论是在欧洲地区,还是在美国,都有温州人做生意。伊拉克战争开始后,温州企业家很快瞄准了战后伊拉克重建的商机,将温州商品运抵伊拉克,抢占生意。据报道,在我国成功取得了2008年奥运会主办权的当晚,台州一批民营企业家就坐飞机赶到北京,取得了为北京奥运工程提供花卉、盆景的合同。

第一节　企业家文化概述

一、企业家

1. 企业家的含义

企业家"entrepreneur"一词是从法语中借来的,其原意是指"冒险事业的经营者或组织者"。在现代企业中,企业家大体分为两类:一类是企业所有者企业家,作为所有者,他们仍从事企业的经营管理工作;另一类是受雇于所有者的职业企业家。在更多的情况下,企业家只指第一种类型,而把第二种类型称作职业经理人。

法国早期经济学家萨伊认为:企业家是冒险家,是把土地、劳动、资本这三个生产要素结合在一起进行活动的第四个生产要素,他承担着可能破产的风险。英国经济学家马歇尔认为:企业家是以自己的创新力、洞察力和统帅力,发现和消除市场的不平衡性,创造效用,给生产过程提出方向,使生产要素组织化的人。美国经济学家约瑟夫·熊彼特认为:企业家是不断在经济结构内部进行"革命突变",对旧的生产方式进行"创造性破坏",实现经济要素创新组合的人。他归纳了实现经济要素新组合(也就是创新)的五种情况:①采用一种新产品或一种产品的某种新的特性;②采用一种新的生产方法,这种方法是在经验上尚未通过鉴定的;③开辟一个新市场;④取得或控制原材料(或半成品)的一种新的供应来源;⑤实现一种新的产业组织。约瑟夫·熊彼特关于企业家的表述,事实上是一种社会机制的人格化表述。美国管理学家彼德·德鲁克也认为:企业家是革新者,是勇于承担风险、有目的地寻找革新源泉、善于捕捉变化,并把变化作为可供开发利用机会的人。

由以上表述也可看出企业家的一些本质特征:冒险家、创新者。因此,我们不妨将企业家定义为:企业家是担负着对土地、资本、劳动力等生产要素进行有效组织和管理、富有冒险和创新精神的高级管理人才。企业家与一般厂长、经理等经营者的不同,主要在于企业家敢于冒险,善于创新。企业家是经济学上的概念,企业家代表一种素质,而不是一种职务。企业家就是企业中能够让企业合法经营、不断发展,具有社会责任的人。

2. 企业家具备的素质

1) 注重道德情操的修养

作为一个集体,在社会上成功与否,与其是否有一个出色的带头人是密不可分的。那么,一个好的带头人的标准是什么呢？第一就是有优良的品德,第二是具备领导才华。领导者人品不高尚,害处颇多。首先,若领导者人品不高尚,则难孚众望。以德感人,以才服人,是领导者立世之本。无德何以感人？仅靠玩弄权术只可笼络人心,难以赢得忠心,更不能真正地凝聚人心。在这种情况下,再好的政策,因为人心向背,也会随着层层落实而层层变形。其次,低劣的品行不但影响领导者本人能力的发挥,还往往是企业的"病根"之所在。因为其灵魂的"肮脏",必然会在其周围营造一个污秽的环境,那么这个污秽的环境就是寄生于企业这个小社会的毒瘤。最后,领导者人品不佳,影响优秀人才的选拔,影响下属的才智的发挥,直接的表现往往是:任人唯亲,献媚者昌,正邪不分,好坏不辨,等等。

因此,注重个人的道德修养,是一个企业家的必修课。个人道德修养提高了,那"家"可以齐,"国"可以治,"天下"可以太平,企业就发展了。华人首富李嘉诚总结的他为人处世的六字箴言"德、诚、刚、柔、变、和",居首的就是"德、诚"。孔子说:"德之不修,学之不讲,闻义而不能徙,不善不能改,是吾忧也。"这是我们做人的道理。

作为企业家,首先要以人为本,宽厚待人。人是企业的根本,人是财富的创造者,只有真正做到"己欲立而立人,己欲达而达人","己所不欲,勿施于人",才能建立和谐友善的人际关系。企业家要及时改善工作条件,重视安全生产,关心职工疾病等,不污染环境,塑造企业的"仁爱"形象,这是企业最大的无形资本,也是企业家的成功之路。作为企业家,还要时时提醒自己,做到先义后利,见利思义,不义之财不可取,始终树立"君子爱财,取之有道"的经营宗旨,树立良好的企业形象,从而为企业带来长远的利益。松下幸之助要求售货员在遇到顾客要求调换商品或退货时,应当比卖出商品更热情。这是因为松下幸之助深知追求利润与服务相结合,对树立良好的企业形象有重要意义。

诚实历来被儒家视为"进德修业之本"。一个人要在社会上立得住脚并有所作为,就必须为人诚实,讲究信誉,树立"人信"。被称为世界船王的包玉刚先生的成功之道就是"以信誉成交,借信誉发展"。在今天的信用社会,企业家要有所作为,就必须讲诚信,并且重视诚信的实践,做到言行一致,知行合一。

2) 拥有"海纳百川"的品格

企业家如何处事,如何知人、用人,关系到企业的兴衰。古人强调选人、用人

"许士之风必求其实,用人之术当尽其才","选士用能不拘长幼","金无足赤,人无完人",这些都表明作为一个领导者,必须具备的选贤举能的慧眼。台塑集团创始人王永庆一贯坚持的"适才适所","举贤不避亲"的用人原则,为企业家在用人方面树立了榜样。

"知人"是"善任"的前提。历史赞扬齐恒公为"九合诸侯,一匡天下"的霸主,但更称颂鲍叔知人、荐人的胸怀和胆识。企业家如何选人、用人,说到底是企业家的胸怀、境界在起主导作用。"海纳百川,有容乃大",领导者只有广泛听取各种不同意见,博采众议,才能把企业办好,使企业立于不败之地。

作为领导者还要做到公正无私。如果人们怀疑你在徇私,那么你的魅力定会衰退,你讲的话也不会为人所信。所以,按照《淮南子》所讲的,如果领导者公正无私,一言九鼎,则一言而万民齐。总之,要成为成功的企业家,就要在传统文化中吸取精髓,练就较强的文化底蕴和人文内涵,修成"孽立千初,无欲则刚"的品质,成为一个有浩然正气的企业家。

3) 胸怀"以天下为己任"的社会责任

中国古代商人经商致富后,大都能乐施于民,并处理好国家、社会与个人的利益关系。这种传统美德为我国企业树立了榜样,也使我们看到传统企业文化的价值。

李嘉诚在接受"马康福布斯终身成就奖"的演讲中提到,有能力为社会贡献是一种福分,也是企业家最珍贵的力量。正是这种对社会负责的思想,让李嘉诚成为一名成功的企业家。在实现自身利益增长时,企业家如何担负起社会的责任和义务。表面上,社会责任占有企业的效益,其实是有利于企业的长远发展的,见"利"不忘"义",对社会负责,也是成熟企业的标志。好的市场经济离不开责任,只重视利润可让企业生存,同时追求经济效益和社会效益,才能让企业长存。如享誉世界的"慈善大王"卡耐基、世界最慷慨的慈善家盖茨,他们都将几十亿甚至几百亿的财富捐赠给了社会。他们认为:回馈社会是一种责任,是一种光荣。

3. 企业家与企业文化关系的四个阶段

根据我们的研究,企业文化在其形成与发展过程中与企业家联系非常密切,同时企业家在企业文化中的地位与企业的发展规模存在着密切的关联关系。根据企业规模大小和企业家在企业文化中所占位置两个维度划分,企业文化的形成一般分为四个阶段。

第一个阶段是企业文化形成期。此时的企业文化正处于发展的初期,企业规模较小,企业家对企业的影响是决定性的,而且反映企业家精神的途径一般比较直接,企业家精神在本阶段是最强势的,因此企业家精神在企业文化所占的比例几乎是百分之百。在这个阶段,企业文化的基本特征就是企业主要甚至是所有管理决策及行为基本上都是企业家的决策及行为,其他成员由于相对很少或者很弱势,所以也绝大部分围绕企业家意志办事,"一言堂"是这个阶段企业文化的特征,共同的企业文化还没有真正形成。

第二个阶段是企业文化发展期。在这个阶段,随着企业规模的扩大,企业核心团队不断融入新的团队成员,他们的加入对企业家精神带来新的内容和冲击,通常伴随而来的是由于企业规模增大而带来的管理难度的大幅度增加,企业家在管理过程中会受到挑战或质疑,但因为长期的文化惯性,企业家精神的强势依然持续,所以企业家精神在企业文化所占的比例仍然在50%以上,也就是占有绝对的优势。

第三个阶段是企业文化反思期。此时的企业家精神往往有两种主要的情况。一种是企业家对自身文化的自觉性反思。他们会思考如何在新的不确定性环境下提高自己适应公司战略发展的需要,这要求他们对自己的文化做出变革,对公司战略重新进行审视,从而使企业家精神在企业文化所占的比例处于低谷。一般企业中会出现如职业经理人等空降兵,或者咨询公司的介入,这在某种程度上会在局部改变企业文化。第二种是外部市场的变化、公司战略发生重大变化、公司主要高层变化导致了企业家精神的变革。这时的企业文化可能会出现低谷的状态。

第四个阶段是企业文化稳定期。这时,经过外来文化的冲击或者自省之后的企业家精神融入了团队和外来文化的洗礼,开放性的文化氛围使得企业家精神逐渐成为企业核心团队文化的综合体,企业家精神在企业文化所占比例又上升到一半以上,具体根据不同企业体制及企业规模的不同而不同,另外这还取决于企业家的心胸。

应该强调的是:这四个阶段是周期性轮转的,它随着企业的发展会出现周而复始的循环,但一般第一个阶段的重复率会比较低,除非出现重要的文化变革。就像在IT界久负盛名的惠普公司在经过长期文化的沉淀后,面对新的市场环境,旧的惠普文化需要重新变革,而此时的惠普企业文化在新的领导人上任之后,就要重新确定企业文化的内涵,这也使得惠普哲学在相当长一段时间内面临企业文化的修复,这就是企业文化的反思期了。

由此可以知道,企业家精神能否转变成企业文化的关键在于企业家精神能不能很好地解决企业核心团队对生存和发展的基本思维。不然,企业文化就会一直处于散漫的状态,而企业文化也就只能停留在初期的发展阶段了。

二、企业家文化

1. 企业家文化的含义

企业家文化是指企业家在企业经营管理中所遵循的经营理念,是企业家人格、法律意识、创新精神、事业心、责任感等品质及其所信奉的管理观念和方法、管理规章、管理规范等的综合体。

企业家文化具备以下三个功能：第一，企业家文化一定要能提高企业的经营管理能力，为企业带来良好的经济效益，促进企业可持续发展；第二，企业家文化一定要以人为本，具有科学的人文思想；第三，企业家文化一定要能形成优质的企业文化，并促进其不断发展。由此可见，企业家所具备的基本素质是企业家文化产生并发展的根源。

2.企业家文化的主要内容

1）企业家形象

企业家形象是企业家文化的表层，是指企业家影响他人的外在表现。企业家形象的价值在于强调企业家个性形象的同时，更强调企业形象和品牌形象的感性体现。每一个知名企业的后面都有一位伟大的企业家。企业家形象不仅属于企业家个人，还属于企业、属于品牌，是企业形象的一个重要部分。企业家形象代表企业独特的个性，对品牌的传播起着推波助澜的作用，是企业的潜在能量、无形资产。

2）企业家素质

企业家素质是指企业家通过创造性地高效整合各种资源来创造企业价值和社会价值的能力，主要包括领导艺术、经营运作、知识与学习能力三个方面。领导艺术主要是指用人、授权、协调、沟通、指挥、激励、约束、思想传播、协作、时间分配等。经营运作主要是指企业核心竞争力的培养和利用、经营模式的制定和完善、组织结构的构建和改进、企业文化制度建设、企业资源的优化配置、承担社会责任等。知识与学习能力主要是指企业家现有的知识经验结构和水平、学习能力、创新意识及创新能力等。

3）企业家精神

企业家精神是指企业家为了实现理想，凭借自我情绪、意志控制力和高超的战略智慧，以及博大的胸怀、与时俱进的价值观，产生的一种由内向外迸发的精神力量。企业家精神包括四个方面：敬业精神、创新精神、冒险精神和守则（法）精神。企业家精神作为企业家文化心理定式的主导意识，是企业经营宗旨、价值准则、管理哲学的集中体现，它构成企业家文化的基石。

第二节　企业文化与企业家文化的关系

一、企业文化与企业家文化的联系

1.企业家文化与企业文化都是价值观选择的结果

企业家就是那些能够持续实现文化价值观扩展的人，他们所提供给社会的是创新的观念。企业家文化是一种极其稀缺的资源,这是因为进行文化资本投资是困难的,人们要突破传统价值观念的束缚绝非易事。事实上,技术创新与制度创新通常因为受制于文化创新而难以形成,因为"要有效地开发借用的技术,就必须进行适宜的制度创新,而制度创新的形式主要受文化传统的限制。根据诱致性创新模型,预期利润是诱致技术创新和制度创新的动力。然而,不管诱致力量有多强,如果它们与植根于人们头脑中的传统范式不一致,对社会有利的创新就不可能实现。

把企业家文化定义为文化价值观的扩展不仅是一种理论上的推测,还得到大量事实的证明。从空间分布上来看,企业家文化通常在各个不同的地区间呈现一种不可比的差异化现象。这种差异化现象又集中出现在企业家文化总是容易在文明交汇地区、文化边缘地区及外来者群体中。可以发现,在这些地区,文化价值观不仅是多样化存在的,而且个人的价值观的创新是经常性的,这必然为文化资本的积累即企业家文化的兴盛提供了基础。

2. 组织学习是企业家文化向企业文化扩散的主要方式

对企业家文化实质的分析显示出它与企业文化具有密切的内在联系。二者不仅都是对特定文化价值观进行创造性选择的结果,都被看作是决定企业竞争优势和经济增长的主要源泉,而且企业家文化还直接影响或制约企业文化的选择,特定的企业文化也会对企业家文化的取向产生反作用。

第一,企业家文化形成的实质是企业家个体价值观体系的扩展,当这一扩展的价值观体系将更多的资源聚合成为企业时,企业文化也随之形成。企业家文化是企业形成的前提条件,可以说,没有以创新、敬业和合作为核心的企业家精神,也就不可能形成获取利润的企业组织。由于企业家文化体现了企业家个体的独特价值观念,当企业成立时,企业家通常会成为企业文化的主导,他不仅要依据自己的价值观体系来遴选和聘用企业的成员,还要进一步规定和引导企业文化的取向。这表明,企业文化主要是基于企业家文化而形成的。

第二,企业家文化的持续发展促使企业文化不断变革,从而支持企业的成长。当企业家文化停止发展时,企业文化也难以实现真正的扩展,从而抑制企业的竞争力。企业家文化并不是与哪一个特定的人相联系的,而是与企业家的价值观体系相联系的。当企业家持续进行观念更新时,企业家文化就会一直表现出来,而当企业家的观念趋于停滞和保守时,企业家文化也就会丧失。企业家文化的变化通常会影响企业文化的取向:一方面,当企业家文化持续扩展时,企业文化也会随之扩展;另一方面,当企业家文化萎缩消失时,企业文化也会随之日趋保守。这两个方面的趋势最终又反映在企业的成长与其竞争力上。因此,不仅企业家文化与企业文化总是共生的,而且二者都表现出了对企业竞争力的决定性作用。企业家文化存在的阶段性也导致了企业文化适应能力的差异,使企业的成长具有了不确定性。

第三,企业家文化扩散为企业文化的过程要受到多种因素的影响,要想实现有效扩散,必须通过组织学习。从企业家文化扩散为企业文化的过程来看,这并不是一个自动完成的过程,而是需要通过组织学习来实现的过程。

组织学习不仅包括对特定知识技能的掌握,还包括对某种特定价值观体系的学习、认同甚至信仰。通过组织学习,企业家文化才有可能被全体员工所接受和认同,变成整个企业的共同价值观体系,即企业家个人的文化资本积累转变为全体企业成员文化资本的积累。因此,了解企业家文化与企业文化的有机转化,需要深入了解组织学习的特性。

3. 促进企业家文化有效扩散的策略选择

实现企业家文化向企业文化的扩散既是组织学习的重要内容,又是进行有效组织学习的前提。为了巩固和恢复组织内部对价值的共识,特别是为了在组织中灌输企业家文化所代表的文化价值观,可以在组织学习过程中对企业文化进行有意识的改变。只有通过组织学习,企业家个体创新的、扩展的价值观体系才能够被其他成员所认同和接受,当然,这并不是要彻底改变其他成员的原有价值观体系,而是扩展他们的价值观体系。

首先,只有当企业尽可能地包容和反映利益相关者的价值取向、积极从外部引进新思想时,企业家文化的持续扩散才有可能。从企业内部来看,企业家文化的激发则应建立在对多个利益相关者价值取向的重视与包容上。这不仅要组织摈弃"独揽大权"的意识形态及个人崇拜的错误观念,而且要容许员工有更广阔的业务方向和行动空间,容许他们跨越等级制度,以激发他们的责任感和潜在的企业家文化。

其次,要积极改变企业成员的心智模式,但心智模式的改变并不意味着强加于员工,而是要领导者不断改善本身的心智模式,不要把自身所偏好的心智模式强加于人们身上,应由人们根据自己的心智模式来决定如何做,这样才能够发挥最大的效力。同时,内部董事会成员很少需要直接做决定。他们的角色是透过检验或增益总经理心智模式来帮助总经理,而领导者的价值是以他们对别人心智模式的贡献来衡量。

最后,企业文化的改变通常也伴随着企业家文化的扩展或者是企业家本身的替换。当企业组织内部的价值观趋同且难以扩展时,通常需要从外部引入新的价值观来加以改变。具体来说,需要那些具有新思想的外来者推动企业的文化资本积累。例如,波特认为一个企业的"比较竞争优势的重要动力是不断进入企业经理层的"外来者"。约翰·科特与詹姆斯·赫斯克特在对进行企业文化变革的案例研究中也发现,在实现企业文化变革的十家公司中,改革者主要是外来者与才能异乎寻常的公司内部人士。

二、企业文化与企业家文化的区别

企业文化是企业家文化的鲜明体现，是企业家文化的自然延伸。二者都十分重视管理文化，均是用"以人为本"为基础而形成的价值观。不言而喻，企业家文化对企业文化的形成与发展有着至关重要的作用，但企业家文化绝不等同于企业文化。

第一，从二者的形成上来看：在一定的社会条件下，企业家文化的形成得力于个人的人生经历、学习能力、实践经验等。我国的企业家大多都是近 20 年来快速成长起来的，他们更多的是因为政策的变动并善于抓住机遇脱颖而出的，尤其是中小型企业的领导者正处于由"商人"向"企业家"转变和蜕变的过程中，这个过程就是企业家文化形成并趋于成熟的艰难过程。而企业文化则是在企业发展中逐渐形成和完善的，是包括企业家在内的企业全体员工的共同努力、积极参与、共建互动的结果。

第二，从二者的内容上来看：企业家文化的内容侧重于企业家的经营管理理念、个人的思想道德品质、文化素养及企业家的价值观；企业文化内容侧重于企业形象、企业经营管理模式、企业凝聚力及综合竞争力。

第三，从二者的属性上来看：企业家文化属于个人文化，而企业文化则属于组织文化，二者在内涵和外延上都是不同的。

第四，从二者的关系上来看：企业家文化是企业文化的重要组成部分，企业文化包含企业家文化。在一个企业中，尽管企业家文化在企业发展中发挥了极大的作用，但它倡导的价值观和经营理念仅仅处于主导地位，只是引导企业文化走向的一根主线，不能代表企业文化的全部，只是企业文化中的一部分。

第五，从二者的发展上来看：企业家文化就是企业家个人文化，而企业家个人的任职周期是有限的，因而造成了企业家文化的局限性。而企业经营是持续的，企业的发展是永恒的。由一代代企业家秉承企业文化，不断创新发展出适应新时代、新环境的企业家文化，指导企业文化的改革更新，同时企业文化自身的更新和内外因素的作用，以及员工智慧的支持，使企业文化生生不息。在世界著名的美国王安电脑有限公司创始人王安把职位传给儿子后，由于王安电脑文化就是王安文化，随着王安的离去，王安电脑也随之消失在人们的视野中。相反，美国通用电气公司创立百多年来，领导换了一批又一批，却越来越具有竞争力。这不能不说是企业文化的作用。

第六，从二者的影响上来看：作为市场经济产物的企业，它是一个经济实体，它的生存与发展关系着社会的稳定、国家的强大；作为一个社会的经济组织，企业同时又是一个文化实体,企业文化关系着民族文化的传承、社会文明的发展。而企业家文化的出发点、作用点和落脚点都定位于企业。

第三节　典型案例分析

2001年,公司收入高达2189亿美元的美国零售业巨人沃尔玛公司(以下简称"沃尔玛")终于超越美国石油巨头埃克森公司,跃居"世界500强"第一位。这是一个重大的突破,也是一个非凡的奇迹。因为在1995年之前,在世界500强企业中根本就见不到零售业公司的踪影,而此时,沃尔玛的连锁店已达4000多家,遍布全球,而且还呈继续发展的趋势。与此同时,经营沃尔玛的沃尔顿家族也以超过650亿美元的资产名列全球富豪的榜首。这一辉煌成功的始创者便是白手起家创业的美国著名企业家山姆·沃尔顿。

1. 企业家个人品性

山姆·沃尔顿的企业家素质为勤奋、诚实、友善、节俭、敬业、爱业、不断学习、不断创新、极强的竞争意识和冒险精神。正是山姆·沃尔顿自身的节俭,才有了沃尔玛的低价原则;正是山姆·沃尔顿自身的创新开拓,才有了不断发展的沃尔玛。

山姆·沃尔顿为企业经营定下了十大规则:①敬业;②与所有同事分享利润,把他们视为合伙人;③激励你的合伙人;④交流沟通;⑤感激你的同事为公司所做的每一件事;⑥成功要大肆庆祝,失败则不必耿耿于怀;⑦倾听公司中每一位员工的意见,广开言路;⑧要做得比顾客期望的更好;⑨比对手更好地控制费用;⑩逆流而上,另辟蹊径,藐视传统的观念。有人说,这都是一些十分平常的规则。而山姆·沃尔顿却认为,其艰难之处正在于你要不断地想出办法来执行这些规则。他自己确实是做到了。

2. 企业家精神及企业文化的制度体现

1)沃尔玛的创新精神:"顾客是上帝"

创新行为:拥有15家Ben Franklin连锁分店,不满足于现状,继续突破自我;1962年,发现商机,背水一战,于同年7月创办了沃尔玛;采取"避实就虚,出奇制胜"的战略,"农村包围城市";尝试经营新形式——超级中心、会员店、特级市场。

在山姆·沃尔顿创业之初,零售业市场上已经存在了像凯玛特、吉布森等一大批颇具规模的公司,这些企业将目标市场瞄准大城镇,它们"看不起"小城镇,认为那里利润太小,不值得投资。但山姆·沃尔顿敏锐地把握住了这一有利商机,他认为在美国的小镇里同样存在着许多商业机会。

"顾客第一",这是每一家商店都会强调的口号,问题在于它是否成为商店真正遵循的原则。沃尔玛向顾客提供的商品是真正的物美价廉的商品,消费者在货比三家后,往往不惜长途开车前往沃尔玛购物。在商品陈列、花色搭配方面,沃尔玛也处处站在顾客的角度以求为他们提供方便。有时顾客要买的商品本店无货,店员会十分热情地引领顾客到其他商店,甚至是竞争对手的店中购买,真正做到为顾客着想。山姆·沃尔顿在巡视各分店时,往往会问店经理和店员:"如果你是顾客,你怎样才能买到需要的物品呢?你还打算买哪些相关东西呢?又怎样能在货架上找到呢?"他强调"零售就是细节"。

企业文化的制度体现:日落原则;"比满意更满意"原则;"薄利多销"原则;"十步服务"原则。

2)沃尔玛的合作精神:"尊重每一个员工"

在处理与员工关系方面,山姆·沃尔顿起初并未意识到它的重要性,对员工支付工资十分吝啬。在1970年公司公开发行股票时,也只想到各级管理人员,而忽略了广大员工。然而在实践中他发现,越是与员工共享利润,公司赚到的利润也越多。于是,他公开提出把员工称为"合伙人",与他们建立合伙关系。他实施了一项所有员工参与的利润分享计划,即公司把每年平均工资的6%归入这个计划,凡在公司工作1年以上的员工,都由公司按照百分比把金额归入他的账户,当员工离开公司时,可以用现金或公司股票的方式取走这笔财产。这使得沃尔玛公司的员工都把沃尔玛看成是自己的事业,也使整个团队具有很强的凝聚力。

企业内:员工是"合伙人"而不是普通雇员。

企业间:与休斯公司合作发射卫星,进行资源共享和核心能力(信息技术、配送系统)互补,创造双赢。

与非营利组织合作:开展一系列社区援助活动(医疗、教育、环保)。

3)敬业精神:"每天追求卓越"

山姆·沃尔顿的最低价原则并不意味着在商品质量或服务上存在任何偷工减料的情况,他对其员工的满意服务极为自豪:"只要顾客一开口,他们马上去做任何事。"低价高质就是山姆·沃尔顿做事的基本核心。要保证商品廉价,就必须做到低价采购,并保持充足的货源。刚开始时,沃尔玛遇到很多困难。例如,一些著名的大供货商,如宝洁公司、伊斯曼柯达公司等的推销员很少主动到沃尔玛来推销货物,即使来了,也是颐指气使地发号施令,规定提供货物的价格、数量折扣、付款方式等,态度十分傲慢无礼。山姆·沃尔顿以顽强的毅力面对这些困难,并逐渐完善商店的管理制度,使沃尔玛逐步走上正轨。

企业文化的制度体现:忠诚你的事业;超越顾客的期望;控制成本,使之低于竞争对手的成本;逆流而上,放弃传统观念。

企业文化不能简单地等同于企业家文化,但企业家是企业文化的主要缔造者,其个人的价值观决定了企业文化的形成与培育。因此,我们既要看到在企业文化的缔造和发展中企业家所起的作用,又要看到其价值观必须在实践中得到员工接受、认可并能够指导企业取得成功。

本 章 小 结

企业家是担负着对土地、资本、劳动力等生产要素进行有效组织和管理、富有冒险和创新精神的高级管理人才。他们应该注重道德情操的修养,拥有"海纳百川"的品格,胸怀"以天下为己任"的社会责任。在企业文化形成期,绝大部分员工围绕企业家意志办事,"一言堂"是这个阶段企业文化的特征,共同的企业文化还没有真正形成。在企业文化发展期,企业家在管理过程中会受到挑战或质疑,但企业家精神在企业文化中所占的比例仍然在50%以上。在企业文化反思期,企业文化可能会出现低谷的状态。在企业文化稳定期,企业家精神在企业文化所占比例又上升到一半以上的水平,具体根据不同企业体制及企业规模的不同而不同,另外这还取决于企业家的心胸。

企业家文化是指企业家在企业经营管理中所遵循的经营理念,是企业家人格、法律意识、创新精神、事业心、责任感等品质及其所信奉的管理观念和方法、管理规章、管理规范等的综合体。企业家文化包括企业家形象、企业家素质和企业家精神三个部分。企业家文化和企业文化不仅都是对特定文化价值观进行创造性选择的结果,都被看作是决定企业竞争优势和经济增长的主要源泉,而且企业家文化还直接影响或制约企业文化的选择,特定的企业文化也会对企业家文化的取向产生反作用,但是在形成、内容、属性、关系、发展和影响上有所不同。

【课堂检验】

预习题:
1.东西方文化之间有何差异?
2.如何理解霍夫斯蒂德的文化五维度理论?

复习题:
1.何谓企业家?企业家应该具备哪些素质?
2.何谓企业家文化?企业家文化具有哪些特征?
3.企业家文化与企业文化之间有何联系?
4.在企业生命周期的各个阶段,企业家文化如何影响企业文化?

 练习案例

美敦力使命的由来

高尚的使命与赚取利润并不是对立的两面。全球顶尖的医疗技术公司、《财富》500强之一的美敦力,就是一个以使命统领公司一切发展并取得成功的典型案例。无论是在顺境中还是在逆境中,美敦力的企业使命都是公司全部经营方向和行为的核心准则,从无例外,从不动摇。美敦力的事实证明:坚持使命的指引,同样可以获得充足的利润和高速的增长,并不会妨碍生存和发展。

一、使命统领一切

对于医疗科技领域之外的大多数人而言,美敦力是个陌生的名字。可如果经常浏览《财富》《商业周刊》等权威杂志的各种排行榜,你就会发现美敦力绝对称得上是"风云企业"——《财富》500强、全美最受赞赏的公司、全美最佳就职企业、全美慈善企业……这一个个红榜上,美敦力都是常客,而且其股票市值名列全球1000家最大公司的第54位。在业务领域里,美敦力更是在全球首屈一指,经常被人称为是"医疗设备行业的微软"。

美敦力无疑是一个成功的公司。而查阅以往的全球媒体报道,会发现无论从哪个角度谈到自己的成功,几乎每一位美敦力受访者都会把其源泉归因于一个词:使命。美敦力全球总裁兼首席运营官霍金斯也不例外。

二、55年不变的使命

"我们的公司使命是创始人厄尔·巴肯在1960年提出的,至今从未改变过。它是我们公司一切行动的核心。"沉静儒雅的霍金斯在刚开始他的话题时就这样表示。

1949年,明尼苏达大学电子工程研究生厄尔·巴肯因为自己专业所长,被妻子工作的医院请去兼职,做一些修复精巧医疗电子设备的工作。这让他和他的姐夫帕尔玛·赫蒙斯利看到了机会。于是厄尔·巴肯放弃了学业,帕尔玛·赫蒙斯利辞去了木材厂的工作,两人合伙成立了一家修理医疗仪器的公司——美敦力。

美敦力从修理仪器起家,后来开始代理销售其他医疗设备公司的产品,进一步应客户要求修改和定制产品,从此开始了自己的制造业务。美敦力于1957年制造出世界第一台便携式体外心脏起搏器,并于1960年制造出世界第一台可靠的可植入式心脏起搏系统,奠定了全球起搏技术领导者的地位。

但有了创新并不一定就意味着盈利。事实上,美敦力的亏损额在不断增加。而此时投资者的出现,对美敦力来说无疑是一个大好消息。但这些投资者可不简单,他们不是那种只知道掰着手指头算钱的人,他们要厄尔·巴肯为公司确定一个使命,然后才能把钱投给美敦力。于是,厄尔·巴肯审慎制定出了"将生物医疗技术用于慢性疾病治疗领域,恢复健康,减轻病痛,延长寿命"为主要内容的使命。

与很多公司使命出自创业者的个人好恶不同,美敦力的使命是应投资者要求而制定的。更不同的是,虽然它出自投资者,但却恰恰不是唯利是图的,更不是"唱高调"做给投资者看的。从1960年至今,美敦力的领导者交接了好几任,但在实际运营中从未改变过这家公司的使命。

三、使命指引方向

1960年以后,美敦力进入了飞速发展时期,发明一个接着一个,产品一种跟着一种,但都是集中于公司所擅长的领域,如心血管疾病。"我们的传统优势就在于用电力刺激心脏和大脑,所以我们在这些领域有非常突出的能力。现在我们也在向别的领域拓展,如周边血管、糖尿病、脊椎病等,但都是专注于慢性疾病领域,致力于减轻病患的慢性痛苦。"美敦力负责医疗技术部的高级副总裁欧斯德博士曾经这样表示。

同很多大公司一样,自成立以后,美敦力也进行了多次并购来加强自己的优势或进入全新的领域。例如:强生公司的心血管部门(生物心脏瓣膜及心肺设备)、Versafle传送系统公司(冠状动脉造影导管及导引技术)、Bio-Medicus公司(离心血液泵),以及Minimed公司(糖尿病治疗领域)等;还通过并购一家荷兰的起搏器制造公司等方式来加强其全球市场。

所有这些发展决策,都是与公司使命相一致的。"我们在公司业务调整上是紧扣我们使命的,无论是并购一家公司,还是发展一项新技术,都要问自己这是否与公司的使命相符合。如果是,我们就做;如果不是,我们坚决不做。"欧斯德博士这样说。

今天的美敦力通过内部发展及战略并购,已经成功地从一个单一产品的公司转变为多元化、国际化的医疗技术公司。作为美敦力的一员,欧斯德博士显然非常自豪:"在全球,像我们这样的做法很少见。很多大公司发展时间长了以后就失去了方向。不少大的制药公司都做化妆品,而我们不会进入化妆品领域,因为这不会给我们增加价值。"

"我们不会成为控股投资公司,我们也不会成为大企业集团,我们不会做我们不懂的业务,我们只专注于减轻慢性疾病痛苦的实践,因为这是与我们的使命相符合的。事实证明:很多进入自己不懂的业务领域的企业最后都会失败。"对使命的专注与执着,给美敦力带来的不是更少,而是更多。

四、没有公关宣传的"好事"

记者从美敦力员工那里听到了这样一个故事。一个大学生突发心脏病,急需安装心脏起搏器。但是他要用的美敦力起搏器大约十几万元人民币,这对一个家境并不富裕的学生来说,无疑是压力沉重的。到哪里去凑这么一大笔钱?好心的同学们伸出了援助之手,纷纷慷慨解囊。可即便如此,想在短期内凑够数也是不大可能的事。幸好,美敦力知道了这件事,当即决定把这台起搏器无偿捐助给这个清贫学子。

对于很多企业来说,做这样的好事并不是一件难事,但美敦力的不同之处在于,他们从来没有对这件事进行公开宣扬。以至于当记者听说此事,想找些资料时,竟然查找不到任何文字资料。美敦力觉得他们这样做,只是因为这符合公司"减轻病痛,恢复健康,延长寿命"的使命。

五、员工认同的使命

现实当中,不是任何一家公司的使命都能够得到员工的认同,而没有员工的认同,围绕它制定再完美的战略决策,也都无法给企业带来成功。

美敦力每隔一年进行一次员工调查,帮助美敦力进行这次调查的咨询顾问对调查的数据非常惊讶:一是全球 31 000 名员工中,对这项非强迫性调查的回复率高达 85%;二是对调查中的问题"你是否了解和赞同公司使命",有高达 95% 的员工对"我清楚地了解美敦力的使命"这一说法表示同意;93% 的员工相信他们的工作能够帮助公司达成这一使命。这几个高百分比,让见多识广的咨询顾问都觉得不可思议。

这么高的员工认同率不是仅靠培训和教育就能够得到的。更为基础的原因,在于使命本身——它是美敦力价值观的体现,能够引起员工内心的共鸣。

"我们的工作造福了 500 万人,在全球每 6 秒钟就有一个美敦力产品植入患者体内。那些制造业或其他行业的工作也很值得骄傲,但很少有企业能像我们这样直接造福于患者!"一位美敦力员工这样表示。当员工理解了美敦力产品对人类贡献有多大时,他们就明白自己送出去的是一份生命的礼物。这增强了他们对公司使命的认同感。

资料来源:罗长海,等.企业文化建设个案评价[M].北京:清华大学出版社,2006.

讨论题:

1. 为何在美敦力公司内部其使命有如此高的认同感?

2. 美敦力的历任企业家在保持和继承美敦力使命的过程中起到了哪些作用?

第九章　东西方企业文化介绍

【学习目标】

(1) 了解日本、美国及欧洲地区文化的特点；

(2) 掌握日本、美国及欧洲地区企业文化的特点；

(3) 了解日本、美国及欧洲地区企业文化对中国企业文化的借鉴意义。

【开篇案例】

2013年9月7日，火遍全中国的连锁火锅品牌海底捞终于在美国洛杉矶富人区阿凯迪亚市(Arcadia)开了第一家分店。这次开店可谓是千呼万唤始出来：半年前就被美国年轻华人期待，《华尔街日报》也引用中国市场研究集团高管的话，称其"可能会像日本铁板烧品牌Benihana"一样受到美国人的喜爱。

Benihana的特色就是厨师在食客面前烹饪食品，加上略微有趣的小表演，的确非常受欢迎。但别忘了其中一个重要的原因是，美国人是吃着烤肉长大的。

大多数中国企业到美国市场都会花时间先行克服"水土不服"。不要说中国企业，中国人初来乍到，也要适应一两年，才能大略明白美国文化。当然，企业家是清醒的，他们知道不是每个用在中国甚至亚洲市场备受欢迎的方法，都会在美国适用。

"改良"的海底捞服务

首先在中国流行的"美甲"服务，在美国是无论如何过不了美国食品安全检查这关的，美国检察员不会理解为何你在店内提供与吃饭这不相关的服务，而且修剪指甲这件事对饮食标准而言根本就是"不卫生"。

此外，一些火锅汤底也不会在美国店出现，比如在中国大受欢迎的"酸汤鱼"锅底，对土生土长的美国人来讲，像中药汤一样难以接受。一方水土养一方人，这就好比麻辣火锅在上海没有"麻"一样。

另外，海底捞把中国的大火锅改成了嵌在桌子里的小火锅，传统火锅的氛围被改变。中国人很喜爱围着大锅一起涮羊肉那样热热闹闹的氛围，觉得又开心、又热闹、又过瘾。可是这对在美国生活的人来讲，让他们一起用大锅就等于"是让我吃别人的口水"，分餐制是必需的，二锅头这种烈性白酒也基本没有人沾，取而代之的,基本是冰水、冰可乐,偶尔才来上几瓶冰啤酒。

海底捞显然有备而来,在以上这几点上都做了改进,开业初始也只有"面条舞"的表演,这也让在中国尝过其特色味道和在网上看了无数海底捞"传奇故事"的食客,多多少少有些失望。一位食客在网上写道:"如果你在中国是海底捞的粉丝,可别指望在美国能享受到同等服务。"

无英文菜单被吐槽

最让美国食客无法理解的是,海底捞居然没有英文菜单和英文电话预订服务。要知道火锅在美国并不陌生,尤其是在加州这种全世界各大民族都喜爱的地方,各种美食应有尽有,可就是没有哪家店不写英文菜单的。小肥羊在美国东西海岸开了12家门店,菜单从开业伊始就是中英合璧。

美国长大的娜塔莉还是很爱吃火锅的,她在海底捞开业第一周就开始打电话预订位子,惊讶地发现——电话接通只有中文服务,而靠她会的区区几句中文根本无法沟通。然后她就跑门店排队去了,结果发现店内有数个空位子还让她等,且iPad提供的菜单也是中文的!于是她一气之下就跑到别的餐馆去了。用她的话来说:"周围这么多很好吃的火锅店,我干吗要耗在这里呢!"

海底捞的选址还是非常赞的,阿凯迪亚市在洛杉矶地区是富人区,亚洲人占将近50%,鼎泰丰、卢记火锅、北京烤鸭店都开在这里。而且海底捞还选择开在城市的商业中心里,自然不缺人流。但每位约40美元的价位,也是吃过的食客抱怨的另一个大问题。

来过美国的人都知道,相比美国当地人的其他生活费用,吃的东西最便宜,在普通餐馆人均消费20美元可以吃得很不错。小肥羊、卢记这样的火锅店,人均消费水平也不过如此,更何况在午餐的时候它们都会推出"午餐特价"。海底捞人均消费40美元,同样价格在美国可以吃牛排套餐、龙虾套餐,还能外带餐前小菜或甜品。

喜欢海底捞的艾伦对其美国第一店还是赞叹有加的,他喜欢这里的装修和温和的服务,但是他也不由地感慨:"两个人消费了68美元,还只点了一盘肉,真是贵啊!"鉴于火锅并没有太高的技术含量,他在试过之后表示,如果花40美元,"我更愿意自己到菜市场买菜,回家吃火锅去。"

在中国,海底捞的人均消费大概是90元,普通火锅的人均消费为60元,然而海底捞免费零食、贴心的各种服务让人觉得贵上30元也值了。但在美国第一店,海底捞还没有提供适合美国人的贴心服务,价格却比其他火锅店贵了近一半,所以海底捞就不得不动脑好好想想这部分多出的价钱美国人为什么要给你了!

海底捞之所以在中国被热爱,因为其宗旨是:顾客要什么,我们就给什么。而在美国市场,海底捞要找出顾客需要的服务,并适应当地的文化,可能还要花上一段时间。

第一节 日本企业文化特性

世事如棋,在 20 世纪 80 年代日元经济横扫全球之际,日本企业获得广泛的赞誉,终身雇佣制和集体主义成了国际企业的样板。可当日本经济陷入失落的时候,日本企业又因为创新匮乏和反应迟钝成为被批判的靶子。然而迄今为止,在财富 500 强排行榜中,日本企业比比皆是。在现代市场经济体系下几乎所有重要的行业中,都能看到著名日本企业的影子。

一、日本文化的特点

企业文化的产生、发展、演变与社会文化有着密切的联系。许多学者在研究日本企业文化的同时,发现其产生的根基——日本社会文化具有一些与众不同的特点。

1. 民族的单一性和社会结构的同质性

日本民族的一个最为显著的特点是它在日本列岛上自始至终都是唯一的民族。在漫长的日本民族历史上,几乎没有民族大迁移及本民族之间的大残杀,社会结构较稳定和统一。80%以上的人世世代代生活在同质社会中,继承了日本社会传统的"强调集团"主义和业绩主义相结合的献身价值观,对纪律的高度重视又成了组织目标实现的保证。

2. "文化滞后型"与兼容并蓄性

日本的农业诞生于公元 1 世纪,日本的社会经济文化比中国的社会经济文化落后了几个世纪。这时,日本显现出一种"文化滞后"的状态。"滞后型文化"可以朝着两个截然相反的方向发展:一是封闭守旧,停步不前,抵制先进文化,从而使文化更加落后;二是发扬文化革新精神,兼容并蓄地输入外来文化以改造自身。日本选择了后者,公元 7 世纪进行的"大化革新",缔造出一个融合大唐文化的日本封建文化体系。19 世纪进行的"明治维新"运动,又缔造出一个融合欧美文化的日本资本主义文化体系。

3. 节俭意识强烈

日本是一个岛国,地小物稀,这培养了日本民族节俭的观念,"勿暴殄天物"是许多日本人的口头禅,深深地影响着日本的企业文化。日本的汽车产品之所以能在国际市场上有着很强的竞争力,就在于它的生产成本和使用成本低,这不能不说是日本民族的这种固有观念起了很大的作用。

4. 日本企业文化包容面很广,但主要内容是有关"和"的观念

"和"是日本企业管理范畴中的哲学概念和行动指南。其内涵是指爱人、仁慈、

和谐、互助、团结、合作、忍让,它是日本高效能团队精神的基础。"和"的观念其实源于中国的儒家思想,但日本又发展了儒家思想。中国儒家思想强调的是"仁、礼、义",而在日本则强调"和、信、诚",由此使得日本企业文化中包括"和、信、诚"的成分,使得人们注重共同活动中与他人合作,并时刻约束自己,所有日本的企业都依循"和"的观念行事。在日本人看来,一个团体或企业如果失败,多半由于缺乏"和"的精神。真正实行了"和"的团体,势必带来和谐和成功。

二、日本企业文化的特点

近几年来,企业文化作为一种理论被从美国引入日本,但日本人的企业文化的实践却早于美国的企业文化,日本实际上是企业文化的故乡。日本企业文化是和日本的传统文化的民族心理紧密地联系在一起的。日本的传统文化和民族心理,一方面深受中国传统文化的影响;另一方面又带有日本特有的"家族"色彩,当这些传统文化和民族心理与现代企业管理相结合时,就形成了独具特色的管理方式和企业文化特色。其主要特点表现在以下几个方面。

1. 日本企业文化深受儒教、佛教的影响,推行"和"的观念

中日邻邦,在日本社会中,大多数人称中国为兄长式的国家,中国的儒学、佛教、民俗民风等对日本影响很大。企业所追求的"人和","至善","上下同欲者胜"等共同意识均源于中国。日本成功的企业家都把自己的性命与事业融为一体。松下幸之助曾说:"专业知识或经验固然相当重要、可贵,我认为仅靠这些还不够,更需要的是舍命的精神,尤其在多事之秋,能发挥舍命精神的人,才是真正有用的人。""感谢报恩"也是日本企业文化所追求的大义之道。另外,东方民族特有的勤俭之风,对日本企业文化的影响也很大。

2. 日本企业文化突出表现了主体个性

日本企业的生命力并不在于全日本企业界的共同特征,它深深根植于通过一定历史时期发展而来的单个企业中。市场环境因素变化的复杂性,使企业必须以特有的管理方式适应所处的环境。因此,各大公司如松下、日立、丰田、本田等的企业文化各具特色。比如:松下公司采取以销售为主导型的战略,是具有重视短期利润的模拟家族共同体;日立公司则强调长期研发,具有采取以技术为主导战略的思想共同体,等等。

3. 推行终身雇佣制、年功序列工资制和参与制

终身雇佣制、年功序列工资制、参与制是日本企业文化的"三大支柱"。

终身雇佣制始于明治维新时代,第二次世界大战后在日本得到全面推广。它指的是在职工跨入企业门槛的第一天,就已经将自己的一生的工作生涯托付给这

个企业的制度。虽然这不是法律规定,但这是日本社会约定成俗的一项默契。因此,日本企业即使不景气,也不会轻易辞退工人。

年功序列工资制是指依据职工的学历、年龄、工龄、能力、效率等确定职工工资的制度。在企业内,工作的时间越长,报酬越多。这种工资制度,保证了职工工龄与工资的同步增长,起到了巩固终身雇佣的作用。

企业参与制是指集体参与管理的制度。表现在:集体决策、会议决策不是以少数人说了算数,必须经多数人同意,甚至尽可能一致通过;通过恳谈会、提案制度等形式,使普通的职工能在不同程度上参与决策和管理。

4. 评价员工的首要标准是对企业的忠诚度

个人能力和合作意识并非不重要,但是在评价体系中的权重低于前者。中国企业界的精英热衷于在个人简历里堆砌不同公司的经历,似乎自己炒掉的老板和公司越多,个人能力就越强。在日本白领看来,这恰是职业生涯大忌。虽然终身雇佣制名义上已经被取消,但仍然有不少人选择从一而终,很多公司还将不主动裁员作为一个基本准则,如果员工实在太差,就用不加薪的方法来传递信息。跳槽不是不可以,而是不能太频繁,并且在下一次应聘时要给出令人信服的理由。因为在日本企业家眼中,一个对以前公司弃若敝屣的人,绝对不值得信赖。

5. 用人不疑,疑人不用

新人刚进公司,往往会做些琐碎细致的工作。很多人都觉得无聊没劲,事实上这是管理层考验员工的第一步。通过这一关后,尤其在某些中小公司,管理层往往会给员工很大的自由,让其放手去干一件重要的事情,借此来考察一个员工应对压力、整合各方面资源和协调各方面关系的能力。一旦员工通过了这项考验,就可能被重用,否则就会被贴上不堪大用的标签。这种从每件事情成功与否,来决定下一件事情是否分配给特定员工来干的做法,看似不给犯错误的员工第二次机会显得不合情理,实则是要求员工集中精力完成每一项任务,从而有助于提高公司效率。

6. 不率先创新,但是把细节做到极致

按照经济学术语来说,日本企业家多是风险规避者,他们不愿意付出创新的高风险成本,但是日本企业令人尊敬之处,就在于实现了模仿时滞最小化。往往在欧美企业研制出新技术不久,日本企业就用巨资购买,并且在极短的时间内消化吸收这种技术,然后用全球领先的工艺迅速地生产产品,其产品无论在品质上还是在价格上往往都优于竞争对手。推而广之,那种拥有雄才大略但是忽视细节的精英,在日本企业往往得不到太好的发展,原因就是上司习惯于从细节来考察员工的绩效。

7. 重视履行社会责任,将企业使命与社会责任相统一

日本企业在企业文化建设方面积极倡导企业履行社会责任,把企业使命与社

会责任统一起来。

日本松下公司这样表述自己的企业文化和价值目标:"讲究经济效益,重视生存意志。遵守产业人的本分,鼓励进步和社会生活的改善,致力于世界文明的进步。"由此看出,日本企业在追求经营理念的同时,也强调通过优良的产品、周到的服务来回报和服务社会,进而赢得社会好评,使企业生命得以延续。可见,日本企业的发展目标与西方企业仅仅追求利润的奋斗目标不同,而是将追求效益的企业使命和报效国家的社会责任有效地结合起来。

当前,随着世界经济一体化的市场竞争加剧,履行社会责任的状况日益成为衡量企业优劣的重要标准。日本企业文化的这一特点显得尤为明显。在具体履行社会责任的过程中,日本企业切实做到了实现股东和员工的利益,为社会公众提供最好的商品服务,最大限度地促进所在地区和国家的社会繁荣,遵纪守法,保证经营的公开和透明性,把企业发展同造福人类、保护环境、建立循环型社会统一起来。

8. 女性依然难以受到重用

在日本企业界和政界的高层,女性身影依然寥寥。大多数日本人坚持认为:女性结婚后辞职照顾家庭,天经地义。在日本,女强人是个贬义词。据说,日本女大学生在就业时依然会努力寻找工作,但是目的不是为了事业和金钱,而是为了觅得金龟婿。因为一旦找到一个好郎君,婚后就可以不再工作,一劳永逸。

三、日本企业文化的借鉴意义

1. 坚持"以人为本"的思想,注重培养团队精神

日本企业用"以人为本"代替"以物为本",用"以人为核心"代替"以工作为核心",强调重视人、尊重人、关心人、发展人、强调人的主动性。

我国社会主义企业的性质决定了企业劳动者是企业的主人,因而国内企业从客观上来说有其深厚的群众基础,具有企业文化扎根生长的土壤。但在实际工作中,我国企业的领导人却忽略了人的作用,疏忽了团队精神的培养,以为只有靠科学先进的管理方法、管理制度,企业才能走向辉煌。殊不知,这些所谓的管理方法、管理制度只是搞好企业建设的外壳,真正起关键作用的是企业的员工。

举例来说,一些国有企业连年效益不好,在岗职工人心惶惶,无法安心工作。有些领导对此并不耐心开导,而是以"不高兴就走人,反正有人干"的口气应对,导致职工只能忍气吞声,对工作失去激情,企业也由此进入恶性循环。究其原因,就是领导者忽视了人民的力量,把职工当作冰冷的机器来操作,企业如一盘散沙,要成功自然无从谈起。

日本企业在20世纪获得巨大成功,一方面就体现在他们倡导的家族意识和团队精神。将企业和员工的利益结合在一起,这样才能形成团结一心、众志成城的企业精神。我国企业应结合实际情况,借鉴日本企业的"以人为本"的经营原则,努力做到充分尊重、信任、理解员工,在和谐融洽的氛围中利用感召力让员工尽心尽责地为企业工作,同时,重视培养职工忠于企业的信念,树立团队精神,使员工能和企业荣辱与共、相依相存,这样企业才能在激烈的竞争中乘风破浪、勇往直前。

2. 不断提高员工的素质,大力推行创新

一个企业能否形成尊重知识、尊重人才的氛围,既表明了这个企业的文化品位,又是其企业文化建设是否成功的重要标志。在现代化改革形势下,为了使企业在激烈的市场竞争中始终处于不败之地,用文化提升企业形象,用创新推动企业发展,无疑是行之有效的科学途径。

日本企业非常重视人才的开发,把人放在企业组成要素的第一位,人就是财产,培养优秀的人就是增加企业的资产。并且日本企业下大力开设培训中心、建立资料馆,努力创造文化氛围,从内部提高员工自身素质、激发员工的创新意识,这为企业带来了不小的效益与活力。这一成功经验值得我国企业借鉴。

目前,我国企业在这方面做得还很不充分:企业进入恶性循环,不讲职业道德,信用水平整体下降;企业内部普遍缺乏人文关怀意识,企业员工队伍的素质不高。为了推动我国企业文化建设的不断前进,一方面要大力提高职工内在素质,用严格的管理来规范职工的思想和行为,培养良好的职业道德,大力提升职工的技术文化素质,通过专门技术培训、资料补充等手段全面提高其文化修养和知识水平,另一方面,要加强职工的生活文化建设,激励员工进行创新,不断探索出新的管理经营模式,从而实现企业的总体创新。

3. 提倡履行社会责任,在和谐社会中营造更和谐的企业氛围

创建和谐的文化环境是构建和谐社会的基本要求,也是我们企业文化建设的目标。日本是高度发达的资本主义国家,但贫富差距、社会矛盾都控制在相对平衡的状态,在这一点上,日本企业和日本社会保持着高度的一致性。日本企业在企业文化建设中,通过强化共同意识,积极倡导履行社会责任,为企业发展创造了和谐的社会文化环境,这对我国现代化企业的文化建设具有深刻的借鉴意义。

在共同构建和谐社会的时代呼声下,企业也应在合理界定社会责任的基础上,通过积极塑造企业良好的社会形象、加强职工心理文化建设、优化企业内外发展环境,来建立企业与企业、企业与员工、员工与员工之间的和谐关系,从而达到企业全面、和谐发展。

第二节　美国企业文化的特性

一、美国文化的特点

1776年7月4日,伴随着洪亮的钟声,《独立宣言》首次公之于世。1783年4月16日,自由钟的钟声又宣告了美国独立战争的胜利。

美利坚,一个戏称自己为"Uncle Sam"的国度,是一个以崇尚勤勉、开朗和爱国热忱为精神的多元文化国家。两百多年历史的沉淀造就了如今美利坚文化的绚烂和经济的多元。

1. 核心是个人主义

美国文化最显著的特征是强调个人价值,崇尚开拓和竞争,讲求理实用;个人至上、追求个人利益和个人享受,强调通过个人奋斗、个人自我设计,追求个人价值的最终实现。这种刻意塑造自我、追求个性化的个人主义有其积极的一面,也有其消极的一面。它调动了个人的积极性,使许多人的智慧和潜力得以充分发挥,从而促进了整个民族与国家的振兴和发展。然而,人人以我为中心,人际关系就难以融洽,整个社会也会缺乏凝聚力。

2. 美国公众注重成就,关注英雄

美国人有深厚的成就崇拜和英雄崇拜的心理积淀。个人成就是所有美国人价值观中评价最高的价值之一。美国人有很强的成就(或成功)意识。美国社会的发展依靠竞争作为推动力。"work hard,play hard"是大部分美国人的作风。成功是所有美国人的追求,是诱人的前景、前进的动力。他们坚信,一个人的价值就等于他在事业上的成就。一些事业有成的企业家、科学家、艺术家和各类明星,成了新时代的英雄。他们个人奋斗的过程和结果,成了社会文化价值取向的参照系、父母教育子女的活教材。

3. 美国的流动性很大

这种流动体现在地域性流动和社会性流动两个方面。美国相对开放自由、发达的交通和冒险好动的传统使许多美国人从乡村流到城市,又从市中心流向郊区;从北方流到南方阳光地带,从一个城市流到另一个城市。美国社会阶级不像欧洲国家那样固定,加上公共教育的普及,使沿着社会阶梯向上流动成为可能。许多生活在美国的人,无论是土生土长的美国人,还是漂洋过海来到美国的外国移民,都有一个梦,即通过自己的努力,改变自己的社会地位,实现自己的人生梦想,这也就是人们常津津乐道的"美国梦"。

4. 实用主义至上

美国是个典型的移民国家与民族大熔炉,世界各地的移民来到美国,其最直接目的,便是追求更好的物质生活。而对移民来说,在这个举目无亲的陌生地域,能保证生存与彰显个人地位的最直观东西,也只有金钱。这就直接造成了美国人凡事皆以"利益第一"为出发点的民族性格。美国人在做事之前,首先是看这件事是否符合"有利、有效、有用"的原则,有利可图就干,干了再看结果。相对于其他民族"好面子、好空谈"的传统,美国人的务实精神确实值得借鉴。

二、美国企业文化的特点

1. 突出个人能力,尊重个人价值

与日本企业文化强调团队精神不同,美国企业文化不着眼于集体,而着眼于个人鼓励、个人努力奋斗,突出个人能力。美国企业内部充满自由平等精神,个人可以充分发表自己的意见;革新和实验受到鼓励;人们乐于求新求变,乐于开拓冒险;强调个人负责,个人决策;根据个人完成任务,尽责尽职的情况,给予个人奖励。这些突出个人能力智慧的企业文化,有效地调动了人的积极性,激励了人们的竞争、创新和冒险精神,减少了人际摩擦和能量内耗。但这种特点也容易削弱集体力量,影响相互合作,使人们更多地将企业看作是个人赚钱和实现抱负的场所,缺乏献身企业的归属感和集体荣誉感。

2. 重视理性的行为方式

重视理性的行为方式具体表现在以下几点。

一是求实精神较强,形式主义较少。企业内部人际关系讲求实在,较少虚假,沟通意见直接明确。企业质量小组信奉"爱怎么干就怎么干,只要干得有意义、有效果就好"。企业有较强的行动意识,既重言,又重实,乐于实干。

二是提倡科学与合理,重视组织机构和规章制度的作用。美国企业比较重视硬性管理。美国企业广泛使用系统论、信息论、控制论和各种定量方法。人们在经营管理过程中,尊重科学,依章办事,追求合理,较少受人情关系的影响。

三是强调企业与员工之间的契约关系。美国企业从实际需要出发,完全靠合同契约维系员工之间的关系,较少考虑情面关系。这样做,虽有利于提高效率,但影响劳资关系。由于只重理性,不重感情,企业内部等级较严,刚性过强,柔性不足,往往压抑人的情感和创造力。近年,一些美国企业已开始改变对员工行为的控制,强调"独立自主""感情投资""协商沟通""大众参与""职务扩大化""弹性工作日""动式管理"等,以实现硬管理与软管理的结合,发挥员工各自的优势。

3. 坚持质量第一,顾客至上的经营理念

美国有良好的社会文化氛围,有极强的质量意识与顾客意识。政府鼓励企业

提高产品质量,保护消费者利益,依法严惩制假贩假者,要求企业保护消费者"安全权、知情权、选择权和意见权"。

1987年,美国政府开始设立"国家质量奖",健全"社会质量监督体系"。美国政府还协同社会团体、舆论工具,不断灌输质量与人类生存的关系,以多种方式提高人们判别商品好坏的能力。坚持顾客至上的经营理念的具体表现是:在科学理论的指导下,建立严格的质量保证体系,如 ISO 9000 质量认证体系等;坚持"顾客总是对的"的经营口号,千方百计地维护消费者的利益。

4. 支持冒险,激励创新

美国文化是移民文化,移民冒着风险从熟悉的环境来到陌生的地方,经常遇到新的事物并要解决新的问题,他们需要打破常规,适应新的环境,他们要不断尝试,不断创新,从挫败中学习,从失败中总结,从成功中得到鼓励,从而形成美国人的冒险精神和不断创新的精神。美国有众多的风险投资家就是一个最好的例证。丹麦哲学家哥尔科加德有一句名言:"野鸭或许能被人驯服,但是一旦被驯服,野鸭就失去了它的野性,再也无法海阔天空地自由飞翔了。"美国企业就喜欢用这种具有"野鸭精神"的人,他们勇于冒险,不断创新。

创新是美国企业精神的核心,在美国商界流行这样一句话:"要么创新,要么灭亡",可见美国企业对创新的重视。在过去的50年中,美国无疑是世界技术创新的领袖。1997年,世界上最大的高新产品的出口国是美国,出口额达到 2580 亿美元,比出口排第二名的日本多了 1000 亿美元。

微软公司是比尔·盖茨在1975年创建的,到现在已有40年的历史,在短短40年的时间里,微软公司从一个默默无闻的小公司成长为全球最大的软件公司,比尔·盖茨成为当今世界首富,微软公司的 Windows 操作系统也坐到了操作系统王者的位置,并推动了整个计算机行业的发展,为人们普及计算机在软件方面发挥了重要的作用。微软为什么能有如此大的成就?其最主要的原因是微软公司的员工不断创新,不断更新产品的质量和功能,从而使其产品在世界上成为领跑者。美国明尼苏达矿业制造公司通常要用约 7% 的年销售额投资于产品研究和开发中,企业为员工提供创新平台,并从机制、管理上给创新者提供在时间和物质上的保障。

创新就免不了会犯错误、会失败,这就要求企业允许创新者有失败。国际数据集团总裁麦戈文说:"在美国,它鼓励你去尝试做一些事情,即使你失败了,也会因为试过而获得荣誉"。美国通用汽车公司曾经有 2000 万美元投资计划因不可预测的市场原因而导致失败,执行此次计划的人却得到了奖励,其经理的职务不降反升,人们大感不解,时任通用汽车公司 CEO 的韦尔奇道出了原因,那就是只要你的理由和方法是正确的,即使结果失败,也值得奖励。

三、美国企业文化的借鉴意义

1."不讲借口,只看结果"的高度执行力

执行就是实现既定的具体目标的过程,而执行力是实现目标的方法和能力。在某种意义上可以说,执行力就是企业的核心竞争力。

事实上,最有执行力的是日本企业,但是美国特有的"实用主义"文化,保证了美国企业构筑高度执行力的可能。实用主义的特点在于:把实证主义功利化,强调"生活""行动"和"效果"。它把"经验"和"实在"归结为"行动的效果",把"知识"归结为"行动的工具",把"真理"归结为"有用""效用"或"行动的成功"。

以联邦快递为例。联邦快递对公司员工采取一系列激励机制,主要表现在三大方面:整体报酬、名誉奖励、发展计划。整体报酬包括加薪、酬金、进修资助、有薪休假、医疗保险、机票折扣优惠等。名誉奖励是通过设立奖项来表彰成绩卓越的团队成员,主要奖项有开拓奖、最佳业绩奖、明星员工奖等。发展计划包括公司内的空缺职位以内部员工为优先考虑人选。为员工设立进修资助、有薪休假等奖励,不仅能从物质上鼓舞员工,还更多地考虑到他们精神上的促进、精力上的休息。让员工免费进修,公司收获的将会是一个得到提升的更好的员工;让员工带薪休假,公司收获的将会是一个以更充沛的精力投入工作中的员工。

在实用主义的美国管理者眼里,这样的激励机制是提升员工执行力的重要内容,是对员工最大的支持与帮助,能激发他们工作的积极性,让他们在工作中取得成绩,这样员工就能为客户提供高品质的服务,而满意度高的客户就能带来更多的业务,从而给公司带来效益。这份效益又惠及员工,从而形成一个良性的循环。

从普通员工层面上来讲,"以效果定优劣"的实用主义原则让美国人认为:对公司的上级交代的任务,考察的重点是任务的效果,这为执行力提供了信念。

2.高度的主人翁精神和专业意识

美国员工在自己的岗位上都是勤奋的、上进的,对职责范围内的工作做得很"精",具有"我是最强的"的观念。这种原动力是一种发自内心的,而不是受制于组织强制性的规定或者压迫的。美国企业对"个人奋斗"的崇尚激发了员工的工作热情,因此,美国员工更倾向于向纵深方向提升自己的职业技能,尤其是管理人员或管理部门的员工"精深"自己的本职工作,保证了美国企业内部各个岗位上都有合适的专业的人才在履行职责,这些在知识结构和职业素养上面"专精"于本职岗位的合格员工构成了企业的核心竞争力。如果一个企业的员工大多是各个领域都有涉猎却浅尝辄止的"万金油"型人才,必将直接导致企业在执行力和创新能力方面的欠缺,削弱企业竞争力。

3. 管理制度化

由于秉承泰勒的科学管理理念,美国企业的管理历来讲究制度化和程序化。美国企业在人力资源管理工作上的突出表现就是重视工作分析。美国是世界上最重视工作分析的国家之一,全国各行各业有 20 000 多种职称。在美国企业中,谁在什么位置或者干什么工种,以及每一公众对工作人员的素质和技能的要求都有详尽的明文规定。不同工种的工作人员是不能随便调动和被侵权的。这种分工提高了管理的效率,同时也为企业的选才和用才提供了公平合理的依据。

第三节 欧洲企业文化的特征

一、欧洲文化的特点

欧洲有着悠久的文化底蕴和深厚的文化发展史,其海岸曲折,港湾众多,水路交通方便,气候温和宜人,这为欧洲经济文化发展提供了优越的地理条件。当今,欧洲文化是基督教文化、犹太教文化、希腊文化和拉丁文化相互碰撞、融合的产物,尤其是基督教文化传统,给欧洲各国提供了一个共同的道德基础,并给欧洲企业文化注入了一种普遍的哲学意义。欧洲文化有以下五点显著特点。

1. 独特地形造成多样文化

欧洲地形多样,除东欧为平坦草原外,西欧、北欧、南欧多是山地或丘陵中穿插许多小面积的平原,这使得欧洲地区形成了几十个国家,这几十个国家说着十几种不同语言。同时,北非和中东,又在本已分散多样的本地文化中,加入了大量外来文化色彩,造就了今日欧洲文化具有"多样性与包容性"的特点。

2. 城邦政治造就"契约精神"

欧洲地形多样,山间小平原较多,使得早期欧洲人口聚居点分散分布且独立性较强。久而久之,单个村庄发展为独立城市,形成了欧洲特有的"城邦政治"。与其他文明普通人无条件服从统治精英意愿不同的是,欧洲城邦政治的最大特点在于:政治生活是城邦内全体公民的共同事务,领袖人物、精英阶层和平民阶层都有权利表述与维护自身利益,但任何一方私利的实现是不能以牺牲他人利益为代价的,为达到社会秩序的稳定与有序,此三方势力必须相互制约,并达到一种动态平衡。也正是出于明了人类为了私利而无所不为的天性,欧洲社会便逐渐形成以各方势力经协商后,一致认同并签字画押的书面资料作为行事准则的传统,即今人所称的"契约精神"。

3. 以人为本,立足现实

从古希腊神话中那些像凡人一样充满喜怒哀乐、被高度理想化的诸神,到古罗马社会崇尚拥有优良品德、完美个性的模范公民,从路德新教宣扬"信徒皆祭司"人人均可应信而生,再到文艺复兴绘画对完美人体的描绘、《神曲》《十日谈》等文学作品对普通市民生活的歌颂,作为中世纪后期平民阶层反抗王权与神权的精神武器,人本主义思想强调个体价值与人的尊严,推崇古典时期的公民责任,注重把握与享受现实世俗生活,反对基督教"现世受苦赎罪,来世天国永生"的虚无理想,也正是因为人本主义思想击碎了王权专制与宗教思想的禁锢,欧洲文化走出了中世纪的黑暗,迎来了"科学与民主"的曙光。

4. 崇尚"理性思辨"

强调理性与科学、强调逻辑推理与分析的理性主义在欧洲有着悠久的历史和坚实的基础。早在古希腊,人们就十分注重研究自然,穷理致知,他们抬高理性,崇尚智慧,强调观察,推崇演绎。"知识乃是美德"是古希腊人的价值观念。亚里士多德把人的心灵划分为理性和非理性两个部分。理性又分为理论思考和实践演绎。理论思考是人所特有的,具有连续性,能给人带来愉悦。实践演绎在于培养人的德行,人在社会中时刻注意考量自己的行为。亚里士多德认为生活的最高层次便是理性活动,到了文艺复兴时期乃至近代,理性主义态度和科学实验精神得到进一步发扬。新兴的资产阶级思想家把一切都拿到科学和理性面前来重新估计,宗教神学和经院哲学受到严厉的批判,"理性思辨,学以致用"成了欧洲人普遍崇尚的社会准则。

5. 重商主义

欧洲地区可耕种土地的分散性与城邦政治"小国寡民"的特点,使得生活在一个地区的居民,很难在生活必需品上完全实现自给自足,而只有通过商业交换与贸易,才能实现互通有无,并积累财富。这就促使欧洲人十分重视商业贸易,从古希腊人、古罗马人到维京人,再到地理大发现时的意大利人和西班牙人、其后崛起的荷兰人,乃至后来的大英帝国,无不是依靠海外贸易积累起巨额财富,并依靠经济力量实现政治蓝图的。而欧洲重商主义的一个重要观点便是:一个国家的繁荣程度,与其所掌控自然资源的数量成正比。而在一定时间中,全世界的资源总量是一定的,那么,为保证自己国家的生存或改变经济现状,就必须通过对外贸易、保护国内市场等手段不断增加自身的财富,而一方获得相对更多的财富,就必然建立在其他地区损失的基础上,当对外贸易无法获得这些自然资源时,战争掠夺就成了必然选择。可以说,正是欧洲文化中的"重商主义",催生了资本主义、民族主义、帝国主义和殖民主义等一系列源于欧洲地区的政治经济形态,并深刻地改变了世界历史的进程。

二、欧洲企业文化的特点

欧洲企业十强是：英国连锁超市巨头 ASDA、荷兰邮政集团 TPG、瑞士诺华制药公司、德国西门子、微软爱尔兰公司、瑞典宜家集团、芬兰和瑞典合资的 CLOETTAFAZER 糖果公司、西班牙马德里储蓄银行、波兰传媒集团 AGORA、法国达能集团。

英国老板推崇"文化"，英国公司最崇拜文化。在英国，只有融入公司文化，才能把个人发展和公司发展融为一体，事半功倍地青云直上。在英国，人们喜欢干脆利落，开门见山。求职者应在简历的开头就明确写出求职目标。同时，英国人希望求职者言之有物，最好附加一些精确的信息、具体的时间、体现求职者特定的能力的具体数字或求职者为原来所在工作部门赢得的利润额等。英国公司要求员工有严格的时间观念、注重礼节。英国的处世观念比较平和，老板不会对员工随便发火，同事之间也很少激烈地争辩。英国人厌恶说谎，注重实干。欧美企业对应聘者应聘时的着装要求，相对而言宽松一些。对应聘者的年龄，也很少问及。

芬兰的诺基亚有一句令人印象深刻的广告语：科技以人为本。诺基亚的 LOGO 下方，也总是跟着一行英文"Connecting People"。无论是中文版本还是英文版本，诺基亚清楚地向世人展现着它们的理念：人是诺基亚在行业中领跑的最大财富。诺基亚的价值文化观念称为"诺基亚之道"，它们是：客户满意、相互尊重、追求成功和不断创新。四个价值观的最后一个是不断创新。"在招聘选拔时，我们就要求应聘者具有不断自我更新和学习的能力及愿望。"施慧敏说。诺基亚有着一套先进的人才评估系统，无论是专业技能，还是潜能，诺基亚的评估中心都能进行评估。而在诺基亚公司做出最终人才选拔的决策时，起决定作用的因素不仅要看应聘者的专业水准是否满足要求，还要看应聘者是否认同与符合诺基亚的价值观。"这是一个耗时耗财的程序，但是，每个进入诺基亚的员工都要经过评估，以保证公司整体的人才质量。

德国人严谨认真、讲究逻辑，讲诚信，讲承诺，一旦有过约定，他们就一定会兑现。英语是主要交流工具，不管应聘哪个职位，英文的听、说、读、写都要过关。尽管流利的英语能使人在德国企业无阻碍沟通，但如果想跻身中高层，还是得会说德语。这不仅更有利于沟通，更重要的是在心理上能让德国人觉得更加亲切。德国人做事很实际，自己付出了劳动，就要相应地得到报酬。条件都可以在合作之前谈清楚，同意则干，不同意则罢。如果老板让员工加班，员工可以当着老板的面把加班的条件说清楚。这种做法会得到德国上司的称赞，因为这样的行为极具商业意识。在选拔本土人才时，德国企业更青睐拥有同样特质的应聘者。如西门子最青睐年轻、充满活力的专业人士及工程师，西门子对人才主要从知识、经验和能力三个方面考察。知识包括专业理论知识、商务知识和市场知识;经验包括本专业领域的实际经验、项目经验、领导经验和跨文化工作经验;能力包括推动能力、专注能力、影响能力和领导能力。

法国人浪漫而且深深热爱自己的国家,在他们眼里也许没有一个地方比法国更美了。世界最大的化妆品集团欧莱雅,招聘时把事前准备不作为加分的主要因素,细节不起主导作用,安排当场测试,要通过各方面的考察最后做出综合判断。就像个人形象,只要对将来的工作没有负面影响,个人形象在面试中就不会有太多的影响。他们认为欧莱雅是一家从事美丽事业的公司,外表方面完全可以让员工加入公司后,在美的环境中熏陶形成。

意大利经济在西方国家中居第五位,在欧洲共同体中居第三位。意大利企业与人员的特点是:相对欠缺时间观念,他们认为迟到不一定就表示不尊重;当面探讨生意,不喜欢借助于电话、电子邮件等;十分健谈,思维敏捷;习惯于身体接触;生意场上比较讲究穿着,举止十分优雅。

荷兰是经济大国,属于经济开放型国家,其对外贸易额位居世界第八位。荷兰银行遍及世界60多个国家和地区,国际化的银行业已成为其日益重要的支柱产业之一。服务业是荷兰经济的主要支柱。此外,保险业和酒店管理在市场上也有一定的领导地位。荷兰企业与人员特点是:重视对雇员的培养和分配;企业中管理层次清晰,管理人员的素质也高,重视新知识、新技术;比较正式、保守,在商务谈判时要穿正式西装,谈判也不喜欢拐弯抹角;时间观念强,讲究准时;做生意喜欢相互招待。

瑞典人以强大的机械制造业倍感自豪,像爱立信、伊莱克斯等大公司就是中国人所熟悉的瑞典品牌企业。瑞典企业与人员特点是:注重平等、效率;生意为先,通常无须第三方的介绍或推荐,瑞典人会采取主动自荐;讲究高效率的瑞典人磋商时喜欢立刻进入正题;谈判开始的提价符合实际,而不是以一个夸大的数字开始;感情保守,谦让,有克制力。如爱立信的经营理念一点都不新,相反倒非常古老,但却抓住了人类最本质的东西:真诚与关怀。这里的氛围让人感到什么是尊重和信任,这家北欧老牌企业能够百年不倒,是其对社会、对员工高度负责而得道多助的结果。爱立信对人的尊重和信任,体现在关怀每位员工未来的长远发展并以制度来确保实施上。在这里,每个人都能够无障碍、无恐惧地与老板沟通,都能够有机会表达自己未来想怎样发展的愿望,而公司会成全员工的愿望:给员工以配套的培训和学习机会,然后将这方面的项目交给员工做,并给予他们很多自主权。正是因为企业对员工信任和尊重,员工才对企业信任,认为这家企业承载着自己的未来,值得自己鞠躬尽瘁。

丹麦曾经一度是一个农业国家,后来渐渐发展为工业国家。它虽是欧洲联盟中较小的国家,但现在其工业相当发达。目前,世界海上航行船舶的主机大多是由丹麦制造或用丹麦专利生产的。丹麦是一个善于在变化的国际竞争中发挥自己特点的国家,结合本国特点,设计制造出有自己特色的产品,是丹麦的成功之道。丹麦企业与人员特点是:具有适应发展、抓住机遇的能力;中小企业居主导地位,75%的丹麦公司拥有雇员数不超过50人,这对丹麦人来说不是缺点,反而有优势,因为中小企业信息流通快,新的想法很容易付之行动;实行职业轮换的制度,保证整个劳动力的更新;工作时间内十分严肃,态度保守、认真;凡事按部就班,计划性强;做生意采取较温和的姿态;拥有很强的法制观念,很注意道德,有自己传统的道德标准,心地好,朴素,不急躁,沉着而亲切;敬老爱幼、扶弱助残是整个民族的美德。

中国人对挪威企业相对陌生。挪威是世界上最富裕的国家之一,是拥有现代化工业的发达国家。其北部沿海有著名的渔场。挪威企业与人员特点是:生意场上不注重关系导向,中间人的作用微小;具有语言天赋,大多数人能讲流利的英语,还有很多人同时会法语和德语;心直口快,挪威人讲话通常很坦率、直接;做生意相对无须太正式,"先高后低"的谈判策略;在谈判桌上,挪威人通常只是含蓄地看着对方,而且感情不外露;倾向于轻言细语和沉默寡言的挪威人对事态发展会显得不动声色。

在北欧三国流传着这么一句话:挪威人先构思,然后瑞典人制造,最后丹麦人推销。因为根据三者的特点,挪威人注重理论,且富有创造性,瑞典人善于应用且精于生产,而丹麦人在商业方面则是胜人一筹。

欧洲各国的组织管理思想在过去很长的历史时期内,对世界各国都有很大的影响,古典组织理论及其代表人物都诞生在此区域,这对欧洲诸国乃至世界各国企业的管理实践的指导和企业文化的产生、发展与演化具有不容忽视的影响。

第一,精神性与人文主义色彩较浓。

欧洲企业文化的精神主要来源于基督教,基督教的信仰是相信神即上帝的存在,上帝把"仁爱"命令颁布到人间,让世人互爱。在此基础上,欧洲国家的企业普遍强调职工互爱与劳资和谐,实施雇员参与制度与高福利制度,并在企业文化的建设过程中,重视培养职工的自豪感和主人翁感。同时,企业普遍重视美化环境和生态环境保护,追求人与自然的和谐。

第二,追求理性与民主性管理。

欧洲各国的企业管理精神与管理文化深深植根于理性的基础上,企业管理工作力求做到制度化、程序化,以保证高效率。欧洲人尤其是最富理性的德国人善于逻辑思维,考虑问题严谨周密,办事严肃认真,稳重谨慎,企业管理追求科学化,风险最小化,优化开发、优化质量、优化策略、优化服务的观念深入人心。

民主是人文主义发展的必然结果,民主观念深入人心,各国强大的工会力量就是这一精神的体现。企业普遍重视职工参与管理。但与欧洲其他国家不同的是，由于独特的地理、历史、文化等原因，在民主性管理方面，德国企业文化有些例外，强调集权、独裁和直线型管理控制成为该国企业文化的重要特点。

第三，继承传统，追求卓越。

欧洲国家尤其是英国、法国等国家十分尊重和注重继承传统文化，要求企业从自己的民族特点出发，生产经营适销对路的卓越产品以满足市场需求。例如：英国的消费品比较追求气派、矜持、庄重，讲求等级，其传统习惯不轻易改变；德国的啤酒、汽车，法国的时装、化妆品等被一代又一代的企业家培育成世界精品。但过分坚持传统，在某种程度上也影响了创新与发展，如英国国际地位的下降就与保守的传统文化不无关系。

第四，奋斗目标明确。

欧洲民族素来就有着渊源极深的宏图大志，人民富有抱负。企业都制定有明确的奋斗目标，一旦目标确定，便以高昂的斗志和顽强的毅力去实现它。

第五，注重员工培养。

欧洲各国企业一般都很注重培养和提升员工的综合素质，强调建立员工的工作责任感和职业道德感。

三、欧洲企业文化的借鉴意义

1. 强烈的质量意识

欧洲企业有着强烈的质量意识，强烈希望自己的产品质量优秀，愿意花成本提高产品品质。它们认为"质量是生产出来的，不是检验出来的"。

2. 重视员工培训

欧洲企业认为，企业员工的素质决定了企业的成败。因此欧洲企业会给员工提供各种形式的免费培训，从技能、态度、为人处世等给员工提供多方面的指导。

3. 强调共同决策

欧洲企业的员工往往对共同决策系统所保证的参与和权力感到满意，而所有这些都被结合在一种信念之下，即质量控制、劳动生产率、好的产品和好的服务是一个组织生存的手段和根本。

本 章 小 结

在世界文化体系中，由于民族心理、风俗习惯、宗教信仰、道德风尚、伦理意识、价值观念等的差异，各个民族自己独特的文化个性。企业文化作为文化系统之中的亚文化，不可避免地受到作为主文化的民族文化和社会文化的影响和制约。不同的国家和地区之间都存在着不可避免的企业文化差异,且这种差异一直都是全球企业共同关注和迫切需要解决的问题。企业是市场中的一个基本元素,这就要求企业正确处理在跨文化条件下产生的各种文化冲突与矛盾,吸取外国企业文化的优点,同时对我国企业文化中的一切不适应世界进步潮流的部分,无情地抛弃。只有这样,才能进步,才能真正立足于世界民族之林。

【课堂检验】

预习题:
1. 跨国企业文化有何特点?
2. 如何对跨国企业文化进行管理及变革?

复习题:
1. 日本文化有何特点?日本文化与中国文化之间有何联系?
2. 美国文化有何特点?其与中国文化之间有何联系?
3. 东西方文化之间有何区别?
4. 各国企业文化对中国企业文化有何借鉴意义?

 练习案例

弗里斯特市电视机厂的第二个春天

弗里斯特市电视机厂是著名的希尔斯公司的协作厂家,该厂生产的电视机多由希尔斯公司经销。这家电视机厂一度拥有员工 2000 人,无论从产值、规模上来说,还是从职工数量上来说,它都是阿肯色州弗里斯特市的重要企业,在当地的企业界中举足轻重。但是由于管理不善,屡屡出现质量问题,弗里斯特市电视机厂陷入重重困境。厂里生产的电视机居然有 10% 过不了本厂的质检关,必须返修才能出厂。销出的电视机由于质量不佳,使用户怨声载道,造成产品大量积压。工厂的财政状况难以为继。不得已,厂方只能大量裁员,职工人数减少了 3/4,只剩下 500 人。此举一出,人心大乱,工人更无心生产,工厂到了几乎倒闭的地步。

为了扭转厂方这一不利的局面,由希尔斯公司出面派人前往日本的电器制造业中心——大阪,邀请久负盛名的日本三洋公司购买弗里斯特市电视机厂的股权,并进一步利用日本的管理人员和技术人员来领导这家工厂。1976 年 12 月,三洋公司开始大规模购入弗里斯特市电视机厂的股份,并取得了对该厂的控股权。1977 年 1 月,三洋公司派出了大批管理人员和技术人员,接管了弗里斯特市电视机厂。日本人到达目的地后,马上发现他们面临着的双重困难:一方面,同日本工人比起来,美国工人的劳动纪律性差,生产效率低,因此生产出的产品质量差;另一方面,工厂中的工人乃至整个城市的居民,并不十分欢迎日本人的到来,第二次世界大战后形成的对日本人的轻视和不满情绪,仍在起作用。

显然,日本管理人员无法采用在日本惯于使用的管理方法。除了文化和习惯方面的因素外,还有民族感情方面的问题。然而,生产效率必须提高,产品质量必须改善。

三洋公司总经理井植熏对派去的日本人员规定在先:要融入当地的大众生活,参加当地的社会事务,不要把自己圈在一个"小东京"里,重要的是要打破民族间的隔膜。

日本管理人员到达弗里斯特市后,先后办了三件事,令美国人大开眼界。日本管理人员一开始没有采取什么严厉的措施,相反,他们首先邀请电视机厂的所有员工聚会一次,大家坐在一起喝咖啡,吃炸面包圈。然后,又赠送给每个工人一台半导体收音机。这时,日本经理对大家说,厂里灰尘满地、脏乱不堪,大家怎么能在这样的环境中生产呢?于是,由日本管理人员带头,大家一起动手清扫厂房,又把整个工厂粉刷得焕然一新。

几个月后,工厂的生产状况逐步改善,厂方对工人的需求又开始增加了。日本管理人员一反大多数企业招聘员工的惯例,不去社会上公开招选年轻力壮的青年人,而去聘用那些以前曾在本厂工作过,而眼下仍失业的工人。只要工作态度好,技术上没问题,而且是顺应潮流的人,厂方都欢迎他们回来应聘。日本人解释说,以前干过本行的工人素质好、有经验,容易成为生产好手,所以才雇用他们。最令美国人吃惊的是,从三洋公司来的经理宣布,为了在弗里斯特市电视厂建立和谐的工作关系,他们希望同该厂的工会携手合作。三洋公司的总裁亲自从日本来到弗里斯特市,同工会代表会面。他的开场白是谈他在第二次世界大战后在美国谋生的经历。他曾在好莱坞为著名电影评论家赫达·霍柏做服务员,每次当他替赫达·霍柏打开门厅时,总能看到伊丽莎白·泰勒等大明星正站在门前。他的一席话,马上赢得了工会代表的欢迎。双方很快达成协议,共同努力为工厂的发展而奋斗。日本总裁说:"我们公司信奉联合工人的原则,希望工会协助公司搞好企业。"请全体员工吃东西,然后大家一起动手搞卫生,对美国人来讲是件新奇的事;雇请以前被辞退的工人,更是少见的事;而公司的总裁亲自会见工会代表,恳请双方合作并建立起良好的关系,这在劳资关系一向紧张的美国,实属令人吃惊的举动。

日本人刚来时,很看不惯美国工人在生产线上边干活边吸烟、把烟灰弹得到处都是的样子。在同工会商议后,日本管理人员提出在车间内禁烟。由于取得了工会的支持,工人一声不响地接受了此项命令。

在日本人管理该厂期间,工人只举行过一次罢工,而且问题很快得到了解决,厂方和工会都表示这次罢工事件没有伤害相互的感情。弗里斯特市工业委员会主席瓦卡罗说:"这些日本管理人员真行,每天早上七八点钟就上班干活了,一天要工作 9 到 11 小时,星期六还有很多人自愿加班。从前的那些管理人员可差远了,他们 9 点钟才进厂,翻翻当天的报纸、邮件,口述一封回信,11 点钟准时去俱乐部打高尔夫球,玩到下午 3 点钟才回厂,东晃一会儿,西荡一会儿,就到下班时间了。"在这个工厂工作了 12 年的欧文弗说:"这些管理人员照顾工人的情绪,生产上强调质量,强调清洁卫生,并且劝导工人要爱护机器设备。管理部门还征求工人的意见,大家一起商量提高生产效率,改善产品质量和工作条件。"到了 1983 年,弗里斯特市电视机厂日产希尔斯牌微波炉 2000 台、彩色电视机 5000 台(其中有 30%用三洋的商标),98%的产品质量合格,可直接投放市场,厂里的经营状况大大改善。

1983 年的一个周末,电视机厂 2000 多名工人、管理人员和弗里斯特市的市民一起来到市广场的草坪上举行酒会,庆祝该厂的迅速发展。工业委员会主席瓦卡罗说:"电视机厂是我们市的命脉,而三洋公司则是我们的支柱。"

资料来源:《世界商业评论》

讨论题:

1. 三洋的人力资源管理模式在弗里斯特市电视机厂从瘫痪状态重新走向"第二个春天"的过程中体现了什么样的优势?

2. 请结合本案例谈一谈美国和日本企业文化管理有哪些不同。

第十章 全球化背景下的企业文化

【学习目标】

(1) 掌握跨国企业文化冲突的定义及形成的过程；
(2) 掌握冲突管理的相关理论；
(3) 掌握跨国企业文化融合的定义及融合的基本路径；
(4) 了解全球背景下企业文化发展的新趋势。

【开篇案例】

Microsoft：别具一格的文化个性

1975年，保罗·艾伦和比尔·盖茨合伙创建微软公司。最初，微软公司的产品是微软BASIC，雇员为3人，当年收入16 000美元。1977年，微软公司在日本推出BASIC。1982年，微软公司在英国建立欧洲分部。1986年，微软公司在NASDAQ上市。

1986年上市后，微软公司的经营利润率持续保持在30%以上，到1995年，年收入已达59亿美元，拥有大约200多种产品，约17 800名雇员。微软公司控制了PC软件市场中最重要的部分——操作系统的80%~85%。这些软件在操作系统上运行，使用户能在计算机上执行特定的任务。没有哪一个与计算机或信息技术有关的行业和用户不受微软公司及其产品的影响。

微软公司从最早卖程序设计语言，到出售操作系统，再到向零售店出售各种应用软件产品，从国内到国外，不断获得发展。微软公司始终保持着公司早期结构松散、反官僚主义微型小组文化等特性的基本部分，从而与顾客更接近，更了解市场的需要。

面对市场和技术方面的挑战，微软公司总是奉行最基本的战略，向未来进军。它拥有出色的总裁和高级管理队伍，以及才华过人的雇员，拥有高度有效和一致的竞争策略和组织目标，组织机构灵活，产品开发能力强、效率高。微软人有一种敢于否定自我，不断学习提高的精神。当然，在其优点和成绩之后也潜藏着很多弱点，但微软公司正是在克服弱点和发挥优势的过程中不断地向前发展。

微软公司令人吃惊的成长速度，引起世人的广泛关注。透过微软公司的辉煌业绩,我们不难发现其成功不仅在于科技创新和优异的经营管理,更重要的是创设了知识型企业独特的文化个性。

一、比尔·盖茨缔造了微软文化个性

比尔·盖茨独特的个性和高超的管理技能造就了微软公司的文化品位。这位精明的、精力充沛且富于幻想的公司创始人,极力寻求并任用与自己类似的既懂得技术又善于经营的经理人员。他向来强调以产品为中心来组织管理公司,超越经营职能,大胆实行组织创新,极力在公司内部人员和外部应聘者中挖掘同自己一样富有创新和合作精神的人才并委以重任。比尔·盖茨被其员工形容为一个幻想家,一个不断积蓄力量和疯狂追求成功的人。他的这种个人品行,深深地影响着公司。他雄厚的技术知识存量和高度敏锐的战略眼光及在他周围汇集的一大批精明的软件开发和经营人才,使自己及其公司矗立于这个迅速发展的行业的最前沿。比尔·盖茨善于洞察机会,并紧紧抓住机会,使自己个人的精神风范在公司内贯彻到底,从而使整个公司的经营管理和产品开发等活动都带有他的色彩。

二、管理创造性人才和技术的团队文化

知识型企业一个重要特征就是拥有一大批具有创造性的人才。微软文化能把那些不喜欢大量规则、组织、计划,强烈反对官僚主义的 PC 程序员团结在一起,使他们遵循"组建职能交叉专家小组"的策略准则;授权专业部门自己定义他们的工作,招聘并培训新雇员,使工作种类灵活机动,让人们保持独立的思想性;专家小组的成员可在工作中学习,从有经验的人那里学习,没有太多的官僚主义规则和干预,没有过时的正式培训项目,没有"职业化"的管理人员,没有耍"政治手腕"、搞官僚主义的风气。经理人员非常精干且平易近人,从而使大多数雇员认为微软公司是该行业的最佳工作场所。这种团队文化为员工提供了有趣的不断变化的工作及大量学习和决策机会。

三、始终如一的创新精神

知识经济时代的核心工作内容就是创新,创新精神应是知识型企业文化的精髓。微软人始终作为开拓者创造或进入一个潜在的大规模市场,然后不断改进产品使之成为市场标准的好产品。微软公司不断进行渐进的产品革新,并不时有重大突破,在公司内部形成了一种不断新陈代谢的机制,使竞争对手很少有机会能对其构成威胁。其不断改进新产品,定期淘汰旧产品的机制,始终使公司产品成为或不断成为行业标准。创新是贯穿微软公司经营全过程的核心精神。

四、创建学习型组织

世界已经进入学习型组织的时代,学习型组织的企业才是最有活力的企业。微软人为此制定了自己的战略,通过自我批评、信息反馈和交流而力求进步,向未来进军。微软公司在充分衡量产品开发过程的各要素之后,极力在进行更有效的管理和避免过度官僚化之间寻求一种新平衡;以更彻底地分析与客户的联系,视客户的支持为自己进步的依据;系统地从过去和当前的研究项目与产品中学习,不断地进行自我批评、自我否定;通过电子邮件建立广泛的联系和信任,比尔·盖茨及其他经理人员极力主张人们保持密切联系,加强互动式学习,实现资源共享;通过建立共享制影响公司文化的发展战略,促进公司组织发生变化,保持充分的活力。建立学习型组织,使公司整体结合得更加紧密,效率更高地向未来进军。

第一节 跨国企业文化冲突管理

一、跨文化冲突的定义

企业组织中人与人之间基于文化和利益而产生的关系是产生冲突的基础,在跨国公司内部,由于各种因素导致的冲突属于跨文化冲突。关于跨文化冲突有多种定义。有的学者认为:跨文化冲突是因为不同国家、不同形态的文化或者文化要素之间相互对立、相互排斥的行为过程,是来自不同国家和地区,拥有不同教育和文化背景及价值观体系的员工管理层之间的冲突。也有的学者认为:跨文化冲突是在一定的历史条件下,两种不同的企业文化整合时,由于员工分属不同文化背景的国家而产生的冲突。

本书认为:所谓跨文化冲突,是指不同形态的文化或者文化要素之间相互对立、相互排斥的过程,它既指跨国企业在他国经营时由于与东道国的文化观念的不同而产生的冲突,又包含了在一个企业内部由于管理层之间、员工之间的价值观和行为方式的巨大差异而引起的冲突,跨文化冲突本质上是利益格局的冲突。

人力资源管理中的跨文化冲突经常表现为海外公司并购方人力资源管理理念、方法与被并购方本地员工固有的文化观念、习俗之间的冲突,本质上是分属不同文化背景的群体之间的文化冲突。

二、冲突的形成过程

冲突的发展总是渐进的,并不总是一种客观的、有形的现象。激烈的冲突不会突然爆发,它最初只存在于人的意识之中。冲突的形成过程可以划分为潜在的冲突、知觉冲突、行为意向、显现的冲突、冲突的结果五个阶段。图10-1描述了冲突的形成过程。

1. 潜在的冲突

冲突在这一阶段处于潜伏状态,主要表现形式为发生交往和互动的不同主体之间存在和积累了能够引发冲突的一些前提条件,这些条件并不一定会导致冲突,

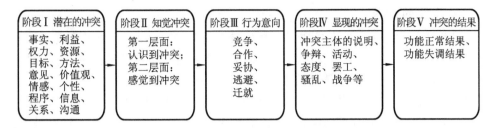

图 10-1　冲突的形成过程

但它们是产生冲突的必要条件。人们彼此间具有相互依赖性及差异性,一般来说,彼此间差异性越大,促使潜在的冲突转化为显现的冲突的可能性就越大,冲突的潜伏期就会越短。

2.知觉冲突

知觉冲突,是指一方或多方对冲突的条件和根源的认识和感知。客观存在的双方对立或不一致将被冲突主体意识到,并产生相应的知觉。同时冲突的主体有了感情上的投入,都会体验到焦虑、紧急、挫折和敌对的情绪。在这一阶段,不同的冲突主体对冲突有不同的个性化认知。这一阶段决定冲突的性质,因为冲突的界定极大地影响到对冲突可能采取的解决方案。情感上对冲突的态度也影响着对冲突的感知。比如,研究发现消极态度会导致过于简单地处理问题,降低信任感,对对方的行为也会做出消极的解释;相反,积极的态度增加了在问题各项因素中发现潜在联系的可能性,使人以更开阔的眼界看待情境,所采取的解决办法也具有创新性。

3.行为意向

行为意向介于一个人的认知、情感和外显行为之间,冲突主体依据自己对冲突的认识、定义和判断,确定自己处理冲突的可能方式和行为策略。不过冲突主体的冲突意向与冲突中的实际行为在一些情况下并不一致,但是冲突主体的恰当或不恰当的行为意向选择往往会导致其做出正确或不正确的行为,从而造成不同性质和作用的冲突结果。

4.显现的冲突

显现的冲突又可称为行为冲突。当不同的冲突主体在自己冲突行为意向的影响下,公开地表达自己感觉到的冲突时,显现的冲突就出现了。冲突行为往往带有刺激性、对立性和互动性,包括不同冲突主体的说明、争辩、活动和态度等,一方有所行为,对方便会有反应行为,双方处于一种公开可见的相互作用与施加影响的动态过程中,如果处理不当,冲突就会逐步升级。例如,升级至罢工、骚乱和战争等处于冲突程度最顶端的位置。

5. 冲突的结果

冲突主体间显现的冲突导致了冲突的最后结果,冲突的最后结果又会间接或直接地影响到冲突主体,并反馈形成新冲突的前提条件,酿成新一轮"潜在的冲突"。冲突的最后结果一般表现为作用性质不同的两种冲突结局:一是功能正常的结果,它可能提高决策的质量,激发革新与创造,调动群体成员的兴趣与好奇,提供问题公开、紧张解除的渠道,培养自我评估和变革的环境;二是功能失调的结果,它可能破坏群体或组织的绩效提高,沟通迟滞,群体凝聚力降低,群体成员之间出现明争暗斗等现象。

三、冲突管理理论

1. 冲突管理内涵

据美国管理学会进行的一项对中层和高层管理人员的调查,管理者平均要花费20%的工作时间处理冲突。另外,据调查,大多数的成功企业家认为,在管理者的必备素质与技能中,冲突管理技能排在决策能力、领导能力、沟通技能之前。由此可见,冲突管理已成为现代企业管理中的一项不可忽视的重要内容,它直接影响着企业的绩效。

冲突管理是指以产生冲突双方之间的不同行为意向,以及双方在冲突中的实际行动为研究对象,从冲突的内在规律、应对策略和方法技巧方面着手,对冲突进行有效的管理。

对冲突进行管理的方法,在很大程度上决定了能否使冲突的负面作用最小化和最大限度地发挥其正面作用。没有认识、理解和有效管理冲突,容易导致对企业资源的浪费,强化冲突双方之间的冲突,甚至使企业的目标受到冲突双方的影响。相反,如果能够有效管理冲突,可以增加创造性和创新能力,形成一个更有效的企业。但是,有效的管理是一项十分艰巨的任务,要求管理者正确地理解冲突管理并熟练运用各种技巧。

对冲突管理应该从两个方面来理解。

第一,管理不仅仅是控制或解决冲突问题。冲突包括组织中各个不同层次的冲突,如个人层次、团体层次及组织层次的冲突等。冲突管理在很大程度上取决于如何识别和把握冲突根源,以保证在不同层次上维持一个适度的冲突水平。基本的冲突管理是对引起冲突的种种因素,以及冲突的过程加以了解并进行控制,从而及时对那些具有破坏性的冲突加以正确引导,使之变成强大的具有建设性的动力,最终实现企业的目标,并提高员工的满足感和提高企业的生产力。

第二,冲突管理还包括积极地诱发建设性冲突。对冲突的管理不仅包括冲突发生后的事,还应该包括在冲突水平过低,或者是冲突双方过分回避冲突时,如何积极地诱发一定的冲突。作为一个领导者,为了获得必要的支持,或者实现特定的目标,诱发冲突也是有必要的。

2. 托马斯冲突管理模型

美国科学家托马斯从二维角度架构冲突反应模型,描述冲突行为意向。托马斯二维空间冲突模型如图10-2所示。在这个模型中,横坐标表示冲突主体在追求自身利益的过程中与对方的合作程度,即关心他人,纵坐标表示冲突主体对追求自己利益的坚持程度,即关心自己。托马斯以冲突主体在面对冲突时可能做出的五种潜在的反应方式为基础,通过纵、横坐标,定义了冲突行为二维空间。这五种冲突的行为意向为:竞争、合作、妥协、逃避、迁就。竞争是指一个人在寻求自我利益的满足,而不考虑他人的影响。合作是指冲突双方均希望满足两方利益,并寻求相互受益的结果。妥协是指冲突双方都放弃某些东西,而共同分享利益。逃避是指一个人可能意识到了冲突的存在,但希望逃避它或抑制它。迁就是指如果一方为了抚慰对方,则可能愿意把对方的利益放在自己的利益之上。

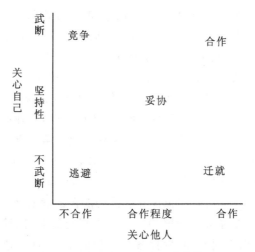

图 10-2 托马斯二维空间冲突模型

四、企业跨国经营的文化冲突应对策略

1. 分析识别文化差异,提出应对文化冲突预案

有位管理专家曾说过:海外经营的成败与否,取决于企业管理层对文化差异的认识与理解,取决于其是否愿意把本国文化观念当作超重的行李留在本国境内。文化冲突究其根源是不同文化差异导致的。所以,要进行跨国经营管理应先分析和辨别文化差异。

企业在海外经营中相对比较重视和关注财务、生产和市场方面的问题,往往忽视对他国的政治、法律、社会团体和企业文化因素的考虑,认为这些并不会影响企业的经营管理。事实证明,偏偏就是这些貌似不起眼的因素导致企业的海外经营功亏一篑。世界各国的社会法律制度、风俗文化、人文习惯及社会环境等各个方面都有较大的差异,若企业不事先了解相关的社会文化差异,那么在走出国门之际便已盲目进入一个陌生的经营环境,很可能就此产生与当地环境之间的矛盾和冲突。因而,企业在向海外发展之时,有必要对可能发生的问题进行先期调研,认真研究分析当地的社会文化特点,针对可能出现的问题准备应对预案,并且做好必要的社会工作。比如,进行文化宣传,积极与当地相关社会团体沟通,建立协调机制,等等。做到有备无患,从最大限度上防范冲突的发生。这样,即使发生冲突,届时也可以及时并有条不紊地进行处理,在最大程度上减小因此而造成的损失。

2. 建立利益共享模式和共同企业文化,实现本土化

企业是社会的一分子,企业的利益是源于对社会公共资源的分配和共享。因此,承担社会责任、履行社会义务是企业经营者在经营中必须考虑和面对的事情。

海外经营的企业如何获得当地社会对企业的支持和认可? 这就要求:一方面,企业要尽力舍弃仅考虑企业自身利益的做法,而应积极与当地社会合作,包括解决当地人就业的问题,在其他相关利益方面,创建一种公平互利的利益共享机制。只有充分考虑了当地的社会利益,企业才有可能得到当地社会的支持和认可,与当地社会共同成长,共同繁荣,避免与当地社会发生矛盾与冲突,从而实现企业在海外长期稳定地发展。另一方面,为了更好地进行跨国经营,企业必须借助各种手段合理、有效地整合当地资源,打造统一的内部企业文化。美国著名管理学家彼得斯和沃特曼就曾指出:"据我们观察,所有优秀公司都十分清楚它们主张的是什么,会为此认真地创立并形成一套公司价值标准。事实上,如果一个公司缺乏明确的价值准则,或是价值观念不清晰,我们很怀疑它是否能在经营上获得成功。"当跨国企业的母国和东道国双方在尊重和理解的基础上进行交流时,能够较为容易地找到两种文化的契合点,进而求同存异,发挥各自文化的优势,逐步建立起拥有统一价值观的共同企业文化。当人们以共同企业文化为目标努力时,引发冲突的因素反而会被忽略。

如何建立利益共享模式并形成具有共同价值观的企业文化? 这可以通过本土化来实现。目前,本土化经营已经逐步引起了越来越多的跨国企业的重视。本土化经营一方面可以降低企业的外派人员和跨国经营成本,另一方面可以增加当地就业机会,维护当地经济安全,进而缓解当地社会对外来资本的抵触情绪,有助于加速和当地社会文化的融合,最终实现本企业的管理变革和国际化进程。

3. 选拔合适的跨国经营管理人才

人才是企业的根本,对于企业海外经营而言,跨文化管理人才是根本之本。要

最大限度地避免和化解可能产生的因企业与社会之间的相互陌生而形成的矛盾与冲突,企业必须储备足够的对企业所在国的社会、文化环境有较深入的了解和研究的经营管理人员。经验证明,选拔培养跨文化管理人才是企业应对跨国经营冲突、解决矛盾的最有效的途径。

企业管理人员应当是个多面手,其个人素质和能力需要有较高的水平。而作为一名合格的跨国经营管理人员,要求更为严格,必须具备以下特质:①忠实于总部的跨国经营战略,以总部利益为出发点开展管理经营工作;②具备丰富的专业知识和较强的技能,熟悉产品;③管理经验丰富,能应对复杂多变的海外形势;④心理素质优秀,能够应对多元文化环境的各方面压力。所以,在考察和选拔跨国经营管理人才时,除了基本的忠诚和才干要求外,企业更应着重注意其对异国文化差异和冲击的承受力,以及调控自身情绪和感受去适应这些异域文化的应变能力。另外,管理人员的个人特质也应当将东道国文化特点纳入考察范围。如果东道国权力距离较大,则适合选派集权式的权威型管理人员;如果在民主氛围较为浓厚的国度,则民主型和关怀型领导更为适宜。

企业委任跨国经营管理人员的途径主要有从母国派遣、从东道国选拔、国际招聘三个途径。这三个途径各有利弊:①从母国派遣的管理人员,可以较好地理解和执行总公司的经营战略和总决策,但由于异域经历的缺乏,适应东道国文化需要一个过程,对当地员工的管理也需要逐渐完善;②与从母国派遣的管理人员对应,从东道国选拔的管理人员熟悉当地文化,对当地员工的管理更加本土化,对目标市场消费者的偏好和需求也更为了解,具备本土化的天然优势,不过,他们对总公司战略部署的理解难免有偏差,贯彻力度有限;③国际招聘的管理人员一般具备国际化视野,具备丰富的跨国管理经验和较强的管理才能,但是作为外来人员,和母国总公司、东道国员工之间的沟通交流都存在障碍,甚至会遭到抵制,最终导致人员选派失当。

4. 进行跨文化培训

无论是企业内部发生的文化冲突,还是由于文化差异而发生的外部冲突,都会不可避免地影响到企业的经营。企业在异国他乡,融于当地社会中,尊重当地文化习俗,对企业自身是十分重要的,在海外切忌无视当地文化习俗,闭门造车,自成一派,只有融于当地社会,被其接纳,企业在当地才可能得以长期发展。众多国际大公司的海外经营经验都验证了这一点。

人员培训在跨国经营中占有重要的位置,无论是母国总公司战略的贯彻还是东道国管理的实践,都是以员工的活动来实现的。得力的员工、融洽的关系、高效的团队合作,是跨国经营成功的有效保证。因此,以提升员工的文化适应能力和增进双方人员关系的跨文化培训尤为重要。此类培训对象主要分为母国管理人员和东道国的管理人员两类,为了提高培训的针对性,培训的目的、内容和方式都要区别对待。

第二节　跨国企业文化融合

一、跨国企业文化融合的含义

融合指不同文化的员工在承认、重视彼此之间差异的基础上，相互尊重、相互补充、相互协调，从而形成一种彼此合一的全新的组织文化，这种统一的文化不仅具有较强的稳定性，而且极具"杂交"优势。

跨国企业文化融合具体来讲，既包括子公司的员工与母公司文化的融合，又包括跨国公司文化与整个东道国文化的融合。简而言之，跨国企业文化融合既包括子公司的公司内部文化的融合，又包括其与外部文化的融合。

二、跨国企业文化融合的基本路径

1. 要有正确的文化观和文化融合观

文化是人类的生活样式。文化不是静止的，任何文化如果不同其他文化相互交融，不吸收其他文化的长处，就不能获得更大的发展。一个民族文化的生命力就在于既保持其文化传统，又能充分吸收各种适应时代要求的外来文化，并且超越其传统文化。文化交流、碰撞、融合是文化发展的必然要求。文化没有好坏之分，只有不同。不同的文化都有各自的优势和不足，看待不同的文化要用中立、客观的眼光，放弃一切偏见。进行跨文化管理，是利用跨文化优势解决跨文化冲突、企业成功跨国运营的战略选择。美国著名管理学家彼得·德鲁克认为，国际企业其经营管理基本上就是一个把政治上、文化上的多样性结合起来而进行统一管理的问题。文化之间的相互融合是必然趋势，但要注意理解上的偏颇。如文化融合不是文化的机械相加，不是一蹴而就的，是有原则和核心的。文化融合并非是文化的简单叠加，而是在原有文化个性的基础上，相互比较、吸收和补充，然后生成一种新的文化质。文化融合是一个长期的过程，尤其是精神层面文化融合更不是短期内就能奏效的。文化融合也不是没有核心的，文化融合始终围绕人这个圆心。美日企业文化的融合，都是围绕一个主题，即人的管理，体现了以人为本的管理思想，表现为都把职工当作最大的财富，重视人的价值，关心人的需求，注重人才培养和开发。这些实践告诉人们，注重人的价值、把人当作天赋资源的企业文化建设，是企业成功的根本原因。

2. 积极建构新型企业文化

企业文化强调人在企业管理中的重要地位，主张企业家依靠精神和文化的力量诱发员工的责任心和献身精神，建构新型企业文化，这已成为跨文化管理的关键问题。基于已有文化的多元性及其影响的深远性和长期性,新型的企业文化既要有足够的包容性,又要有创新性。这是世界经济发展知识化趋势的内在要求,也是企业文化自身发展的需要。其中,对企业价值观的整合和重新确定,是企业文化再造的关键。在企业文化建设中,对企业价值观的整合,就是要明确企业的价值体系并对其中的各个价值重新进行排序,找出其中的最高价值并将其作为企业文化的核心,因为价值观决定了企业的基本特征。另外,再造企业文化还有两点是不容忽视的:一是必须结合本企业的实际情况进行,即成功的企业文化体现本企业的特色;二是必须结合本民族的民族文化进行,即成功的企业文化能充分融合本民族的民族文化。

3. 掌握一些有效的基本技能和基本方法

首先,识别文化差异。按美国人类学家爱德华·郝尔的观点,文化有正式规范、非正式规范和技术规范三个范畴。正式规范是人的基本价值观、判断是非的标准,它能抵抗来自外部企图改变它的强制力量。因此,正式规范引起的摩擦往往不易改变。非正式规范是人们的生活习惯和风俗等,由此引起的文化摩擦可以通过较长时间的文化交流克服。技术规范可以通过人们技术知识的学习而获得,很容易改变。可见,不同规范的文化所造成的文化差异和文化摩擦的程度和类型是不同的。对文化差异进行分析识别,最重要的是从基本特质上把握一种文化,包括这一文化关于人的本质、关于人与世界的关系、关于人与人之间的关系、关于人的行为方式、关于时间和关于空间的观念。只有首先识别文化差异,才能采取针对性的措施。

其次,尊重文化差异,进行跨文化培训。要平等地对待任何一种文化,不要对文化差异评头论足,特别是将外来文化与自己的文化进行比较,平等地对待母国文化和东道国文化。解决好文化差异问题、搞好跨文化管理有赖于一批高素质的跨文化管理人员。跨文化培训是解决文化差异、搞好跨文化管理最基本、最有效的手段。通常来讲,跨文化培训的主要内容应包括:文化的敏感性、适应性的培训;语言培训;跨文化沟通及冲突处理能力的培训;地区环境模拟等。

最后,积极实现管理本土化也能加快推进文化融合的进程。本土化的实质是跨国公司将生产、营销、管理、人事等经营方面全方位地融入东道国经济中的过程,也承担着在东道国公民的责任,并将企业文化融入和植根于当地文化模式的过程。本土化有利于跨国公司降低海外派遣人员和跨国经营的高昂费用,与当地社会文化融合,就有可能达成文化差异的调和。最理想的调和的一个重要标准是看它们是否比较和谐地形成了协同,即两种或多种价值观是否能够相互配合、相互促进。

三、跨国企业文化管理策略

要解决跨国经营中的文化冲突问题、促进跨国经营健康发展,就必须有效地实施跨国企业文化管理策略。在解决文化冲突、有效实施跨国企业文化管理战略的过程中,应从以下几个方面入手。

1. 分析和识别文化差异

企业文化差异是企业文化冲突的根本原因,要消除文化冲突,首先要分析、识别其文化差异。有关部门应深入员工和各个部门了解文化冲突的各种问题,分析原因,提出解决方案。

2. 进行有效的跨文化培训,培养高质量的跨文化管理人员

跨文化培训可提高管理人员在跨国经营中的跨文化理解能力和文化适应能力。通过适应性训练,可以使员工掌握不同的文化背景知识,掌握与不同文化的人打交道的技巧,改变态度与偏见,从而提高其对不同文化的适应能力。在此基础上进行文化整合,进而能消除文化冲突,实现文化协同。

3. 进行文化整合,消除文化冲突

首先,价值观念的整合。企业在跨国经营的过程中应当通过宣传、动员把不同的看法规范形成一种新的、适应企业发展战略的统一的价值观念。价值观的整合是文化整合的核心,如果一个企业的员工在思想认识上存在很大的分歧,那么精诚团结、协作团队精神就无从谈起。

其次,制度文化的整合。制度文化是企业文化的一个重要方面。制度设立不宜过于烦琐。制度一旦确立,便要严格执行,不能徇私舞弊。

最后,物质文化的整合。物质层面的一些文化要素能够进一步强化员工对企业的认同感和对企业深层观念文化的理解。比如,企业统一的着装能使员工产生归属感和纪律感。

4. 选择合适的文化整合模式

具体来说,双方共有四种文化适应模式。

其一,一体化,即经过双向的渗透、妥协,形成包容双方文化要素的混合文化的一种模式。然而,文化混合的前景有时难以预测。这种模式比较适合于本地企业的员工想要保持自己文化独立性但又愿意接纳外来文化的情况。

其二,吸收。吸收一般是指跨国公司的企业文化取代本地企业文化的一种模式。在最极端的情况下,跨国公司做出整合决定,派出自己的经理层取代原管理层。

其三,分隔,即限制双方接触,保持两种文化的独立性的一种模式。在本地企业员工希望保持原有文化,拒绝接受跨国公司的文化时,为了避免强烈的冲突,可以采用这种模式。

其四,混沌化。当本地企业员工既不珍惜原来的价值观,将其抛弃,又不认同

跨国公司的文化时,员工之间的文化和心理纽带就会断裂,价值观和行为也变得混乱无序,这就是混沌化的文化适应状况。企业文化整合应该看作是双方互动的过程,跨国公司有自己的打算,但要取得良好的整合效果,必须同时征得本地企业员工的认同。

对跨国公司来说,采用何种模式取决于它的文化宽容度和企业战略相关性。

四、我国如何进行跨文化管理

对中国企业而言,在跨国经营中实施跨文化管理时,关键要做好以下工作。

1. 识别文化差异

由于文化冲突是由文化差异造成的,必须对文化差异进行分析、识别。不同规范的文化冲突所造成的文化差异和文化冲突的程度和类型是不同的。

2. 进行跨文化培训

跨文化培训是为了加强人们对不同文化传统的反应能力和适应能力、促进不同文化背景的人之间的沟通和理解。跨文化培训的主要内容有对文化的认识、文化敏感性训练、语言学习、跨文化沟通及冲突的处理、地区环境模拟等。

3. 建立共同的经营观和公司文化

在对文化共性认识的基础上,根据环境的要求和公司战略发展的原则建立公司的共同经营观和强有力的公司文化,使每个员工能够把自己的思想与行为同公司的经营业务和宗旨结合起来,使子公司与母公司的结合更为紧密,同时又能在国际市场上建立起良好的声誉,增强跨国公司的文化变迁能力。

第三节 全球化背景下企业文化发展新趋势

在经济全球化的背景下企业文化的内涵和文化管理模式都不同于原来仅限于国内市场低层次的竞争,因为,塑造企业文化的参照框架发生了变化,企业文化内涵和机制的创新势在必行。

一、跨国企业文化发展新趋势

1. 企业文化的创新

企业文化的创新首先是文化理念的创新,这意味着企业文化不仅仅是传统文化与企业管理的结合,更重要的是要塑造一种适应经济全球化趋势的企业文化、有利于提高企业国际竞争力的文化和有利于推动企业不断创新的文化。企业文化理念的创新有三种形式:第一种形式是从道德的角度来讲,强调企业的社会责任,如西门子、宝洁、BP石油等；第二种形式是基于对知识价值的认识，如广发证券提出的"知识图强、求实奉献"，旨在建立一种学习型企业，以适应知识经济时代的要求；第三种形式是基于对人性的认识，旨在建立一种关心人、尊重人、激励人的文化，如IBM的企业文化。

企业文化理念的提出实际上是建立在企业经营者对人性的基本假设和对企业与社会关系的认识、对知识价值认识的基础之上的。对企业基本假设认识的角度不同、认识的清晰程度不同，由此得出的企业文化理念也就会有很大的差异，这种差异既有文化方面的差异，又有认识程度的差异，但是，最基础的差异仍然是一种价值判断和价值选择的差异，也就是企业文化的核心价值观。

自由主义的经济学认为，企业的责任就是利润最大化，不需要考虑企业社会责任，而20世纪70年代西方提出的"企业公民"理念则认为企业在赚取利润的同时还要承担社会责任，其基本假设是认为企业与社会是一种相互促进的关系，企业是在社会的支持下才能赚取利润、获得成功的，所以，企业应该回报社会，同时，企业在奉献社会的过程中提高了企业的知名度和美誉度，也获得了社会的支持。在一些大的跨国公司的企业文化理念中，都将"做优秀的企业公民"作为其核心价值的重要组成部分。例如：西门子公司在公司准则中明确声称"我们致力于在全球范围内成为'企业公民'"，并且认为，经济、环境保护和社会责任在自由的市场竞争中占有同样重要的地位；宝洁公司也是把"做有高度社会责任感的企业公民"作为对社会的承诺；BP石油公司将"做优秀的企业公民"作为对全球的承诺和核心理念。这些文化理念突出地强调了企业作为社会的一个法人，除了创造利润以外，还应承担相应的社会责任，包括对企业内部员工的责任，对股东、对消费者的责任，对环境保护与可持续发展的社会责任等。国外关于对企业社会责任问题研究已经有很多，每年美国的《财富》杂志对全球企业500强的评价中，企业的社会责任是其中重要的考核指标之一。这说明，企业的社会责任是企业发展过程中的普遍性问题，很难相信一个社会责任意识差的企业能够获得持续良好的经营业绩。将社会责任意识根植于企业文化的核心理念之中的企业文化体现出一种道德的自我约束机制。我们国内一些优秀企业的企业文化理念也体现出了企业自我约束和对社会的奉献，如海尔的"真诚到永远"等。

企业文化理念的创新主要注意以下三点。

一是要把握住经济社会发展的新趋势，使企业文化的变革与社会文化的变革同步，使企业文化理念能够适应全球化时代和知识经济时代发展的要求，使企业文化理念体现出社会发展的理想和人类文明的进步，既要体现与管理实践相结合的科学理性精神，又要体现出以人为本的人文关怀。

二是要在突出本土文化的同时要注重兼顾多元文化的融合，因为，经济全球化本身是一个多种文化冲突的过程,但是更多的是多元文化融合的过程,是各种文化的相互渗透、相互影响的过程,不是单一文化的单向度影响,它体现了人类文明又一次新的革命。如果企业文化只强调本土文化的个性化特征,而不考虑多元文化的普遍性特征,那么,势必降低企业文化本身的文化适应能力和创新能力。

三是要使企业文化理念成为企业不断创新的动力和源泉,树立一种开放的观念,不断推出新思维、新观念,营造一种宽松的环境,使企业员工的个性得以有益的发展,使员工的创造性得以充分发挥,由此提高整个企业的创新能力。实际上,企业文化创新的核心就在于企业文化理念的创新,就在于企业经营思想和观念的创新。

2. 企业管理模式的创新

文化管理是一种新的管理模式,它不同于以往以生产过程和质量为核心的管理模式,它更加强调生产过程和管理过程中人的因素。企业文化管理模式的作用机制通过向员工灌输企业核心价值观,形成一种文化氛围,塑造一个形象标志,从价值层面、制度层面和行为规范层面对全体员工的价值观、精神、心理和行为进行全面的整合,企业文化管理不同于单纯条条框框的制度化管理或空泛的思想教育,也不同于单纯的利益激励。因为,它是通过一些生动形象的方式,如企业领导创业故事的传说、企业领导工作作风的示范、企业的文化氛围来传承一种文化传统,在这个过程中让员工直接感受和理解这些文化传统的意义,最后在不知不觉的过程中将企业文化的核心理念同化到自己的价值观中,按照企业倡导的行为规范形成一种习惯性的思维方式和行为方式,这就是员工从不了解企业文化到自觉认同企业文化的过程。在这个过程中,作为企业员工,始终是一个主体的人、主动的人、受尊重的人,这就是企业文化以人为本的真正内涵,也是企业文化能够对企业长期绩效和长期发展产生深刻影响的根本原因。所以,文化管理模式就可以覆盖制度化管理所无法覆盖的层面和达到制度化管理难以达到的效果。

3. 企业文化个性方面的创新

文化管理模式的创新不仅仅是一种形式的创新,更重要的是内涵的创新和过程的创新。因为,企业文化的形式基本上是标准化的,各个企业的企业文化形式没有多大区别,真正不同的是企业文化的内涵和表现方式。一个企业根据自己的核心价值和发展历程选择不同的文化理念,不同的管理文化、经营文化、品牌文化和行为规范,并且以不同的方式表现出来,由此就构成了企业文化的个性特征。中国企业文化在建设过程中所走入的最大误区就是趋同化和形式化,而缺乏个性化。这是由于很多企业将企业文化的塑造直接等同于CIS设计,往往是请广告公司进入企业直接操作,广告公司缺少对该企业的企业文化发展的内在逻辑进行认真的梳理,无法找到真正属于企业文化个性的东西,所以,很多企业文化的塑造并没有表现出企业真正的个性。优秀的企业文化往往是个性鲜明的,因为它已经根植于一个企业发展的内在过程,根植于企业文化形成的内在逻辑,表现在每一个企业员工的工作作风和行为方式中,体现在企业的整体形象中,并且能够引领潮流。

个性化的企业文化包含一种独特的理念、特殊的经营方式,可以形成一种特殊的气氛,使企业员工在其中可以感受和理解企业文化的真正内涵,可以塑造一种与众不同的气质,使企业在公众的心目中树立一种鲜明的形象。个性化的企业文化是一个企业的精神支柱、企业的灵魂,它只能来自企业自身独特的发展历程,来自企业自身的价值选择,它不可能模仿或照搬别人的模式,也不可能仅仅靠外部形象来装扮。如果它不是来自企业内部的,那么这种企业文化就没有生命力,也不会对企业长期发展产生影响。所以,有人说,一个企业的企业文化是别人学不会也拿不走的,是一个企业的灵魂和精神支柱。

在经济全球化背景下,企业文化的创新就是要对原有企业文化的理念、核心价值观、管理模式和企业文化的表现方式赋予新的创意,使之成为推动企业适应经济全球化趋势的动力源泉,使之成为企业核心竞争力的重要支撑。企业文化是随着企业的发展形成的,它也应该随着企业的发展而不断创新。因为,企业在发展的不同阶段,其面临的环境、经营策略都不相同,那么,与之相应的企业文化也应该进行不断的变革,不进行创新的企业文化不仅是没有生命力的,而且会成为企业进一步发展的障碍,许多企业失败的原因就在于其企业文化的创新没有跟上企业发展的进程。因此,企业文化的创新对企业在适应经济全球化的过程中提高企业的核心竞争力、提升企业的整体素质具有深远的战略意义,也是中国企业在国内市场上与跨国公司同台竞争和中国企业走向全球市场的关键。

企业文化是社会文化与企业管理相融合的产物,同时,它也是推动社会文化变革的重要力量,企业文化的创新是与时代发展的要求相适应的,是与时俱进的。企业文化的创新要适应经济全球化的趋势,要走出一条有中国特色的企业文化创新道路,将中国的企业文化建设提升到新的发展阶段,提升出新的内涵,为中国的现代化建设做出贡献。

1)跨文化管理

在全球化的背景下,如果跨国公司不能进行文化的整合,那么它就不可能在多种文化中生存下来,也不可能取得辉煌的业绩。跨国企业的发展是推动全球化的重要力量,当企业走出国界进入国际市场的时候,就面临着不同区域、不同民族文化的融合,"跨文化管理"对跨国企业的发展有着巨大的影响。跨国经营的企业谋求在他国发展时,往往采取并购的方式,但实践证明,购并的成功率是极低的,失败的原因往往是购并双方没有妥善地解决文化融合的问题。

不同国家、不同民族的风俗习惯、道德传统、生活环境、物质与精神追求等都是不一样的。对于跨国并购的企业而言,文化融合包括两个方面的内容:一个是公司文化层面的融合;另一个是民族文化层面的融合。国际大牌企业作为跨国公司进入他国后,都必须把"跨文化管理"作为全球化企业文化建设的重要战略。

2) 强调诚信

《论语》曰:"言而无信,不知其可也。"意思是说,人如果不讲信誉,那么就没有什么可肯定的了。正所谓"民无信不立,业无信不兴。"讲究信誉是一个人的安身立命之本,是一个企业持续发展的关键。中国进入世界贸易组织之初,世界贸易组织总干事穆尔先生就说了一番意味深长的话:中国加入世界贸易组织后,从长远来看,最缺乏的不是资金、技术和人才,而是信用,以及建立和完善信用体系的机制。在经济全球化的今天,重提诚信是非常有意义的。

诚信是一个企业的无形资产。有些企业百年不衰,靠的就是诚信。诚信会给企业带来高质量的产品、良好的信誉,从而为企业赢得顾客、赢得市场、赢得利益。国际上许多大企业都很重视诚信。比如,IBM把"诚实"作为企业的座右铭;松下公司把"赢得人们的信任"作为企业的价值观;诺基亚把"科技以人为本"作为自己诚信的实质。反之,一个不守信用的企业,不管它的技术力量多雄厚,广告力度多大,在经济全球化的今天也不可能创出好的信誉和品牌,不可能发展壮大,最终将面临被揭穿、被淘汰的可悲结局。近年来,我国已经发生的南京冠生园陈馅月饼、三鹿奶粉、重庆火锅底料掺假及"紫砂锅"事件等,无一不说明诚信的缺失会给企业带来危害。一些企业失信,还可能造成整个地区、整个行业都受到打击。像南京冠生园陈馅月饼事件使当年全国月饼销量锐减40%以上;在重庆火锅底料掺假事件被媒体曝光后,重庆火锅业遭受了巨大的信誉危机和惨重的经济损失。

诚信,这一经济活动的首要准则,历来被世界各大知名企业视若生命。在经济全球化的今天,我国境内的企业面临着激烈的竞争,不仅有来自国内的竞争,还有国际的竞争。在这种情况下,诚信俨然成为我国企业能否参与国际竞争与合作的关键。对于中国企业来说,由信用积累与升华形成的商誉是企业宝贵的无形资产,要让诚实守信渗透企业经营的各个环节,深入企业文化的核心层,要建立良好的职业道德,实现经济效益与社会效益的"双赢"和可持续发展。

二、企业文化的创新与发展要把握好三大新趋势

企业文化的创新与发展第一大趋势是企业文化理念的创新与发展。

企业文化理念的创新与发展要注意以下三点。一是把握住经济社会发展的新趋势,使企业文化的变革与社会文化的变革同步,使企业文化理念能够适应全球化时代和知识经济时代发展的要求,使企业文化理念体现出社会发展的理想和人类文明的进步,既要体现与管理实践相结合的科学理性精神,又要体现出以人为本的

人文关怀。二是在突出本土文化的同时要注重兼顾多元文化的融合,因为,经济全球化本身是一个多种文化冲突的过程,但是更多的是多元文化融合的过程是各种文化的相互渗透、相互影响的过程,不是单一文化的单向度影响,它体现了人类文明又一次新的革命。如果企业文化只强调本土文化的个性化特征,而不考虑多元文化的普遍性特征,那么,就势必降低企业文化本身的文化适应性和创新能力。三是使企业文化理念成为企业不断创新的动力和源泉,树立一种开放的观念,不断推出新思维、新观念,营造一种宽松的环境,使企业员工的个性得以有益地发展,使员工的创造性得以充分发挥,由此提高整个企业的创新能力。

在经济全球化背景下企业文化创新与发展的第二大趋势是企业管理模式的创新与发展。文化管理是一种新的管理模式,它不同于以往以生产过程和质量为核心的管理模式,它更加强调生产过程和管理过程中人的因素。企业文化管理模式的作用机制,通过向员工灌输企业核心价值观,形成一种文化氛围,塑造一个形象标志,通过一些生动形象的方式(如企业领导创业故事的传说、企业领导工作作风的示范、企业的文化氛围)来传承一种文化传统,在这个过程中让员工直接感受和理解这些文化传统的意义,最后在不知不觉的过程中将企业文化的核心理念同化到自己的价值观中。这就是员工从不了解企业文化到自觉认同企业文化的过程。在这个过程中,作为企业员工,始终是一个主体的人、主动的人、受尊重的人,这就是企业文化以人为本的真正内涵,也是企业文化能够对企业长期绩效和长期发展产生深刻影响的根本原因。所以,文化管理模式就可以覆盖制度化管理所无法覆盖的层面和达到制度化管理难以达到的效果。

企业文化创新与发展的第三大趋势是企业文化个性方面的创新与发展。文化管理模式的创新不仅仅是一种形式的创新,更重要的是内涵的创新和过程的创新,因为,企业文化的形式基本上是标准化的,各个企业的企业文化形式没有多大区别,真正不同的是企业文化的内涵和表现方式。一个企业根据自己的核心价值和发展历程选择不同的文化理念,不同的管理文化、经营文化、品牌文化和行为规范,并且以不同的方式表现出来,由此就构成了企业文化的个性特征。中国企业文化建设过程中所走入的最大误区就是趋同化和形式化,而缺乏个性化。这是由于很多企业将企业文化的塑造直接等同于 CIS 设计,缺少对该企业的企业文化发展内在逻辑的认真梳理,无法找到真正属于企业文化个性的东西,所以,很多企业文化的塑造并没有表现出企业真正的个性。优秀的企业文化往往是个性鲜明的,因为它已经根植于一个企业发展的内在过程,根植于企业文化形成的内在逻辑,表现在每一个企业员工的工作作风和行为方式中,体现在企业的整体形象中,并且能够引领潮流。

企业文化是社会文化与企业管理相融合的产物,同时,它也是推动社会文化变革的重要力量,企业文化的创新是与时代发展的要求相适应的,是与时俱进的。企业文化的创新要适应经济全球化的趋势,要走出一条有中国特色的企业文化创新之路,将中国的企业文化建设提升到新的发展阶段,提升出新的内涵,为在推进中国现代化的道路上培养出具有世界一流管理水平和核心竞争力的大型企业集团做出贡献。

本 章 小 结

跨国企业要以实现中外文化的融合为宗旨,以实现双方的良好合作为目的,充分把握好中外文化的共性和个性、优势和劣势,吸收双方文化的精髓,做到"取长补短,共同吸收,开创特色",注重结合企业实际,形成具有本企业特色的生产经营组织、技术、产品和管理等多方面组成的整体文化,形成企业统一的经营理念,统一的企业宗旨和企业目标,统一的管理思想,统一的企业伦理道德与行为规范。这样不仅能消除中外文化的差异和冲突,而且能更好地融合这种差异,形成共同的奋斗目标、和谐的工作氛围、强大的凝聚力,从而实现双方的良好合作。总之,在世界经济一体化趋势进一步发展的情况下,跨国公司要想获得更大的发展,必须高度重视文化冲突,实施有效的跨文化管理策略。

【课堂检验】

预习题:
请举一个跨国企业文化冲突和文化融合的案例。
复习题:
1. 何谓跨文化冲突?文化冲突表现的形式有哪些?
2. 跨文化冲突管理的理论有哪些?如何进行跨文化冲突管理?
3. 何谓跨文化融合?文化融合的表现有哪些?
4. 实现跨文化融合的途径有哪些?
5. 全球化背景下企业文化有哪些发展新趋势?

 练习案例

美国通用电气公司的文化变革理念

美国通用电气公司简称为 GE。GE 是该公司英文的缩写形式,也是该公司产品的品牌标志。

美国通用电气公司的文化变革理念,表现为 GE 善于掌握自己的命运,善于掌握公司中人的情况和潜能,善于聘用和选拔优秀的管理者,其核心是通过领导者的言行将所确定的企业发展战略、企业目标、企业精神传达给公众,争取全体员工的合作,并形成影响力,使相信远景目标和战略的人们形成联盟,得到他们的支持。

1. 掌掘自己的命运

GE 在 1981 年时,生产增长远远低于日本同类企业的生产增长,技术方面的领先地位已经丧失,公司利润在 15 亿美元左右徘徊。当时的总裁琼斯任命韦尔奇接替他的位置。韦尔奇上任后,从文化变革入手创建了一整套企业文化管理模式。韦尔奇指出:世界在不断变化,我们也必须不断变革,我们拥有的最大力量就是认识自己命运的能力,认清形势、认清市场和顾客、认清自我,从而改变自我,掌握命运。这个阶段企业确立的目标是"使组织觉醒,让全体员工感到变革的必要性"。韦尔奇提出了著名的"煮青蛙"理论:如果你将一只青蛙丢进滚烫的热水中,它会立即跳出来以免一死。但是,如果你将青蛙放进冷水锅中逐渐加热,青蛙就不挣扎,直到死亡,因为到水烫得实在受不了时,青蛙已无力挣扎。韦尔奇告诫员工,GE 绝不能像温水中的青蛙那样,面临危险而得过且过,否则不出 10 年 GE 必定衰败。

这个改革过程经历了 5 年,在这 5 年中韦尔奇顶住了来自各方面的压力。当时员工关心的是自己的职业保障和晋升,而不关心企业的改革和文化的变革。韦尔奇启发大家:公司必须在竞争中获胜,企业赢得了顾客,才能提供职业保障;企业发展了,职工才有晋升的机会。一句话,是市场和顾客提供了职业保障和职位,企业必须面对现实、面对市场、满足顾客的要求,这样,企业才可能保障员工的基本需求和所有福利。他努力使 GE 人感到 GE 是自己的事业,是实现理想和自身价值的场所,并应以此心态经营企业。

韦尔奇认为:管理的关键并非找出更好的控制员工的方法,而是营造可以快速适应市场动态和团队合作的文化机制,给员工更多的权力与责任,使员工与管理者实现互动。美国康柏电脑公司董事长本杰明·罗森指出:正是由于韦尔奇对该公司的企业文化做了成功的改革,创立了快速适应市场动态和团队合作的文化机制,GE 成为企业界的奇迹。

2. 情感问题与人的潜能

韦尔奇认为:原先的科学管理回避企业中人的情感问题,而人总是带着情感工作的。韦尔奇努力开发情感潜能的巨大力量,主张要赢得员工的"心"和"脑",公司员工心往一处想,企业才有凝聚力,大家开动脑筋,人的聪明才智才能发挥出来。心和脑的潜能都用在企业发展上,大家都来为企业的未来描绘蓝图,为实现企业的目标而努力,企业就无往而不胜。

公司的策略是对资产进行重新组合,只保留那些在市场上出类拔萃的下属子公司,出售或关闭达不到这个目标的下属子公司,同时购进服务性企业(如银行、保险公司、无线电公司),发展高科技企业。为了使全体管理者和员工在这个问题上达成共识,公司用"自由辩论"的办法来进行各个方面、各个层次人员的沟通。韦尔奇认为：真正的沟通不是发表演讲、阅读文件或做报告，而是一种态度、一种文化环境，是站在平等地位上开诚布公地、面对面地交流，是双向的互动。只要花时间做面对面的沟通，大家总能取得共识。GE有一个培训中心，每年可以培训1万名企业骨干，在这个培训中心，企业员工可以和总裁进行面对面的辩论，也可以抒发不满、提出问题和建议。建立这个培训中心的目的就是培养员工的自信、坦率及面对现实的勇气。对员工提出的问题，主管必须采取行动，组织员工目标小组提出解决方案，到目前已经有20多万人参与了这项活动。公司还抓了以下四项工作：一是建立信赖，每个GE人都要坦率直言，不必担心因提意见而影响到自己的前途；二是赋予员工权力，第一线的员工掌握的信息往往比一些顶头上司掌握的信息更多，公司要求管理者给予第一线工人以更多的权力与责任；三是清除不必要的工作，缓解员工过度的负荷；四是建立GE新范例，把公司塑造成不分彼此的新组织——消除公司各职能部门的障碍，除去阻碍人们彼此合作的"管理阶层""职员""工人"之类的标签，铲除公司对外联系的高墙，进一步搞好服务顾客、满足顾客的工作。

3. 把聘用和选拔优秀的管理者作为最关键的问题

聘用和选拔管理者是企业最难处理的问题，也是企业最关键的问题。韦尔奇说过，只顾企业短期利益，任何人都能做到，只顾长期利益，任何人也都能做到，如何平衡这两者最难，能妥善地平衡这两者的管理者才是最好的管理者。琼斯用了7年的时间才将韦尔奇从一批优秀的候选人中选拔出来。在人力资源管理中，选拔人才的科学管理方法是最重要的。GE的人才选拔分为以下三个阶段。

第一阶段，由EMS（专业委员会）负责人员进行初评和筛选，并向总裁汇报。EMS是员工关系科层制度内的一个精英主体，它的主要功能就是评估合乎规划最具体的主管规划，这些人员除了记载候选人的绩效表现外，还根据他们的主观印象、评价等制作"成就分析报告"。

第二阶段，由总裁亲自对被圈定在小范围内的候选领导进行面试、笔试等综合测评，测评的内容包括意志力、机智、聪明才智、自信、变革意识、自我管理能力、同情心、吃苦耐劳精神等十五个测评项目。

第三阶段，将EMS制作的"成就分析报告"和总裁的测评意见提交董事会，由董事会最后做出选择。

上述GE的这个选聘程序反映了西方大企业成熟和模式化的选拔人才方法，一丝不苟的琼斯坚持挑选总裁必须对每个候选人做长期的考察，最后理性地确定最具有资格的人选。这种做法成为企业史上继承规划的最佳典范，也显示了独具慧眼的琼斯作为管理决策者的过人才智和美德。

4. GE的企业文化理念的核心

一个公司的文化从一定意义上来说，是企业家管理理念的集中体现。为了使企业更具竞争力，在"硬件"上，GE"舵主"韦尔奇通过他著名的"数一数二"论来裁减规模，进而构建扁平化结构，重组GE；在"软件"上，韦尔奇则尽力试图改变整个企业的文化与员工的思考模式。

韦尔奇看到："如果你想让火车再快10公里，只需要加一加马力，而若想使车速增加一倍，你就必须要更换铁轨了。资产重组可以一时提高公司的生产力，但若没有文化上的改变，就无法维持高生产力的发展。"

韦尔奇在谈到企业领导的"忙碌""闲话"时说："有人告诉我他一周工作9个小时，我会说：'你完全错了，写下20件每周让你忙碌90小时的工作，仔细审视后，你将会发现其中至少有10项工作是没有意义的——或是可以请人代劳的。'"相比之下，我们就太喜欢"形式"了：赞美"勤奋"而漠视"效率"，追求"数量"而不问"收益"，甚至我们很多单位的工资都只简单地依据所谓的"工作量"来制定。"勤奋"对于成功来说是必要的，但是只有在"做正确的事"与"必须亲自操作"时才有正面的意义。我们不妨在"勤奋"之前先问问自己：这件事是必须要做、必须由我自己来做吗？那么在抽出时间与精力后我该干什么呢？

韦尔奇的选择是寻找合适的经理人员并激发他们的工作动机。他说："有想法的人就是英雄。我主要的工作是去发掘出一些很棒的想法，扩张它们，并且以光速将它们扩展到企业的每个角落。我坚信自己的工作是一手拿着水罐，一手拿着化学肥料，让所有的事情变得枝繁叶茂。"

韦尔奇又提出了一个"扩展性目标"的概念，其内涵是不断向员工提出似乎过高的要求。他说道："'扩展'的意思为当我们想要达成这些看似不可能的目标时，自己往往就会使出浑身解数，展现出一些非凡的能力。而且，即使到最后我们仍然没有成功，我们的表现也会比过去更加出色。""年终时，我们所衡量的并非是是否实现了目标，而是与前一年的成绩相比，在排除环境变量的情况下，我们是否有显著的成长与进步。当员工遭受挫败时，我会以正当的酬赏来鼓舞他们，因为他们至少已经开始改变。若是因为失败而受到处罚，大家就不敢轻举妄动了。"在GE，"扩展性目标"只是一种激励的手段，而并非考核的标准。

"精简、迅捷、自信"，在韦尔奇眼中是现代企业走向成功的三个必备条件。

（1）韦尔奇坚信"单纯"意味着"头脑的清晰"和"意志的坚定"。那么，"精简"的内涵是什么呢？一是内心思维的集中。韦尔奇要求所有管理人员必须用书面形式回答他设定的五个策略性问题，问题涉及自身的过去、现在和未来，以及对手的过去、现在和未来。扼要的问题使人明了自己真正该花时间去考虑的到底是什么；而书面的形式则强迫人必须把自己的思绪整理得更清晰条理。二是外部流程的明晰。韦尔奇的办法是要求为各项工作勾画出"流程"，从而能清楚地揭示每个细微步骤的次序与关系。当流程图完成后，员工便可以对全局一目了然，也可以厘清哪些环节是可以删除、合并与扩展的,使作业的速度与效率大大提高。

(2)"光速"和"子弹列车"是韦尔奇很爱用的词。他坚称:只有发展速度足够快的企业才能继续生存下去,因为世界的"脚步"在不断加快。他认为,世界正变得越来越不可预测,而唯一可以肯定的就是,我们必须先发制人以适应环境的变化。同时,新产品的开发速度也必须加快,因为现在市场门户的开放速度在不断加快,产品的生命周期在不断缩短。而"精简"的目的,正是为了更好地实现"迅捷"。简明的信息流传得更快,精巧的设计更易打入市场,而扁平的组织则利于更快地决策。

(3)对自信,韦尔奇给予了极大的重视,甚至他把"永远自信"列入了美国能够领先于世界的三大法宝。他认为:迅捷源于精简,精简的基础则是自信。而韦尔奇以为培养企业员工自信心的办法就是放权与尊重:"掐着他们的脖子,你是无法将自信注入他们心中的。你必须要松手放开他们,给他们赢得胜利的机会,让他们从自己所扮演的角色中获得自信。"

讨论题:

1.如何理解韦尔奇的"精简、迅捷、自信"?这三个词在 GE 的企业文化中是如何体现的?

2.GE 选拔人才的方法对其他公司有何启示?

参 考 文 献

[1] 卢进勇,杜奇华,阎实强.国际投资与跨国公司案例库[M].北京:对外经济贸易大学出版社,2005.

[2] 胡宏峻.跨文化管理与全球领导[M].上海:上海交通大学出版社,2004.

[3] 沈青.企业跨文化冲突与融合[J].北京:企业改革与管理,2003(4).

[4] 彭迪云,甘筱青,彭晨.现代跨国公司成长的文化因素与跨文化管理[J].南昌:南昌大学学报,2000(2).

[5] 俞文钊.跨文化企业管理心理学[M].大连:东北财经大学出版社,2000.

[6] 陈佳贵.跨文化管理:碰撞中的协同[M].广州:广东经济出版社,2000.

[7] 张丽华,刘志刚.核心竞争能力源于优秀的企业文化[J].长春:企业研究,2002(9).

[8] 程兆谦,徐金发.企业文化与并购研究[J].上海:外国经济与管理,2001(9).

[9] 陈拥华,曾建权.加入WTO后的中国企业文化建设对策刍议[J].长春:企业经济,2003(3).

[10] 杨泉.跨国企业中的跨文化管理[J].北京:中国人力资源开发,2002(3).

[11] 丁瑞莲.企业的文化差异与跨文化管理战略[J].哈尔滨:商业研究,2001(1).

[12] 田青.企业管理基础[M].南京:南京大学出版社,2008.

[13] 曹嘉晖,张建国.力资源管理[M].成都:西南财经大学出版社,2009.

[14] 郑晓明.企业人力资源管理导论[M].北京:机械工业出版社,2002.

[15] 林坚.企业文化修炼[M].北京:蓝天出版社,2005.

[16] 王记志.论企业文化在人力资源管理中的导向作用[M].湖南:湘潭师范学院学报,2004(26).

[17] 陈维政,等.人力资源管理[M].北京:高度教育出版社,2004.

[18] 徐纪良.现代人力资源论[M].上海:上海人民出版社,1996.

[19] 赵文贤.人力资源开发与管理[M].上海:上海人民出版社,1996.

[20] 张保建.企业如何立足人力资源管理来塑造企业文化[J].北京:中国商贸,2011(24).

[21] 闫庆收,孙福田.浅谈企业文化在人力资源管理工作中的作用[J].广州:科

技管理研究,2010(5).
- [22] 周莉.企业文化对企业人力资源管理的促进作用[J].唐山:河北能源职业技术学院学报,2010(1).
- [23] 刘光明.企业文化[M].北京:经济管理出版社,2002.
- [24] 李燕萍.人力资源管理[M].武汉:武汉大学出版社,2002.
- [25] 秦海金.浅谈我国企业文化与人力资源管理的关系[J].郑州:市场研究,2004(11).
- [26] 斯蒂芬·P.罗宾斯,等.管理学[M].北京:中国人民大学出版社,2003.
- [27] 冯虹.现代企业人力资源管理[M].北京:经济管理出版社,1997.
- [28] 贾利.知识经济时代的企业竞争战略[J].北京:财贸经济,2000(7).
- [29] 王俊柳,邓二林.管理学教程[M].北京:清华大学出版社,2005.
- [30] 张素兰.浅谈如何加强企业竞争力[J].太原:科技情报开发与经济,2005(12).
- [31] 哈德罗·孔茨·海因茨·伟克里.管理学[M].北京:经济科学出版社,1998.
- [32] 余明阳.品牌学[M].合肥:安徽人民出版社,2002.
- [33] 黄河涛,田利民.企业文化案例评析[M].北京:中国劳动社会保障出版社,2008.
- [34] 杨刚,陈国生,王志章.现代企业文化理论与实践[M].西安:西安电子科技大学出版社,2009.
- [35] 朱成全.企业文化概论[M].大连:东北财经大学出版社,2009.
- [36] 张亚,战晓华,舒莉,等.新编公共关系学[M].北京:首都师范大学出版社,2009.